유비쿼터스의 이해와 활용사례

홍 순 구

유원북스

사랑하는 가족들에게

시작하는 글

사물과 기술의 융합, 유비쿼터스

드레스룸의 대형 거울 앞에 한 여인이 서 있다. 저녁 파티에 입을 의상을 고민하던 그녀가 손가락으로 거울을 건드리자 파티복을 입은 자신의 모습이 나타나고 곧 이어 여자 배우의 목소리가 전해진다. "기대하세요 내일을 사는 자부심 유비쿼터스 ○○아파트." 얼마 전까지 TV에서 볼 수 있었던 한 아파트 광고이다. 불과 몇 년 전만 해도 과학관이나 특별한 전시장에서나 볼 수 있었던 신기한 모습들이 이제는 유비쿼터스라는 용어로 우리 생활에 가까이 와 있다. 아파트, 병원, 쇼핑센터, 기업 등 사람들이 많이 이용하고 생활하는 장소들이 우리에게 편안한 삶을 제공해 주는 유비쿼터스 환경으로 변모하고 있는 것이다.

그렇다면 유비쿼터스는 무엇일까? 이 용어를 처음 접하는 일반인이나 대학생들에게는 아직 친숙하지도 않을 뿐더러 '그저 버튼 하나로 모든 것이 이루어질 수 있는 세상?' 그 정도로만 생각되어질 수도 있다. 그리고 뒤따르는 의문들, 정말 그런 세상이 가능할까? 가능하다면, 어떤 분야에 적용할 수 있을지에 대한 궁금증이 생길 수 있을 것이다.

이 책은 유비쿼터스 분야를 이제 막 처음 접하는 학생들에게는 학문적으로 좀 더 쉽게 다가갈 수 있도록 도와주고, 유비쿼터스에 대한 관심이 있는 일반인들에게는 우리의 사회와 기업에서 유비쿼터스 기술이 어떻게 활용될 수 있는지에 대한 해답을 제시하고 있다. 이해를 돕기 위해 본문에는 유비쿼터스 기술들의 기본 개념을 간단히 소개하였고, 그것이 실생활에서 어떻게 활용되고 있는지를 신문기사와 동영상으로 보여주고 있다.

이 책을 통해 새로운 유비쿼터스 시대를 맞이하여 독자들이 무엇을 어떻게 준비해야 하는지를 깨닫고, 새로운 기술을 접목하여 기업경영에 도움이 되었으면 하는 바람이다. 이 책이 나오기까지 자료수집과 편집에 도움을 준 김나랑, 이현미, 정재운 박사와 박사과정에 있는 김동완, 박순형, 박민선, 김현종 선생에게 감사의 말을 전한다. 그 외 유원북스 관계자 여러분과 도움을 준 모든 분들께 감사를 드린다.

2013년 2월

저자 씀

차 례

Chapter 6 소셜 네트워킹과 빅데이터

Chapter 7 RFID와 모바일 전자결제

Chapter 12 유비쿼터스 시대의 기업

Chapter 13 유비쿼터스 사회의 미래

Chapter 01

유비쿼터스 컴퓨팅의 이해

학습목표

1. 유비쿼터스 컴퓨팅의 개념을 이해한다.
2. 유비쿼터스 컴퓨팅의 기원을 이해한다.
3. 유비쿼터스 컴퓨팅의 특징을 이해한다.
4. 유비쿼터스 컴퓨팅의 적용분야를 이해한다.
5. 각국의 유비쿼터스 컴퓨팅 프로젝트 추진현황을 이해한다.

Openning Case

2054년을 미리 보는 영화 마이너리티 리포트

스티븐 스필버그 감독의 상상 속의 미래를 볼 수 있는 영화! 마이너리티 리포트

이 영화 속에서는 우리 미래의 다양한 일상생활 속에서 사용하게 될 유비쿼터스 관련 기술들이 자연스럽게 영화에 표현되어 있어 관객들의 상상력을 키울 수 있는 유비쿼터스 관련 영화의 대표작이다.

이 영화에서 특히 현실과 상통하고 있는 분야가 바로 교통이 포함된 U-city를 볼 수 있는 것이다. 아래 장면은 2054년의 교통체계를 나타내고 있는 U-city의 모습이다. 자기역학을 이용하여 자동차들이 건물에 붙어 다닐 수 있고, 아슬아슬하지만 자동차들이 서로 간의 간격을 일정하게 유지하면서 정해진 일정속도로 달리는 것이다. 이것은 미래 도시교통의 최고라고 할 수 있다.

또한 생체인식시스템을 사용하였는데 영화에서 주인공이 쇼핑몰을 지나자 각 광고판에 붙은 생체인식시스템이 주인공의 망막정보를 읽어서 주인공에게 적당한 광고를 하는 장면이 있다. 이러한 시스템은 개인정보에 가장 적당한, 즉 소득 정도, 기호, 취향에 따라 각각 다른 광고를 하는 것을 말한다.

영화에서는 전자신문이 나오기도 한다. 수배 중인 주인공이 지하철 안에서 다른 시민이 보고 있는 전자신문 내용에 갑자기 주인공의 수배 장면이라는 속보 화면이 나타난다. 이처럼 유비쿼터스 시대에서는 단순한 종이신문이 아니라 전자종이를 이용하여 동영상, 소리 등을 개개인에게 가장 적당한 형태로 제공하여 실용적이고 정보전달의 폭을 넓힐 수 있게 한다.

주인공이 유리로 된 컴퓨터에 유리 디스크를 넣고, 손에는 특수한 장갑을 낀 다음 손을 움직여 파일들을 처리하는 모습을 볼 수 있다. 이것이 바로 미래형 컴퓨터이다. 유비쿼터스 시대에서는 컴퓨터를 이용하는 데 있어서 마우스와 키보드 없이도 자유자재로 각자가 원하는 다양한 방법으로 컴퓨터를 이용할 수 있다.

〈출처: 월간 유비쿼터스, 2008.10〉[1)]

1. 유비쿼터스 컴퓨팅(Ubiquitous Computing)의 개념

유비쿼터스라는 말이 어떤 의미를 가지고 있는지 알아보자. '유비쿼터스(ubiquitous)'는 'ubique'라는 라틴어에서 유래한 단어로 "언제 어디서나, 존재하는, 편재하는" 등의 사전적 의미를 가지고 있다. 이는 시간과 장소에 구애받지 않고, 언제 어디서나 네트워크에 접속하여 정보통신서비스를 사용할 수 있는 환경을 의미한다.[2)]

유비쿼터스 컴퓨팅이라는 용어는 1988년 미국 제록스 PARC(Palo Alto Research Center)에서 근무하던 마크 와이저(Mark Weiser, 1952~1999) 박사가 유비쿼터스 컴퓨팅 개념을 제시하면서 사용되었다. 마크 와이저는 대부분의 일상생활에서 수백 대의 컴퓨터가 한 사람을 위해 존재하는 유비쿼터스 시대, 즉 '언제 어디서나 컴퓨터에 접속할 수 있는 세계'가 도래할 것이라고 예측하였다.[3)]

유비쿼터스 컴퓨팅이란 컴퓨터 네트워크 기반의 확장된 컴퓨팅 환경을 뜻하는 용어로 사용자가 컴퓨터의 작동을 의식하지 않은 상태에서 시간과 장소에 상관없이 자유롭게 접속할 수 있도록 컴퓨터가 모든 곳에 내장되어 있어 사람들이 편리하게 활용할 수 있도록 컴퓨팅 환경이 구현된다는 의미이다. 따라서 유비쿼터스 컴퓨팅이 조성된 환경에서는 언제 어디서나, 장비에 관계없이 사람들이 원하는 서비스를 신속하게 제공받을 수 있게 된다. 이렇듯 유비쿼터스 컴퓨팅은 모든 시스템을 컴퓨터로 제어하면서도 사용자가 그것을 느끼지 못하는 가장 인간 친화적인 환경이다.[2)]

유비쿼터스 컴퓨팅 환경이 조성되어 활용되고 있는 사례로 유비쿼터스 주택을 생각할 수 있다. 유비쿼터스 주택에서는 집 안팎의 모든 기기들에 소형 컴퓨터가 내장되어 있어 집안의 온도 및 습도가 측정되어 가습기 및 난방 시스템으로 전송됨으로써 인간이 생활하기에 가장 적당한 온도와 습도를 자동으로 유지해 준다.

여기서 유비쿼터스 컴퓨팅과 유사한 개념을 가진 유비쿼터스 네트워크에 대해 알아보자. "유비쿼터스 네트워크"는 언제 어디서나 서로 떨어져 있는 각종 사물과 기기들이 네트워크에 연결되어 있다는 개념이다. 예를 들어 휴대폰이나 PDA, 태블릿 같은 휴대용 기기들을 가지고 다니면서 사용하게 되면 무선 네트워크가 중요하게 되는데 근거리, 원거리 무선 통신망 등의 무선 네트워크가 핵심적인 요소가 되고 있다.

이렇듯 "유비쿼터스 네트워크"는 유비쿼터스에 네트워크의 역할과 비중을 더 강조하고 있다. 유비쿼터스 네트워크는 일본에서 시작된 개념으로 이의 목적은 모든 기기 및 사물의 네트워크화를 추진하고 이동 및 유·무선 통신과 방송 등의 모든 영역을 넘어 시간과 공간에 상관없이 접속이 가능한 광대역 네트워크를 형성하는 데 있다.

이와 같이 유비쿼터스 컴퓨팅과 유비쿼터스 네트워크는 인간생활에 편리함을 주고, 가상의 공간과 현실공간을 결합시켜 인간이 경험하지 못한 새로운 세계를 보여주며 인간과 밀접한 관계를 가지면서 발전되고 있다. 그러면 유비쿼터스가 인간문명에 어떤 변화를 주었는지 인류가 생겨나면서부터 인류문명에 크나 큰 변화를 가져다 준 4가지 물결을 가지고 알아보도록 하자. 앨빈 토플러는 인류문명에 큰 변화를 가져다 준 혁명을 농업혁명, 산업혁명, 정보혁명으로 구분하고 있다.

과거 인류가 수렵·채집 경제에서 곡류를 재배하고 가축 사육에 성공하여 농업사회로 이행된 제1의 물결인 농업기술에 의한 혁명, 18세기 농업에서 산업사회로 변화를 가져온 제2의 물결인 산업혁명에 의한 기술 혁명, 컴퓨터와 인터넷, 네트워크 기술 등의 발달로 인한 보이지 않는 혁명이라고 불리는

표 1-1 ▪ 유비쿼터스 네트워크와 유비쿼터스 컴퓨팅의 비교

	유비쿼터스 네트워크	유비쿼터스 컴퓨팅
컴 퓨 터	휴대기기 또는 정보가전	주변의 모든 사물에 컴퓨터 내장
초 점	기존의 전자기기에 초점	사물에 초점
개 념	좁은 개념	유비쿼터스 네트워크를 포괄하는 넓은 개념

출처: 삼성경제연구소, 2003.

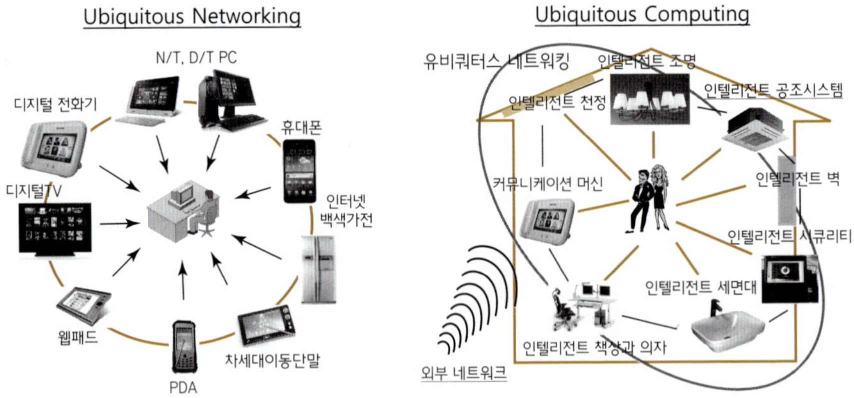

출처: LG경제연구원, 2002 재인용.

그림 1-1 유비쿼터스 네트워킹과 유비쿼터스 컴퓨팅

제3의 물결인 정보기술 혁명이 그것이다. 우리는 현재 제4의 물결이라고 부를 수 있는 유비쿼터스 혁명의 시대를 맞이하고 있다. 농업기술과 산업혁명에 의한 기술은 우리가 살아가고 있는 현실적 사회의 물리적인 현실공간에서 이루어졌고, 정보기술은 가상공간에서 이루어지는 것이며, 유비쿼터스 기술은 물리적 공간과 가상공간과의 차이를 극복하고 사람과 사물이 하나의 네트워크로 연결된 새로운 공간을 창출한다.[4)]

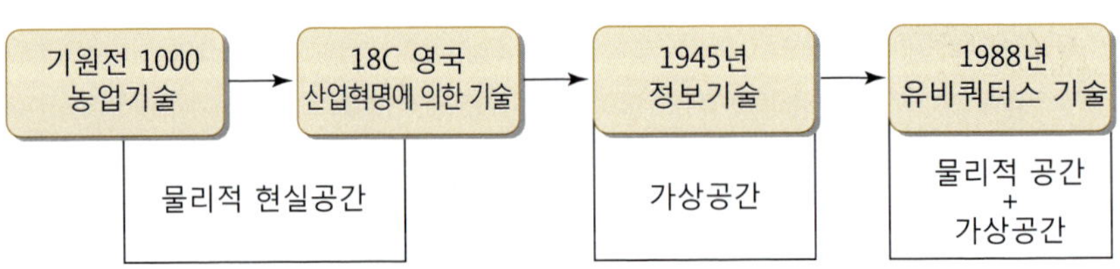

출처: 김명주 외, 2009.

그림 1-2 인류의 4대 변화와 유비쿼터스

동 영 상

■ 컴퓨터 대혁명, 유비쿼터스

유비쿼터스는 인간을 둘러싼 모든 환경에 컴퓨팅 기능을 심어 인간에게 봉사하도록 하는 차세대 컴퓨터 혁명을 묘사하는 용어로 쓰이며, 모토로라에서 제공하는 유비쿼터스 시대의 비즈니스 만남을 동영상으로 꾸몄다.

동영상 내용은 다음과 같다. 비즈니스 계약을 위해 레스토랑에서 한 여성을 만나 휴대용단말기로 메뉴판을 보고 음식을 시킨다. 새로운 구두 계약 내용은 휴대단말기를 통해 비서에게 바로 전달된다. 비서에 의해 작성된 계약서류는 레스토랑의 문서출력기에서 바로 출력이 된다. 식사, 계약, 결재까지 레스토랑 한 자리에서 가능하게 되었다.

〈출처: KBS, 사이언스21, 2003.10.24〉[5)]

2. 유비쿼터스 컴퓨팅의 기원

유비쿼터스 컴퓨팅이 어떻게 발전하여 왔는지 그 기원을 살펴보자. 앞에서 살펴본 바와 같이 미국의 마크 와이저(Mark Weiser)가 유비쿼터스의 개념을 처음 제시한 것으로 알려져 있다. 그러나 사실은 그에 앞서 1974년 니콜라스 네그로폰테(Nicholas Negroponte) MIT대 교수가 유비쿼터스 시대의 도래를 미리 예견하였다. 니콜라스 교수는 네덜란드의 한 세미나에서 "우리는 어디든 존재하는 분산된 형태의 컴퓨터를 보게 될 것입니다. 아마 컴퓨터라는 것이 장난감, 아이스박스, 자전거 등 가정 내 모든 물건과 공간에 존재하게 될 것입니다"라고 언급함으로써 지금의 유비쿼터스 컴퓨팅 철학에 대한 기반을 마련하였다.[6]

이후 마크 와이저는 1991년 미국의 한 대표적인 과학저널지 중의 하나인 "Scientific American" 9월호에 "21세기를 위한 컴퓨터(The Computer for the 21st Century)"라는 논문을 발표하면서 유비쿼터스 컴퓨팅을 통해 일상용품에 컴퓨터 장치가 들어가게 된다는 유비쿼터스 컴퓨팅 개념을 대외적으로 제안하였다.[4]

1993년에는 "Some Computer Science Problems in Ubiquitous Computing" 논문에서 유비쿼터스 컴퓨팅 용어를 사용하였고, 1996년에는 "The Coming Age of Calm Technology"라는 논문에서 많은 사람이 한 대의 대형 컴퓨터를 공유하던 메인프레임 시대에서 1980년대의 PC 시대, 인터넷 시대를 거쳐 개개인의 환경 속에 편재되어 있는 여러 컴퓨터를 사용하는 유비쿼터스 컴퓨팅 시대가 도래할 것이라고 주장하였다.[4]

3. 유비쿼터스 컴퓨팅의 특징

유비쿼터스 컴퓨팅의 특징으로 아래 6가지를 들 수 있다.

첫째, 사물의 네트워크화이다. 무선을 통해 모든 기기들이 연결되어 있어 장소에 상관없이 모든 정보를 얻을 수 있다.[3] 즉, 어디에나 컴퓨터가 존재하기 때문에 굳이 컴퓨터를 가지고 다니지 않아도 된다. 또한 사물은 영상 및 센싱 기술 등과 결합되어 가상공간과 현실공간에 연결됨으로써 사람은 실제 사물의 상황에 따라 다양한 서비스를 제공받을 수 있게 된다. 예를 들면 홀로 사는 어머니의 집안에 모든 사물들을 네트워크로 연결하여 어머니의 움직임을 센서로 관찰하고, 센서 반응이 없으면 자동으로 집 근처의 보건소나 자녀들에게 연락이 취해지도록 할 수 있다.

둘째, 실시간 접속이 가능하다.[4] 사람의 눈에는 보이지 않지만 사물에 심어진 센서, 칩, 태그 등이 모든 기기들에 내재되어 있고 각각이 모두 네트워크에 연결되어 있어 사용자의 의식적인 명령뿐만이 아니라 의도까지 반영하여 실시간으로 인식, 추적, 통신을 가능하게 해 준다. 예를 들면 외출을 한 이후에도 집안의 온도를 높이기 위해 원격지에서 난방시스템에 접속할 수 있고, 아이들이 유치원에서 교육을 받고 있는 모습을 보고 싶을 때 직접 가지 않고도 그 모습을 집안에서 실시간으로 볼 수 있다.

셋째, 실감형 정보를 현실 세계에 제공한다. 무선 인터넷과 증강현실(augmented reality) 기술을 활용하여 다양한 서비스를 제공할 수 있다. 예를 들면 매물로 나와 있는 아파트의 실제 모습을 찍은 사진에 그래픽을 이용하여 아파트의 동과 호수를 표시할 수 있고, 또 내비게이션을 통해 실제 거리모습과 가고자 하는 길을 찾을 수 있다.

넷째, 다양한 휴대기기의 사용이 가능하다. 유비쿼터스 컴퓨팅에서는 스마트폰, PDA, 태블릿 등 모든 유형의 휴대기기를 사용하여 서비스를 제공받을 수 있다. 예를 들면 금융거래를 할 때 ATM 기기가 없어도 스마트폰, 태블릿

출처: Google image, 2012.

그림 1-3 실제 모습과 가상의 모습을 혼합한 증강현실을 이용한 HUD 내비게이션

PC 등 사용자가 편리한 기기를 사용하여 자금이체나 계좌 잔액을 조회할 수 있다.

다섯째, 유비쿼터스 컴퓨팅은 사용자의 상황에 맞는 맞춤형 서비스를 제공한다.[7] 예를 들면 자기가 일하고 있는 사무실 내에 여러 대의 프린터가 설치되어 있다면 자신의 위치에서 가장 가깝고, 사용 가능한 프린터를 스스로 찾아서 신속하게 인쇄할 수 있게 해 준다.

여섯째, 사물의 지능화이다. 유비쿼터스 컴퓨팅은 사용자가 서비스를 제공하는 컴퓨터에 정보를 주지 않아도 사물에 심어진 컴퓨터 간의 정보교환으로 스스로 업무를 수행할 수 있다. 예를 들면 지능형 버스의 경우 달리는 버스의 속도와 앞차와의 거리는 운전자가 조정하는 것이 아니라 컴퓨터 센서가 도로 상황에 알맞게 스스로 속도와 앞차와의 거리를 조정할 수 있게 해 준다.

4. 유비쿼터스 컴퓨팅의 적용분야

유비쿼터스는 가정, 교육, 의료, 공공, 환경, 행정, 금융 등 인간이 생활하는 전반적인 부분과 비즈니스 및 산업 전반에 적용될 수 있다. 유비쿼터스 컴퓨팅 서비스가 우리 사회에 적용된 사례를 살펴보면 다음과 같다. 먼저 가정에서는 유비쿼터스 컴퓨팅 기술을 적용하여 인간이 편리한 삶을 영위할 수 있도록 '정보가전', '디지털 홈', '홈테인먼트', '유비쿼터스 아파트' 등으로 차세대 주거환경을 제공하고 있다. 이 분야에서는 가정 내의 모든 기기들이 무선으로 연결되어 있어 외부에서도 가정 내의 기기들을 원격으로 조정할 수 있게 하고 더 나아가 원격의료, 원격교육 등의 첨단서비스를 받을 수 있게 한다. 이처럼 가정에서의 유비쿼터스는 주거환경의 변화를 가져온다. 과거에는 집을 단순한 거주나 휴식장소로 여겼으나 유비쿼터스 시대에서는 집의 개념이 지식창출이나 정보공유 등을 모두 포괄하는 복합디지털 주거환경으로의 변화를 말한다. 예를 들면 홈네트워크는 가정 내 통신·가전기기를 하나의 통신망으로 연결 및 제어함으로써 홈오피스, 원격진료 등을 제공하는 지능형 융합서비스를 제공할 수 있으며, 초고속 인터넷에 연결되어 있는 사이버 아파트는 조명, 전기, 출입문, 난방, 커튼, 가스밸브의 자동 제어 등 홈오토메이션 기능과 실내감시, 침입탐지통보, 방문자확인, 화재감지 등 홈시큐리티 서비스 등을 포함한 다양한 디지털 홈 서비스로 확장되고 있다.[8)]

공공 및 행정 분야에서는 유비쿼터스 컴퓨팅을 적용하여 U-City 건설, 국토환경 및 주요 시설물의 지능화, 국가정보 서비스 백업체계 마련, RFID를 활용한 식의약품 이력추적 시스템, 치안/방범, 개인별·계층별 맞춤형 복지 서비스를 제공할 수 있다. 예를 들어 경상북도청에서 RFID를 이용하여 소비자가 선호하는 유기농, 무농약 농산물의 이력을 소비자가 직접 확인할 수 있도록 하였다.[10)]

경제 분야에서는 칩이 내장된 휴대폰, 카드 등을 이용하여 각종 결제 및

삼성SNS, 한국의 최첨단 스마트 홈 시스템 · 스마트 도어록 선보여

최첨단 기능의 삼성 스마트 홈 시스템

삼성SNS가 선보이는 '삼성 스마트 홈 시스템'은 삼성 휴대폰, 가전제품과 같이 최첨단 기능을 자랑한다. 특히 스마트폰으로 집안에 있는 조명, 에어컨, 난방, 가스밸브 등 가전기기를 제어하고 에너지 사용량을 조회, 대기전력을 제어할 수 있다.

또한 스마트 TV를 시청하면서 듀얼모드로 TV를 통해 방문객을 확인하고 문을 열어 줄 수 있으며, 스마트폰과 같이 가전기기까지 제어, 확인이 가능하다.

특히 에너지 제어기능은 스마트콘센트와 일괄소등 스위치로 에너지 낭비를 억제하고, 에너지 사용량을 모니터링하고 에너지 정보를 제공하며, 생활패턴을 감안해 에너지를 자동제어함으로써 에너지 사용량을 30% 가까이 줄일 수 있다.

여기에다 위치인식 기능은 세대별로 지급되는 Tag의 위치를 스마트폰, 스마트TV, 벽에 부착된 월 패드를 통해 확인할 수 있어 주차 차량 확인이 가능하며 노약자, 어린이의 경우 아파트 단지를 벗어나면 정보를 알려 준다.

삼성의 스마트 홈 시스템은 이미 한국에서 상용화된 시스템인 만큼 현지 업체의 홈네트워크 시스템과 달리 노약자들도 손쉽게 기능을 사용할 수 있을 만큼 안정적이다.

〈출처: 에이빙뉴스, 최영무 기자, 2012.12.04〉[9]

개인 금융 업무를 할 수 있는 스마트 카드 서비스, 홈쇼핑, 인터넷 쇼핑 등을 통해 주문한 상품에 대한 배송추적 및 이력관리가 가능한 u-배송 관리 서비스, 개인 휴대용 단말기를 이용하여 상품에 대한 상세한 정보를 제공받을 수 있는 지능형 쇼핑 서비스 등이 있다. 예를 들면, 소비자는 인터넷 쇼핑몰에서 제품을 주문한 후 배송 중의 제품 위치를 실시간으로 확인할 수 있다.[8)]

사회·문화 분야에서는 지능형 태그, 휴대단말기, 생체신호 측정기 등으로 환자의 건강상태를 체크하여 철저한 건강관리를 가능하게 해 주는 u-의료지원 서비스를 받을 수 있고, 자신의 취향이나 희망조건을 미리 등록해 두면 이동 중에도 자신 근처에 있는 가게의 광고나 쿠폰 등을 휴대전화로 받을 수 있다. 또 장소에 구애받지 않고 원격강의, 개인별 맞춤 교육 서비스와 애완견이나 희귀 동물의 보호를 위해서도 적용되고 있다. 다음의 사례는 u-의료지원 서비스를 보여주고 있다.

[희망 100세 시대] "집에서 건강검진받는 유헬스케어 시대"

'휴대용 소변검사기'

"많은 질병의 원인은 몸의 상태를 모르는 두려움에 있습니다. 조기에 병을 발견해 고치거나, 자신의 몸에 아무 이상 없다는 사실을 알면 더 건강하고 행복하게 살 수 있지요."

우리나라 최초로 휴대용 소변검사기 UA10을 만든 (주)SH제약의 박대웅 대표이사(43, 사진)는 고령화시대에 중장년층에게 꼭 필요한 제품이 무엇일지 항상 고민했다고 한다.

전선, 자동차부품, 휴대폰 제조업체 등을 거친 그는 지인의 소개로 2005년부터 UA10을 개발 중이던 아주대학교 의과대학 김수동 교수를 지난해 만나 자신의 길을 찾고 뜻을 함께 하기로 했다.

하지만 세계적 제약회사들이 점령한 의료기기 시장에서 중소벤처기업이 설 자리를 마련하기란 쉽지 않았다.

이런 과정을 거쳐 2010년 가정에서 간단한 소변검사로 당뇨병, 간질환, 뇌종양, 심부전 등 70여 개 주요 질병을 진단할 수 있는 UA10이 만들어졌다.

"우리 몸 전체를 도는 소변에는 건강상

태를 알 수 있는 웬만한 정보가 다 담겨 있어 1차 진단이 가능합니다. 혈액이 더 정확도가 높고 정보가 많지만 사용이 불편하고 고통을 수반하기 때문에 소변검사기를 착안했지요. 이미 시장에 나온 제품들은 부피가 소형 냉장고만큼 크지만 우리 제품은 한 손으로 들 수 있을 만큼 작습니다."

이렇게 부피가 줄어들 수 있었던 것은 기존 제품들이 소변 정보를 스캐닝으로 읽는 반면, UA10은 LED(발광다이오드)를 통해 빛의 굴절로 정보를 인식하기 때문이라는 설명이다.

SH제약 박대웅 대표가 UA10을 들어 사용법을 설명하고 있다.
사진=우정식 기자 uhcho@asiatoday.co.kr

〈출처: 아시아투데이 뉴스, 이정필 기자, 2012.12.10〉[11]

5. 각국의 유비쿼터스 컴퓨팅 프로젝트

유비쿼터스 컴퓨팅이 각광을 받으면서 세계 여러 나라에서 유비쿼터스 관련 기술들을 선도하기 위해 노력하고 있으며, 각 나라의 환경과 전략에 따라 추진하는 방향이 조금씩 상이하다.

세계 여러 나라들에서 추진하고 있는 유비쿼터스 관련 프로젝트 중에서 미국, 일본, 유럽의 유비쿼터스 프로젝트에 대해서 자세히 알아보자.

표 1-2 ■ 각국의 유비쿼터스 프로젝트 비교

	미 국	일 본	EU
주요 용어	Ubiquitous Computing Pervasive Computing	TRON Ubiquitous Network	AMI (Ambient Intelligent)
추진 배경	차세대 컴퓨팅 기술개발 미래 IT 비전	소형화, 가전기술 장점을 네트워킹으로 활용하여 경쟁력 강화	인간중심 서비스 지향 미래사회 연구에서 출발
초 점	Smart Device	Anywhere connection	Intelligent service
주요 연구분야	Computer device	Network(networking을 위한 장비 및 부품 중심)	Every Objects 다양한 서비스
응용사례	MS 'Easy Living' HP 'Cool Town' 캘리포니아대학 'Smart Dust'	동경대 'TRON' 도요타 'PAPI' 총무성 'UNS'	ISTAG 'Grand Challenges' 'Smart Its'
공동특성	자율형/개인맞춤형(Smart)+네트워크(Network)+이동성(Mobility)		

출처: 한국전산원, 2005.

5.1 미국의 유비쿼터스 컴퓨팅 프로젝트

미국의 유비쿼터스 프로젝트는 주로 차세대 IT 비전으로 컴퓨팅의 활용에 비중을 두고 있다. 이는 최첨단 컴퓨터 기술을 토대로 바이오기술(BT)과 나노기술(NT)의 응용을 통해 IT를 새로운 차원으로 발전시키려는 노력이 포함되어 있다.[12] 민간기관들에서도 기술 및 서비스 목표에 따라 다양한 프로젝트를 추진하고 있다.

IBM은 'Pervasive Computing'이라는 프로젝트를 추진하였다. 이 프로젝트는 서버 중심의 컴퓨터 내재성을 강조하고 on-demand 서비스에 중점을 두어 서버시스템, 미들웨어 등의 기반제품의 제공과 장치 소프트웨어, 반도체 등의 내장형 요소 기술의 개발, 시스템 구축 등의 통합 솔루션 제공에 집중하였다.

또한 1995년에 추진된 MS사의 'Easy Living' 프로젝트는 지능적 환경 구

출처: 장재호, 2010.

그림 1-4 Easy Living 회의실 모습

현으로 편리한 삶을 지원하기 위해 추진되었다. Easy Living의 주요 시나리오는 사람이 스크린 앞에 앉으면 자동으로 사용자를 인식해 스스로 그 사람의 메일을 검색하고, 미리 선택한 영화 상영 등을 실행하며, 일어서면 그 영화를 자동으로 중단한다. 또 사용하던 컴퓨터에서 다른 컴퓨터로 이동하면 사용하고 있었던 컴퓨터는 자동으로 로그 아웃이 되고 자리를 이동했던 새로운 컴퓨터에 스스로 로그인하지 않아도 컴퓨터가 사람을 인식해서 자동 로그인을 실행한다.[13)]

1994년에 추진된 HP사의 'Cool Town' 프로젝트는 유비쿼터스 환경을 구현한 미래도시 모델을 제시하였다. 즉, 유·무선 통신 네트워크 기술과 웹기반의 정보통신 기술을 기반으로 현실세계의 사람·장소·사물이 가상세계에서 연동되도록 하는 것이다. Cool Town 프로젝트에서는 쿨타운 미술관, 쿨타운 회의실, 쿨타운 버스 등으로 구분되어 고객 서비스, e-비즈니스, 원격교육 및 원격의료, 화재 및 방재 대응 서비스 등을 제공한다.[13)]

캘리포니아 대학에서 1998년도에 추진한 'Smart Dust'는 공기 중에 떠

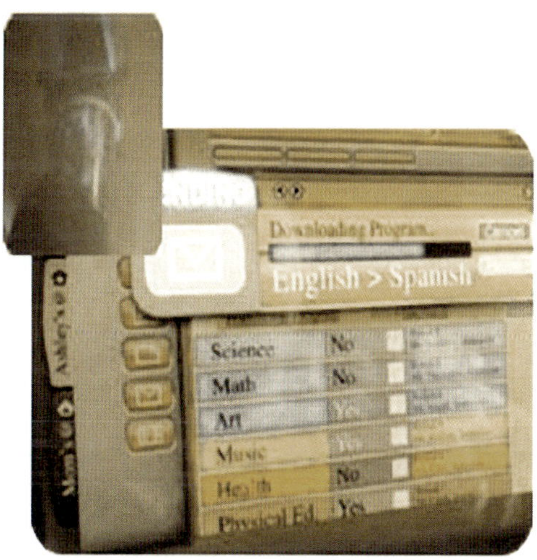

출처: 한국전산원, 2005.

그림 1-5 쿨타운 화재 대응 및 자동번역 서비스

Smart Dust Project

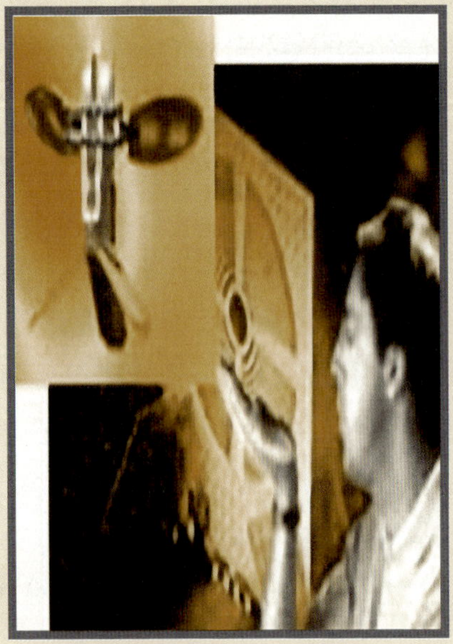

미 국방성에서 1998년부터 'Smart Dust' 프로젝트를 지원하여 2010년까지 1mm³ 짜리 Smart Dust 개발 계획을 세웠다. Smart Dust는 1mm³ 크기의 실리콘 모트(silicon mote)라는 입방체 안에 완전히 자율적인 센싱(autonomous sensing)과 통신 플랫폼(communication platforms) 능력을 갖춘 보이지 않는 컴퓨팅 시스템이라고 할 수 있다. 미 국방부 고등연구계획국(DARPA)과 캘리포니아(버클리)대에서 연구 중인 Smart Dust는 마이크로 프로세서, 센서, 레이저, 통신용 송수신장치, 배터리(태양전지), 마이크로머신(MEMS) 등과 같은 하위 시스템들로 구성되는데 보통 100m 또는 그 이상의 무선 송수신 능력이 있으며 가벼워 떠다닐 수도 있다.

군사적으로 이용되는 스마트 먼지는 작전공간에 수천, 수만 개가 뿌려져 기상상태, 생화학적 오염, 병력과 장비의 이동 등을 감지하거나 스스로 주어진 임무를 수행할 수 있는 능력을 갖는다. 스마트 먼지의 가장 중요한 기능은 서로간에 커뮤니케이션할 수 있는 수천, 수만 개의 모트들을 하나의 통합된 센서 네트워크와 센서 기지로 연결하는 데 있다. 이렇게 구성된 센서네트워크가 바로 유비쿼터스 컴퓨팅과 네트워크 기술을 응용한 차세대 전술상황정보 인식시스템의 핵심이라고 할 수 있다.

마이크로 머신(MEMS)이나 무인이동체시스템을 사용할 경우에는 사람을 대신해 캡슐 혹은 박격포탄 정도 크기의 무기 및 장비를 이동시키고 언제 어디서든 주어진 시간과 위치에서 스스로 폭발하거나 명령된 신호를 보내는 것 등 다양한 구동체(actuator)로서의 역할도 수행할 수 있다.

〈출처: 한국전산원, 유비쿼터스 사회 새로운 희망과 도전, 2005〉[14)]

화성탐사 나노봇
모래알보다 작은 로버가 화성을 속속들이 파헤친다

환상의 짝꿍

미래에는 바람에 실려 대기를 떠도는 플라잉 나노봇과 자율이동 능력을 갖춘 초소형 지상 로봇이 팀을 이뤄 외계행성을 탐사할 것이다.

"수만 개의 자율이동 나노봇으로 제작된 로버가 생명체와 물을 찾아 화성 표면을 탐사할 날이 도래할 것입니다." 작년 11월 발사된 미 항공우주국 (NASA)의 화성탐사로버 '큐리오 시티(Curiosity)'가 8월 6일 화성에 착륙한다. 이 로버는 역대 로버 중 가장 많고 무거운 75㎏의 과학 장비를 싣고 험준한 화성 표면을 탐사해야 해 크기가 SUV만하다.

환상의 짝꿍
미래에는 바람에 실려 대기를 떠도는 플라잉 나노봇과 자율이동 능력을 갖춘 초소형 지상 로봇(우측 하단)이 팀을 이뤄 외계행성을 탐사할 것이다.

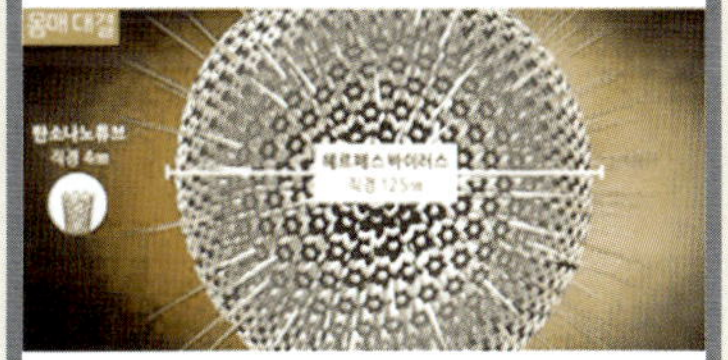

"수만 개의 자율이동 나노봇으로 제작된 로버가 생명체와 물을 찾아 표면을 탐사할 날이 도래할 것입니다."

하지만 화성 이외의 행성에 이만한 덩치의 로버를 보내는 것은 결코 실용적인 판단이 아니다. 우선 돈이 많이 든다. 큐리오시티 무게의 로버를 화성에 보내기 위해 필요한 로켓연료만 450톤이 넘는다. 또 대형 로버는 대개 전력을 많이 소모하고, 그만큼 하룻동안 탐사할 수 있는 범위도 좁다.

그래서 일부 연구자들은 향후 외계행성 탐사 임무의 효율성 제고를 위해 크기가 큐리오 시티의 10억분의 1에 불과한 나노봇에 눈을 돌리고 있다. 전문가들은 미래의 화성에 도착하게 될 최초의 나노봇이 이른바 '지능형 먼지 (smart dust)'라고 불리는 모래알 크기의 로봇 군단이 될 것으로 전망한다.

화성 궤도에 도달한 탐사선이 나노봇이 들어있는 캡슐을 화성에 투하해 방출하면 마치 모래폭풍처럼 바람을 타고 대기를 떠돌며 화성의 모든 것을 알려주게 된다. 화성의 중력은 지구의 38%에 불과해 나노봇들은 지면에 떨어지기 전까지 매우 오랜 시간 동안 탐사임무를 수행할 수 있다. 영국 글래스고대학의 물리학자 존 바커 박사의 컴퓨터 시뮬레이션에 따르면 3만 대의 나노봇을 한 번에 살포할 경우 수천 km^2 면적의 탐사가 가능하다.

각 나노봇에는 나노프로세서, 데이터 수집 센서, 그리고 인근의 나노봇과 커뮤니케이션할 수 있는 송·수신 장치가 탑재된다. 센서가 수집한 화성 대기의 기류와 화학성분 자료는 화성 궤도에 머물고 있는 탐사선을 거쳐 지구로 보내진다.

또한 나노봇의 외피는 전극에 의해 제어되는 가변형 폴리머로 만들어질 것이다. 너무 빨리 지상에 떨어졌을 때 다시 바람에 날아가기 좋도록 매끄럽던 외피 모양을 오톨도톨하게 변형시키기 위함이다.

이 같은 방식의 프로젝트가 불가능한 목표로 보일 수도 있다. 하지만 이미 가변형 폴리머 기술이 확보돼 있는 상태며 바커 박사는 cm 크기의 프로토타입 나노봇을 활용, 이 프로젝트의 최대 난제 중 하나로 꼽히는 통신 어레이의 실험에 돌입했다.

특히 화성 표면을 파고 들어가 토양이나 암석의 표본을 수집하는 것과 같은 더 복잡하고 가치 있는 임무를 나노봇에 부여하기 위한 노력도 전개 중이다. NASA의 집단나노기술(ANTS) 프로그램 연구팀이 개발 중인 자체 동력을 갖춘 초소형 자율이동 로봇 'TET워커(TETwalker)'가 그 중 하나다.

이 로봇은 탄소나노튜브 막대로 피라미드 모양의 골격을 짠 사면체 구조를 띠고 있다. 특정 탄소나노튜브 막대의 길이를 늘이거나 줄이는 방식으로 무게중심을 변경, 원하는 방향으로 구르면서 이동한다. 연구팀은 나노 크기의 TED워커 수만 개를 가지고 로버나 안테나 같은 장치를 제작, 생명체와 물을 찾아 화성 표면을 자율 탐사하는 로봇의 개발을 궁극적 지향점으로 삼고 있다.

아직은 인간의 명령을 받아 움직이는 높이 61cm의 개념 실증 모델 수준이며 이를 나노 크기로 줄이려면 지금보다 훨씬 진화된 나노튜브 기술이 필요하다. ANTS 프로그램의 책임자 인 스티브 커티스 박사는 나노기술의 발전과 연구비 투자 규모에 따라 달라지겠지만 앞으로 30~40년 내에 TET워커를 화성에 보낼 수 있을 것으로 예견한다.

덧붙여 나노봇이 하루 일과를 마치고 안전하게 쉴 수 있는 장소가 없다면 화성에 내리쬐는 강력한 우주 방사선과 가혹한 기후로 인해 머지않아 수명을 다하게 된다. 이에 미국 노스이스턴대학 콘스탄티노스 마브로이디스 박사팀은 화성 나노봇 기지의 콘셉트 모델을 연구 중이다. '네트워크화된 테라X플로러(NTXp: Networked TerraXplorer)'라고 명명된 이 기지는 거미줄 모습과 유사한 방사형(放射形) 로프 형상을 하고 있다. 대량의 지능형 나노봇들을 NTXp에 넣어 화성에 떨어뜨림으로써 쉼터를 제공, 나노봇의 생명연장을 꾀하는 것이다.

한편 나노봇의 최초 임무 지역은 화성이 되겠지만 언젠가는 그보다 혹독한 환경의 행성에도 투입돼야 한다. 때문에 NASA 제트추진연구소(JPL)는 표면온도가 400℃를 훌쩍 뛰어넘어 500℃에 육박하는 금성에서도 제 성능을 발휘할 신개념 탄소나노튜브를 개발하고 있다.

바로 이런 노력들이 하나로 모아지면서 수십 년 내에 장난감 자동차보다 작은 초소형 로봇들이 우주의 비밀을 밝혀주는 광경을 두 눈으로 목격할 수 있을 것이다.

〈출처: 한국아이닷컴, 파퓰러사이언스지, 2012.08.01〉[15]

다니는 컴퓨터 개발을 목표로 하고 있다. 1㎣의 실리콘 모트(silicon mote) 안에 자율적인 센싱, 통신 플랫폼 및 무선송수신 능력을 갖춘 보이지 않는 초경량 컴퓨팅 시스템을 개발하여 공기 중에 떠다니면서 기상상태, 생화학적 오염, 자연환경, 병력·장비 감지 등을 할 수 있게 한다는 것이다. 이 프로젝트는 군사적 목적으로 미 국방성의 지원으로 시행되었다.[14]

1999년 MIT의 'Oxygen Project'는 유비쿼터스의 개념과 상통하는 것으로 '어디에나 존재하는 컴퓨터' 개발을 목표로 한다. 컴퓨터가 산소와 같이 풍부하고, 이용자는 언제 어디서나 자신의 요구에 맞는 서비스를 쉽게 이용할 수 있는 컴퓨팅 환경을 구현하기 위한 이 프로젝트는 미 DARPA(국방고등연구계획국)과 산업계 지원으로 개발되었다. Oxygen Project의 구성요소는 집의 지하실, 사무실 벽, 차의 트렁크 등에 심어지는 컴퓨터(E21s), 음성만으로도 화면과 대화할 수 있어 어디서나 사용자의 의사소통 및 컴퓨터 이용을 지원하는 디바이스(H21s), 주변 환경 변화에 맞게 스스로 설정이 가능한 자율 네트워크(N21s), 환경, 사용자 요구의 변화에 맞는 적절한 서비스를 지원하는 S/W(O2S) 등이다.[14]

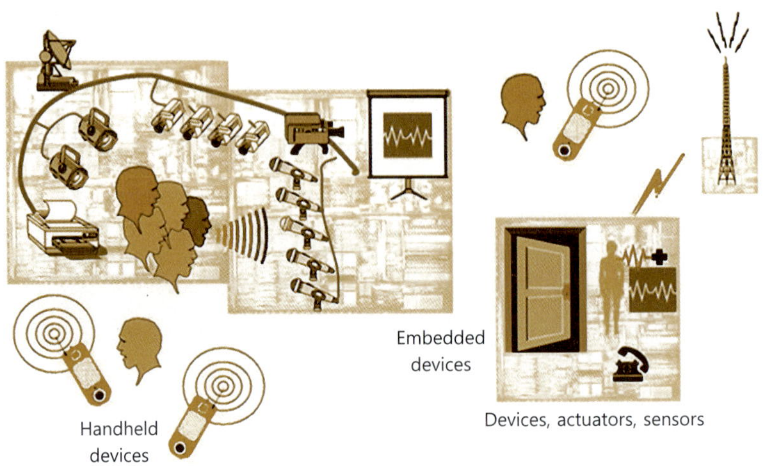

출처: MIT Project Oxygen, 2012.

그림 1-6 Oxygen Project의 구성요소

5.2 일본의 유비쿼터스 컴퓨팅 프로젝트

일본은 1984년 동경대의 사카무라 켄이 추진한 'TRON(The Real-time Operating system Nucleus)'으로부터 유비쿼터스 관련 프로젝트가 시작되었다. 미국이 유비쿼터스 컴퓨팅에 초점을 둔 반면, 일본은 'Ubiquitous Networking'을 강조하였다. 즉, 광, 센서, 초소형 기계장치(MEMS), 가전기술 등 일본의 강점인 첨단기술력과 자원을 네트워크화하여 유비쿼터스 사회의 조기 실현을 목표로 추진되었다. 특히 일본 정부는 2010년까지 언제 어디서나, 무엇이든 누구라도 연결되는 유비쿼터스 환경 실현을 목표로 u-Japan 전략을 추진하였다. 정책 추진방향은 첫째 유·무선 등을 총망라하는 종합적 브로드밴드 상시 접속 네트워크를 확립하는 것, 둘째, 네트워크에 다양한 디바이스를 접속시켜 u-네트워크 환경을 구축하는 것, 셋째, 콘텐츠, 일렉트로닉 서비스 등 새로운 가치를 창출할 수 있는 산업을 육성하는 것이다.[14)]

출처: 한국전산원, 2005.

그림 1-7 TRON 칩 모양

일본의 주요 프로젝트 사례를 살펴보면 먼저 1984년에 동경대에서 추진된 'TRON(The Real-time Operating system Nucleus)'은 우리의 일상 생활환경 주변의 모든 기기를 연결하여 컴퓨터화시켜서 인간들에게 편리성을 제공하려 하였다. TRON 프로젝트는 컴퓨터 H/W, O/S뿐만 아니라 활용법 등 폭넓은 분야를 포괄하는 프로젝트로 시스템 프로젝트와 응용프로젝트로 나누어 진행하였다.[14)]

Toyota사의 'Dream Home PAPI'는 유비쿼터스 네트워크 기술을 기반으로 쾌적함을 증가시키고 에너지를 절약할 수 있는 지능형 주택을 구현하는 것을 목표로 하였다. 여기서 PAPI='pal(사이좋은)'+'pizza(원기, 활기)'는 최첨단 기술을 담아 환경, 방범, 건강 등 여러 분야에서 미래 생활에 편리한 주택으로 주요기능은 생체 센서와 연동해 창문의 블라인드를 자동으로 개폐할 수 있고, 실내조명을 스스로 조절하는 등 생체 바이오리듬에 맞춘 수면환경을 제공하는 침실, 비가 내리면 자동으로 청소를 하는 창문과 유비쿼터스 커뮤니케이터를 이용한 현관문 개폐, 엘리베이터 조작 등 다양한 홈 조정(Control) 기능을 갖추고 있다.

동 영 상

■ PAPI

Toyota사의 PAPI가 적용된 일본가정의 생활 모습을 보여줌

〈출처: TRON, 2012〉[16)]

5.3 유럽의 유비쿼터스 컴퓨팅 프로젝트

유럽의 유비쿼터스는 기술적 관점에서 인간의 생활방식을 변화시키고, 보다 풍요로운 삶을 보장하는 인간 친화적 관점에서 출발하였다. 유럽의 유비쿼터스 프로젝트는 2001년에 추진된 'Smart Its'가 대표적이다.[14)]

이 프로젝트는 스위스, 독일, 핀란드가 공동으로 진행하여 일상사물의 지능화를 추구하는 것으로 2개 분야로 나뉘어 추진되었다. 먼저 사물에 소형 칩인 "Smart Its"를 내장하여 감지, 인식, 컴퓨팅 및 무선 통신 등의 기능이 가능한 정보 인공물(Information Artefacts)을 개발하는 것과 지능화된 정보 인

출처: 한국전산원, 2005.

그림 1-8 Mediacup

공물은 상호간의 커뮤니케이션을 통해 협력적 상황인식과 상황에 따른 조치가 가능한 기술을 개발하는 것이다. 예를 들면, 일반 머그컵에 Smart-Its를 탑재하면 컵과 관련한 정보뿐 아니라 사용자의 정보까지 함께 인식·처리·전달이 가능하게 된다. 즉 '미디어 컵'을 이용하면 회의실을 누가 사용하고 있는지 확인이 가능하고, 휴대용 기기나 커피메이커 등과 같은 다른 장치와의 커뮤니케이션을 통해 커피가 부족할 경우 커피메이커를 자동으로 작동시켜 커피를 보충시킬 수 있게 된다.

▶ 토의과제

1. 유비쿼터스 컴퓨팅 시대의 도래로 일상생활에서 변화된 점을 실제 체험해 본 사례를 위주로 토론해 보자.
2. 유비쿼터스와 유비쿼터스 네트워크, 유비쿼터스 컴퓨팅의 용어들에 대한 차이점을 논의해 보자.
3. 향후 우리 일상생활에서 유비쿼터스 기술이 적용될 수 있는 새로운 분야를 찾아보자.
4. 향후 기업에서 유비쿼터스 기술을 적용하여 업무의 생산성이나 업무처리 절차를 개선할 수 있는 분야를 찾아서 논의해 보자.

동 영 상

제 목	주요내용	Link	시 간
컴퓨터 대혁명, 유비쿼터스	유비쿼터스의 용어에 대한 소개와 실생활 사례를 보여줌	http://www.youtube.com/watch?v=BeMmLq8F18w	1분 56초
Toyota사의 'Dream Home PAPI	Toyota사의 PAPI가 적용된 일본가정의 생활 모습을 보여줌	http://www.youtube.com/watch?v=vyhO6y2nUOU&NR=1	5분 27초
영화 속 유비쿼터스 '미션 임파서블2'	유비쿼터스 기술이 적용된 영화의 장면을 보여주고 있음	http://www.youtube.com/watch?v=G4VHqDOWqIA	1분 9초
유비쿼터스 시대의 쇼핑 방법	유비쿼터스 시대에 마트에서 쇼핑하는 방법을 보여주고 있음	http://www.youtube.com/watch?v=b45bwwSavJk	1분 2초

Summary
요 | 약

유비쿼터스 컴퓨팅과 유비쿼터스 네트워크의 개념

- 유비쿼터스 컴퓨팅은 모든 사물에 컴퓨터가 내장되어 있어 모든 곳에서 컴퓨터 환경이 구현된다는 의미
- 유비쿼터스 네트워크는 인간이 언제 어디서나 컴퓨터를 사용할 수 있도록 연결되어 있는 네트워크를 의미

인류문명에 변화를 준 4가지 물결

- 제1의 물결인 농업기술에 의한 혁명
- 제2의 물결인 산업혁명에 의한 기술 혁명
- 제3의 물결인 정보기술에 의한 혁명
- 제4의 물결인 유비쿼터스 기술 혁명

유비쿼터스 컴퓨팅의 기원

- 1991년 미국의 마크 와이저(Mark Weiser)가 유비쿼터스의 개념을 처음 제시
- 1996년에는 "The Coming Age of Calm Technology"라는 논문에서 인터넷 시대를 거쳐 개인의 환경 속에 편재되어 있는 여러 컴퓨터를 사용하는 유비쿼터스 컴퓨팅 시대가 도래할 것으로 예측

유비쿼터스 컴퓨팅의 특징

- 사물의 네트워크화
- 언제 어디서나 실시간 접속 가능
- 실감형 정보를 현실 세계에 제공
- 다양한 유형의 휴대기기 사용 가능
- 사용자의 상황에 맞는 맞춤형 서비스 제공
- 사물의 지능화

유비쿼터스 컴퓨팅의 적용분야

- 가정에서는 정보가전, 디지털 홈, 홈테인먼트 등 차세대 주거환경을 제공
- 공공 및 행정 분야에서는 u-City 건설, RFID를 활용한 식의약품 이력추적 시스템, 치안/방범, 개인별·계층별로 맞춤형 복지서비스 제공
- 경제분야에서는 스마트 카드 서비스, u-배송 관리 서비스, 지능형 쇼핑 서비스 등을 제공
- 사회·문화 분야에서는 u-의료지원 서비스, 실시간 정보제공 서비스 등을 제공
- 기타 우리의 생활전반과 산업 전체에 걸쳐 적용 가능

각국의 유비쿼터스 컴퓨팅 프로젝트

- 세계 각국에서는 유비쿼터스 관련 기술을 선도하기 위해 각 나라의 환경과 전략에 따라 다양한 프로젝트를 추진
- 미국은 IBM 'Pervasive Computing', MS사의 'Easy Living 프로젝트', HP사의 'Cool Town 프로젝트' 등을 추진
- 일본은 동경대의 'TRON(The Real-time Operating system Nucleus)', Toyota사의 'Dream Home PAPI' 등을 추진
- 유럽은 스위스, 독일, 핀란드가 공동으로 진행한 'Smart Its'가 있음

질문

1. 유비쿼터스 컴퓨팅 시대는 우리의 일상생활에 어떠한 변화를 가져다 줄까?
2. 유비쿼터스 컴퓨팅과 유비쿼터스 네트워크의 개념에는 어떤 차이가 있을까?
3. 유비쿼터스 컴퓨팅의 특징에는 어떤 것들이 있을까?
4. 각국의 유비쿼터스 관련 프로젝트에서 가장 최근의 사례에는 어떤 것이 있을까?

Closing Case

비디오 유비쿼터스 시대가 오고 있다

가수 싸이의 노래 '강남스타일'의 뮤직비디오가 유튜브에 공개된 지 석 달 만에 조회 수 4억뷰를 넘보며 세계적인 돌풍을 일으키고 있다. 강남스타일이 선풍적인 인기를 얻은 것은 쉽고 반복적인 멜로디도 주요했겠지만 '말춤'을 비롯한 시각적인 부분도 큰 몫을 했을 것이다. 유튜브를 비롯한 소셜네트워크서비스(SNS)의 적극적인 활용도 무시할 수 없다.

한 연구에 따르면 인간이 사용하는 여러 커뮤니케이션 수단에서 시각적인 부분이 가장 영향력이 크다고 한다. 단지 말과 글이 아니라 영상을 추가했을 때 서로 느끼는 소통의 효과가 더욱 확실하게 나타난다는 것이다. 그동안 기업의 상호협력 방식은 음성과 이메일이 핵심이었다. 하지만 점점 더 기업들이 가상화, 모바일화하고 세계화하면서 협업 방식도 빠르게 변하고 있다. 그 중심에는 '영상회의' 기술이 있다. 몇 년 전 시작된 글로벌 경기 둔화 탓에 기업은 성장과 수익 그리고 경쟁력 확보라는 큰 과제를 안았다. 기업은 영상회의 기술로 좀 더 신속하게 필요한 의사 결정을 내릴 수 있다. 또 협업할 때 불필요한 시공간 요소를 최소한으로 줄여 생산성과 비용 절감을 동시에 얻을 수 있다.

영상회의 기술은 모바일 기기, 통신 인프라의 진화 그리고 SNS의 출현으로 활용 범위가 훨씬 더 넓어질 것으로 기대된다. 과거 중소형 회의실에 자리 잡았던 영상회의 시스템은 스마트폰이나 스마트패드(태블릿PC) 등과 같은 모바일 기기로 확장되고 있으며, 전자결재 시스템, 영업관리 애플리케이션과 소프트웨어를 활용해 연동됨으로써 비즈니스 프로세스에 통합됐다. 이제 업무를 진행할 때 전화를 걸거나 이메일을 쓰는 것처럼 영상회의 기술을 자연스럽게 활용하는 것이 가능해졌다. 소프트웨어 플랫폼 기반의 영상회의 기술은 페이스북, 스카이프, 구글 토크와 같은 소셜 애플리케이션과도 자연스럽게 연동할 수 있는 수준에 올랐다. 이 때문에 기업이 영상회의 기술을 소비자 영역까지 확대해 단순한 내부 직원 간 소통뿐만 아니라 소비자나 대리점 등 외부와의 소통에 이용하는 사례가 늘어날 전망이다.

서비스 차별화와 시장 통찰력을 확보해 영상회의를 기업 경쟁력 확대에 활용할 수 있는 것이다. 실제로 기업은 고객 만족도를 높이기 위해 기존 음성문자 상담에서 나아가 영상을 통한 대면 상담을 적극적으로 고려한다. 이제는 각종 세무나 법률 상담 서비스, 당뇨병이나 고혈압, 심장병 등 만성질환 환자들의 정기적인 전문의 상담, 콜센터 전문가와의 금융 서비스 상담을 현장에 가지 않고도 할 수 있게 됐다. 기업은 이제 웹 브라우저가 있는 곳이라면 자기가 가지고 있는 모바일 기기로 언제 어디서나 영상회의를 활용해 좀 더 다양한 서비스를 효과적으로 제공할 수 있다. 기술과 기기가 발전하면서 영상회의 기술은 이제 기업의 비즈니스 세계를 벗어나 우리 생활 속으로 폭넓고 깊숙하게 자리잡을 것이다.

언제 어디서나 어떤 기기에서도 원하는 정보를 제공할 수 있는 '데이터 유비쿼터스' 시대에서 시간, 공간, 기기에 구애받지 않고 영상을 통해 효과적으로 정보를 교류할 수 있는 '비디오 유비쿼터스' 시대로 바뀌는 것이다.

세계 어느 곳보다 탄탄한 정보통신기술(ICT) 인프라를 갖추고 있는 우리나라가 선택이 아닌 필수로 자리매김하고 있는 영상회의 기술을 십분 활용해 좀 더 스마트한 IT 기반 선진국으로 발전할 수 있기를 기대한다.

〈출처: 전자신문, 신대준, 2012.11.07〉[17]

질문

1. 위의 내용에 나오는 영상회의 기술과 같은 비디오 유비쿼터스 시대가 도래하였을 때 편리한 점과 고려해야 할 점에는 무엇이 있을지 생각해 보자.
2. 비디오 유비쿼터스와 관련된 실생활 사례를 사회적 · 경제적 분야에서 찾아 보자.
3. 비디오 유비쿼터스를 기업의 경영활동에서 활용할 수 있는 방법에 대해서 생각해 보자.

참고문헌

1. 월간 유비쿼터스, 2008년 10월호, 2008.
2. 삼성경제연구소, "유비쿼터스 컴퓨팅: 비즈니스 모델과 전망," 2003.
3. 한국전산원, "유비쿼터스 시대의 생활·교육·문화 서비스 발전방안 연구," 보고서, 2004.
4. 김명주, 손진곤, "Understanding of Ubiquitous & Computers," 이한출판사, 2009.
5. KBS, "사이언스21," 2003.10.24, http://www.youtube.com/watch?v=BeMmLq8F18w.
6. Wikipedia. "유비쿼터스," http://ko.wikipedia.org/wiki/유비쿼터스, 검색일 2013.01.09.
7. 김지희, "유비쿼터스 환경에서의 디지털 홈 네트워크 시스템에 관한 연구," 서울여자대학교 석사학위논문, 2005.
8. 박승빈, "유비쿼터스 서비스 소개," C&I 특별 기고, 2011.
9. 에이빙뉴스, 최영무기자, "삼성SNS, 한국의 최첨단 스마트 홈 시스템·스마트 도어록 선보여," 2012.12.04, http://kr.aving.net/news/view.php?articleId=424170&Branch_ID=kr&rssid=naver&mn_name=news.
10. 박승빈, "유비쿼터스 서비스 소개," C&I 특별 기고, 2011.
11. 아시아투데이 뉴스, 이정필 기자, "집에서 건강검진받는 유헬스케어 시대," 2012.12.10.
12. 한국전산원, "유비쿼터스 사회 새로운 희망과 도전," 2005.
13. 장재호, "네트워크 중심전을 위한 군 정보통신 방향에 관한 연구," 배재대학교 석사학위논문, 2010.
14. 한국전산원, "유비쿼터스 사회 새로운 희망과 도전," 2005.
15. 한국아이닷컴, 파퓰러사이언스지, "화성탐사 나노봇," 2012.08.01. http://popsci.hankooki.com/popsci_news/view.php?news1_id=8542&cate=13.
16. TRON, "PAPI," 2012.06.21, http://www.youtube.com/watch?v=vyhO6y2nUOU&NR=1, 검색일 2013.01.31.

17. 전자신문, 신대준 폴리콤코리아 사장, "비디오 유비쿼터스 시대가 오고 있다," 2012.11.07, http://www.etnews.com/news/opinion/2672852_1545.html.

18. Google image, 검색일 2012.12.20.

19. 유튜브, http://www.youtube.com/watch?v=G4VHqDOWqIA, 검색일 2013.01.31.

20. Corewarmth, "유비쿼터스 시대의 쇼핑방법," http://www.youtube.com/watch?v=b45bwwSavJk, 검색일 2013.01.31.

21. 강영무, 고영중, 권기항, 김종훈, 김현수, 박경환, 박병권, 이강배, 이재기, 정문상, 조장우, 최형림, 홍순구, 허성우, "엑셀과 파워포인트 중심의 정보처리개론," 생능출판사, 2009.

Chapter

02

유비쿼터스 기술

학습목표

1. 유비쿼터스 컴퓨팅을 가능하게 하는 여러 기술들을 이해한다.

Openning Case

미션 임파서블 2(Mission: Impossible II)

미션 임파서블 2는 2000년에 오우삼 감독이 만든 영화이다. 이 영화는 그리스 신화를 인용한 '키메라'라는 바이러스와 이를 억제할 벨레로폰을 만들어 낸 생물공학자 네코비치 박사가 Impossible Mission Force의 요원인 이단 헌트에게 도움을 요청하면서 시작한다. 테러리스트인 앰브로즈는 박사에게서 벨레로폰을 탈취한 후 비행기 추락사고를 가장하여 그를 살해한다. 그러나 앰브로즈는 정작 필요한 악성 바이러스인 키메라가 없었으므로 그의 작전은 반쪽 성공일 뿐이었다. 이 사건으로 IMF측에서는 앰브로즈가 가진 것이 무엇인지 알아내려고 헌트를 불렀고 그는 키메라라는 것이 인플루엔자, 즉 유행성 감기를 없애기 위한 완벽한 치료제인 벨레로폰을 유전학적으로 조합하다가 부수적으로 만들어진 끔찍한 악성 바이러스라는 사실을 알아낸다. 헌트는 바이오사이트 제약회사에 보관되어 있는 마지막 남은 키메라바이러스를 파괴하기 위해 제약회사 건물로 침투하지만 앰브로즈가 헌트의 침투작전을 역이용하여 키메라를 손에 넣

고 만다.

이 영화에서 활용된 유비쿼터스 기술은 주인공인 헌트가 IMF로부터 미션을 받을 때 선글라스를 쓰면 동영상이 나온다. 이는 어디에서나 사용할 수 있는 유비쿼터스 디스플레이 기술로서 선글라스에 컴퓨터가 내장되어 있어야 가능하다. 또한 유비쿼터스의 생체인식 기술의 하나인 사람의 홍체를 인식하는 기술을 활용하여 그 사람의 신원을 확인한 후에 그 속에 내장된 프로그램이 실행되는 것을 보여주고 있다.

〈출처: 네이버 영화〉[1)]

1. 유비쿼터스 관련 기술의 개요

앞장에서 살펴본 유비쿼터스 컴퓨팅의 특징으로 사물의 네트워크화 및 지능화, 실시간 접속, 실감형 정보 및 맞춤형 서비스 제공 등을 들 수 있다. 이러한 유비쿼터스 컴퓨팅 환경을 조성하기 위해서는 모든 사물에 컴퓨터가 심어져 있어야 하고, 그 컴퓨터들이 네트워크로 서로 연결되어 있어야 한다.

이 장에서는 유비쿼터스 컴퓨팅과 관련된 기술에 대해 살펴본다. 조정환(2006)에 따르면 유비쿼터스 컴퓨팅 환경을 조성하기 위해서는 다음 6가지 기술이 필요하다.[2)]

유비쿼터스 컴퓨팅 환경에서는 첫째, 모든 컴퓨터들을 연결시키기 위한 네트워크 기술이 필요하다. 둘째, 모든 사물에 내재되어 있는 컴퓨터를 작동시키기 위해서는 외부의 변화를 감지하는 센서기술이 필요하다. 셋째, 센서기술을 통하여 입력된 정보를 실시간으로 처리할 수 있는 실시간 운영체제(OS) 기술이 필요하다. 넷째, 모든 사물과 기기, 사람들이 네트워크로 연결되어 안전하게 정보를 주고받기 위해서는 정보보안 관련 기술이 필요하다. 다섯째, 유비쿼터스 컴퓨팅 환경에서는 모든 사물에 컴퓨터가 내재되어 있어야 한다. 이때 내재되는 컴퓨터는 크기가 아주 작아야 하고, 항상 켜져 있어야 하기 때문에 전력소비가 적어야 한다. 이와 같이 초소형, 저전력의 컴퓨터를 만들기 위한 디바이스 기술이 필요하다. 여섯째, 사람들이 환경 속에 컴퓨터가 내재되어 있다는 것을 알지 못하도록 컴퓨터는 사람들 눈에 보이지 않으면서 작동을 해야 하고, 필요시 사람들이 편리하게 사용할 수 있도록 인터페이스가 제공되어야 한다. 따라서 유비쿼터스 컴퓨팅 환경을 구현하기 위해서는 무엇보다 인간 중심적인 인터페이스 기술이 필요하다.

표 2-1 ■ 유비쿼터스 관련 기술

유비쿼터스 기술	역 할	세부기술
네트워크 기술	시시각각 위치가 변하는 사물들을 동적으로 연결	광대역통신망, IPv6, 블루투스, 지그비 등
센서 기술	외부의 변화를 감지	RFID, u-센서 네트워크 등
실시간 OS 기술	데이터 분석, 판단, 작동을 위한 실시간 운영체제	임베디드 OS, Window CE 등
보안기술	정보 및 프라이버시 보호	생체인식, DRM 등
디바이스 기술	초소형, 저전력, 저렴화, 이동성을 갖추어 사용자의 의도에 능동적으로 지원	IT SoC, MEMS, 차세대 전지, 지능형 로봇 기술 등
인터페이스 기술	인간 친화적, 인간 중심적, 지능화된 기능	차세대 디스플레이, 포스트 PC, 디지털 TV 등

출처: 조정환, 2010; 삼성경제연구소, 2003 재구성.

2. 유비쿼터스 네트워크 기술

모든 기기, 사물, 사람 등 모든 것이 연결되어 있어 누구나 시간과 장소에 상관없이 서비스를 제공받을 수 있도록 하는 네트워크 기술에는 광대역 통신망, 무선 LAN, 블루투스(Bluetooth)와 같은 유·무선 네트워크 기술, 지그비(Zigbee)와 같은 근거리 무선 통신 기술, 차세대 이동통신 네트워크, 그리드 및 클라우드 컴퓨팅을 활용할 수 있는 기술 등이 있다.

네트워크 관련 기술들은 빠르게 발전하고 있다. 처음 유선 네트워크에서 시작하여 최근 모바일 시장이 급성장하면서 모바일 브로드밴드, 4세대 이동통신, WiBro, Wi-Fi 등의 차세대 이동통신 서비스로 변화하고 있다. 이러한 변화는 광범위한 무선 인프라를 통한 통신 영역의 확대로 이동성을 극대화시켰고, 데이터의 전송속도가 빨라져 고속 멀티미디어 통신 서비스를 가능하게 하였다.

유비쿼터스 네트워크 기술에서 최근 일상생활에서 가장 많이 사용되고 있는 몇 가지 세부적인 기술에 대해서 알아보도록 하자.

2.1 광대역통신망(BcN: Broadband convergence Network)

유비쿼터스 컴퓨팅 환경에서는 네트워크를 통해 사람과 사물, 사물과 기기 등 모든 것이 연결되어 주고받는 정보의 양이 무한대로 증가한다, 또 산업 간의 경계가 모호해지면서 통신, 방송, 인터넷 등이 융합되어 새로운 서비스를 제공하게 된다. 이처럼 무한대의 정보를 주고받을 수 있고, 인터넷, 유·무선 전화, 방송망 등을 하나로 통합하여 서비스를 제공하는 데 필요한 네트워크가 바로 차세대 통합 네트워크인 광대역통신망이다.

광대역통신망은 아주 빠른 속도로 달리는 차 안에서뿐만 아니라 언제 어디서나 통신망의 종류에 상관없이 통신, 방송, 인터넷 등의 멀티미디어 서비스를 끊김없이 사용할 수 있도록 해 준다. 이에 따라 광대역통신망은 가전, 자동차, 영상, 콘텐츠, 센서 등 거의 모든 분야에서 사용되고 있다.

美 이통사, 주파수 재배치 본격화 … 2G · 3G → 4G 전환 계획 속속 확정

미국 이동통신 업체가 4세대(G) 서비스 확대를 위해 2G·3G 등 기존 사용 네트워크를 전환, 재배치하려는 계획을 속속 발표하고 있다. 저속 이동통신 서비스를 단계적으로 종료하고 그 주파수 대역에 새로운 무선 네트워크 기술을 제공한다는 계획이다. 이와 함께 더 빠른 광대역 무선 서비스를 위해 주파수 공간 확보에도 열을 올리고 있다.

1일 미국 최대 이동통신 업체 버라이존은 2021년까지 2G, 3G(CDMA) 통신 네트워크 서비스를 종료하겠다고 밝혔다. 향후 10년간 기존 고객을 4G LTE 망으로 이동시키겠다는 목표도 제시했다. 아파르마 쿠제카르 버라이즌 전략 부문 부회장은 지난해 11월 열린 무선통신 관련 미팅 중 이 같이 네트워크 폐지 날짜를 언급한 것으로 외신은 보도했다. 그러나 그는 "2G · 3G를 꼭 필요로 하는 고객이 있다면 제고할 수도 있다"면서 향후 정책 변경 가능성도 열어뒀다.

AT&T는 2017년까지 2G 서비스를 종료하겠다는 계획을 밝혔다. AT&T는 증권거래소에 제출한 분기별 보고서에서 2017년 1월 1일부터 3G · 4G 네트워크만 제공할 계획이라고 밝혔다. 그러면서 현재 3G로 서비스하고 있는 음성통화도 4G LTE로 바꿔 제공할 것이라고 덧붙였다. 현재 AT&T는 LTE를 지원하는 스마트폰이라도 음성통화는 3G고 데이터 전송만 LTE를 사용하고 있는 상황이다. 세스 블룸 AT&T 대변인은 "2G 고객이 향후 4년 동안 업그레이드 된 3G · 4G로 서서히 전환할 수 있도록 최선을 다하겠다"고 말했다.

스프린트는 아이덴(iDEN) 네트워크망을 이르면 올해 폐지하고 LTE용으로 전환한다는 계획이다. 아이덴은 모토로라가 개발한 공중 무선망 규격으로 미국 내 공공 안전을 위한 기관이나 건설 노동자가 워키토키 형태로 디지털통신을 하는데 사용됐다. 수익성은 악화되고 있는데 매입자가 나타나지 않아 스프린트의 천덕꾸러기로 전락했다.

그러나 최근 연방통신위원회(FCC)가 LTE로 전환 허가를 내주면서 전환 활용에 탄력을 받았다. 스프린트측은 "소비자에게 더 나은 서비스를 제공할 수 있는 것은 물론이고 효율적 주파수 사용이 가능해졌다"고 밝혔다.

미국 이동통신사 폐지 주파수와 예정일

통 신 사	폐지 주파수	예정시기
버라이즌	2G, 3G	2021년
AT&T	2G	2017년
스프린트	아이덴 네트워크	2013년

〈출처: 전자신문, 허정윤 기자, 2013.01.01〉[3]

2.2 차세대 인터넷 프로토콜(IPv6: Internet Protocol Version 6)

차세대 인터넷 프로토콜은 현재 널리 사용되고 있는 IPv4 주소체계의 한계를 극복하기 위하여 개발되었다.

유비쿼터스 컴퓨팅 환경을 구현하기 위해서 수천 · 수백 대의 컴퓨터들이 사물이나 기기들에 내재되어 있어야 하므로 개별기기에 IP 주소가 부여되어야 한다. 현재 우리가 사용하고 있는 IPv4는 32비트 주소체계로 부여할 수 있는 주소의 수가 42억 개에 불과하여 이제는 새로운 IP 주소를 할당할 수 있는 여유가 거의 없다. 그렇지만 유비쿼터스 시대에는 PC뿐만 아니라 냉장고, TV 등 가전제품에서부터 모든 사물에 내재되어 있는 컴퓨터에 인터넷 주소가 부여되어야 하기에 필요한 IP 주소 수가 폭발적으로 늘어났다. 이러한 상황에서 IPv6는 IPv4에 비해 IP 주소의 길이가 128비트로 늘어나 거의 무한대에 가까운 IP 주소를 공급할 수 있다. 또한 IPv6는 네트워크의 속도 증가뿐만 아니라 자동 주소할당 기능, 이동성 지원, 보안 및 멀티캐스팅 기능 등 새로운 기능들을 가지고 있어서 유비쿼터스 시대에 필요한 다양한 응용 및 서비스 제공이 더욱 편리해지게 되었다.[4)]

기존의 IPv4와 IPv6를 비교하면 아래 〈표 2-2〉와 같다.

표 2-2 ■ IPv4와 IPv6 비교

구 분	IPv4	IPv6
주소길이	32비트	128비트
표시방법	8비트씩 4부분으로 10진수로 표시	16비트씩 8부분으로 16진수로 표시
주소 할당 개수	약 42억 개	3.4×10^{38}개
주소할당 방식	A · B · C · D 클래스로 주소할당	네트워크 규모 및 단말기 수에 따라 순차적 할당
보 안	IPSec 프로토콜 별도 설치	IPSec 프로토콜 자체 지원
플러그앤 플래이	불가	자동 구성 지원
보안 기능	IPsec프로토콜 별도 설치	확장 기능에서 기본으로 제공
이동성 지원	곤란(비효율적)	용이(효율적)

출처: 양순옥 외, 2012.

내년 일반인도 새 인터넷주소 'IPv6' 이용한다

통신 3사, IPv6망 상호연동 … 상용화 발판

(서울=연합뉴스) 최인영 기자 = 내년 우리나라가 차세대 인터넷주소인 IPv6를 도입할 토대를 갖춘다. 방송통신위원회와 한국인터넷진흥원(KISA)은 내년 1월부터 인터넷 전국망을 보유한 통신 3사(KT · SK브로드밴드 · LG유플러스)가 인터넷교환망(IX) 단위에서 IPv6를 상호 연동한다고 17일 밝혔다.

IPv6는 1998년 국제인터넷기술표준화기구(IETF)가 IPv4 주소 부족 문제를 해결하기 위해 개발한 차세대 인터넷주소다. 국제인터넷주소관리기구(ICANN)는 작년 2월 총 43억 개의 IPv4 주소가 고갈됐다고 선언한 바 있다. 통신 3사는 내년 1년간 기존 IPv4망과 다른 10Gb 규모의 별도 망을 IPv6용으로 운영해 보고 네트워크상 문제점이 발견되지 않으면 2014년부터 기존 IPv4망에 IPv6를 연동할 계획이다. 국내에서는 상용으로 IPv6 접속서비스를 제공하는 사업자가 없다. 내년 3사의 IX 간 IPv6 연동이 이뤄지면 포털 · 모바일 콘텐츠 사업자들이 IPv6 기반 서비스를 개발에 나서고 일반 이용자들은 이를 IPv6로 접속해 이용할 수 있게 된다. 박재문 방통위 네트워크정책국장은 "국내 IX간 IPv6 연동은 IPv6 상용화를 촉진하는 중요한 계기가 될 것"이라고 말했다.

〈출처: 연합뉴스, 최인영 기자, 2012.12.17〉[5]

2.3 무선랜(WLAN: Wireless Local Area Network)

무선랜은 전선 없이 건물, 학교, 가정 등과 같이 일정 공간이나 건물 내·외부에서 접근점(AP: Access Point)으로부터 각 단말기기까지 통신을 가능하게 해 준다. 무선랜은 랜케이블을 대체하거나 보다 유연하게 확장할 수 있는 데이터 통신 시스템으로 배선이 필요 없기 때문에 컴퓨터의 배치가 용이하며, 와이파이가 설치된 곳에서는 인터넷 사용을 가능하게 해 준다.[6]

2.4 블루투스(Bluetooth)

블루투스는 1994년 에릭슨(Ericsson)이 최초로 개발한 개인 근거리 무선통신(PANs)을 위한 산업 표준으로, 이 이름은 블루베리를 즐겨 먹어 항상 치아가 파란색이었던 덴마크의 국왕 헤럴드 블라트란트의 애칭인 블루투스에서 유래 되었다.[7] 블루투스는 단거리 라디오 전파 통신을 사용하여 무선으로 모든 정보통신 및 기기들을 연결시켜 준다. 이때 단순히 무선으로 연결만 하는 것이 아니라 서로 통신할 수 있는 수단을 제공해 준다. 즉, 사용자가 장치에 대한 어떤 설정이나 연결을 위한 행위를 하지 않아도 하나의 장치가 통신범위 내에 들어오면 자동으로 동기화되어 실행할 수 있게 한다. 블루투스는 가정 내 정보가전과 스마트폰 등의 자동실행, 핸드폰과 핸즈프리의 무선통신, PC의 무선마우스, 키보드, 프린터와의 통신 등에 사용된다.

2.5 지그비(Zigbee)

지그비는 IEEE 802.15.4(PHY, MAC)에 기반한 무선 기술이다. 지그비는 블루투스와 같은 다른 무선 개인 통신망(WPANs)과 달리 센서의 원가가 저렴하고 와이파이의 단점인 전력소모 문제를 개선하였다. 또한 블루투스와 달리 최대 1천 대의 기기를 연결할 수 있고, 통신 주파수가 안정적이며, 보안성을 갖추고 있어 차세대 통신기술로 주목받고 있다.[8] 지그비는 유비쿼터스 시대에서 필요한 홈보안, 가정 내 네트워크 구축, 헬스케어 등에 유용하게 사용될 수 있다. 예를 들어 지그비를 활용하여 냉장고, TV, 난방기, 조명 등을 원격으로 제어할 수 있다.

3. 유비쿼터스 센서 기술

센서 기술은 유비쿼터스 컴퓨팅 환경을 구현하기 위한 가장 앞선 분야의 핵심기술로 네트워크 기술에 기반한 컴퓨터의 입력장치에 해당된다. 센서는 외부의 소리, 온도, 냄새, 빛 등의 변화를 감지하여 이를 전기 신호로 변환하여 컴퓨터에 전송한다. 이처럼 외부의 변화를 감지하기 위한 센서 기술은 눈에 띄지 않도록 크기가 매우 작아야 하며, 언제나 켜져 있어야 하기 때문에 전력 소모가 아주 적어야 한다. 이러한 센서 기술에는 각종 센서, RFID, USN 등이 있다.

3.1 RFID

RFID(Radio Frequency Identification)는 사람이나 사물에 부착할 수 있는 전자태그를 말한다. 이는 사물의 정보를 확인하고 주변 상황을 감지하는 역할을 하면서 기존의 바코드를 대체할 수 있는 기술이다. RFID는 태그에 ID를 부여하여 사물의 자동인식을 가능하게 하고 이들 간에 상호통신을 할 수 있도록 한다. RFID 태그는 바코드와 같이 단순히 물품 코드만을 저장하는 것이 아니라, 생산지, 제조일자, 물류센터 입고내역 등과 같은 물품의 이력도 저장할 수 있으며, 더 나아가 국방, 의료, 유통, 건설, 보안 제조, 서비스, 행정 등 일상생활과 비즈니스 전반에서 활용되고 있는 기술이다. RFID기술은 7장에

6월부터 음식물쓰레기 종량제 … 우리 동네 어떻게?

서울을 비롯해 전국에서 올해 음식물 쓰레기 종량제가 실시된다. 하지만 지방자치단체별로 방식 및 시행 시기가 달라 혼란이 예상된다. 내용이 정확히 알려지지 않아 시민들 사이에선 "쓰레기 버리기가 더 복잡해지고 요금 폭탄 맞는 것 아니냐"는 우려가 나오고 있다.

버리는 방식이 바뀌는 곳도 있다.

전자태그(RFID) 방식의 카드를 이용해 개별 가구의 음식물쓰레기 양을 측정하는 방식을 도입한 금천, 영등포, 서초구와 인천 서구 등의 아파트들이다. 이들 지역 아파트 거주자들은 음식물쓰레기를 버릴 때 RFID가 부착된 카드를 가지고 가야 한다. 이 카드를 쓰레기통에 갖다 대면 쓰레기통 문이 열리고 음식물쓰레기를 버리면 자동으로 쓰레기 양이 한국환경공단 서버로 전송된다. 이 자료가 모여 자신이 버린 쓰레기 양에 해당하는 요금이 월별로 관리비에 통합 부과된다. 시행 시기는 지역마다 다르지만 6월까지는 기존 정액제 방식이 모두 사라진다.

요금 오르진 않지만 효과 적을 듯

음식물쓰레기 종량제를 전면 실시하면 요금이 오르지 않을까 하는 우려도 나오고 있다. 경기 남양주시의 주부 이모 씨(64)는 "김장철에는 평소보다 많은 음식물쓰레기가 나오는데 훨씬 많은 돈을 내야 하는 것 아니냐"고 걱정했다. 하지만 결론적으로 요금 수준은 현재보다 크게 높아지지 않을 것으로 전망된다. 서울시 자원순환과 관계자는 "지자체별로 요금에 대한 조례를 개정해야 요금이 결정된다"면서 "요금 책정은 현재 정액제로 부담하고 있는 수준을 평균요금으로 할 계획"이라고 설명했다. 현재 RFID 방식으로 개별 가구 종량제를 실시하고 있는 금천구의 한 관계자는 "종량제를 실시하면 자발적으로 음식물쓰레기 배출량이 줄어들기 때문에 현재보다 요금이 줄어들 수 있다"고 말했다. 금천구가 RFID 방식을 시범 실시해 본 결과 실시 전 가구당 1일 평균 720~760g 배출되던 것이 실시 이후엔 520~580g으로 감소한 것으로 나타났다. 이 관계자는 "김장 후 쓰레기 같은 특수한 경우는 별도로 무상 수거할 것"이라고 덧붙였다.

예산상의 문제로 아파트 각 가구의 음식물쓰레기를 계산할 수 있는 RFID 방식이 일부 구에서만 도입돼 음식물쓰레기 종량제의 정책 취지가 제대로 구현되기 힘들다는 지적도 나온다. 현재 도입된 방식 중 단독주택의 종량제 전용 봉투, 용기 납부필증 부착과 아파트의 RFID 방식을 제외하곤 모든 아파트단지가 가구별 종량제가 아닌 단지별 종량제를 실시한다. 따라서 가구별로 음식물쓰레기 배출량을 줄이려고 하는 유인 효과가 적다.

음식물쓰레기를 배출하는 양이 가구마다 다른데도 같은 요금을 내야 한다는 점에서 일부 거주자들의 반발도 예상된다. 서울시 관계자는 "60가구가 쓸 수 있는 RFID 방식 기기가 대당 200만원의 고가여서 전 자치구에 도입하기가 쉽지 않다"면서 "아파트단지별 경쟁을 통해 음식물쓰레기 배출이 적은 단지에 인센티브를 주는 방식으로 쓰레기 배출량 감소를 유도할 계획"이라고 설명했다.

〈출처: 동아일보, 박진우, 조영달, 황금천 기자, 2013.01.02〉[9]

서 자세히 살펴본다.

3.2 u-센서 네트워크(USN : Ubiquitous Sensor Network)

u-센서 네트워크는 유비쿼터스 시대를 만들기 위한 기반구조(Infrastructure)로 모든 사물에 컴퓨터 및 통신기능을 부여하여 언제, 어디서나 어떤 사물이나 사람이 모두 통신이 가능한 환경을 구현하는 기술이다. USN은 필요로 하는 모든 사물에 전자태그를 부착하고 이를 통하여 사물의 인식정보는 물론 주변환경 정보까지 탐지하여 실시간으로 네트워크에 연결하여 정보를 인식하고 관리할 수 있도록 해 준다.[10]

예를 들어 이미지 센서 및 온·습도, 풍향, 풍속, 가속도, 기울기 센서 등을 이용하여 교량 등과 같은 시설물의 노후 상태와 치명적 결함 등을 원격지에서 실시간으로 모니터링하는 것을 들 수 있다.

출처: 임영문 · 박관종, 2009.

그림 2-1 USN 응용분야

일상 속 RFID/USN 어디까지 접목됐을까?

서울 삼성동 코엑스에서 'RFID/ USN Korea 2012' 행사가 개최된다. 국내외 120개 기업과 유관기관이 참가하는 이번 행사에는 RFID/USN 기반의 IT융합 제품·서비스 관련 국제 전시회와 국제 컨퍼런스, 수출상담회와 기술이전설명회 등 다양한 부대행사가 개최된다. 이번 전시회에서는 주류의 진품확인, 제약·물류 유통시스템, 자동차·가전·의류 등의 산업분야에 적용된 RFID/USN 구축 사례가 전시돼 주목받았다. 그동안 RFID는 태그(Tag) 가격의 하락이 기대에 미치지 못해 전방위적으로 확산되는 데 한계를 노출해 왔다. 하지만 최근 들어 기술 발전과 스마트폰 등 리더역할을 하는 디바이스의 발달로 제2의 도약기를 맞이하고 있다. 또한 통신과 IT가 결합해 한 단계 더 발전하고 있는 USN(Ubiquitous Sensor Network)의 실제 적용 사례가 소개되고 있는 것도 눈길을 끈다. 전시회장에서 선보이고 있는 RFID/USN의 실제 사례를 사진을 통해 알아본다.

이번 행사에는 주무부서인 지경부를 비롯해 ETRI, KETI 등 연구개발을 담당하고 있는 정부기관의 참여가 두드러졌다. RFID/USN이 대기업, 특히 통신과 물류업체를 중심으로 본격화되고 있지만 아직 요소기술 개발은 현재진행형임을 드러내고 있는 것이다. 실제로 이들 기관들은 내부에서 개발되거나 산학연으로 진행되고 있는 연구개발성과물들을 전시했다. 각 산업별로 적용이 가능한 다양한 RFID/USN 솔루션들이 전시됐다. 이종 산업간 IT융합에 있어서의 USN 솔루션들도 눈길을 끌었다. 농업과 환경에 어떻게 USN이 접목되고 있는지 보여주는 자리도 마련됐다.

KT와 SK텔레콤은 나란히 부스를 차리고 저마다 통신기반의 USN 기술을 선보였다. 자동차 관리에서부터 헬스케어, 쓰레기 처리 등 다양한 분야의 기술을 시연을 통해 알 수 있게 부스를 꾸몄다.

KT는 모바일 결제솔루션, NFC기반 전자지갑 서비스 등 다양한 솔루션을 선보였다. SK텔레콤은 자동차 관제시스템과 헬스케어, 위스키 진품확인 시스템 등 다양한 솔루션을 선보였다. 자동차 분야는 RFID/USN 접목으로 인한 기대효과가 가장 큰 부분 중 하나다. 지능형 자동차뿐만 아니라 교통관제를 통한 물류 시스템 개선에도 중요한 역할을 하기 때문이다. 이 같은 관심에 따라 행사장에서도 물류와 자동차에 관한 전시부스 마련이 이어졌다.

이번 전시회에서는 우리 일상생활 속으로 RFID/USN 기반 서비스가 얼마나 깊이 들어와 있는지 알 수 있는 다양한 사례들이 전시돼 주목받았다. 참가업체들도 전통적인 RFID/USN 기반 하드웨어와 솔루션 업체를 비롯해 실제 기술을 현업에 접목해 사용하고 있는 수요기업들의 참여가 돋보였다.

〈출처: 디지털데일리, 이상일 기자, 2012.09.27〉[11]

4. 유비쿼터스 실시간 운영체제 기술

센서 기술에 의해 얻은 데이터를 분석하고 판단하기 위해서는 컴퓨터를 실행하기 위한 운영체제(OS) 기술이 필요하다. 유비쿼터스 컴퓨팅 환경에서 사용하게 될 운영체제는 실시간 정보처리가 가능해야 하고 모든 사람이나 사물에 탑재가 가능할 수 있도록 크기가 작아야 한다. 또한 수천·수만 대에 이르는 컴퓨터에 내장되어야 하기 때문에 운영체제의 가격이 저렴해야 한다. 이러한 실시간 OS 기술에는 임베디드 OS, Tiny OS, TRON, Window CE 등이 있다. 여기서는 임베디드 OS와 Window CE에 대해서 구체적으로 살펴보자.

4.1 임베디드 운영체제(Embedded Operating System)

임베디드 운영체제는 일반적으로 전자제품, PDA, 휴대전화, 디지털카메라 등 소형의 정보통신 기기와 자동차에 주로 사용된다.[12] 정보통신 기기 중에서 임베디드 운영체제를 사용하는 것으로 PDA는 팜이 개발한 팜(Palm) OS를 사용하고 있다. 스마트폰에 사용되는 실시간 OS는 애플의 iOS와 구글의 안드로이드 등을 들 수 있다.

4.2 Window CE

Window CE는 1996년 마이크로소프트사에서 발표한 운영체제로 각종 하드웨어에 쉽게 이식할 수 있고, 멀티태스킹이 가능하며, 크기가 작은 특징을 가지고 있다.[13] Window CE는 소형 모빌 컴퓨팅, 무선통신 기기(디지털 호출기 등), 차세대 오락·멀티미디어 기기, 특수 목적용 인터넷 접속기기(인터넷 TV 등) 등 대부분의 정보통신 기기에 활용되고 있다.

Window CE는 모바일 윈도우로 불리고 있지만 모바일과 태블릿 PC에서의 OS 시장점유율은 2012년 기준 0.09%의 점유율에 불과하다.[14)]

5. 유비쿼터스 정보보안 기술

유비쿼터스 컴퓨팅 환경에서는 모든 컴퓨터, 기기, 사람들이 연결되어 있어 개인들의 신상정보 및 사생활 정보가 노출되기 쉽고 네트워크의 오작동 및 해킹 등의 우려도 매우 높아진다. 따라서 진정한 유비쿼터스 사회를 만들기 위해서는 정보보안 기술이 구축되어야 한다. 특히 악의적 목적을 가지고 있는 해킹이나 바이러스에 의한 피해는 기존의 PC 환경에서 보다 모든 기기들이 연결된 유비쿼터스 환경에서 그 피해가 더욱 커질 수 있다.

그동안의 정보보안은 컴퓨터끼리 발생하는 문제를 해결하기 위해서 허가받지 않는 시스템의 접근통제, 사용자의 신원을 확인하는 인증, 제3자가 읽지 못하도록 하는 비밀유지, 무결성(integrity) 및 부인방지 등의 기능들을 가지고 있었다.[4)] 하지만 유비쿼터스 컴퓨팅 환경에서는 컴퓨터뿐만 아니라 가전제품, 주변기기 등 모든 기기와 사람들의 연결로 정보보안을 위한 대상과 범위가 더욱 확대된다. 따라서 기존의 정보보안 기술만으로는 유비쿼터스 컴퓨팅 환경을 유지할 수 없기 때문에 사물 및 기기, 사람 등 모두에 적용할 수 있는 정보보안 기술들이 필요하다.

유비쿼터스 환경을 구축하기 위한 정보보안 기술에는 사람들의 생체정보를 이용하여 그 사람의 신원을 파악하는 생체정보 기술과 전자 인증 및 ID 카드 등의 각종 인증 기술, 그리고 당사자가 아니면 그 내용을 알지 못하는 암호화 기술 등이 있다. 해킹 및 보안과 관련된 인증과 암호화 기술은 8장에서 구체적으로 살펴본다.

6. 유비쿼터스 디바이스 기술

유비쿼터스 디바이스 기술은 유비쿼터스 기술이 현실 세계에서 사용되어질 수 있도록 하기 위한 하드웨어 기술을 의미한다. 이는 사물이 스스로 인식하고, 지각하고, 감시 및 추적이 가능하게 할 수 있도록 각각의 사물 및 기기, 사람들에게 컴퓨터가 내재되어 있어야 가능하다. 그렇지만 일반적인 크기의 컴퓨터는 소형기기나 사람에 부착되기 어렵기 때문에 모든 사물에 내재시킬 수 있도록 하기 위하여 컴퓨터의 크기는 아주 작아야 하고, 많은 수의 컴퓨터를 부착하기 위해서는 컴퓨터 가격이 저렴해야 한다. 또한 이동성을 보장하기 위해서 컴퓨터들의 전력 소모가 적어야 한다.[2] 이와 같이 유비쿼터스 컴퓨팅의 디바이스 기술은 언제, 어디서나 사용자의 행동을 인지해서 보이지 않게 상호작용을 하고 사용자의 의도와 상황을 파악하여 능동적으로 지원하는 역할을 한다. 이러한 디바이스 기술에는 IT SoC(System-on-Ship), MEMS(Micro Electro Mechanical Systems), 차세대 전지, 지능형 로봇기술 등이 있다.

6.1 IT SoC(System-on-Chip)

IT SoC는 1990년대 발표된 정보통신 기기의 핵심기능을 처리하는 메모리, 디지털 및 아날로그 신호 제어회로, CPU 등을 하나의 반도체 칩에 집적하는 기술이다.[15] 예를 들면 우리가 사용하는 스마트폰을 생각해 보면 쉽게 알 수 있다. 스마트폰은 음성통화를 가능하게 하는 통신기능, 컴퓨터 기능, 그래픽, 방송, 동영상과 같이 많은 기능들이 융합되어 있다. 만약 음성통신 기능을 하는 칩, 그래픽 기능을 하는 칩과 같이 하나의 기능만을 수행하는 칩이라고 한다면 스마트폰에는 칩이 무수히 많이 들어가야 모든 기능을 수행할 수 있을 것이다. 이 경우 SoC 칩을 이용한다면 하나의 칩에 모든 기능을 넣을 수가 있게 되는 것이다. 이로써 여러 기능들을 하나의 칩에 넣음으로 해서 IT 제품은 더욱 작아질 수 있고 가벼워질 수 있는 것이다.

6.2 MEMS(Micro Electro Mechanical Systems)

MEMS는 반도체 집적회로의 구조기술을 기본으로 하는 것으로 실리콘을 대체하는 신물질인 카본나노튜브(Carbone nanotube) 반도체를 개발하는 기술이다. 이 기술은 사람의 머리카락의 절반 정도 굵기의 초소형 크기로 환자의 몸 속에 들어가서 치료할 수 있는 초미세 수술용 기계와 같이 모든 기기들의 초소형화를 가능하게 만든다. 또한 전자, 기계, 광, 재료 등 다양한 기술들을 융합하여 초소형화와 함께 집적화, 저전력화, 저가격 등을 가능하게 해 주는 기술이다. 이러한 장점들로 인해 첨단기술의 집합체라고 할 수 있는 항공우주분야나 국방기술, 바이오, 복지, 광통신 무선부품용 핵심소자 분야 등 다양

출처: 헤럴드경제, 2013.01.13.

그림 2-2 미세전자제어기술(MEMS)을 이용한 2x2mm^2 패키지의 3축 가속도 센서

한 분야에서 활용되고 있다. 실제 사례를 들어보면 자동차분야에서 에어백과 Car Navi에 센서로 사용되는 것이 MEMS이다.

6.3 차세대 전지(Next Generation Battery)

전지는 주로 휴대폰, 노트북, 태블릿 PC 등 휴대용 기기들에 동력원 역할을 하는 기술이다. 유비쿼터스 시대에는 언제, 어디서나 이용할 수 있는 휴대용 기기의 사용이 필요함에 따라 이동시 동력원이 되는 배터리는 작아야 하고, 고출력이 가능해야 한다.

전지는 보통 화학전지와 물리전지로 나눈다. 화학전지는 한 번 쓰면 재사용이 불가능한 일차전지와 충전으로 재사용이 가능한 이차전지로 구분된다. 일차전지에는 우리가 일반적으로 사용하여 왔던 망간전지, 알카라인전지 등이 있으며, 이차전지는 리튬이온전지와 리튬폴리머전지 등이 있다. 특히 소형 이차전지, 즉 차세대전지라고 하는 리튬이온전지를 필두로 1980년대부터 연구가 시작되어 일본의 Sony에서 1991년 친환경 첨단제품 개발에 성공하였다.[16)]

차세대전지 기술은 화학, 물리, 전기, 전자, 재료 등 다양한 분야가 집약된 첨단기술제품으로 광범위한 응용기술이 필요하며, 향후 고부가가치 전략 상품으로 자리매김할 수 있다.[8)]

휘어지는 리튬이차전지 개발 … 입는 컴퓨터 · 두루마리 전자 종이에 적용

자유자재로 휘어지는 디스플레이, 입는 컴퓨터, 두루마리 전자 종이에 가장 최적화된 리튬이차전지가 개발돼 관심을 모으고 있다. 간단한 인쇄공정을 통해 형태 변형이 자유로운 휘어지는(flexible) 리튬이차전지의 제작 원천기술이 국내 연구진에 의해 최초로 개발됐다. 그동안 배터리 크기나 디자인의 한계로 인해 상

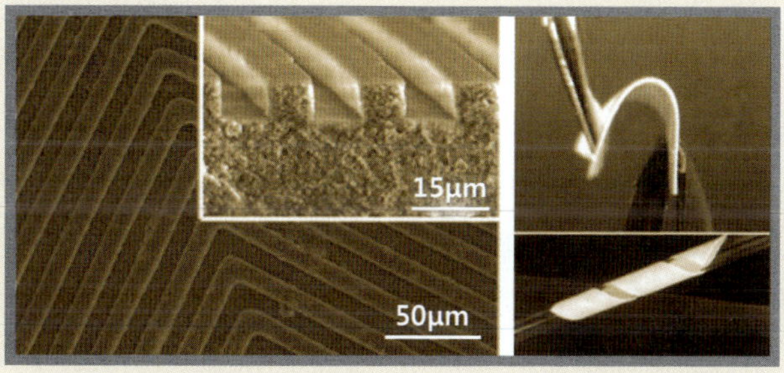

용화되지 못했던 차세대 모바일 기기 제조의 돌파구가 마련된 것이다. 지금까지 모바일 기기 전원으로 가장 널리 사용되고 있는 리튬이차전지는 휴대용 전자기기부터 전기 자동차까지 활용 영역이 확대되고 있다. 상용화된 리튬이차전지는 필름 형태의 양극, 음극에 분리막을 서로 포개 모은 후 액체상태의 전해질을 도시락 같은 케이스에 주입해 제조했다. 그러나 이런 방법은 두루마리 디스플레이처럼 유연성을 요구하는 차세대 전자기기 추세에는 적합하지 않다는 단점이 있다. 또 액체 전해질을 사용하는 리튬이차전지는 안전성에 문제가 있는데 이는 분리막이 열에 반응해서 녹아 양극과 음극이 접촉해 폭발하기 때문이다. 이런 액체 전해질을 대체하고자 개발돼 온 고분자 전해질은 그 성능(이온전도도 등)에 한계를 보이고 있어 기술적 난제를 극복할 수 있는 신개념 고분자 전해질 개발이 절실히 요구됐다.

국내 연구진은 리튬이온의 이동이 가능한 나노 물질들을 조청과 같은 흐름 특성을 갖도록 제조한 뒤에 이를 마치 빵에 잼을 바르듯이 전극 위에 인쇄, 30초 이내의 짧은 시간 동안 자외선에 노출시킴으로써 높은 효율은 물론 유연성을 갖는 고분자 전해질을 만드는 데 성공했다. 기존의 액체 전해질 및 고분자 전해질과는 달리, 3차원 구조 전극 등의 다양한 모양을 갖는 지지체 위에 별도의 용매를 전혀 사용하지 않고 간단한 인쇄 공정을 통해 직접 도입될 수 있다. 상업적으로 연속 생산이 가능한 롤투롤(roll to roll) 공정 적용이 가능해졌다는 점이 기술적 특징이다. 전지의 모든 구성 요소들(양극, 음극, 전해질)을 순차적으로 직접 바름(인쇄)으로써 프린터블(printable) 전지 제조의 기술적 토대를 확보한 것이다. 또 기존의 액체 전해질을 사용한 리튬이차전지가 가진 분리막을 없애고 액체가 아닌 고체 형태로 제조하기 때문에 기존의 이차전지보다 안정성이 높다. 연구팀이 개발한 새로운 고분자 전해질은 기존 액체 전해질에 비해 약 40배 이상의 높은 점도를 가져 마이크론(micron) 단위의 미세 구조까지 제조가 가능하고 이와 동시에 액체 전해질 수준의 전지 특성을 구현했다. 수시간 이상 복잡한 단계를 거쳐 제조되는 기존 공정에 비해 30초 이내의 짧은 시간 동안 자외선에 노출시키는 과정을 통해 고분자 전해질 제조가 가능하다. 이러한 공정상의 혁신과 국내외에서 출원한 다수의 특허를 통해 해당 분야 기업에의 기술이전은 물론 상용화가 기대된다. 이번 연구는 울산과기대 이상영 교수(44)와 공주대 조국영 교수(39)가 주도하고 한국전자통신연구원 이영기, 김광만 박사 및 미국 일리노이주립대 John Rogers 교수, 강원대 길은혜 연구원 등이 공동 참여했다. 이상영 교수는 "반도체와 디스플레이에 이어 인쇄 가능한 고분자 전해질 원천기술을 확보함으로써 프린팅 공정에 기반한 고성능, 고안전 플렉서블 전지 상업화를 앞당길 수 있게 됐다"며 "앞으로 차세대 전지에 확대 적용될 수 있을 것으로 기대된다"고 말했다. 이번 연구 논문은 재료분야의 권위 있는 학술지인 『어드밴스드 머티리얼즈』(*Advanced Materials*) 최신호에 표지논문으로 게재됐다.

〈출처: 아시아경제, 정종오 기자, 2013.01.15〉[17)]

7. 유비쿼터스 인터페이스 기술

유비쿼터스 환경에서는 모든 사물에 내장되어 있는 컴퓨터들을 사람들이 인식하지 못하도록 보이지 않는 컴퓨터를 지향하고 있다. 이것은 사람들이 컴퓨터를 사용하는 데 특별한 조작이나 조정을 하지 않아도 자동적으로 실행되거나 사람들이 인식하지 못할 정도로 편리하게 접근이 가능하다는 의미이다. 인터페이스라고 하면 사람과 컴퓨터 사이를 연결하는 도구가 된다. 유비쿼터스 컴퓨팅 환경이 조성되기 위해서는 사람이 기기를 사용하는 데 편리하게 입출력 정보를 제공해야 한다. 예를 들면, 과거 CRT모니터는 휴대성이 떨어져 사용하기 불편하여 점점 LCD로 변화하였고, 또한 저전력을 추구하기 위해서 LED로 변화한 것처럼 키보드, 마우스, 화면 중심에서 음성, 동작, 문자 등으로 사람들이 편리하게 사용할 수 있도록 최대한 인간친화적 유비쿼터스 인터페이스 기술로 변화하고 있다.[2)18)] 유비쿼터스 인터페이스 기술에는 음성인식, 차세대 디스플레이 등이 있다.

7.1 음성인식 기술

음성인식 기술은 터치스크린의 뒤를 이을 수 있는 차세대 입력방식으로 사용자 인터페이스 기술의 핵심으로 부상하고 있다.

주요 IT 기업인 애플, 구글, MS에서 음성인식 기술을 적용한 IT 제품들을 출시하고 있으며, 다양한 제품들에 사용되고 있는 음성인식 기술의 원천은 "뉘앙스"라는 기업의 기술로 전 세계 점유율의 69%를 차지하고 있다. 또한 키넥트는 MS에서 출시되는 게임기 X박스 360과 연결해서 사용하는 음성 및 동작인식 장치 기술을 가지고 있다. 이러한 음성인식 기술은 자동차, 의료 등 非IT 분야뿐만 아니라 자동 통역 및 번역 등과 연계하여 사용자의 편의를 향상시키고 인간에게 친숙한 정보전달을 위한 방법을 제공하고 있다.

7.2 차세대 디스플레이 기술

차세대 디스플레이 기술에는 AMOLED 기반의 플렉시블 디스플레이 기술이 있다. 이 기술은 쉽게 깨지지 않고 유연한 디스플레이를 만들 수 있다. 단순히 얇은 화면 크기만을 위한 기술이 아니라 유연한 키판을 사용하여 휘거나 구부러지며, 종이와 같이 말아 올릴 수도 있는 디스플레이 기술이다. 이 기술은 전자종이 신문, 디지털 쇼윈도우 등 다양한 분야에서 활용될 수 있으며, 삼성모바일 디스플레이는 플라스틱 키판을 사용하여 깨지지 않는 스마트폰용 플렉시블 AMOLED 디스플레이를 2013 국제전자제품박람회(CES: International Consumer Electronics Show)에서 시제품을 선보였다. 이와 같이 스마트폰, 태블릿 PC 등 모바일 기기에서 다양하게 활용될 디스플레이 기술은 유비쿼터스 환경에 널리 활용될 기술이면서, 기능과 개성, 편의성이 강조되는 기술이다.

휘어지는 디스플레이 'YOUM' 공개 … 환호와 탄성

삼성전자가 차세대 디스플레이인 플렉서블 디스플레이 프로토타입을 공개했다.

9일(현지시간) 우남성 사장은 2013 CES 기조연설에 나서 삼성전자의 차세대 비전을 설명했다.

'가능성의 실현'이라는 주제로 1시간여 동안 진행된 기조연설에서 우 사장은 AP 신제품인 'Exynos 5 Octa'와 플렉서블 디스플레이 브랜드 'YOUM(윰)'을 공개했다.

우 사장은 "혁신적인 부품이 라이프스타일의 변화를 가속화할 것"이라며 "새로운 모바일 기기의 출현이 멀지 않았다"고 밝혔다. 특히 'Exynos 5 Octa'와 'YOUM(윰)'이 공개되는 순간에는 참석자들의 환호와 탄성이 쏟아졌다. 기조연설 후반부에는 빌 클린턴 전 미국 대통령이 깜짝 출연해 모바일의 중요성과 삼성의 사회공헌활동에 대해 연설해 관심을 끌었다.

〈출처: 와우한국경제 TV, 최진욱 기자, 2013.01.10〉[19)]

동 영 상

■ 우리 미래의 모습

스마트폰이 우리를 깨워주고 스마트폰이 크기가 커져서 알고자 하는 정보를 침대에서 검색한다. 욕실에서 양치질을 하면서 거울에서 하루의 스케줄을 확인할 수 있고 스포츠 뉴스를 볼 수 있다.

〈출처: Youtube, 2013〉[20]

8. 클라우드 컴퓨팅(Cloud Computing)

클라우드 컴퓨팅은 인터넷이나 대형 네트워크의 모양을 구름모양으로 표현하는 것에서 유래되었다. 사용자들은 구름모양의 인터넷이나 네트워크를 이용해서 PC, 휴대폰 등의 다양한 정보통신 기기들을 이용하여 프로그램이나 장치, 데이터들을 한 곳에 저장해 두고 클라우드에 접속만으로 모든 소프트웨어, 하드웨어를 사용할 수 있도록 하는 개념이다. 사무실에서 하던 작업을 집에서 계속적으로 수행할 수 있고, 또 외출 중에 클라우드에 접속만으로 사무실 작업을 그대로 연속하여 진행할 수 있다. 클라우드 컴퓨팅은 유비쿼터스 컴퓨팅 환경에 가장 적합한 기술로서 언제, 어디서나 사용자가 클라우드에 접속하여 필요로 하는 서비스를 사용하고 그에 대한 비용을 지불하는 방식이다.[21)]

이러한 클라우드 컴퓨팅의 사례로 구글 클라우드를 들 수 있다. 구글은 구글 문서, 구글 캘린더, G메일 등 많은 프로그램들을 클라우드를 통해서 제공하고 있다. 또한 네이버의 N드라이버도 클라우드 컴퓨팅의 한 예가 될 수

동 영 상

■ 클라우드 컴퓨팅이란

비즈니스를 위한 운영 프로그램은 비싸고, 복잡한 데이터 센터 등이 필요하다. 또한 소프트웨어를 설치 및 구성을 위한 전문가 팀이 필요하고, 장애 등의 문제가 발생하면 이를 해결하기가 어렵다. 비즈니스를 위해서 이러한 많은 응용 프로그램들이 필요한데 대기업에서도 어려운 것을 중소기업에서는 응용프로그램들을 구입해서 사용하기 어렵다. 따라서 클라우드 컴퓨팅을 이용하면 적은 비용으로 우리가 일반적인 메일을 사용하는 것과 같이 쉬운 방법으로 다양한 응용프로그램들을 사용할 수 있게 된다.

〈출처: Youtube, 2012〉[22)]

있다.

그러면 클라우드에서 제공하는 서비스에는 어떤 것이 있는지 알아보자. 클라우드 서비스는 사용자가 PC, 노트북, 스마트폰, 태블릿 PC 등 다양한 기기들을 가지고 클라우드에서 제공하는 각종 소프트웨어 및 플랫폼 등을 이용하여 작업을 수행한다. 이때 클라우드에서 제공되는 컴퓨팅 자원의 종류에 따라 서비스를 위한 기반구조로서의 인프라를 제공하는 서비스(IaaS: Infrastructure as a Service), 하드웨어나 네트워크 등 애플리케이션을 포함하여 전체 시스템을 사용하도록 플랫폼을 제공하는 서비스(PaaS: Platform as a Service), 사용자가 원하는 다양한 소프트웨어를 사용하도록 제공하는 소프트웨어 서비스(SaaS: Software as a Service) 등이 있다.

8.1 Infrastructure as a Service

인프라를 제공하는 클라우드 서비스는 사용자가 컴퓨터를 사용하기 위해서 필요한 기본이 되는 하드웨어 시스템, 서버, 저장 공간까지 클라우드에서 제공하는 것이다. 즉, 중앙에 있는 클라우드 서버를 통해 사용자가 원하는 데이터에 접근할 때는 인터넷으로 언제, 어디서나 접근이 가능하여 인프라 서비스를 사용할 수 있게 된다. 이를 이용하여 사용자는 데이터를 저장하기 위해 어떤 매체를 가지고 있을 필요 없이 다만 인터넷만 연결되어 있으면 모든 하드웨어 및 서버를 사용할 수 있다. 특히 이 서비스는 중소기업에서 그 기업에 적절한 데이터 센터 등을 운영하지 않아도 클라우드 서버를 대여하여 그들 기업의 중요한 데이터를 저장할 수 있도록 하여 비용을 줄일 수 있게 된다. 인프라 서비스의 사례로는 아마존 E2C를 들 수 있다. 아마존의 E2C 서비스는 사용자들에게 컴퓨팅 환경을 제공하는데, 사용자가 사용하는 CPU 개수, 메모리 크기, Disk 크기에 따라 각각 비용을 지불하는 방식으로 운영된다.

8.2 Platform as a Service

플랫폼을 제공하는 클라우드 서비스는 하드웨어, 네트워크, 각종 애플리케이션을 사용하도록 해 준다. 즉, 우리가 운영체제를 구입하여 사용하지 않고 빌려 쓰는 것이다. 따라서 플랫폼을 서비스로 사용하면 웹 개발 소프트웨어를 구입, 관리, 유지하지 않아도 언제, 어디서나 정보에 접속이 가능하고, 저렴한 비용으로 응용 프로그램의 사용이 가능하다. 이러한 장점으로 기업들은 경영에 필요한 플랫폼을 사용하여 공급자 및 경영파트너, 고객들과의 협업을 효율적으로 할 수 있게 되었다.

플랫폼 서비스의 사례로는 구글 웹 엔진을 들 수 있다. 구글 웹 엔진은 G메일과 스케줄관리, 구글 캘린더, 구글닥스 등의 서비스뿐만 아니라 각 기업이나 개인이 웹 페이지를 만들 수 있도록 구글 웹 에디터를 제공하고, 각 기업형 버전에 더욱 다양한 기능을 제공하고 있다.

8.3 Software as a Service

다양한 소프트웨어를 사용할 수 있도록 제공하는 소프트웨어 서비스는 사용자가 필요한 응용소프트웨어를 구매하는 대신에 빌려 쓰는 것이다. 이로써 사용자는 비싼 소프트웨어를 구매하지 않아도 저렴한 비용으로 필요한 소프트웨어를 빌려 쓸 수 있고, 소프트웨어의 업데이트 및 다운로드, 설치 등이 필요치 않아 유지보수 비용이 들지 않는다. 이러한 서비스를 제공하는 대표적인 사례로 세일즈포스닷컴(salesforce.com)이 있다. 세일즈포스닷컴에서는 기업에서 사용할 수 있는 업무 자동화 애플리케이션을 제공한다. 예를 들면 고객관계를 관리할 수 있는 CRM(Customer Relationship Management)을 서비스로 제공하여 기업들이 주요 고객들을 관리하고 전망, 예측하는 기능들을 기업의 모든 사람들이 쉽게 사용할 수 있도록 제공하고 있다.

▶ 토의과제

1. 유비쿼터스 컴퓨팅 환경이 구축되기 위해 필요한 기술에는 어떤 것이 있는지 논의한다.
2. 유비쿼터스 관련 기술에 대한 국내의 시장 점유율 및 경쟁력 등을 조사하여 향후 국내 유비쿼터스 기술의 가능성 및 발전방향에 대해 논의한다.
3. 최근 관심이 고조되고 있는 클라우드 컴퓨팅을 활용한 기업 서비스 제공 사례에 대해서 논의한다.
4. USN 탄생 배경에 대해 살펴보고, 활용 사례에 대해 논의한다.
5. 우리가 스마트폰에서 사용하고 있는 2G, 3G, 4G는 어떤 차이를 가지고 있는지 논의한다.

동 영 상

제 목	주요내용	Link	시 간
우리 미래의 모습	유비쿼터스 기술을 적용한 사례로 거울 속의 스크린에서 하루의 스케줄을 확인하는 모습을 보여주고 있음	http://www.youtube.com/watch?v=HNJoqRwjywU	2분 10초
클라우드 컴퓨팅이란?	클라우드 컴퓨팅의 특징과 장점, 필요성 등을 재미있는 그림과 함께 보여주고 있음	http://www.youtube.com/watch?v=Gm0gU1wrWuw	3분 20초
클라우드 김퓨팅 애니메이션	클라우드 컴퓨팅을 아빠와 딸(새라)의 대화로 재미있고 알기 쉽게 설명하는 애니메이션	http://www.youtube.com/watch?v=K78IWaq1gNQ	3분 30초
클라우드 프린터로 스마트폰 인쇄 쉽게 하기	미국 IT전문미디어 씨넷TV는 '구글 클라우드 프린트(Google Cloud Print)'를 이용해 스마트폰으로 인쇄하는 방법을 설명하고 있음	http://www.youtube.com/watch?v=A9SxegxgAPQ	3분 22초

Summary
요 | 약

유비쿼터스 기술

- 유비쿼터스 컴퓨팅 환경을 구축하기 위해서는 네트워크 기술, 센서 기술, 실시간 운영체제 기술, 정보보안 기술, 디바이스 기술, 인터페이스 기술 등이 필요

유비쿼터스 네트워크 기술

- 광대역 통신망, 무선 LAN, 블루투스(Bluetooth) 등의 유·무선 네트워크, 지그비 등의 근거리 무선통신, 차세대 이동통신 등이 있음

유비쿼터스 센서 기술

- 외부의 소리, 온도, 냄새, 빛 등의 변화를 감지하여 컴퓨터에 전송하는 기술로 RFID, USN 등이 있음

유비쿼터스 실시간 운영체제 기술

- 센서 기술에 의해 얻은 데이터를 분석하고 판단하기 위해서 필요한 실시간 운영체제 기술로 임베디드 OS와 Window CE 등이 있음

유비쿼터스 정보보안 기술

- 사물 및 정보기기, 사람 등 모든 것들이 네트워크에 연결되어 있는 유비쿼터스 컴퓨팅 환경에서 적용할 수 있는 생체인식, 암호화, 인증 등의 정보보안 기술

유비쿼터스 디바이스 기술

- 언제, 어디서나 사용자의 행동을 인지해서 보이지 않게 상호작용을 하고 사용자의 의도와 상황을 파악하여 능동적으로 지원하는 역할을 하는 기술로서 IT SoC(System-on-Ship), MEMS(Micro Electro Mechanical Systems), 차세대 전지, 지능형 로봇기술 등이 있음

유비쿼터스 인터페이스 기술

- 사람과 컴퓨터, 기기들 사이에서 실질적으로 편리하게 연결하는 도구가 될 수 있는 기술로서 음성인식, 차세대 디스플레이 기술 등이 있음

클라우드 컴퓨팅

- 사용자들은 구름모양의 인터넷이나 네트워크를 이용해서 PC, 휴대폰 등의 다양한 정보통신 기기들을 이용하여 프로그램이나 장치, 데이터들을 한 곳에 저장해 두고 클라우드에 접속만으로 그 모든 소프트웨어, 하드웨어를 사용할 수 있는 것
- 클라우드에서 제공되는 컴퓨팅 자원의 종류에 따라 서비스를 위한 기반구조로서의 인프라를 제공하는 서비스(IaaS: Infrastructure as a Service)
- 하드웨어나 네트워크 등 애플리케이션을 포함하여 전체 시스템을 사용하도록 플랫폼을 제공하는 서비스(PaaS: Platform as a Service)
- 사용자가 원하는 다양한 소프트웨어를 사용하도록 제공하는 소프트웨어 서비스(SaaS: Software as a Service)

질문

1. 유비쿼터스 컴퓨팅 기술에서 언제, 어디서나 접속이 가능하도록 하는 기반 네트워크 기술에는 어떤 것이 있을까?
2. 유비쿼터스 센서 기술의 하나인 RFID를 활용한 기업 사례에는 어떤 것이 있을까?
3. 유비쿼터스 사회에서 필요한 정보보안 기술에는 어떤 것들이 있을까?
4. 최근 관심이 고조되고 있는 클라우드 컴퓨팅을 사용하고 있는 실생활 사례에는 어떤 것이 있을까?

Closing Case

유비쿼터스 정보기술 활용 … 실종선박 · 선원구조 서비스

첨단 유비쿼터스 정보기술(u-IT)을 활용해 각종 해난사고로 실종된 선박과 선원을 신속하게 찾아내기 위한 서비스가 오는 10일부터 본격 시작된다. 부산시는 농림수산식품부, KT 컨소시엄과 함께 'u-IT 기반 어선 · 어선원 해양사고 안전관리서비스 시범 구축 사업'을 시작해 자동위치발신 구명조끼와 위성위치 발신기, 자동추적시스템 등을 어선원과 어선에 보급하고 있다고 7일 밝혔다. 이번 시범사업 대상은 부산의 대형선망, 대형기선저인망, 채낚기어업종 등 근해 어선 50척과 선원 1,000명이다.

u-안전관리서비스 관련 장비는 악천후 속에서도 자동위치발신 시스템 등을 이용해 조난자의 정확한 위치를 해경과 인근 조업선박들에게 신속히 전파할 수 있다. 부산시는 이 서비스가 본격 보급되면 해상 실종 사망자 수를 절반 이상 줄일 수 있을 것으로 기대하고 있다. 관련 유족연금 및 보험금과 수색구조비용 등 사회적 비용의 대폭 절감도 예상된다.

농식품부는 u-안전관리서비스의 시범사업을 시행한 뒤 2013년 말부터는 전국의 모든 연근해 어선으로 점차 확대하고 각종 통신체계시스템도 더욱 정밀화 · 고도화하기로 했다.

부산시 관계자는 "이번 서비스의 도입으로 해양사고의 수색구조시스템에 획기적인 변화가 예상된다"고 말했다.

〈출처 : 문화일보, 김기현 기자, 2012.12.07〉[23]

질문

1. 위의 사례처럼 유비쿼터스가 특수한 위험에 노출되어 있는 직업군에서 안전을 관리하는 서비스로 활용되고 있다. 위 사례에서 제시되지 않은 특정 산업분야에서 사람들의 안전을 해칠 수 있는 상황을 상상해 보고, 각각 유비쿼터스 컴퓨팅 기술을 활용하여 위험을 최소화할 수 있는 전략을 찾아보자.
2. u-안전관리서비스에서 활용되고 있는 유비쿼터스 컴퓨팅 기술에는 어떤 기술들이 활용되고 있는지 생각해 보자.
3. u-안전관리서비스의 작동 원리에 대해 연구해 보자.

참고문헌

1. 네이버 영화, http://movie.naver.com/movie/bi/mi/basic.nhn?code=28903, 검색일 2013.01.05
2. 조정환, "유비쿼터스 기술과 현대 사회구조 변화의 관계 고찰," 2010.
3. 전자신문, 허정윤 기자, "美 이통사, 주파수 재배치 본격화…2G · 3G→4G 전환 계획 속속 확정," 2013.01.01, http://www.etnews.com/news/international/2699839_1496.html.
4. 강영무, 고영중, 권기항, 김종훈, 김현수, 박경환, 박병권, 이강배, 이재기, 정문상, 조장우, 최형림, 홍순구, 허성우, "엑셀과 파워포인트 중심의 정보처리개론," 생능출판사, 2009.
5. 연합뉴스, 최인영 기자, "내년 일반인도 새 인터넷주소 'IPv6' 이용한다," 2012.12.17, http://news.naver.com/main/read.nhn?mode=LSD&mid=sec&sid1=105&oid=001&aid=0005994057.
6. 고석하, 권순동, 김태성, 민대환, 최형림, 홍순구, "비즈니스 정보 시스템," 생능출판사, 2012.
7. 디지털타임스, 이지성 기자, "블루투스 탄생 10주년-상용제품 15억개," 2008.01.10, http://news.naver.com/main/read.nhn?mode=LSD&mid=sec&sid1=105&oid=029&aid=0000193816.
8. 양순옥, 김성석, 정광식, "유비쿼터스 개론," 생능출판사, 2012.
9. 동아일보, 박진우, 조영달, 황금천 기자, "6월부터 음식물쓰레기 종량제 … 우리 동네 어떻게?," 2013.01.02, http://news.donga.com/3/all/20130102/51990255/1.
10. 임영문, 박관종, "USN 기반 적용 사례 현황 연구," 대한안전경영과학회 춘계학술대회 논문, 2009.
11. 디지털데일리 신문, 이상일 기자, "일상 속 RFID/USN 어디까지 접목됐을까?," 2012.09.27, http://www.ddaily.co.kr/news/news_view.php?uid=95708.
12. 정보통신연구진흥원, "임베디드 소프트웨어 추진동향," IT기획시리즈 주간기술동향, 통권 제1351호, 2008.
13. 과학기술부, "윈도우 CE 기반의 단위기계용 범용 제어/모니터링 시스템 개발,"

핵심 S/W 기술개발 사업 보고서, 2000.

14. NET Market Share, http://translate.google.co.kr/translate?hl=ko&sl=en&tl=ko&u=http%3A%2F%2Fwww.netmarketshare.com%2Freport.aspx%3Fqprid%3D11%26qpaf%3D%26qpcustom%3DWindows%2BCE%26qpcustomb%3D1&anno=2, 검색일 2012.12.31.

15. 정보통신연구진흥원, "IT-Soc 기술 및 시장동향," IT부품정보 주간기술동향, 통권 제1314호, 2007.

16. 정보통신연구진흥원, "차세대 전지 기술 동향," IT부품정보 주간기술동향, 통권 제1328호, 2007.

17. 아시아경제, 정종오 기자, "휘어지는 리튬이차전지 개발…입는 컴퓨터 · 두루마리 전자 종이에 적용," 2013.01.15, http://view.asiae.co.kr/news/view.htm?idxno=2013011507551221271&nvr=Y.

18. 삼성경제연구소, "유비쿼터스 컴퓨팅: 비즈니스 모델과 전망," 2003.

19. WOW 와우한국경제 TV, 최진욱 기자, "휘어지는 디스플레이 'YOUM' 공개 … 환호와 탄성," 2013.01.10, http://www.wowtv.co.kr/newscenter/news/view.asp?bcode=T30001000&artid=A201301100251.

20. 유튜브, "우리 미래의 모습," http://www.youtube.com/watch?v=HNJoqRwjywU, 검색일 2013.01.31.

21. 고석하, 권순동, 김태성, 민대환, 최형림, 홍순구, "비즈니스 정보 시스템," 생능출판사, 2012.

22. 유튜브, "클라우드 컴퓨팅이란," http://www.youtube.com/watch?v=Gm0gU1wrWuw, 검색일 2012.08.30.

23. 문화일보, 김기현 기자, "유비쿼터스 정보기술 활용… 실종선박 · 선원구조 서비스," 2012.12.07, http://www.munhwa.com/news/view.html?no=20121207010714431360020.

24. 임영문, 박관종, "USN 기반 적용 사례 현황 연구," 대한안전경영과학회 춘계학술대회 논문, 2009.

25. 헤럴드경제 신문, 이진용 기자, "티엘아이 국내최초 MEMS 3축 가속도센서 개발," 2013.01.11, http://news.heraldcorp.com/view.php?ud=20130111000629&md=20130114003248_AN.

26. Youtube, http://www.youtube.com/watch?v=K78IWaq1gNQ, 검색일

2012.12.31.

27. ZDNet Korea 메가뉴스 TV, "클라우드 프린터로 스마트폰 인쇄 쉽게 하기," 2011. 03.02, http://www.zdnet.co.kr/tv/tv_view.asp?artice_id=20110302095917.

28. 여인갑, "유비쿼터스 관련 기술동향 및 전망," 디지털행정, 제101호, 2005 가을호, pp. 18-23, 2005.

Chapter

03

가상현실과 증강현실

학습목표

1. 가상현실의 개념을 이해한다.
2. 증강현실의 개념을 이해한다.
3. 가상현실과 증강현실의 적용 분야를 살펴본다.

Openning Case

가상현실 온라인 게임을 통해 본 미래 사회 게이머

내 자신의 움직임을 스스로 통제할 수 없다면 어떨까? 내 의지와 상관없이 누군가에 의해 조종당한다면? 근미래를 배경으로 첨단 테크놀로지가 등장하는 액션 블록버스터 〈게이머〉는 〈아드레날린24〉를 통해 숨쉴 틈 없이 이어지는 폭발적인 액션을 선사했던 최고의 콤비 감독 마크 네벨다인과 브라이언 타일러의 이런 기본적인 질문에서 출발했다.

〈게이머〉는 가까운 미래, 전 세계인들이 열광하는 온라인 FPS 게임 '슬레이어즈'를 소재로 하고 있다. '슬레이어즈'는 게이머들이 가상의 공간에서 가상의 캐릭터를 플레이하는 것이 아니라, 실제 공간에서 사형수와 무기징역수들을 고도로 진보된 마인드 컨트롤 시스템을 통해 마치 게임 속 캐릭터처럼 조종을 하며 전투를 벌이도록 하는 놀랍고도 잔인한 게임이다.

디스토피아적 미래의 게임 '슬레이어즈' & '소사이어티'!

영화 〈게이머〉 속에는 각각 세 가지의 구별되는 세계가 존재하는데 그 중 하나가 바로 영화의 주된 스토리를 이끌어가는 FPS 게임 '슬레이어즈'이다. "'슬레이어즈'는 수많은 플레이어들이 전장에서 사투를 벌이는 거대한 게임이고, '소사이어티'는 물질 만능주의적인 온라인 공동체이며, 세 번째는 게임 밖의 진짜 세상이다"라는 것이 마크 네벨다인 감독의 설명이다. 각각의 세계는 고유의 느낌과 외관을 지니고 있으며, 색상에서 카메라 움직임과 비주얼 이펙트, 그리고 세트 디자인까지 각각의 비주얼 공식을 따로 가지고 있다. '슬레이어즈' 속에 투입되는 사람들은 자신들의 의지와 상관없이 처절한 사투를 벌이다 죽어갈 수밖에 없는 운명에 처해 있지만, 게임이 더욱 잔인해지고 더 많은 사람이 죽어갈수록 모니터 앞의 관중들은 더 크게 환호한다. 이들의 유일한 희망은 총 30회의 전투에서 살아 남아서 자유를 되찾아 '슬레이어

즈'라는 게임에서 벗어나는 것뿐이다.

'슬레이어즈'와 더불어 또 다른 시스템을 구축하고 있는 '소사이어티'에 소속되어 있는 사람들 역시 게이머들에게 조종당하며 실제 사회에서와는 전혀 다른 아이덴티티를 가진다. '소사이어티'를 플레이하는 게이머들은 실제로 살아있는 사람을 조종하며 현실 세계에서는 해 보지 못하는 자신들의 판타지를 충족시킨다. '소사이어티'의 캐릭터로 조종을 당하는 사람들은 '슬레이어즈'의 사형수와 무기징역수들과는 다르게 하나의 직업으로 돈을 받고 일하는 사람들로 '케이블'의 아내 '앤지'는 어쩔 수 없는 선택에 의해 '소사이어티'에 들어가게 되면서 정신적인 고통을 당하는 캐릭터로, 실제 사회와 게임 속 사회에서 확연히 구별되는 모습을 보여준다. 이렇게 살아있는 인간의 생명조차 하나의 오락거리로 치부해 버리는 디스토피아적 미래의 암울함을 극단적으로 보여주는 영화 〈게이머〉의 색다른 소재성은 전 세계 네티즌들의 뜨거운 관심을 불러일으키며 영화에 대한 기대감을 증폭시키고 있다.

〈출처: 네이버 블로그, 2013〉[1)]

1. 가상현실(Virtual Reality)

가상현실은 더 이상 먼 미래나 영화 속의 이야기가 아니라 현재 우리 주위에 폭넓게 사용되고 있는 기술이다. 우리가 물건을 사거나 길을 찾고 게임을 하는 중에 가상현실을 경험하고 있다. 가상현실은 유비쿼터스 컴퓨팅의 발전과 함께 실생활에 더욱 친숙하게 다가올 기술로 이에 대한 이해가 필요하다.

1.1 가상현실의 개념

가상현실(VR: Virtual Reality)이란 상상의 세계를 현실과 같이 만들어 내고 인체의 감각기관(눈, 코, 귀, 입, 피부 등)이 느낄 수 있도록 창조한 세계이다.[2] 컴퓨터 등을 이용한 인공적인 기술로 만들어 낸 실제와 유사하지만 실제가 아닌 어떤 특정한 환경이나 상황 혹은 그 기술 자체를 의미하며 인간은 마치 자신이 그 곳에 있는 것처럼 실시간으로 보고, 듣고, 만지는 체험을 할 수 있다.[3]

가상현실을 사용하는 목적은 현실세계에서 불가능하거나 체험하기 힘든 일들을 가상현실 세계를 통해 시뮬레이션하거나 체험을 가능하게 하는 데 있다. 예를 들어 자동차 및 비행 시뮬레이션을 통해 조작법을 습득할 수 있고 가상현실 게임을 즐길 수 있다

가상현실에서 사용자는 실시간으로 컴퓨터와 상호작용을 통해 대화하고, 이를 통해 컴퓨터가 보여주는 실감나는 가상현실 세계에 몰입하게 된다.[4] 다음 〈표 3-1〉은 가상현실의 세 가지 특징을 정리한 것이다.

표 3-1 ■ 가상현실의 특성

특 징	설 명
임장감 및 몰입감	사용자가 3차원 공간에 직접 있는 것과 같은 임장감과 실감나는 정보 제시를 통한 가상의 환경에 둘러싸여 있는 느낌을 주는 몰입감
상호작용	사용자가 가상현실과 교류하기 위한 실시간 피드백
자 율 성	가상현실 내에서 물체 및 사건이 자율적으로 행동하거나 발생

출처: 최윤철 외, 2010 재구성.

1.2 가상현실의 발전과정

초기의 가상현실은 비디오 아케이드로 1962년 미국에서 모턴 헤이리그(Morton Heilig)가 개발한 센서라마(sensorama) 시뮬레이터를 들 수 있다.[5] 센서라마는 3차원 비디오와 모션, 칼라, 입체 음향, 향기, 바람 효과, 진동 의자로 구성되어 있어서 실제 오토바이를 타고 길가를 달리는 경험을 해 볼 수 있었다. 최초의 가상현실 시스템이라고 할 수 있는 것은 1968년 유타 대학의 이반 서덜랜드(Ivan Edward Sutherland)에 의해 고안된 HMD(Head Mounted Display)이다.[2] 당시 HMD는 너무 무거워 천장에 고정되어 있었고 선으로 표

출처: A Critical History of Computer Graphics and Animation, 2013.

그림 3-1 HMD: 1960년대(좌)와 1990년대 NASA의 VIEW 시스템(우)

출처: 첨단 가상현실 기술에 대한 이해와 응용, 2004.

그림 3-2 다양한 디스플레이: CAVE 시스템(좌)과 Baroo의 가상테이블(우)

현된 3차원 영상으로 가상공간을 생성시켰다. 이후 1980년대에는 미국항공우주국(NASA)에서 우주비행사의 교육을 위해 시각적 가상환경 디스플레이 VIVED(Virtual Visual Environment Display)를 개발하였다. 2000년대 이후 디스플레이와 애플리케이션의 개발로 다양한 분야에서 여러 가지 형태의 가상현실을 제공하게 되었다. 대표적으로 Fakespace사의 CAVE 3-D는 사방에서 프로젝터로 큰 디스플레이에 가상현실을 비추어 주고 사용자는 그 안에 들어가 마치 현실의 세계에 직접 있는 듯한 몰입감을 느끼게 해 준다.

1.3 가상현실의 기술

가상현실은 하드웨어적으로 가상현실 엔진과 입·출력 장치로 구성되고 가상현실을 응용·개발하기 위한 소프트웨어가 있다.

가상현실 엔진은 그래픽 렌더링 시스템(Graphic Rendering System), 월드 데이터베이스, 소프트웨어에 의해 사용자의 정보를 월드 데이터베이스에 반영하여 실시간으로 새롭게 변화되는 3차원 영상과 음향 등을 재생해 주는 장

출처: 멀티미디어 배움터, 2013.

그림 3-3 가상현실 시스템의 처리 과정

치이다. 렌더링(rendering)은 그림자, 색상, 농도의 변화 등과 같은 3차원 질감을 넣음으로써 컴퓨터 그래픽에 사실감을 추가하는 과정을 가리키는 용어이다. 월드 데이터베이스는 가상현실과 관련된 데이터를 저장 및 관리하는 장치이다.

입력장치는 사용자의 위치, 방향, 행위를 추적하고 정보를 가상현실 엔

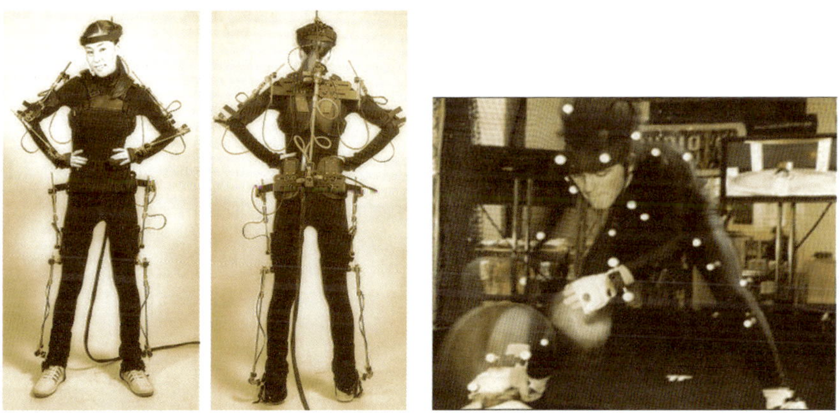

출처: 다음 블로그, 2013.

그림 3-4 기계식 입력장치(좌)와 광학식 입력장치(우)

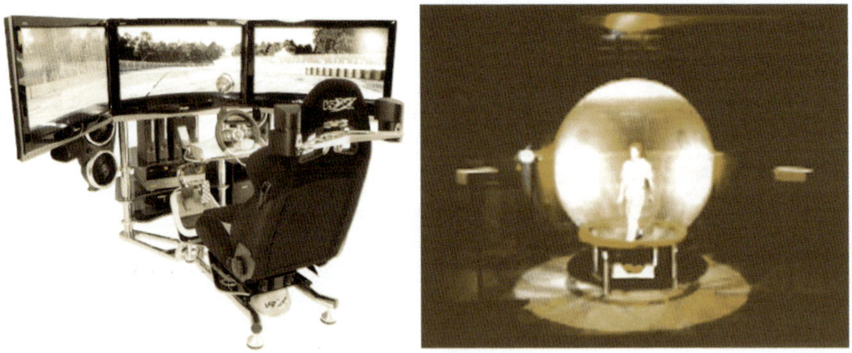

출처: Oxcgn. 2013.

그림 3-5 평면스크린(좌)과 구형 스크린(우)

진으로 전송하는 장치이다. 조이스틱 및 3D 마우스와 같이 직접 조작을 통한 입력장치가 있으며 데이터 글러브(Data globe) 등과 같은 사용자의 행위를 추적하는 장치가 있다. 사용자를 추적하는 방법은 전자기, 기계식, 광학식 등이 있다. [그림 3-4]와 같이 기계식 입력장치는 몸에 부착된 기계적 장치를 통해 사용자의 움직임을 추적하며, 광학식 입력장치는 사용자의 행위를 시각적(영상) 정보를 이용하여 추적한다.

출력장치는 입력정보에 대응하여 3차원 영상, 음향, 촉각 등을 사용자에게 전달한다. 일반적으로 시각적 출력장치가 주로 이용되고 있으며 HMD와 평면스크린, 구형의 디스플레이 등 다양한 형태를 가진다. 최근 3D 디스플레이의 개발이 활발히 진행됨에 따라 가상현실을 더욱 실감나게 재현하게 되어 그 활용도가 더욱 높아질 것으로 보인다.

들고 다니는 나만의 3D 극장 아큐픽스 3D HMD '마이버드'

광학기술 전문기업 아큐픽스(대표이사 고한일)가 20일, 여의도 63빌딩에서 열린 기자간담회를 통해 국내에선 최초, 세계에서는 4번 째인 개인용 3D HMD(Head Mounted Display) '마이버드(Mybud)'를 발표하는 시간을 가졌다.

우리말로 '안경형 디스플레이'라 할 수 있는 'HMD(Head Mounted Display)'는 안경의 렌즈에 해당하는 부분에 소형의 디스플레이가 장착된 것으로, 눈 앞에 바로 스크린이 있음으로 인해 작은 크기로도 마치 수십~수백 인치급 크기의 화면을 보는 듯한 느낌을 제공한다. 아큐픽스의 마이버드는 여기에 3D 기술을 더해 각종 영상 콘텐츠를 3D 화면으로 감상할 수 있는 것이 특징이다.

마이버드 HMD는 착용시 4m 거리에서 100인치급(해상도: 852×480)의 대형 LCD 화면을 구현해 '나만의 3D 극장'을 구현할 수 있다. 특히 인체공학적 디자인과 3D HMD 중 가장 가벼운 무게인 78g(안경부 기준)에 불과한 가벼운 무게로 우수한 착용감을 제공하며, 경쟁사 제품 대비 훨씬 부담이 적은 가격으로 경쟁력도 갖췄다고 회사측은 강조했다.

한편, 아큐픽스는 이번 마이버드 HMD를 시작으로 군사용 시뮬레이터와 같은 특수 목적용 HMD를 개발하고 있으며, 그 다양한 활용성을 살려 개인용 멀티미디어 디스플레이 시장은 물론 의료, 방송, TV, 교육, 광고, 영화, 엔터테인먼트 등 다양한 분야에 적용할 계획이라고 밝혔다.

특히 향후 3D TV 방송이 실현되면 마이버드 HMD와 같은 개인용 3D 디스플레이 수요가 더욱 커질 것으로 전망했다. 또 마이버드 HMD의 올해 매출 목표는 300억원(국내기준)이며 올해 하반기 일본 진출을 시작으로 해외 시장도 적극적으로 개척할 계획이라고 덧붙였다.

〈출처: Bestnews, 최용석 기자, 2012.03.20〉[6)]

1.4 가상현실의 활용 사례

가상현실은 건설 및 설계, 교육, 사이버 쇼핑, 엔터테인먼트 등 다양한 분야에서 활용되고 있다.

건설 및 설계분야에서는 3차원 그래픽 설계를 통해 건축물 및 기계장치의 입체적인 시각측면에서 확인할 수 있고 설계의 정확도를 향상시킬 수 있으며, 설계의 오류와 변경을 감소시킬 수 있다. 또한 실제 사용성에 대해 미리 점검이 가능하다. 실생활에서는 접하기 쉬운 예로, 가상현실을 이용한 모델하우스를 들 수 있다. [그림 3-6]과 같이 최근 아파트 분양시 홍보 수단으로 사용되는 모델하우스를 온라인 서비스로 제공하고 있어 실제 모델하우스에 가지 않고 컴퓨터를 통해 이를 구경할 수 있다.

교육 및 훈련분야에서 활용된다. 비행조종, 운전교육 등에 가상현실을 활용하여 교육 및 훈련이 가능하다. 이를 통해 시간과 비용을 절약할 수 있으며 안전한 교육이 가능하다. 또한 박물관에서는 가상현실을 이용하여 전시물을 직접 가지 않고 구경할 수 있으며 전시물의 추가적인 정보를 제공받을 수 있다. 그리고 원격조작을 가상현실과 접목하여 원격지의 장비를 운영하는 데도 활용되고 있다.

사이버 쇼핑몰은 3차원 공간상의 쇼핑몰로서 각종 시설물과 상품을 배치하거나 진열하며 실제 제품의 기능과 특성 및 모습 등을 그대로 표현한다. [그림 3-7]은 패션 잡지 ELLE의 ELLE at Zine(www.atzine.com) 온라인 매거진 웹사이트로 웹매거진을 통해 다양한 볼거리를 제공하고 있으며 제공되는 콘텐츠 중 쇼룸은 가상의 공간에 명품 브랜드를 시각적으로 경험할 수 있도록 하였다.

엔터테인먼트 분야는 일상생활에서 가장 활용도가 높다. 가상현실 게임과 온라인 커뮤니티, 생활정보 등을 가상현실을 통해 접할 수 있다. 세계적인 가상현실 커뮤니티 사이트인 Second Life가 대표적이다. Second Life에서는 아바타를 통하여 가상의 세계에서 각국의 사람들과 만날 수 있으며 세계 각국의 주요 장소를 가상화하여 실제 그 곳에 있는 느낌을 준다. 가상현실 게임으로는 동작인식 장치를 이용한 체감형 게임인 닌텐도 Wii가 이에 속한다. 또 다른 사례로 로드뷰를 들 수 있다. 기존의 평면적 지도와는 달리 가상현실의 파노라마 기술을 이용하여 자신이 찾고자 하는 곳의 모습을 실제 현장에서 보는 것과 같이 확인할 수 있다.

출처: e-편한세상 사이버 모델하우스, 한국철도기술연구원, 2013.

그림 3-6 가상현실 모델하우스(좌)와 가상현실 건축 설계(우)

출처: ELLE, 2013.

그림 3-7 사이버쇼핑몰(좌)과 비행시뮬레이션(우)

3D 게임

실내골프연습장

세컨드라이프

그림 3-8 엔터테인먼트의 사례

동 영 상

■ 가상현실을 이용한 교육

가상현실은 현실에서 체험하지 못하는 것을 경험할 수 있게 하는 기술로 이를 이용하여 교육이 가능하다. 선생님과 학생이 온라인을 통해 가상의 공간에서 만나 수업을 할 수 있으며 가상현실을 통해 다양한 체험이 가능하다.

동영상의 내용은 전 세계 사람들이 이용하고 있는 가상현실 온라인 커뮤니티인 'Second Life'를 이용하여 영어교육을 하고 있는 모습을 보여주고 있으며 가상현실 박물관을 방문하여 전시물을 볼 수 있으며 전시물을 직접 보고, 작동시키는 것과 같은 체험할 수 있는 것을 보여주고 있다.

〈출처: EBS, 미래의 학교, 2010.01.06〉[7]

2. 증강현실(Augmented Reality)

가상현실은 이제 우리의 일상에서 쉽게 접하게 된 기술이다. 그 중에서 현실에 기반을 두고 있는 증강현실은 유비쿼터스 컴퓨팅의 발달과 스마트폰의 보급이 확대됨에 따라 다양하게 활용되고 있다. 일상생활에 자주 사용하고 있는 증강현실에 대한 이해가 필요하다.

2.1 증강현실의 개념

증강현실(AR: Augmented Reality)이란 가상현실의 한 분야로 실제 환경에 가상의 사물이나 정보를 합성하여 원래의 환경에 존재하는 사물처럼 보이도록 하는 것을 의미한다.[8] 사용자가 보는 현실세계에 실시간으로 부가정보를 갖는 가상세계를 합쳐 하나의 영상으로 보여주므로 혼합현실(Mixed Reality)이라고도 한다.[9] 증강현실은 TV 영상과 같이 현실의 중간에 위치하는 기술로 사용자의 실제 환경에 가상의 정보를 더해 줌으로써 실제감을 향상시키는 기술이다.

[그림 3-9]는 인쇄된 사과 그림이 증강현실을 통해 3차원 영상으로 보여지고 있다. 실제 사용자의 손 위에는 사과그림의 인쇄물을 들고 있지만 웹카메라에 찍힌 영상은 증강현실 프로그램에 의해 입체적인 가상의 사과를 들고 있는 가상의 모습을 모니터로 보여준다.

증강현실은 1990년 보잉의 항공기 전선 조립과정의 가상이미지를 실제 화면에 중첩시켜 설명하면서 최초로 사용되었다.[10] 2000년 중반까지 연구개발 및 시험적용 단계에 머물러 있었으나 최근 스마트폰의 등장으로 증강현실 애플리케이션이 개발되어 실용화 단계에 진입하였다.

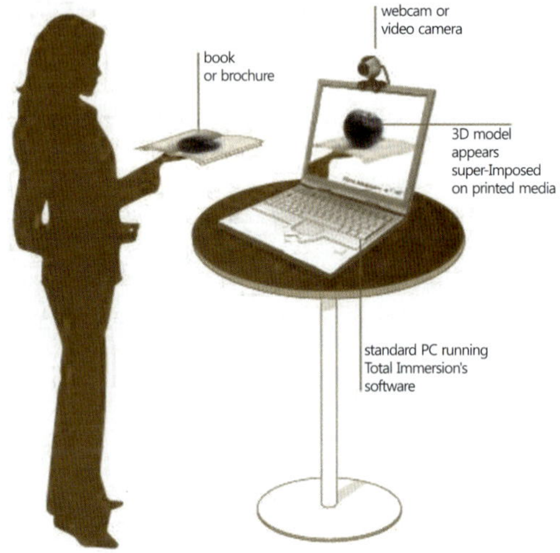

출처: Total Immersion, 2013.

그림 3-9 증강현실의 사용 모습

2.2 증강현실과 가상현실의 구분

증강현실은 모든 사물을 3차원 그래픽으로 제작하는 가상현실과 달리 현실의 영상 위에 가상의 정보를 중첩시켜 현실감을 향상시키는 것이다. 증강현실과 가상현실의 차이점은 [그림 3-10]과 같이 실제현실에 기반하고 있어 가상현실과는 구분된다. 가상현실은 컴퓨터가 생성한 환경이 실제환경을 완전히 대체하지만, 증강현실은 사용자가 가지고 있는 기존의 실제환경의 정보를 유지한다는 점에서 가상현실 기술과는 차이가 있다.[11]

출처: Milgram, 1994.

그림 3-10 증강현실과 가상현실의 차이

2.3 증강현실의 기술

증강현실의 요소기술로는 마커 검출(Marker Detection), 마커 정합, 마커리스 트래킹(MarkerlessTracking), 3D 오브젝트 렌더링(영상합성) 등 여러 가지가 있다.[12] 이 중에서도 마커 검출과 마커리스 트래킹 기술은 증강현실 시스템의 중요한 기술이다. 이 두 기술을 바탕으로 현실세계에 가상의 정보를 합성하는 렌더링 과정을 거쳐 증강현실을 사용자에게 보여주게 된다.

마커 검출은 기준 좌표 역할을 하는 마커를 인식하여 증강현실을 구현하는 것으로 카메라를 통해 특정한 마커를 인식하게 되면 출력장치를 통해 마커에 해당하는 정보를 실제 영상에 합성하게 된다. 다음의 [그림 3-11]은 교과서의 마커를 인식하여 3차원의 그래픽 정보를 제공하는 것을 보여주고 있다.

마커리스 트래킹은 보다 자연스러운 증강현실을 위해 마커가 없이 영상 내에서 특징점을 추출하여 증강현실을 구현하는 것이다. 영상 내에서 특징점들을 추출하고 이 특징점들을 기반으로 좌표계를 추출해 낸다. 증강현실 기술에 있어서 가장 난이도 있고 점차 더 중요한 기술이 될 것으로 평가받고 있다. [그림 3-11]의 오른쪽 그림은 트래킹을 이용한 애플리케이션을 활용하여 주변의 정보를 얻고 있는 것을 보여주고 있다.

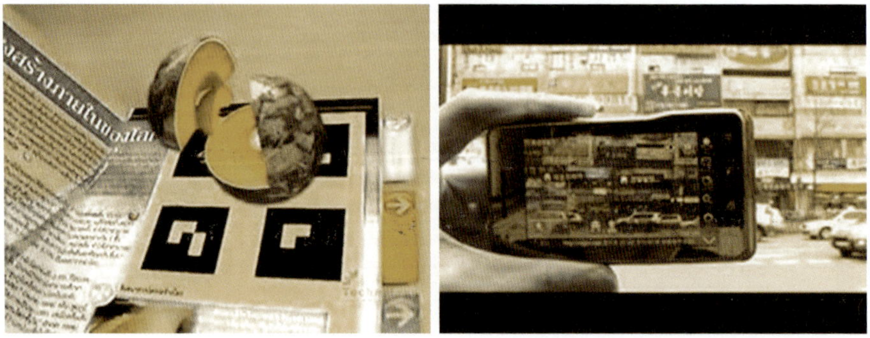

출처: 헬스로그, 2013.

그림 3-11 마커를 통한 증강현실(좌)과 트래킹을 통한 증강현실(우)

2.4 증강현실의 활용 사례

증강현실을 이용한 분야는 교육, 광고 및 마케팅과 쇼핑몰에 활용되고 있다. 특히 18대 대통령선거시 증강현실을 이용하여 후보의 홍보에 사용되기도 하였다.

교육분야에서는 증강현실이 현실의 사물에 추가적인 정보를 제공하기 때문에 많이 사용되고 있다. 실례로 교재에 삽입되어 있는 마커를 이용하여 3차원 그래픽과 동영상을 보여줄 수 있다. 그리고 복잡한 기계장치에 증강현실을 통해 제공되는 정보를 이용하여 효과적인 훈련을 가능하게 한다. 실제 증강현실이 보잉의 정비교육을 위해 개발되었다. [그림 3-12]와 같이 자동차 정비교육시 복잡한 내부구조를 증강현실을 이용하여 각 부품의 명칭 및 설명을 보며 훈련을 받거나 실제 정비시 보조도구로 활용하고 있다.

광고분야에서는 상품 및 광고 인쇄물에 부착된 마커를 이용하여 3D 이미지 및 제품의 추가 정보를 제공하거나 흥미를 유발할 수 있는 영상을 보여줌으로써 광고효과를 높이는 데 사용하고 있다. 빈폴에서는 광고를 동영상으로 삽입한 적이 있다. 증강현실 프로그램을 내려받고 이미지카드를 출력하여 웹

캠에 비추면 2NE1이 등장하는 3D 광고영상을 볼 수 있다.

쇼핑몰과 마케팅의 방법으로 증강현실이 사용되고 있다. 증강현실을 통해 의류, 악세서리를 착용했을 때의 모습을 보여주어 제품의 구매에 도움을 주거나 이를 통해 소비자의 관심을 갈게 하는 마케팅 효과를 얻을 수 있다. 'Zugara(www.zugara.com)'는 가상으로 옷을 입어본 모습을 보여주는 소셜 온라인 쇼핑 애플리케이션으로 의류 브랜드 리복이 이 애플리케이션을 도입했다. 화장품 회사 시세이도는 증강현실을 이용해 가상으로 메이크업을 한 자신의 얼굴을 보여주는 서비스를 시작했다.

출처: 이민석의 모바일 세상, 2013.

그림 3-12 증강현실을 이용한 자동차 정비훈련(좌)과 증강현실을 이용한 3D 그래픽(우)

출처: 유플러스연구소, Zugara, 2013.

그림 3-13 증강현실을 이용한 광고(좌)와 증강현실을 이용한 쇼핑몰(우)

검색분야에서도 증강현실이 이용된다. 최근 스마트폰과 함께 증강현실을 활용한 다양한 애플리케이션이 등장하였다. 그 중 '오브제' 외에 다수의 서비스들은 위치기반 서비스와 결합하여 영상을 통해 주변의 위치정보 등의 검색이 가능하며 정보 공유, 커뮤니티활동도 가능하다.

SK텔레콤, 증강현실 활용 옥외광고 선보여

SK텔레콤이 '내 폰 안에서 살아 움직이는 신개념 옥외광고'를 선보였다.

사람 중심의 기술 가치와 함께 새로운 가능성의 세계를 열어나가는 '가능성의 릴레이' 광고캠페인을 진행 중인 SK텔레콤은 '오라즈마(Aurasma)'라는 첨단 증강현실 앱을 활용한 새로운 옥외광고를 운영해 주목받고 있다.

SK텔레콤은 11월 말부터 오라즈마 기술을 활용하여 일반 빌보드 광고를 동영상 광고로 연결해 보여주는 광고를 종로, 신촌, 양평동에 위치한 건물과 을지로 지하 보도에 설치해 운영 중이다. SK텔레콤을 통해 고객과 다양한 컨텐츠들이 더 큰 가능성을 만나고 이를 통해 고객과 더 진정성 있는 소통을 할 수 있다는 의미를 담아 '가능성의 네트워크'로 명명된 이번 신개념 옥외광고는 SK텔레콤의 옥외 빌보드 이미지를 '오라즈마'(Aurasma)라는 앱을 통해 비추면 빌보드 이미지 안에 관련 동영상을 펼쳐 보여준다.

이 광고에 활용된 오라즈마 기법은 영국 오토노미(Autonomy)사에서 개발, 2011년 출시하여 이미 100여 개 국가에

서 300만 다운로드 수를 기록한 첨단 증강현실 애플리케이션으로, 영화, 유통, 패션, 스포츠, 자동차, 가전제품, 출판 등을 포함한 1만여 개 이상의 파트너社를 가지고 있어 이미 해외에서는 다양한 마케팅 툴로써 활용되고 있는 대표적 증강현실 앱이다. 기계 시각 인식 시스템(machine-vision recognition system)'을 활용하는 QR코드와는 달리 별도 제작 과정이 필요 없이 기존 이미지 그대로를 사용할 수 있기 때문에 활용도가 높고 적용 범위가 큰 것이 장점이다.

앞으로도 SK텔레콤은 소비자가 흥미를 느낄 수 있고 쉽게 참여할 수 있는 옥외 광고제작을 통해 '가능성'이라는 사회적 메시지가 퍼져나갈 수 있도록 미디어의 지평을 넓혀나갈 예정이다.

〈출처: 케이모바일, 김준 기자, 2012.11.30〉[13]

동 영 상

▪ 드디어 나왔다! 증강현실 최강 애플리케이션 화제

가상현실은 현실에서 체험하지 못하는 것을 경험할 수 있는 기술로 이를 이용하여 교육이 가능하다. 온라인을 통해 가상의 공간에서 수업을 진행하고 다양한 체험이 가능하다.

동영상의 내용은 전 세계 사람들이 이용하고 있는 가상현실 온라인 커뮤니티인 'Second Life'를 이용하여 영어교육을 하고 있는 모습을 보여주고 있으며 가상현실 박물관을 방문하여 전시물을 볼 수 있으며 전시물을 직접 보고, 작동시키는 것과 같은 체험할 수 있는 것을 보여주고 있다.

〈출처: 전자신문, 생방송 스마트 쇼, 2012.03.27〉[14]

3. 가상현실과 증강현실의 과제와 전망

가상현실과 증강현실에 대한 수요는 점차 빠르게 확산되고 있으며 관련 시장 또한 커지고 있다. 이는 기술의 발달에 따라 가상현실과 증강현실을 효과적으로 제공할 수 있게 되었고, 특히 최근 스마트폰의 보급에 따라 증강현실과 관련된 애플리케이션의 활용이 증가하고 있기 때문이다. 공공기관은 행정정보 서비스를 위한 애플리케이션을 개발하고, 기업은 마케팅 도구로 활용과 새로운 비즈니스를 계획하고 있으며, 소비자들은 스마트폰의 증가로 관련 애플리케이션에 대한 요구가 늘어나고 있어 가상현실과 증강현실의 시장은 더욱 확대될 것으로 보인다.

그러나 국내 가상현실 기술 경쟁력은 3D 모델링, 렌더링 및 애니메이션 제작기술을 중심으로 대외경쟁력을 확보하고 있으나 가상현실 입출력 장비인 데이터글로브, 모션캡처장치, HMD, 햅틱인터페이스 장치의 설계 및 제작기술은 외국에 비해 경쟁력이 떨어져 수입의존도가 높은 상태이다. 또한 가상환경 저작도구도 대부분 외국제품에 대한 의존도가 높다.[15)]

또한 가상현실과 증강현실이 더욱 활성화되기 위해서는 관련 기술뿐만 아니라 다양한 콘텐츠의 확보가 중요하다. 스마트폰의 증가로 인하여 스마트폰에서 활용 가능한 콘텐츠의 개발이 필요하며 위치기반 서비스, 매시업 등을 접목한 서비스의 개발이 더욱 필요하다.[16)] 또한 SNS 등과 연동하여 정보의 공유가 가능해져 유비쿼터스 환경에서 더욱 다양한 서비스 제공이 가능해질 것으로 보인다.

▶ 토의과제

1. 가상현실과 증강현실이 일상생활에 어떻게 활용되고 있는가?
2. 가상현실과 증강현실이 미래에는 어떠한 형태로 발전할 것으로 보는가?
3. 유비쿼터스 컴퓨팅 시대의 가상현실과 증강현실이 활성화되기 위한 과제는 무엇인가?

동 영 상

제 목	주요내용	Link	시 간
가상현실을 이용한 교육	가상현실을 이용하여 교육에 활용하고 있는 사례를 소개	http://www.youtube.com/watch?v=UAITbfSxuhY	5분 31초
증강현실 애플리케이션	최근 주목받고 있는 증강현실 애플리케이션의 소개	http://www.youtube.com/wa tch?v=U-0GCQoTU18	4분 52초
가상현실 쇼핑	영국에서 쇼핑센터를 사이버상에 재연한 뉴스	http://www.ytn.co.kr/_pn/0413_200904201039383939	7분 14초
증강현실-백제역사문화관	증강현실을 교육에 활용한 사례	http://www.youtube.com/watch?v=6vYpUgTOpgQ	4분 5초
BMW augmented reality	BMW사의 증강현실을 이용한 정비과정을 소개	http://www.youtube.com/watch?feature=player_embedded&v=P9KPJIA5yds	2분 39초

Summary
요 | 약

가상현실의 개념

- 상상의 세계를 현실과 같이 만들어 내고 인체의 감각기관(눈, 코, 귀, 입, 피부 등)이 느낄 수 있도록 창조한 세계
- 컴퓨터 등을 이용한 인공적인 기술로 만들어 낸 실제와 유사하지만 실제가 아닌 어떤 특정한 환경이나 상황 혹은 그 기술을 의미

가상현실의 발전 과정

- 모턴 헤이리그의 센서라마 시뮬레이터
- 이반 서덜랜드의 HMD
- NASA의 VIVED와 VIEW
- Fakespace사의 CAVE 3D

가상현실의 기술

- 가상현실 시스템: 가상현실 엔진, 입 · 출력장치
- 가상현실 엔진: 그래픽 렌더링 시스템, 월드 데이터베이스
- 입력장치: 사용자의 위치, 방향, 행위를 추적하고 가상현실 엔진으로 전송
- 출력장치: 사용자에게 가상현실의 영상, 음향, 촉각 등을 전달

가상현실의 사례

- 건설 및 설계: 가상현실 모델하우스, 건축 설계
- 교육 및 훈련: 운전 · 조정 훈련 시뮬레이션, 가상현실 박물관
- 사이버 쇼핑몰: 가상의 공간에 상품 진열 및 판매
- 엔터테인먼트: 온라인 · 3D 게임, Second Life와 같은 커뮤니티, 로드뷰

증강현실의 개념

- 현실세계에 실시간으로 가상의 정보를 결합하는 기술

증강현실의 기술

- 마커 검출(Marker Detection), 마커 정합, 마커리스 트래킹(MarkerlessTracking), 3D 오브젝트 렌더링
- 마커 검출: 기준 좌표 역할을 하는 마커를 인식하여 증강현실을 구현
- 마커리스 트래킹: 영상 내에서 특징점을 추출하여 증강현실을 구현

증강현실의 활용 사례

- 교육: 교재에 삽입된 마커를 통한 영상정보 활용, 정비교육시 내부구조 정보 제공
- 광고: 인쇄광고의 마커를 통한 추가 정보 및 흥미 유발
- 쇼핑몰 · 마케팅: 제품 착용 상태를 증강현실로 체험함으로써 판매 · 마케팅에 활용
- 검색: 위치기반 서비스와 결합하여 영상을 통한 정보 검색

질문

1. 가상현실과 증강현실을 사용하는 목적은 무엇인가?
2. 가상현실과 증강현실의 차이점의 무엇인가?
3. 가상현실에 사용되는 기술에는 어떠한 것들이 있는가?
4. 자신이 일상생활에서 자주 이용하고 있는 가상현실과 증강현실에는 어떤 것이 있는가?
5. 가상현실 시스템의 처리과정을 설명하시오.
6. 증강현실에 사용되는 기술에는 어떠한 것들이 있는가?

Closing Case

스마트폰 증강현실 선거홍보 '눈에 띄네'

대통령 선거전의 열기가 스마트폰으로 확산되고 있다.

4일 소셜네트워크에 따르면, 지난 미국 대선에서 오바마와 롬니 두 후보가 선거홍보에 사용했던 증강현실 애플리케이션(이하 앱)을 새누리당과 민주통합당도 도입해 활용 중이다. 3천만 명을 넘어선 스마트폰 이용자들의 표심을 잡겠다는 것이다.

양당의 대선 캠프에서 활용 중인 증강현실 앱은 '츄파(CHUPAR)'로, 대선 후보의 선거벽보나 포스터, 명함, 종이지폐 등에 스마트폰 앱을 비추면 후보자의 홍보영상이 증강현실로 재생되는 방식이다. 또 츄파 앱을 통해 후보자의 홈페이지나 페이스북, 트위터로도 연결된다.

〈새누리당 박근혜 후보 적용 화면〉

〈민주통합당 문재인 후보 적용 화면〉

▲ 대선 후보의 선거벽보나 포스터에 증강현실 앱 '츄파'를 비추면 후보자의 홍보영상이 재생된다.

모바일 선거 활동과 사이버 선거전 등 스마트 시대를 맞아 양당 후보자가 새로운 정치 홍보방식을 발 빠르게 도입해 적용한 것이다

박수오아 소셜네트워크 대표는 "양당 후보 캠프에서는 대한민국의 스마트폰 보급률이 53%, 만 20세 이하를 제외한 유권자 스마트폰 보급률은 이보다 훨씬 상회할 것으

로 예상해 증강현실 앱을 도입했다"며 "2012 대선은 SNS · 메신저 마케팅과 더불어 증강현실 마케팅이 주목을 받을 것"이라고 강조했다.

이어, "기존엔 포스터 한 장의 이미지만 볼 수 있었다면 스마트폰 앱을 이용하면 매일 새로운 영상을 볼 수 있는 효과가 있다"고 말했다.

모바일 선거 시대에 스마트폰의 증강현실 앱이 18대 대통령선거에서 흥미로운 변수가 될 수 있을지 주목된다.

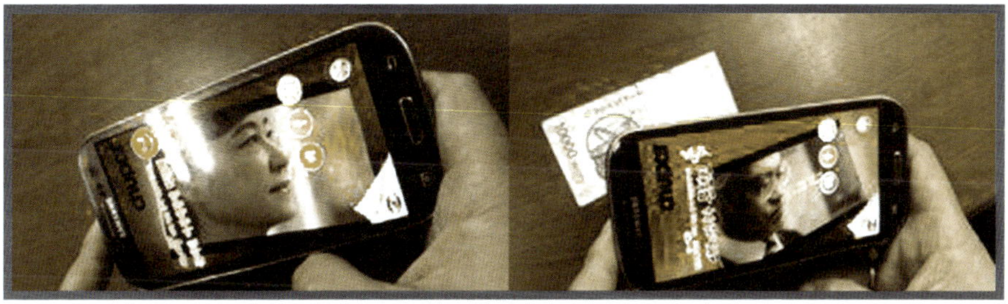

▲ 지폐의 앞뒷면을 증강현실 앱인 '츄파'로 비추면 박근혜, 문재인 대통령 후보자의 홍보영상을 볼 수 있다.

〈출처: ZDNet Korea, 김태진 기자, 2012.12.4〉[17)]

질문

1. 사례와 같이 증강현실을 이용한 광고를 접해 본 경험을 말해 보시오.
2. 증강현실을 이용한 광고가 어떤 효과가 있는지 말해 보시오.
3. 광고 외에 증강현실을 활용한 애플리케이션을 사용해 본 경험을 말해 보시오.

참고문헌

1. 네이버 블로그, http://blog.naver.com/tlsghkdwo12/50072949328, 2013.
2. Wikipedia, "가상현실," http://ko.wikipedia.org/wiki/가상현실, 검색일 2013.01.03.
3. 박치항, 송경중, 한민수, "가상현실 기술 개발," 한국전자통신연구소, 보고서, 1996.
4. 최윤철, 임순범, "멀티미디어 배움터 2.0," 생능출판사, 2010.
5. 최수미, "첨단 가상현실 기술에 대한 이해와 응용," 세종대학교 컴퓨터공학부, 2004.
6. Bestnews, 최용석 기자, "들고 다니는 나만의 3D 극장 아큐픽스 3D HMD '마이 버드,'" 2012.03.20, http://www.betanews.net/article/558964.
7. EBS, "미래의 학교," 2010.01.06, http://www.youtube.com/watch?v= UAITbf SxuhY.
8. Wikipedia, "증가현실," http://ko.wikipedia.org/wiki/증강현실, 검색일 2013.01.10.
9. 네이버사전 두산백과, "증강현실," http://terms.naver.com/entry.nhn?cid=2000 00000&docId=1227952&categoryId=200000756, 검색일 2013.01010.
10. 정동영, "증강현실이 가져올 미래 변화," 삼성경제연구소, SERI 경연노트 제46호, 2010.
11. 계보경, 김정현, 류지현, "증강현실의 교육적 이해," 한국교육학술정보원, KERIS 이슈리포트, 2007.
12. 정석희, "증강현실 AR, Augmented Reality," 시스템 · 반도체포럼, Semiconductor Insight 2010년 7월호, 2010.
13. 케이모바일, 김준 기자, "SK텔레콤, 증강현실 활용 옥외광고 선보여," 2012.11.30, http://www.kmobile.co.kr/k_mnews/news/news_view.asp? tableid= IT&idx =414243.
14. 전자신문, 생방송 스마트 쇼, "드디어 나왔다! 증강현실 최강 애플리케이션 화제," 2012.03.27, http://www.youtube.com/watch?v=U-0GCQoTU18.

15. 손상영, 김사혁, 석봉기, "컨버전스 경제에서 가상현실 기술의 의의와 산업구조 변화," 정보통신정책연구원, 보고서, 2010.
16. 한국저작권위원회 기술연구소, "증강현실 구현기술 현황-국내외 동향을 중심으로," Biweekly 7월 4주, 2010.
17. ZDNet Korea, 김태진 기자, "스마트폰 증강현실 선거홍보 '눈에 띄네,'" 2012.12.4, http://www.zdnet.co.kr/news/news_view.asp?artice_id=20121204122147.
18. 멀티미디어 배움터, http://dblab.ewha.ac.kr/hsyong/teach/multimedia/textbook-web/ch11/p-ch11-01-frm.htm, 검색일 2013.01.07.
19. A Critical History of Computer Graphics and Animation, http://design.osu.edu/carlson/history/lesson17.html, 검색일 2013.01.07.
20. Oxcgn, http://oxcgn.com/2008/01/14/ultimate-forza-2-cockpit-view/, 검색일 2013.01.11.
21. ELLE, http://atzine.com, 검색일 2013.01.11.
22. e-편한세상 사이버모델하우스, https://orange.daelim-apt.co.kr/040742/model/vr.html, 검색일 2013.01.16.
23. 한국철도기술연구원, http://www.krri.re.kr/weekly/2006_weekly/alongsiderail/20060302/1_792.html, 검색일 2013.01.11.
24. ELLE at Zine, http://www.atzine.com, 검색일 2013.01.07.
25. Total Immersion, http://www.t-immersion.com/augmented-reality/what-augmented-reality, 검색일 2013.01.11.
26. Milgram, P., Takemura, H., Utsumi, A., Kishino, F., "Augmented reality: A class of displays on the reality-virtuality continuum," Telemanipulator and Telepresence Technologies, vol. 2351, 1994.
27. 헬스로그, http://www.koreahealthlog.com/2276, 검색일 2013.01.10.
28. 이민석의 모바일 세상, http://mobileandlife.tistory.com/32, 검색일 2013.01.11.
29. 유플러스 연구소, http://upluslab.inckorea.net/bbs/board.php?bo_table=column&wr_id=138, 검색일 2013.01.14.

Memo

Chapter

04

지능형교통시스템과 인공지능

학습목표

1. 지능형교통시스템의 개념을 이해한다.
2. 인공지능의 개념을 이해한다.
3. 지능형교통시스템과 인공지능의 활용사례를 살펴본다.

Openning Case

사람처럼 생각하고 행동하는 로봇의 세상 '아이, 로봇'

근 미래인 2035년, 인간은 지능을 갖춘 로봇에게 생활의 모든 편의를 제공받으며 편리하게 살아가게 된다. 인간의 안전을 최우선으로 하는 '로봇 3원칙'이 내장된 로봇은 인간에게 없어서는 안 될 신뢰받는 동반자로 여겨진다. NS-4에 이어 더 높은 지능과 많은 기능을 가진 로봇 NS-5의 출시를 하루 앞둔 어느 날, NS-5의 창시자인 래닝 박사가 미스터리한 죽음을 맞이하게 된다. 그의 죽음을 둘러싼 수많은 추측이 난무한 가운데, 시카고 경찰 델 스프너(윌 스미스)는 자살이 아니라는 데 확신을 갖고 사건 조사에 착수한다. 끔찍한 사고 이후로 로봇에 대한 적대감을 갖고 있던 그는 이 사건 역시 로봇과 관련이 있다고 믿고 이 뒤에 숨은 음모를 파헤치려고 한다.

휴머노이드

- '아이로봇'의 배경이 되는 2035년에는 가정용 로봇이 개발되어 각 가정에 적어도 하나씩 공급
  - 최첨단 테크놀러지의 발달로 로봇들은 집을 청소하고, 물건을 배달하고, 애완견뿐 아니라 심지어 아이들까지 돌보게 됨
  - 특히 이 영화에서는 로봇이 거의 인간과 비슷한 형상을 하고 지능과 감정까지 가진 물체로 등장
- 실재로도 미국의 지능형 청소로봇 '룸바'부터 인간처럼 두 발로 걷고 말도 하는 일본의 휴머노이드 로봇 '아시모', 한국의 '휴보' 등 다양한 로봇개발이 한창
  - 이러한 로봇의 개발은 인간이 하기 힘든 일이나, 전쟁, 화재 및 재난 등 위험

한 상황에서 큰 역할을 할 수 있을 것으로 기대

인체부품 기술

- 영화속 주인공은 사고로 인해 팔을 잃고 대신 인공근육을 이식
  - 이것은 영화 속만의 이야기가 아니라 최근 사람의 근육 속에 기계장치를 이식하거나 반대로 로봇에 근육을 이식할 수 있는 기계와 유기체가 접목될 수 있는 기술이 활발히 연구
- 미래에는 우리 몸 속의 장기를 시기별로 교체할 수 있는 인체부품시대가 올지도 모름
  - 사람의 장기이식은 수요에 비해 공급이 턱없이 적고 장기가 있다고 해도 거부반응 없이 환자에 맞는 장기를 찾기란 하늘의 별따기보다 힘든 것이 현실
  - 인공장기는 말 그대로 심장, 간, 신장, 혈관 등 사람의 장기를 첨단 바이오재료로 만들어 이식하는 것
  - 이미 인공뼈나 관절, 인공수정체 등은 일선 병원에서 널리 사용되고 있으며 신부전환자들을 위한 인공신장과 신공심폐기, 인공유방 등도 보편화되고 있는 추세

사람처럼 생각하고 행동하는 로봇의 세상 '아이로봇'

- 영화 속에 등장하는 로봇들은 인간을 더욱 편하고 풍요롭게 해 줄 수 있을 것으로 기대
  - 그러나 이러한 로봇의 핵심 기술인 인공지능 기술의 발달 역시 인간과 로봇에 대한 가치문제를 야기
- 인간보다 더 인간 같은 로봇의 존재는 인간을 위협
- 특히 이러한 인간 같은 로봇들의 통제와 폐기 등과 관련된 관리문제가 크게 대두될 수 있음

〈출처: 오정연, 2006〉[1)]

1. 지능형교통시스템(ITS)

유비쿼터스 컴퓨팅 기술은 교통분야에서도 폭넓게 활용되고 있다. 교통과 정보기술의 접목을 통해 교통의 효율성과 안전성을 향상시키기 위해 지능형교통시스템이 등장하였으며 지속적인 발전이 예상된다. 이 절에서는 지능형교통시스템의 개념과 활용 사례에 대해 알아보고자 한다.

1.1 지능형교통시스템의 개념 및 현황

국가교통정보센터(2013)[2)]의 정의에 따르면, 지능형교통시스템(ITS: Intelligent Transport System)은 "교통수단 및 교통시설에 전자·제어 및 통신 등 첨단기술을 접목하여 교통정보 및 서비스를 제공하고 이를 활용함으로써 교통체계의 운영 및 관리를 과학화·자동화하고, 교통의 효율성과 안정성을 향상시키는 교통시스템"이다. 우리 생활에서 접할 수 있는 지능형교통시스템에는 버스정류장의 버스도착안내 시스템, 교차로에서 교통량에 따라 자동으로 차량신호가 바뀌는 신호제어시스템, 내비게이션의 실시간 교통정보 제공, 전자지불 시스템인 하이패스 등이 있다.

[그림 4-1]은 지능형교통시스템을 나타내고 있다. 교통정보는 수집, 가공, 제공의 3개의 체계로 나뉜다. 정보수집단계에서는 도로의 CCTV, 현장 검지기, 센서 등을 통해 교통정보가 수집된다. 정보처리단계에서는 수집된 정보가 통합교통관리시스템으로 모아져 교통정보를 가공하고 신호제어, 램프제어, 사고처리, 위반단속 등 교통관리 및 제어를 담당한다. 그리고 정보제공단계에서는 가공된 교통정보를 실시간으로 상황판 및 인터넷 등 각종 매체와 운전자에게 제공한다.

지능형교통시스템은 도시의 교통문제를 효과적으로 해결하기 위한 방법

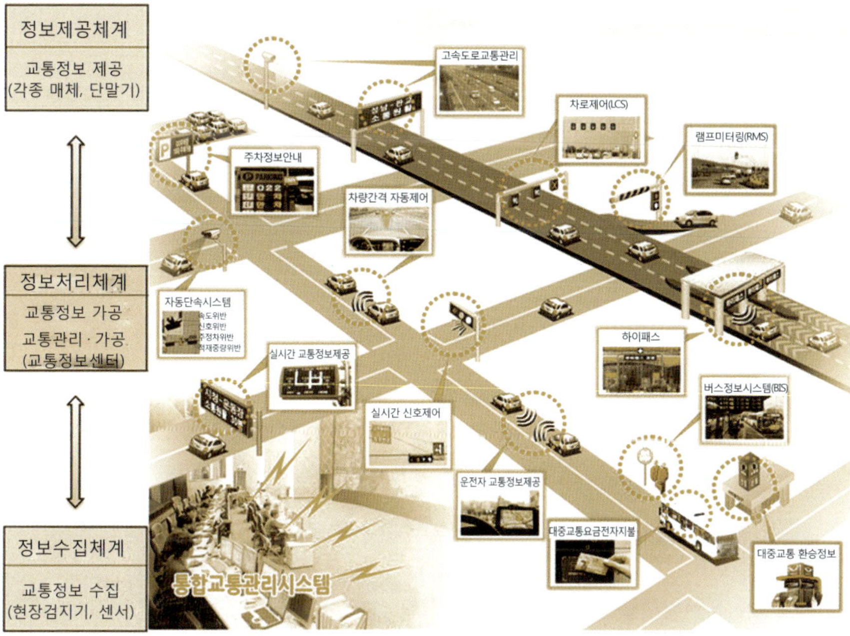

출처: 국토해양부, 2012.

그림 4-1 지능형교통시스템의 개념

으로 등장하였다. 도시의 교통문제가 심각한 수준에 이르자 교통흐름을 원활하게 하고, 교통안전을 확보하며, 대중교통의 활용화와 함께 에너지 및 환경 문제의 개선이 필요하였다.[3]

국토해양부 자료(2012)[4]에 따르면 우리나라의 지능형교통시스템의 추진 현황은 아래와 같다.

- 1990년대 초반부터 고속국도교통관리시스템(FTMS) 등의 분야에서 일부 시작
- 1997년 「지능형교통체계 기본 계획」을 수립하고 연구개발 사업을 시작
- 1999년 8월 「교통체계 효율화법」의 제정 · 시행
- 2000년 「국가 지능형교통체계 기본계획21」을 수립하여 연구개발, 시스템 구축 및 표준 연구와 법 · 제도 정비 등의 과제들을 추진

- 2003년 첨단교통모델도시(대전, 전주, 제주) 건설 사업 및 국도교통관리시스템 구축사업을 추진, 이후 기초자치단체 및 광역자치단체 단위로 ITS 구축사업 추진
- 2010년에 1차 ITS 구축사업 완료
  - 고속국도교통관리시스템(FTMS) 완료
  - 도시교통정보시스템(UTIS)은 35개, 버스정보시스템(BIS)은 30개 지자체에 구축
- 2011년부터 2차 「지능형교통체계 기본계획」을 수립하여 추진 중

동 영 상

■ 부산교통정보서비스센터

부산교통 첨단날개를 달다

먼 거리를 가기 위해 걷거나 말을 달리던 과거에서부터 현재에 이르기까지 빠르게 발전해 온 교통수단. 그리하여 교통시설에 전자, 통신 등 첨단기술을 접목한 교통정보서비스인 ITS가 탄생하게 되었다. 발전하는 첨단교통 선진도시 부산을 만들어 가는 부산교통정보서비스센터를 소개하고 있다.

〈출처: 부산미디어센터, 라이프플러스, 2011.01.27〉[5)]

1.2 지능형교통시스템의 기술

지능형교통시스템에는 무선 네트워크와 센서 기술을 기반으로 GPS, 텔레매틱스 기술이 사용된다.

무선 네트워크와 센서 기술은 교통의 정보를 CCTV, 신호등을 비롯한 다양한 다른 장치의 센서에서 수집되는 정보를 무선 네트워크를 통해 지능형교통시스템으로 보내져 처리가 되기 때문에 무선네트워킹과 센서기술이 중요하다. 이 부분은 2장에서 자세히 설명을 하였다.

GPS(Global Positioning System)는 범지구적 위치결정 체계로 미국 국방부에서 군사용으로 개발한 새로운 위성항법시스템이다.[6] GPS로 인해 지상, 해상, 공중 등 지구상의 어느 곳에서나 시간제약 없이 인공위성에서 발신하는 정보를 수신하여 정지 또는 이동하는 물체의 위치를 측정하는 것이 가능하다. 현재 24개의 GPS위성을 이용한 항법서비스를 전 세계에 무료로 제공 중이다.

텔레매틱스(Telematics)는 무선통신과 GPS의 기술이 결합되어 자동차에서 위치정보, 안전운전, 오락, 금융 서비스, 예약 및 상품 구매 등의 다양한 이동통신 서비스의 제공을 의미한다.[7] 운전시 필요한 정보를 운전자에게 제공하는 위치정보에 기반한 대표적인 기술로 운행정보, 차량관리, 긴급출동 지원 등의 기능을 제공한다.[8] 운전자에게 목적지까지의 길안내를 돕는 내비게이션이 대표적인 예이다. 그리고 자동차의 상태를 실시간으로 모니터링이 가능하며 이상 발생시 자동으로 보험사 및 정비소에 정보를 전송해 준다.

[기획] 텔레매틱스가 뜬다

'융합'이 사회 전반의 트렌드로 떠오르며 자동차 업계도 융합 기술을 속속 발표하고 있다. 최근 특히 각광받고 있는 분야는 '텔레매틱스'로, 차 내·외부의 각종 정보 등을 사용자가 손쉽게 조작할 수 있는 기술이다. 업계는 텔레매틱스가 미래 자동차를 단순한 이동 수단에서 정보 단말기로서의 역할로 변신시키고 있다고 입을 모은다.

텔레매틱스란 텔레커뮤니케이션과 인포매틱스의 합성어다. 자동차 주요 정보를 원격통신을 이용해 제어한다는 의미를 갖고 있다. 스마트폰, 태블릿PC 등 개인용 스마트 기기를 이용해 자동차와 연결, 운전자와 소통을 이룬다. 자동차의 현재 상황과 각종 내·외부 정보를 운전자에게 알리는 일뿐 아니라 능동적으로 제어 · 관리하는 것이 핵심이다. 운전의 편의성과 함께 업계는 이산화탄소 배출, 교통체증 등의 사회문제 해결에도 기여할 것이라고 내다보고 있다. 이미 기술개발 과정이 완료되고 상용화 단계에 들어섰다.

주요 기능은 통합 자동차 관리다. 기존 스마트키가 갖고 있던 원격 시동이나 도어 개폐 기능을 흡수했다. 또한 외부 기온에 따라 차 내부의 온도를 미리 조절하는 공조 조절, 주차 편의를 위한 보조 시스템도 텔레매틱스의 한 갈래로 분류된다. 지난 몇 년간 제조사들이 꾸준히 개발한 차 상태 자가 진단, 소모 부품 관리 등도 포함된다. GPS를 활용해 자동차 도난시 현재 위치와 경로가 경찰에 실시간 통보되는 도난 경보 알림 기능도 등장했다.

탑승자의 편안한 주행과 안락함을 위한 인포테인먼트 또한 텔레매틱스의 중요한 부분이다. 오디오 재생, 내비게이션 길 찾기, 이메일 · 문자 송수신 등은 물론, 차 내부에서 인터넷과 전화를 사용할 수 있는 핫스팟 서비스도 가능하다. 각 장치 조작이 운전 중 불필요한 움직임으로 이어지고, 곧 사고로 연결된다는 점에서 음성 인식 등의 관련 기술은 활용도가 높다. 금융거래, 영화감상, 날씨정보 등의 부가적인 편의 기능도 들어갔다.

〈출처: Auto Times, 오아름 기자, 2012.06.14〉[9)]

1.3 지능형교통시스템의 제공 서비스 및 활용 사례

표 4-1 ■ 지능형교통시스템의 분야별 제공 서비스

개발 분야	사용자 서비스	세부 서비스
교통관리 최적화	교통류 관리	실시간 교통제어, 고속도로/광역 교통류 제어, 교통제어 정보 제공
	돌발상황 관리	돌발상황 탐지 및 대응, 긴급차량 운행관리 지원
	자동교통단속	속도/버스전용차로/차선/신호위반 및 과적차량 단속
	교통공해관리 지원	교통공해관리 지원
	교통시설관리 지원	시설유지 및 운영관리 지원
전자지불 처리	통행료 전자지불	유료도로 통행료, 혼잡통행료 전자 지불
	요금 전자지불	대중교통요금, 주차요금 전자 지불
교통정보 유통활성화	기본정보제공 교통정보관리/연계	기본교통정보 제공, 교통정보 연계
여행자정보 고급화	차량 여행자 부가정보제공	여행자 정보제공, 출발 전 여행정보제, 운전 중 교통정보 제공, 주행안내, 주차정보 제공
	비차량 여행자 부가정보제공	보행자/자전거/장애자 경로안내, 기타 부가정보 제공
대중교통 활성화	대중교통 정보제공	시내버스/고속버스/시외버스 정보 제공
	대중교통 관리	시내버스/고속버스/시외버스 운행 관리, 좌석 예약관리, 환승요금 관리, 대중교통 안전 및 시설관리
화물운송 효율화	물류정보관리	화물추적 관리, 화물운행 관리, 화물차량 안전관리 지원, 화물차량 경로안내
	위험물 차량관리	위험물 사고처리, 위험물 관리, 위험물차량 경로 안내 및 관리
	화물전자행정	화물 전자통관, 화물 선사행정
차량/도로 첨단화	안전운전지원	사고발생 자동경보, 차량 충돌 예방, 철도 건널목 안전관리, 감속도로구간 안전 관리, 차량안전 자동진단, 보행자 및 장애자 안전지원, 운전자 시계 향상, 위험운전 방지
	자동운전지원	차량간격 제어, 자동조향 운전, 군집운행

출처: ITS국가교통정보센터, 2013.

교통수단 및 시설을 효과적으로 운용·관리하고 이용자에게 정보를 제공하기 위해서는 지능형교통시스템 관련 기술과 각종 서비스가 제공되어야 한다. 지능형교통시스템은 공공부문 주도로 추진되고 있으며 「지능형교통체계 기본계획」을 기초로 하여 중요 과제 및 필요성에 따라 7개 개발분야, 16개 사용자 서비스와 63개 세부 서비스로 분류하여 관리하고 있다. 〈표 4-1〉은 서

파주시의 '스마트'한 제설작업 눈길에 '눈길'

■ 파주시의 첨단 스마트시스템을 활용한 제설작업이 눈길을 끌고 있다

3일 시에 따르면 계사년 1월 1일 폭설(6.5cm)을 비롯하여 지난해 12월 5일부터 11회의 연이은 폭설(파주시 누적 31.4cm)이 내렸지만 파주시의 스마트시스템을 활용한 신속하고 효과적인 제설작업으로 시민들이 불편 없이 도로 운행을 할 수 있어 큰 호응을 얻고 있다.

기상청의 금년 겨울 유례없는 한파와 폭설이 예상된 가운데, 파주시는 이를 대비해 조청식 부시장의 지휘로 겨울철 자연재난대책을 수립하면서 지난 겨울에 비해 1.3배 많은 1만 2,000톤의 제설제를 준비하는 한편, 염화칼슘 살포의 부작용을 최소화하고자 취약구간을 표적 제설작업할 수 있도록 도시정보센터 교통상황CCTV 시스템을 재난종합상황실에 연계해 관내 주요도로 88곳을 실시간 모니터링할 수 있는 시스템을 구축했다.

이를 바탕으로 잦은 폭설에도 재난종합상황실에서 주·야간 실시간 모니터링을 하면서 각 도로상황에 맞는 제설작업을 진두지휘해 신속하고 정확한 제설작

업을 하고 있다.

정명기 재난안전과장은 "스마트시스템을 접목하니 제설작업 효율성이 크게 향상돼 이를 더욱 발전시킨 ITS시스템(지능형교통정보시스템)을 접목시켜 재난종합상황실에서 파주시 전지역을 실시간 모니터링하고 제설차량의 작업을 지휘할 수 있도록 한 멀티큐브 시스템을 구축 중에 있다"고 밝혔다.

올 겨울 잦은 폭설로 전국적으로 염화칼슘이 부족해 품귀현상을 빚고 있는 가운데서도, 파주시는 타 시군보다 많은 제설제를 확보하고 이를 효율적으로 활용할 수 있도록 스마트시스템을 구축한 한발 빠른 제설행정으로 시민들의 불편을 최소화하고 있어 타 지자체의 본보기가 되고 있다.

한편 파주시 관계자는 올해 잦은 강설이 예상되고 있으므로 시민들의 자발적인 참여로 내 집 앞, 내 상가 앞 눈치우기가 생활화되도록 당부했다.

〈출처: 아시아투데이, 김승열 기자, 2013.01.03〉[10]

비스 분야를 나타낸 것이다.

지능형교통시스템의 주요 활용 사례는 아래와 같다.

가. 버스정보시스템(BIS: Bus Information System)

버스정보시스템은 버스 이용자에게 버스 운행 정보를 제공하는 것이다. [그림 4-2]는 서울시 버스정보시스템의 이용방식을 차례대로 나타내고 있다.

버스정보의 수집, 가공, 제공되는 과정은 먼저 버스단말기에서 위성을 통해 버스 위치정보를 받게 되고 버스의 위치, 속도, 경유하는 정류소 등의 데이터는 무선통신망을 통해 서울시 교통정보센터로 수집되고 위치모니터링, 운행거리/시간 산출 등의 가공을 거쳐 운전자와 시민에게 실시간 버스운행정보를 제공한다.

나. 카내비게이션 시스템(CNS: Car Navigation System)

카내비게이션 시스템이란 운행 중인 자동차에 위치정보를 제공하여 목적지에 정확하게 유도하는 운행 안내 시스템을 말한다. 전자지도와 GPS위성을 이용하여 차량 내 단말기(Vehicle Control Unit)에 전자지도상에 운전자의

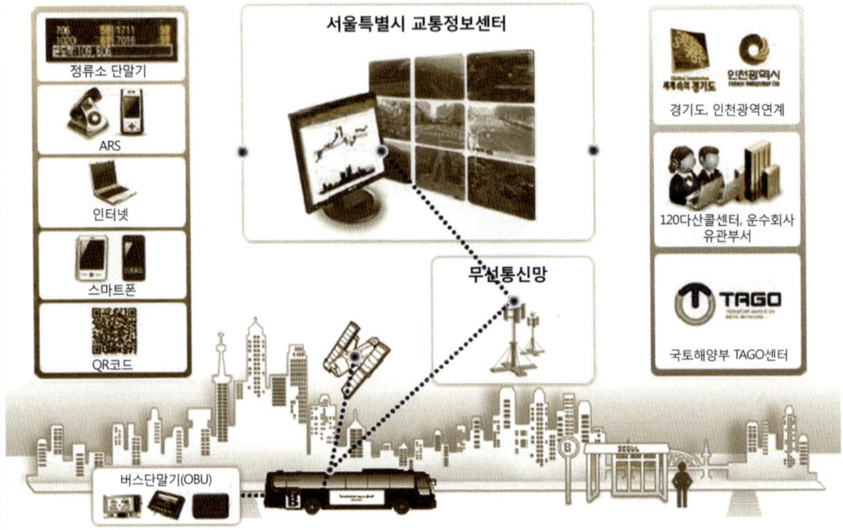

출처: 서울시 버스정보시스템, 2013.

그림 4-2 서울시 버스정보시스템 이용방식

현재 위치를 표시해 주며, 필요한 경우 최단 경로, 최적 경로로 목적지를 안내한다.[11] CNS는 주요 도로의 교통정보를 수집·가공하여 실시간으로 운전자에게 속도정보를 제공하고, 주변 도로의 속도 정보까지 확인하며 주행할 수 있게 해 준다. 또 주요 도로 및 교량의 진입로 정보를 수집·제공하여 주행 예정도로의 진입로 정보를 확인할 수 있어 예측 운행을 가능하게 해 준다.

자동차 운전자의 편의를 위해 이 시스템을 통신망과 연결하여 사고 및 도난 차량 감지를 위한 차량위치추적시스템(AVLS: Auto Vehicle Location System)으로도 활용할 수 있다. 또한 물류회사 등에서 직원들 간의 연락망으로 사용하는 등 사내 자체 통신망으로 이용할 수 있다.

다. 위치기반 서비스(LBS: Location-Based Service)

위치기반 서비스는 위치정보의 수집·이용·제공과 관련한 모든 유형의

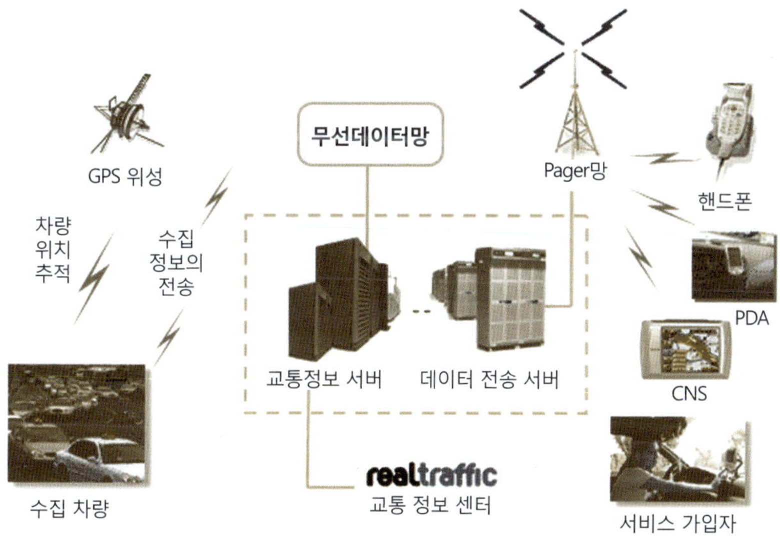

출처: 네이버블로그, 2013.

그림 4-3 CNS 서비스 구성도

서비스를 지칭하며 통신망이나 GPS를 통해 얻은 위치정보를 바탕으로 사용자에게 유용한 기능을 제공하는 서비스에 사용되는 기술을 말한다.[12] 위치정보를 이용하여 대인·차량·자산 등의 추적, 내비케이션, 주변정보 조회, 재난구조 등의 서비스를 제공받을 수 있다. 스마트폰의 보급과 성능향상으로 LBS가 부상하고 있으며 증강현실, SNS, 게임 등 다른 서비스와 융합되어 보다 다양한 서비스를 제공하고 있다.[13] 앞에 소개한 BIS와 CNS도 위치정보를 이용한 서비스들이다. 예를 들어 증강현실과 결합하여 주변 정보를 제공해주는 스마트폰 애플리케이션인 '오브제'가 있다. '포스퀘어'는 위치정보를 이용한 SNS로 이용자가 어느 위치에서 무엇을 하는지 알려주고 친구들과 정보를 공유할 수 있다.

동 영 상

■ 위치기반? 그게 뭔데!?

스마트폰에서 지도 검색해 보신 적 있습니까? 대부분의 지도 서비스는 내 위치를 중심으로 주변 지도를 표시할 수 있는 기능이 있는데, 내 위치를 인식하는 서비스가 바로 위치기반 서비스입니다. 데스크탑PC와는 달리 스마트폰은 사용자가 휴대하면서 이동 중에 앱을 활용할 때가 많은데, 사용자가 주소를 직접 입력할 필요 없이 GPS나 이통사의 위치인식 기술로 내 위치가 적용된 개인화 서비스를 받을 수 있습니다.

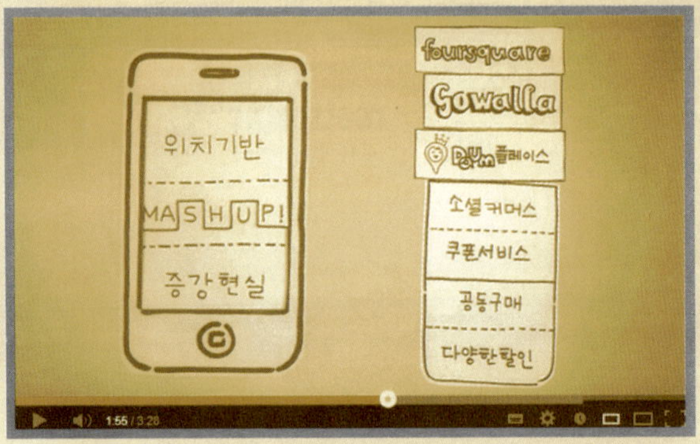

〈출처: 체인지온, 그게 뭔데!?, 2011.06.02〉[14]

2. 인공지능

인간과 같이 생각하고 행동하는 컴퓨터와 로봇을 가능하게 해 주는 것이 인공지능 기술이다. 컴퓨터와 정보시스템이 인간과 소통하고 스스로 문제를 해결할 수 있는 유비쿼터스 컴퓨팅의 시대가 다가오고 있어 이에 대한 이해가 필요하다.

2.1 인공지능의 개념 및 역사

인공지능(AI: Artificial Intelligent)이란 인간의 지능적 사고 및 행동을 모방한 컴퓨터 프로그램을 의미한다. 그러나 연구자들에 따라 생각하는 관점은 조금씩 차이가 있으나 크게 두 부류로 나눌 수 있다. 인공지능은 인간과 똑같은 사고 체계를 가지고 문제를 분석하여 행동할 수 있는, 즉 인간의 마음과 정신을 지니고 있어야 한다고 주장하는 쪽과, 특정 목적을 띈 인간의 여러 지능적 행동들(수학 이론을 증명하고, 글자를 읽고 쓰면서 사람과 대화하거나, 장애물을 피해 길을 걸으며, 시를 쓰거나 음악을 연주하는 것 등)을 수행하는 것도 인공지능이라고 생각하는 쪽으로 나뉜다.[15] 전자는 강한 인공지능(Strong AI)이고 후자는 약한 인공지능(Weak AI)이라고 할 수 있다. [그림 4-4]는 강한 인공지능과 약한 인공지능을 구분하여 설명하고 있다.

인공지능 시스템은 일반 컴퓨터와 달리 입력정보가 부족하여도 결과를 얻을 수 있으며 추론과 설명의 기능을 가진다. 이런 특징은 인공지능이 정보가 불완전한 상황에서 경험을 통한 어림잡아(Rule of Thumb) 항상 옳은 해는

강한 인공지능 ⟷ 약한 인공지능

인간처럼 생각하는 시스템	합리적으로 생각하는 시스템
• 마음뿐 아니라, 인간과 유사한 사고 및 의사 결정을 내리는 시스템 • 인지 모델링 접근 방식	• 계산 모델을 통해 지각, 추론, 행동 같은 정신적 능력을 갖춘 시스템 • 사고의 법칙 접근 방식
인간처럼 행동하는 시스템	**합리적으로 행동하는 시스템**
• 인간의 지능을 필요로 하는 어떤 행동을 기계가 따라 하는 시스템 • 튜링 테스트 접근 방식	• 계산 모델을 통해 지능적 행동을 하는 에이전트 시스템 • 합리적인 에이전트 접근 방식

출처: 성낙환, 2012 재인용.

그림 4-4 인공지능 기술의 분류

표 4-2 ■ 인공지능 시스템과 일반 컴퓨터의 비교

구 분	인공지능 시스템	일반 컴퓨터
입 력	부족한 입력정보로 출력생성 가능	입력정보가 완전하지 않으면 결과가 나오지 않음
탐색방법	휴리스틱 탐색	알고리즘적인 탐색
추론기능	추론기능 있음	추론기능 없음
설명기능	설명기능 있음	설명기능 없음
처 리	지식을 주로 사용	자료나 정보를 사용

출처: 양기철, 2003 재구성.

아니지만 현실적으로 만족할 만한 지식을 얻는 휴리스틱 탐색을 사용하기 때문이다.[16] 정확한 논리적 알고리즘으로 모든 수를 고려하여 문제를 해결할 경우 많은 시간과 노력이 필요하지만 탐색 기준을 세워 일정한 시간 내에 찾을 수 있는 최적의 해를 찾는 것이다.

인공지능은 1956년에 매카시(John McCarthy), 민스키(Marvin Minsky) 등 여러 학자들이 모여 '생각하는 기계'에 대해 서로 의견을 나누면서 인공지능이란 단어가 처음 쓰이게 되었다.[15] 60년대에는 초기 인공지능 연구자들에 의해 다양한 문제표현 및 탐색방법과 컴퓨터 프로그램 작성을 위한 연구가 진행되었다.[17] 이후 컴퓨터 기술의 발달에 따라 인공지능도 함께 발달하였으며 인간과의 체스게임을 하는 등 관심을 불러 일으켰으나 산업 및 상업적 성과를 거두지 못하고 70년대에 쇠퇴기를 맞는다. 80년대 전문가시스템이 상업적 성공을 거두며 다시 부활하기 시작하여 이후 퍼지 및 신경회로망 분야에서 활발한 연구가 진행되었다. 90년대 후반에는 웹 기반의 검색엔진 및 지능적 에이전트(intelligent agents)를 중심으로 연구되었다.[16] 2000년대 이전까지는 인공지능을 위한 이론적인 연구가 많았지만 이후에는 인공지능 관련 응용과 융합에 관한 실용적인 연구가 주를 이루고 있다.

2.2 인공지능의 기술분야 및 응용분야

인공지능은 기술분야 및 응용분야에 따라 여러 가지로 나눌 수 있다. 인공지능의 관심분야는 매우 광범위하며 거의 전 기술분야에서 요구되고 있는 상황이다.[18] 인공지능의 기술분야는 〈표 4-3〉과 같이 분류할 수 있다.

표 4-3 ■ 인공지능 기술분야

관련 기술분야	주요내용
패턴인식 (Pattern recognition)	• 기계에 의하여 도형 · 문자 · 음성 등을 식별시키는 것 • 현재로서는 제한된 분야에서 실용화되고 있고, 본격적인 패턴 인식은 아직 연구단계
자연어 처리 (Natural language processing)	• 인간이 보통 쓰는 언어를 컴퓨터에 인식시켜서 처리하는 일 • 정보검색 · 질의응답 시스템 · 자동번역 및 통역 등이 포함
자동제어 (Automatic Control)	• 제어 대상에 미리 설정한 목표 값과 검출된 되먹임(feedback) 신호를 비교하여 그 오차를 자동적으로 조정하는 제어
로보틱스(Robotics) 인지로봇공학 (Automatic Control)	• 로봇에 관한 과학이자 기술학으로 로봇의 설계, 제조, 응용 분야를 다룸 • 인지로봇공학은 제한된 계산자원을 사용해 복잡한 환경의 복잡한 목표를 달성하도록 하는 인식능력을 로봇에게 부여하는 기술
컴퓨터비전 (Computer vision)	• 컴퓨터 비전은 로봇의 눈을 만드는 연구분야로 컴퓨터가 실세계 정보를 취득하는 모든 과정을 다룸
가상현실 (Virtual Reality)	• 어떤 특정한 환경이나 상황을 컴퓨터로 만들어서, 그것을 사용하는 사람이 마치 실제 주변 상황 · 환경과 상호작용을 하고 있는 것처럼 만들어 주는 인간-컴퓨터 사이의 인터페이스
양자컴퓨터 (Quantum computer)	• 양자역학의 원리에 따라 작동되는 미래형 첨단 컴퓨터 • 양자역학의 특징을 살려 병렬처리가 가능해지면 기존의 방식으로 해결할 수 없었던 다양한 문제를 해결 가능
자동추론 (Automated Reasoning)	• 계산기과학의 한 분야로 추론의 다양한 측면을 이해함으로써 컴퓨터에 의한 완전한 자동추론을 가능하게 하는 소프트웨어 개발을 목표로 함 • 인공지능연구의 일부로 이론계산기과학 및 철학과도 깊은 관계가 있음

사이버네틱스 (Cybernetics)	• 생물 및 기계를 포함하는 계(系)에서 제어와 통신 문제를 종합적으로 연구하는 학문
데이터마이닝 (Data mining)	• 많은 데이터 가운데 숨겨져 있는 유용한 상관관계를 발견하여, 미래에 실행 가능한 정보를 추출해 내고 의사결정에 이용하는 과정
지능엔진 (Intelligent Agent)	• 인공지능적 기능을 가진 소프트웨어 엔진 • 사용자를 보조하고 반복된 컴퓨터 관련 업무를 인간을 대신하여 실시하는 엔진
시멘틱웹 (semantic web)	• 컴퓨터가 정보자원의 뜻을 이해하고, 논리적 추론까지 할 수 있는 차세대 지능형 웹

출처: 한국정보화진흥원, 2010.

인공지능이 주로 응용되어지고 있는 분야는 전문가 시스템, 자연어 처리, 음성인식 및 음성합성, 로보틱스, 컴퓨터 시각, 자동 프로그래밍, 컴퓨터 게임, 지능형 학습 시스템이며 이 밖에도 우주항공, 의학, 인터넷, 비즈니스 등 여러 분야에 중요한 역할을 하고 있다.[19]

전문가시스템(experts system)은 인공지능 기술의 응용분야 중에서 가장 활발하게 응용되고 있는 분야이다. 즉, 인간이 특정분야에 대하여 가지고 있는 전문적인 지식을 정리하고 표현하여 컴퓨터에 기억시킴으로써, 일반인도 이 전문지식을 이용할 수 있도록 하는 시스템이다.[20] 컴퓨터에 저장된 특정 분야의 전문지식과 해당문제에 대해 알려진 사실을 이용하여 문제를 해결하는 지식기반시스템으로는 의료진단시스템, 설계시스템, 주가예측시스템 등이 있다.

로봇(Robot)은 사람과 유사한 모습과 기능을 가진 기계, 또는 무엇인가 스스로 작업하는 능력을 가진 기계이다.[21] 국제로봇연맹(IFR, 2013)[22]에 따르면 로봇은 제조공장에서 자동화된 작업을 수행하는 산업용(제조용) 로봇과 비산업용의 서비스용 로봇으로 나눌 수 있다. 스스로 환경의 인식, 정보획득과 지능적 판단 그리고 자율적 행동이 가능한 지능형 로봇은 인간이 하기 어렵거나 특수한 작업을 수행할 수 있다.

표 4-4 ■ 로봇의 분류

구 분		설 명
산업용 로봇		• 제조공장에서 사용되는 로봇 • 예: 용접, 도장, 핸들링 등의 작업을 하는 로봇 등
서비스용 로봇	전문서비스용 로봇	• 사람의 복지, 특정한 시설/목적에 유용한 서비스를 제공하는 로봇 • 예: 매몰자 수색/구조 로봇, 농업 · 군사 · 의료용 로봇 등
	개인서비스용 로봇	• 개인의 건강, 교육, 가사, 안전 등의 서비스를 제공하는 로봇 • 예: 청소로봇, 경비로봇, 간병로봇, 교육로봇 등

출처: 정만태, 2007 재구성.

2.3 인공지능의 활용 사례

가. 로 봇

로봇은 노동의 대체 수단으로서의 '전통적 로봇'에서 인간 친화적인 '지능형 로봇'으로 변화 · 발전하고 있다. 지능형 로봇산업은 지금까지 제조용 로봇 분야가 주도하여 왔다. 그러나 최근 들어 '기존서비스+로봇' 융합을 통한 다양한 새로운 고부가가치 상품 · 서비스 제공이 가능한 서비스용 로봇(개인서비스용 및 전문서비스용 포함)으로 발전하고 있다.[23] 서비스 로봇은 교육 · 의료 · 실버 · 국방 · 건설 · 해양 · 농업 등 다양한 산업분야에서 활용 가능하며, 이에 기반하여 시장을 확대해 나가고 있다. 대표적인 예로 최근 로봇청소기가 있다. 2003년 출시되기 시작한 청소로봇은 초기에는 동작이 단순하였고 아이디어 상품에 그쳤다. 그러나 최근의 로봇청소기의 경우 지능형 로봇으로 발전하여 자기위치 및 장애물을 인식하고 청소기능 외에 보안, 감시, 오락 등이 추가되어 홈 서비스 로봇으로 진화하고 있다. 또 다른 예로 간호로봇의 등장이다. 고령화 사회로 접어들면서 노인 및 환자 간호로봇의 관심이 높아지고 있다. 현재의 간호로봇은 환자의 이동을 돕거나 환자에게 부착된 센서를 통해 환자의 체온 · 혈압 등의 상태를 체크하는 등의 단순 기능을 수행하고 있다.

출처: 지식경제부, 2010.

그림 4-5 서비스 로봇의 산업간 연계성 및 융합성

나. 음성인식

2000년대 초반 휴대폰과 홈오토메이션 등에 적용되었으나 낮은 음성인식률로 인해 한계를 보였다. 그러나 최근 음성인식률의 개선과 스마트폰 등 IT 제품의 음성인식 수요가 증가하고 있어 다시 부상하고 있다.[24] 이에 따라 구글, 애플, 마이크로소프트 등 IT 업체들의 경쟁이 본격화되고 있다. 상용화된 제품으로 애플의 시리, 삼성의 S보이스, LG의 Q보이스 등이 있다. 아이폰 4S와 함께 선보인 시리는 사용자의 음성을 인식하고 개인 비서와 같이 질문에 답하고 대화가 가능하다.

시리 … S보이스 … Q보이스, 트렌드된 음성인식 개인비서

애플은 그동안 새 기기와 운영체제(OS)를 내놓을 때마다 혁신적인 서비스로 센세이션을 일으켜 왔다. '아이폰4S'도 마찬가지.

이 제품은 하드웨어의 업그레이드가 아닌 음성인식을 이용한 개인비서 '시리'를 공개해 화제가 됐다. 휴대전화에 궁금한 것을 물어보면 답을 찾아주고 마치 사

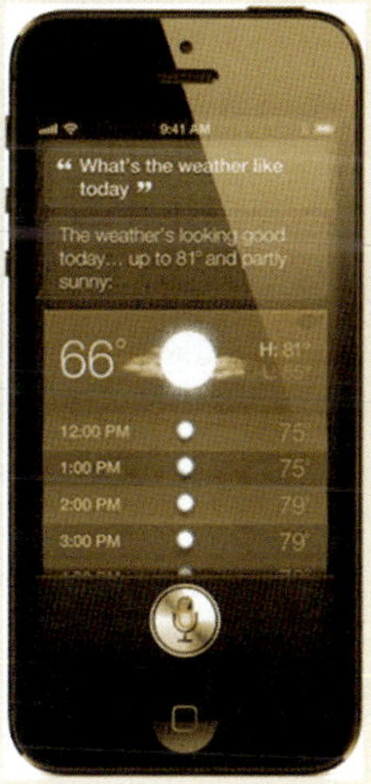

람과 이야기한다는 착각을 줄 정도로 사용자와 교감하는 소소한 일상 대화도 가능하다는 점은 매우 충격적인 일이었다.

이후 경쟁사들의 추격이 시작됐다. 오래전부터 음성인식 영역에 관심을 기울였던 구글은 최신 모바일 OS '젤리빈'에 더 강화된 음성검색 서비스를 넣었다. 시리의 인간미 넘친 답변보다 방대한 데이터를 기반으로 한 검색에 초점을 둔 것이 구글 서비스의 특징이다.

국내 스마트폰 제조사들도 음성인식 기술을 적용하는 트렌드에 발맞춰 다양한 서비스를 신제품에 탑재했다.

삼성전자는 '갤럭시S3'에 'S보이스' 기능을 넣었다. 일상 대화뿐 아니라 통화와 알람, 사진 촬영 등 다양한 기능을 음성으로 편리하게 동작시킬 수 있도록 해준다. 음악 감상 중에도 음성으로 이전 곡 · 다음 곡 재생, 볼륨 제어 등을 할 수 있다.

LG전자는 문장단위 자연어 처리와 연속된 질문 처리가 강점인 'Q보이스'를, 팬택도 음성으로 다양한 명령을 할 수 있는 '스마트 보이스'를 스마트폰에 적용했다.

〈출처: 스포츠동아, 김명근 기자, 2012.10.26〉[25]

다. 검색서비스

인터넷의 보급과 함께 등장하고 성장한 것이 검색서비스이다. 세계적인 기업인 야후와 구글 그리고 국내의 네이버와 같은 기업도 인터넷 검색을 기반으로 성장한 기업이다. 검색서비스를 성공적으로 제공하기 위해서는 핵심 시스템인 검색엔진의 개발이 무엇보다도 중요하다. 인공지능은 검색엔신의 개발에 활용되고 있다. 기존의 검색엔진의 경우 키워드 중심으로 검색시 모든 정보를 사람이 개입하여 처리해야 하지만 시맨틱 웹의 등장으로 컴퓨터가 정보를 이해하고 추출, 가공 등의 처리를 대신하여 주게 되었다. 사용자를 대신하여 인터넷상의 상품의 사양과 가격정보를 얻어오는 쇼핑 봇(Shopping Bot) 및 가격비교 검색서비스도 인공지능을 이용한 검색엔진이다. 그리고 인공지능 검색으로 유명한 울프럼알파(www.wolframalpha.com)의 경우 인공지

구글 "인공지능 검색엔진 개발 중"

검색어를 입력하기도 전에 검색의도를 파악해서 검색결과를 알려준다. 사람의 생각을 읽는 검색엔진이 등장하는 것일까. 대용량 데이터를 다루고 처리하는 기술을 가진 구글에겐 멀지 않은 미래다.

테크크런치는 "최근 구글이 '사이버네틱 친구'라는, 언어를 이해하는 검색엔진을 만들고 있다"라고 전했다. 사이버네틱 친구는 검색자의 의도를 파악해 검색결과를 보여주는 기술로 지난해 12월 17일 구글 엔지니어링 이사로 합류한 레이 커즈와일이 주도하고 있다.

커즈와일 이사는 기계학습과 언어처리 분야 전문가로 세계적으로 잘 알려진 인공지능 전문가이기도 하다. 그가 주도해서 검색엔진을 개발 중이란 얘긴, 구글이 스스로 생각하고 판단하는 인공지능형 검색엔진을 만들고 있단 얘기로 이어진다.

이를 뒷받침하듯 최근 커즈와일 이사는 최근 싱귤래리티대학 나사 캠퍼스에서 열린 한 사교모임에서 "사이버네틱 친구는 검색자보다 더 검색의도를 잘 파악하는 기술로, 앞으로 몇 년 안에 사람에 가까운 인공지능을 갖춘 검색엔진이 등장해 검색자의 질문 의도를 정확하게 판단해 대답할 것"이라며 "질문하지 않아도 검색자가 궁금해 할 만한 요소를 미리 파악해 답할 수 있는 검색엔진 기술을 개발하기 위해 노력 중"이라고 말했다.

구글이 인공지능에 관심 있다는 건 널리 알려진 얘기다. 2004년 TED 컨퍼런스에서 보았듯이 사람과 같은 생각을 하는 검색엔진, 하다못해 사람과 비슷한 사고를 하는 검색엔진을 만드는 게 구글의 창립자이자 최고경영자인 래리 페이지의 오랜 숙원이다.

이를 위해 1990년대까지만 해도 구글은 우선 사용자가 입력한 질문에 적절한 대답을 내놓을 수 있는 검색 알고리즘 만들기에 최선을 기울였다. 데이터를 수집하고 처리하는 일이 인공지능형 검색엔진을 만들기 위한 우선조건이라고 판단한 듯하다. 대용량 데이터 처리와 논문과 검색엔진 기술 논문 상당수가 이때 나왔다. 2000년대 들어 클라우드 컴퓨팅 기술 등장으로 대용량 데이터 처리가 보다 수월해지면서, 구글은 인공지능 분야 연구에 박차를 가했다.

지난해 6월 구글은 자사 블로그를 통해 사람과 같이 학습을 통해 판단을 내릴 수 있는 인공신경망을 개발했고, 세계적으로 잘 알려진 인공지능 전문가 커즈와일을 구글 엔지니어링 부문 이사로 영입했다고 밝혔다. 당시 래리 페이지 구글 최고경영자는 커즈와일 이사를 영입하면서 "인공지능 컴퓨터에 대한 욕심이 있다"라며 "커즈와일의 기술이 구글의 도움이 될 것으로 보인다"라고 말했다.

현재 커즈와일 이사는 기존의 시멘틱 검색기술을 활용해 사이버네틱 친구의 인공지능을 만들고 있다. 그는 "언어야말로 인공지능 기술의 핵심"이라며 "시멘틱 검색은 단어 뒤에 숨은 의미와 의도를 파악하는만큼, 이 기술을 발전시켜 검색엔진 스스로 생각할 수 있게끔 만드는 게 핵심이다"라고 설명했다.

사용자가 인터넷에 글을 남길 때 단순히 단어만 열거하는 것은 아니다. 여러 단어를 통해 자신이 무엇을 말하고 싶은지를 표현한다. 커즈와일 이사 표현에 따르면, 현재 검색엔진 기술은 단순히 나열된 각 단어의 의미를 파악하는 수준이다. 사람처럼 앞뒤 문맥을 모두 따져 숨겨진 의미를 파악하는 건 불가능하다.

커즈와일 이사는 "만약 검색자의 정보를 미리 안다면 그가 글에서 언급한 '눈싸움'이 겨울철 놀이 눈싸움인지, 서로 얼굴을 마주보며 눈을 깜박이지 않는 '눈싸움'인지를 파악할 수 있을 것"이라며 "사람이 생각하는 것과 컴퓨터가 생각하는 것의 차이, 간극을 줄이는 게 구글 검색엔진 기술의 핵심"이라고 덧붙였다.

〈출처: Bloter, 이지영 기자, 2013.01.07〉[26)]

능을 통해 웹상의 지식을 재구성하여 사용자에게 제공하며 간단한 연산을 직접 수행할 수 있다. 가령 '서울 부산'을 검색하면 두 도시 간의 거리와 위치 등을 보여준다.

2.4 인공지능의 과제와 전망

미래의 유비쿼터스 사회는 인공지능을 중심으로 발전할 것으로 전망된다. 무어의 법칙에 따라 인공지능 컴퓨터의 성능 향상과 비용감소가 빨라지게 되어 인공지능의 발전은 더욱 가속화될 것이다.[27)] 비용이 낮아지면 모든 컴퓨터 및 전자기기들에 인공지능이 탑재될 것이며 모든 분야에서 인공지능이 활용되어질 것이다.

이에 따라 앞으로 미래사회를 주도할 인공지능 기술에 대한 검토와 예측을 통해 정책을 도출하고 지속적인 투자가 필요하다. 그리고 인공지능이 급격히 발전하고 확산되면 산업혁명, 정보혁명에서와 같은 산업구조에 큰 영향을 주거나 직업의 변화가 생길 수도 있다. 그리고 인공지능으로 인한 문제점(무인 장비에 의한 사고, 인공지능에 대한 신뢰성 등)도 발생할 수 있다. 이렇듯 기술의 발전에 맞는 사회적인 법·제도 및 문화가 유기적으로 발전할 필요성이 있다.[15)]

▶ 토의과제

1. 일상생활에서 경험해 본 지능형교통시스템은 어떤 것들이 있는가?
2. 인공지능기술이 활용되고 있는 분야와 사례에는 어떤 것들이 있는가?
3. 미래에 등장하게 될 로봇은 어떠한 모습과 기능을 가졌으면 하는가?
4. 지능형교통시스템과 인공지능이 가져올 미래를 상상해 보고 말해 보시오.

동 영 상

제 목	주요내용	Link	시 간
부산교통정보서비스센터	첨단교통 선진도시를 만들어 가는 부산교통정보서비스센터를 소개	http://www.badatv.com/now/list_life.jsp?tn=happy&b_id=1&m_id=3&s_id=1&t_id=&idx=106&npage=2&field=all&keyword=	5분 18초
위치기반? 그게뭔데?	위치기반에 관한 정의와 활용 사례를 소개	http://changeon.org/16250	3분 28초
'노인 간호로봇' 국내 최초 개발…다양한 기능	노인을 간호하는 로봇이 국내최초로 개발되어 요양병원에 시험 배치된 뉴스	http://imnews.imbc.com/replay/nwdesk/article/3206441_5780.html	1분 31초
미래 -1부- 로봇, 인간이 되다	미래의 로봇을 전망한 다큐멘터리	http://vodmall.imbc.com/genre/genre_program.aspx?progCode=1000833100198100000	–

Summary

요 | 약

지능형교통시스템의 정의

- 교통수단 및 교통시설에 전자·제어 및 통신 등 첨단기술을 접목하여 교통정보 및 서비스를 제공하고 이를 활용함으로써 교통체계의 운영 및 관리를 과학화·자동화하고, 교통의 효율성과 안정성을 향상시키는 교통시스템

교통정보의 3단계

- 정보수집단계: 카메라 및 센서를 통해 도로의 교통정보를 수집·전송
- 정보처리단계: 통합교통관리시스템이 교통정보를 가공해 교통관리 및 제어
- 정보제공단계: 가공된 교통정보를 실시간으로 이용자에게 제공

지능형교통시스템의 기술

- 무선 네트워크와 센서: 교통정보의 수집 및 제공에 필요한 기술
- GPS: 인공위성을 통해 위치를 측정하는 위성항법시스템
- 텔레매틱스: 무선통신과 GPS가 결합된 위치정보를 기반으로 하는 기술

지능형교통시스템의 사례

- 버스정보시스템(BIS): 이용자에게 버스 운행 정보를 제공
- 카내비게이션: 위치정보를 이용하여 운행 안내와 교통 및 편의 정보를 제공하는 시스템
- 위치기반 서비스: 위치정보를 이용해 사용자에게 유용한 기능을 제공하는 서비스

인공지능의 개념

- 인간의 지능적 사고 및 행동을 모방한 컴퓨터 프로그램
- 강한 인공지능: 인간과 똑같은 사고 체계를 가지고 문제를 분석하여 행동
- 약한 인공지능: 특정 목적을 띈 인간의 여러 지능적·합리적 행동

인공지능의 기술

- 기술분야: 패턴인식, 자연어 처리, 자동제어, 로보틱스, 컴퓨터비전, 가상현실, 양자컴퓨터, 자동추론, 사이버네틱스, 데이터마이닝, 지능엔진, 시멘틱 웹
- 응용분야: 전문가 시스템, 자연어 처리, 음성인식 및 음성합성, 로보틱스, 컴퓨터 시각, 자동 프로그래밍, 컴퓨터 게임, 지능형 학습 시스템

인공지능의 활용 사례

- 로봇: 제조용 로봇(용접 · 도장 · 핸들링 로봇), 서비스형 로봇(구조 · 의료 · 군사 로봇, 청소 · 경비 · 교육 로봇)
- 음성인식: 음성 검색, 애플의 시리, 삼성의 S보이스, LG의 Q보이스
- 검색서비스: 시맨틱 웹, 쇼핑 로봇, 가격비교 검색, 울프럼알파

질문

1. 지능형교통시스템에서 교통정보의 처리를 설명하시오.
2. 지능형교통시스템에 사용되는 기술을 설명하시오.
3. 지능형교통시스템의 구축 효과는 무엇인가?
4. 강한 인공지능과 약한 인공지능을 설명하시오.
5. 인공지능 시스템과 일반 컴퓨터의 차이점은 무엇인가?
6. 인공지능의 기술분야는 어떤 것들이 있는가?
7. 로봇의 종류에는 어떤 것들이 있는가?

Closing Case

신년특집 - 미래(FUTURE) - 1부　로봇, 인간이 되다

인간을 닮은 로봇 - 휴머노이드(Humanoid)에서 안드로이드(Android)까지 …

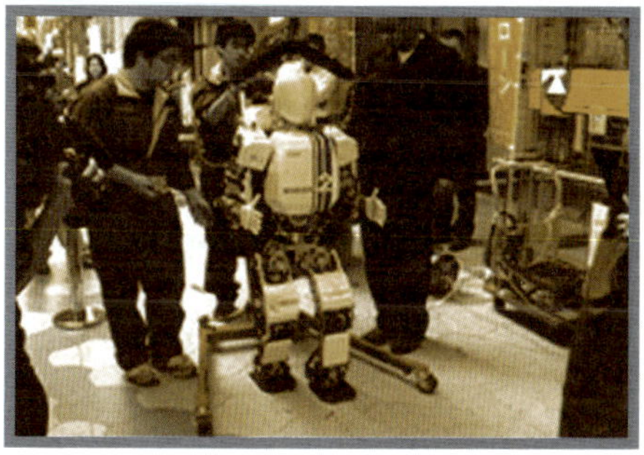

지난 가을 일본 후쿠오카에서 와세다대 휴머노이드 연구소가 내놓은 최신형 휴머노이드 '와비안2 (Wabian-2)'를 만날 수 있었다. 와비안2는 호기심 가득한 눈으로 자신을 지켜보는 관중들 앞에서 인간과 같이 자유로운 골반의 움직임을 뽐내며 거리를 활보했다. 또 오사카 대학에 가면 생김새는 물론 부드러운 피부까지 인간을 쏙 빼닮은 여성 안드로이드(인조인간), '리플리Q1(Ripley-Q1)'도 있다. 이들은 모두 인간과 비슷하다. 우리는 왜 인간을 닮은 로봇을 만드는가?

감정을 표현하고 인간과 교감하는 로봇

상상력의 천국 美 MIT 미디어 랩의 로잘린 피카드 교수가 이끄는 연구 팀에 가면 물리적인 관절이 있는 세계 최초의 데스크 탑 컴퓨터를 볼 수 있다. 이 컴퓨터는 사람의 움직임을 읽고 그에 맞게 자신의 관절을 움직이며 모니터를 머리처럼 아래로 숙였다 위로 올렸다 하며 사람의 기분을 맞춰주는 예의바른 컴퓨터이다. 이제 신시아 브리질 교수의 랩으로 이동하면, 감정 표현 로봇으로는 세계 최고를 자랑하는 '키즈멧(Kismet)'을 만날 수 있다. 키즈멧은 굉장히 복잡한 얼굴을 가지고 인간처럼 다양한 표정을 구사하며 인간과 소통하는 사회성이 뛰어난 로봇이다.

인간에게서 배우며 인간과 대화하는 로봇

신시아 브리질의 랩에는 한 가지 더 눈길을 끄는 것이 있다. 생김새부터 로봇이라기보다는 털 복숭이 인형 같은 '레오나르도(Leonardo),' 레오는 마치 호주 오지에나 살 법한 작은 포유류의 모습을 가지고 있지만 그의 재능은 감탄을 부른다. 레오는 인간이 속임수를 써서 숨겨둔 인형을 찾아내는 명석함을 보여주다가도 자신이 뭔가 실수를 했다고 느끼면 인간의 눈치를 보기도 한다. 방을 옮겨 데브 로이 교수 팀이 연구 중인 랩

실로 가보자. 문을 열면, 인간과 같이 가방을 들고 컵에 물을 붓는 등 경험을 축적하면서 기억을 만들어가는 로봇 '트리스크(Trisk)'가 기다리고 있다. 이들은 모두 인간에게서 배우며 인간과 소통하는 로봇이다.

스스로 인식하고 판단한다 - 인공지능

지난 해 미국의 한 전문잡지가 꼽은 세계에서 가장 유명한 로봇자동차, '스탠리(Stanley)'는 스탠포드대 인공지능연구소가 개발한 스탠리는 운전자나 원격 조정 없이 7시간 만에 모하비 사막 210km 코스를 완주한 스스로 인식하고 판단하는 인공지능 자동차이다. 이제 공상과학영화에서나 보던 무인 자동차가 거리를 질주하는 상상은 가까운 미래 도시의 풍경인 것이다. 또, 2006년 12월 독일에서 열린 러시아 출신의 세계 체스 왕 블라디미르 그람니크 대 수퍼 컴퓨터 '딥 프리츠(Deep Fritz)'의 체스 대결에서 인간 체스 챔피언이 2무 4패로 고배의 잔을 들어야 했다. 바야흐로 인공지능이 인간지능을 뛰어넘어 서고 있다. 하지만 이날 인간을 제치고 세계 체스계를 평정한 수퍼 컴퓨터는"브라보!" 를 외치거나 감격의 눈물을 흘리지 않았다.

미래, 인간 그리고 로봇

영국 런던에서 만난, BT(British Telecom)사 미래 예측팀 대표인 이언 피어슨은 '21세기 말이 되면, 기계들은 인간을 훨씬 능가하는 지능을, 인간보다 더 매력적인 성격을 가질 것이고, 기계와 관계하는 것이 인간과 관계하는 것보다 즐거운 일이 될 것'이라고 말했다. 인간을 넘어선 로봇, 로봇과의 공존, 더 나아가서는 로봇들의 반란이 예고되고 있는 셈이다. 따라서 로봇들에게도 권리와 의무가 주어져야 한다는 주장도 있는데 …

인간만큼 똑똑하고 인간적인 로봇. 우리는 그들을 어떤 존재로 인정해야 하는 걸까? 2035년에도 그들은 인간의 지배를 정당하게 받아들일까?

〈출처: MBC, 신년특집 미래 -1부- 로봇, 인간이 되다, 2007.01.14〉[28]

질문

1. 인공지능을 갖춘 로봇의 사례를 말해 보시오.
2. 로봇이 보편화된다면 일상생활에 로봇이 어떻게 사용될 수 있겠는가?
3. 점점 인간을 닮아가는 로봇의 미래는 어떠한 모습이겠는가?
4. 인공지능과 로봇이 가져올 변화를 말해 보시오.

참고문헌

1. 오정연, "영화를 통해 미리보는 미래사회," 한국전산원, NCA ISSUE REPORT 제4호, 2006.
2. 국가교통정보센터, http://www.its.go.kr/opInfo/info.jsp, 검색일 2013.01.16.
3. 한국정보화진흥원, "2009국가정보화백서," 보고서, 2009.
4. 국토해양부, "자동차 · 도로교통 분야 지능형교통체계(ITS) 계획 2020," 보고서, 2012.
5. 부산미디어센터, 라이프플러스, "부산교통정보서비스센터," 2011.01.27., http://www.badatv.com/now/list_life.jsp?tn=happy&b_id=1&m_id=3&s_id=1&t_id=&idx=106&npage=2&field=all&keyword=.
6. Wikipedia, "GPS," http://ko.wikipedia.org/wiki/GPS, 검색일 2013.01.22.
7. Wikipedia, "텔레매틱스," http://ko.wikipedia.org/wiki/텔레매틱스, 검색일 2013.01.17.
8. 이성호, "부상하는 위치기반서비스(LBS)," 삼성경제연구소, CEO Information 제615호, 2007.
9. Auto Times, 오아름 기자, "텔레매틱스가 뜬다," 2012.06.14, http://autotimes.hankyung.com/apps/news.sub_view?nid=01&nkey=201206141146491.
10. 아시아투데이, 김승열 기자, "파주시의 '스마트'한 제설작업 눈길에 '눈길,'" 2013.01.03, http://www.asiatoday.co.kr/news/view.asp?seq=748804.
11. 조성익, 김경호, 주인학, 박정호, 채기주, 이승용, "차세대 내비게이션 기술 현황 및 전망," ETRI, 전자통신동향분석 제22권 제3호, pp.15-19, 2007.
12. 김정근, 임병한, 정정심, 권오영, 이희준, 김정은, "국내외 LBS산업 현황 및 동향 조사," 한국인터넷진흥원, 보고서, 2011.
13. 정구민, 최완식, "스마트폰 위치기반서비스(LBS) 기술동향," TTA Journal 130호, pp. 75-81, 2010.
14. 체인지온, "그게 뭔데!?," 2011.06.02, http://changeon.org/16250.
15. 성낙환, "인공지능 기술의 걸음마가 시작되었다," LGERI 리포트 1202호, pp. 15-28, 2012.

16. AI Study, http://www.aistudy.co.kr/heuristic/heuristic.htm, 검색일 2013.01.21
17. Nils J.Nilsson, "Artificial Intelligence: Introduction," 최중민, 김준태, 심광섭, 장병탁, "인공지능-지능형 에이전트를 중심으로," 사이텍미디어, 2000.
18. 한국정보화진흥원, "모바일시대를 넘어 AI시대로," IT & Future Strategy 제7호, 보고서, 2010.
19. 양기철, "인공지능의 이해," 생능출판사, 2003.
20. Wikipedia, "전문가시스템," http://ko.wikipedia.org/wiki/전문가시스템, 검색일 2013.01.22.
21. Wikipedia, "로봇," http://ko.wikipedia.org/wiki/로봇, 검색일 2013.01.23.
22. 국제로봇연맹(IFR) - http://www.ifr.org, 검색일 2013.01.23.
23. 박기한, "로봇산업발전을 위한IT 기술 활용 방향," 통신사업자연합회, 통신연합 58호, pp. 56-63, 2011.
24. 최은경, "음성인식 기술의 재발견," 삼성경제연구소, SERI 경영노트 제117호, 2011.
25. 스포츠동아, 김명근 기자, "시리…S보이스…Q보이스, 트렌드된 음성인식 개인비서," 2012.10.26, http://sports.donga.com/3/all/20121025/50396561/3.
26. Bloter, 이지영 기자, 2013.01.07, "구글 인공지능 검색엔진 개발중," http://www.bloter.net/archives/139771.
27. 정보통신산업진흥원, 제3의 컴퓨팅, "'인공지능 컴퓨팅과 클라우드'시대 개막," 주간기술동향 1486호, pp. 33-37, 2011.
28. MBC, "신년특집 미래 -1부- 로봇 인간이 되다," 2007.01.14., http://www.imbc.com/broad/tv/culture/dspecial/commingsoon/1546221_6900.html.
29. 서울시 버스정보시스템, http://bus.go.kr/searchResult2.jsp, 검색일 2013.01.23.
30. 네이버블로그, http://blog.naver.com/hjo0075/150021458691, 검색일 2013.01.23.
31. 정만태, "로봇산업의 2020 비전과 전략," 산업연구원, 보고서, 2007.
32. 지식경제부, "2018년, 서비스로봇 산업 육성을 통한 세계 3대 로봇 강국 실현," 보도자료, 2010.

Memo

Chapter

05

홈네트워크

학습목표

1. 홈네트워크 시스템을 이해한다.
2. 홈네트워크 시스템과 관련된 사례를 살펴본다.

Openning Case

SF영화 속 똑똑한 집을 꿈꾸고 있나요?

지구상에 일어난 생태적인 재앙으로 인하여 일부만이 살아 남은 21세기 중반.

자신들을 지구 종말의 생존자라 믿고 있는 링컨 6-에코(이완 맥그리거)와 조던 2-델타(스칼렛 요한슨)는 수백 명의 주민들과 함께 부족한 것이 없는 유토피아에서 빈틈없는 통제를 받으며 살고 있다. 잠자리에서 일어나면서부터 몸 상태를 점검받고, 먹는 음식과 인간관계까지 격리된 환경 속에서 사는 이들은 모두 지구에서 유일하게 오염되지 않은 희망의 땅 '아일랜드'에 추첨이 되어 뽑혀 가기를 바라고 있다.

• 주인공이 꿈에서 깨서 돌아온 현실세계, 이 지하공간은 아일랜드 행을 기다리는 곳이자 '링컨 6 - 에코(이완 맥그리거)'가 살고 있는 공간이다. '링컨 6 - 에코'가 수면 후 일어나는 신체반응과 수면시간을 침대 위에 부착된 센서기술로 감지해 컴퓨터에 전달하면, 평소의 수면패턴과 분석을 실시한다. 이때 신체반응과 수면시간이 평소와 다른 패턴을 보일 경우, 이 정보를 즉시 병원과 식당으로 전송한다. 수면치유센터를 방문하게 하여 치료를 유도하며, 식당에 내려가면 요리사는 오늘 먹을 것과 먹지 말아야 할 것에 대한 개인 매뉴를 제시한다.

- 영화 '아일랜드' 속 미래 주거공간에서는 침실에서 수면상태를, 변기에서는 소변을 분석해 일일 건강 상태를 알려준다. 아침에 눈을 뜬 에코가 침대에서 일어나 화장실에서 소변을 본 후 변기 내 장치가 이를 분석하여 "몸에 이상이 발견돼 주치의를 연결할 테니 만나보세요"라는 말을 한다.
- 주인공인 링컨이 하루의 시작을 여는 장면에서 오늘 날씨에 맞는 의상과 신발을 준비하고, 출입문 도어락은 ID카드 혹은 스마트카드가 내장된 팔찌로 인증하여 여닫는 장면을 볼 수 있다. 이러한 제품은 이미 시장에 나와 있는 상태. 내장된 팔찌를 대신하여 다양한 형태의 도어락 키가 개발되어 홈네트워크 보안 시스템과 연동되어 사용되고 있다.

〈출처: Daum 영화〉[1)]

1. 홈네트워크 개요

홈네트워크에 대한 개념은 다양하게 정의되고 있다. 문행규(2007)는 "이동통신, 초고속 인터넷 등 유·무선 통신망을 기반으로 외부망과 가전기기의 연결, 홈네트워크 단말기 간 연결 그리고 외부서비스와의 연동을 통해 언제, 어디서나, 어떤 기기로든 정보서비스를 제공받을 수 있는 IT환경"이라고 정의하고 있다.

즉, 홈네트워크는 유선 혹은 무선 네트워크를 이용하여 가정의 정보가전 제품을 하나의 통일된 시스템으로 연결시켜, 자원을 공유하고 인터넷을 통해 정보를 주고받는 시스템을 의미한다.

동 영 상

- 홈네트워크를 통하여 그녀에게 프로포즈, 이런 방법도!

홈네트워크, 시큐리티, 스마트러닝, 스마트융합 기기 등 다양한 스마트 홈 기술들이 우리의 가정을 좀 더 똑똑하게, 좀 더 편리한 공간으로 변신시키고 있다.

각 가정에서 컴퓨터가 2대 이상 보급되고 있으며 각종 모바일 기기까지 가세하여 각 가정에서는 이들 기기들을 하나로 묶어 연동하기 위한 적절한 홈네트워크를 구성을 하기 시작하였으며 네트워크 기기/장비의 발전은 이러한 홈네트워크 구성을 좀 더 편리하게 제공하고 있다.

다양한 유·무선 네트워크 기술을 활용하여 각 기기 간을 연결하여 가정 내 어디서나 영상, 음악을 편리하게 즐길 수 있고 커다란 화면으로 영상통화를 이용할 수 있으며, TV를 보면서 프로그램과 관련된 상품이나 배우 등에 대한 정보를 스마트 기기로 실시간 확인할 수 있게 되었다.

본 동영상은 윈도우 7을 통해 홈네트워크 내 스피커로 음악파일 원격재생하고 USB 없이 화면에 파일 전송, 홈네트워크 내 TV로 동영상 전송하는 등의 홈네트워크 기능을 실행하여 남성이 여성에게 프로포즈하는 내용으로 구성되어 있다.

〈출처: YouTube, 홈네트워크를 통하여 그녀에게 프로포즈〉[3]

[그림 5-1]에서와 같이 홈네트워크는 편리하고, 즐겁고, 쾌적하고, 안전한 삶을 위한 정보 인프라로, 초기에는 개인용 컴퓨터(PC)를 중심으로 시작되어, 사이버 아파트, 주택 자동화 등 거주 환경의 변화에 따라 홈오토메이션, 고품질 인터넷 서비스 등의 오디오-비디오 기기 중심의 엔터테인먼트 서

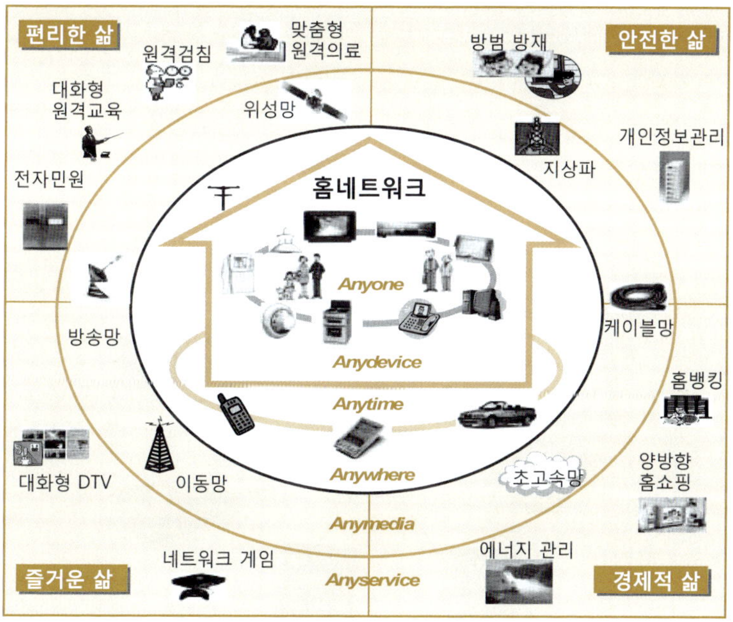

출처: 한국전자통신연구원, 2005.

그림 5-1 홈네트워크 개념도

비스, 그리고 생활환경에 각종 센서가 부착, 감지, 제어되는 홈네트워크로 진행되고 있다.[4] 또 다른 홈네트워크의 형태는 인터넷전화를 통한 서비스이다. 유·무선인터넷을 이용한 인터넷전화는 일반 전화기능 이외에도 VOD(주문형비디오), 실시간 TV, TV 다시보기 등의 메뉴를 통하여 HDTV(고화질 TV) 시청이나 동영상 등을 편하게 감상할 수 있도록 하였다.

우리집도 이제 '홈네트워크'다

인터넷을 사용한 홈네트워크 환경을 구성하는 방법

노트북과 스마트폰, 태블릿 PC 등이 대중화됨에 따라 컴퓨터/인터넷 네트워크 정보의 수요가 높아지고 있다. 대부분 IT 기기의 네트워크에 연결되고 이를 통해 상호 연동되기 때문이다. 몰라도 사는데 아무 지장 없지만 알아 두면 일상을 대단히 윤택하게 만들어 주는 것이 바로 오늘 날의 네트워크다. 그래서 최근에는 '컴맹'이 아니라 '넷맹'을 탈피하기 위한 움직임이 일고 있는 추세다.

물론 네트워크는 모든 사용자가 쉽게 이해하고 접근할 수 있는 분야는 아니다. 하지만 네트워크 기기/장비가 발전함에 따라 조금만 관심을 가지면 누구라도 네트워크를 활용할 수 있을 만큼 눈높이가 낮아진 건 사실이다. 그 대표적인 경우가 바로 '홈네트워크'다.

'1가정 2컴퓨터' 시대가 완전 정착된 후

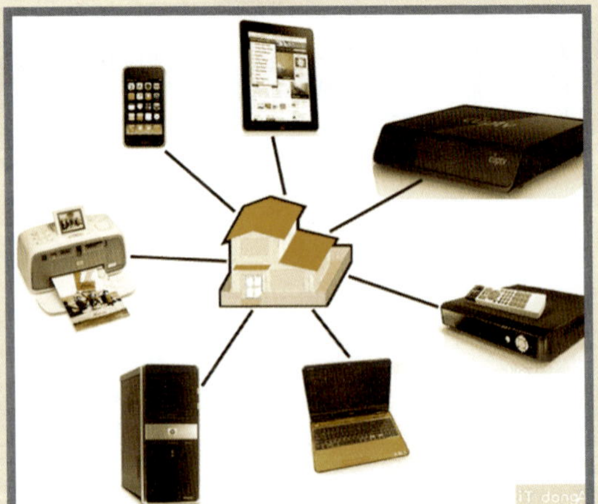

가정에서 사용하는 IT 기기가 많아졌다

각종 모바일 기기까지 가세하면서 가정에서도 이들 기기들을 하나로 묶어 연동하기 위한 적절한 홈네트워크 구성이 필요해졌다. 그래야 각 기기별로 인터넷 접근도 가능하고, 데이터/파일을 자유롭게 공유할 수 있을 테니까 말이다. IT동아의 대중을 위한 네트워크 강의, 이번 주제는 홈네트워크 구축이다.

홈네트워크로 연결될 IT 기기

데스크탑이나 노트북 등의 일반 컴퓨터나 스마트폰, 태블릿 PC, IP-TV 셋탑박스, 동영상(Divx) 플레이어 등이 홈네트워크로 묶을 만한 일반적인 가정용 IT 기기다. 홈네트워크 환경에서 이들 기기는 유선 또는 무선 랜을 통해 서로 데이터를 공유할 수 있으며, 가정으로 들어오는 하나의 인터넷 라인을 통해 인터넷을 동시에 사용할 수 있다. 예를 들어, 노트북과 스마트폰/태블릿 PC는 무선 랜을 통해, 데스크탑과 셋탑박스, 동영상 플레이어 등은 유선 랜을 통해 하나의 '구역'으로 묶는 것이다(이 '구역'을 네트워크 용어로 '세그먼트-segment'라 한다).

홈네트워크를 구현하기 위해서는 몇 가지 준비물이 필요하다. 가장 핵심적인 게 바로 인터넷 유·무선 공유기(이하 공유기)다. 마치 전원 케이블을 여러 개 꽂을 수 있는 전기멀티탭처럼, 공유기는 가정 내 여러 IT 기기를 네트워크로 묶어주는 중요한 역할을 한다. 가격도 2~3만원대로 저렴해서 부담 없이 구매할 수 있다. 최근 공유기는 복잡한 설정 과정 없이 곧바로 사용할 수 있을 만큼 간소화되고 있다.

〈출처: iT dongA, 이문규기자, 2011.05.13〉[5)]

2. 홈네트워크 기술 적용 사례

홈네트워크 기술 적용분야는 건설사 중심의 홈오토메이션 서비스와 서비스 사업자 주도의 응용서비스로 나눌 수 있다. 해외에서 홈네트워크가 데이터 네트워크와 홈엔터테인먼트 중심으로 확산되고 있는 반면에, 국내에서는 2000년대 초반부터 대형 건설사의 사이버 아파트를 중심으로 홈오토메이션 서비스가 홈네트워크를 주도하고 있다.[6] 홈오토메이션 서비스는 가스, 조명, 난방, 출입문 제어 등의 분야에 도입되어 활용되고 있으며, 이후 홈시큐리티 관련 설비 시스템으로 확대·보급되고 있다. 다음은 홈네트워크를 실제 구축한 몇 가지 사례이다.

첫 번째는 핸드폰과 인터넷 등을 통한 유·무선 네트워크 기술을 실생활에 도입하여 활용하고 있는 대형 건설사의 홈네트워크 구축사례[7]이다. 무인 시스템을 적용하여 각 세대 입주자는 단말기를 통하여 방문자 영상을 확인하

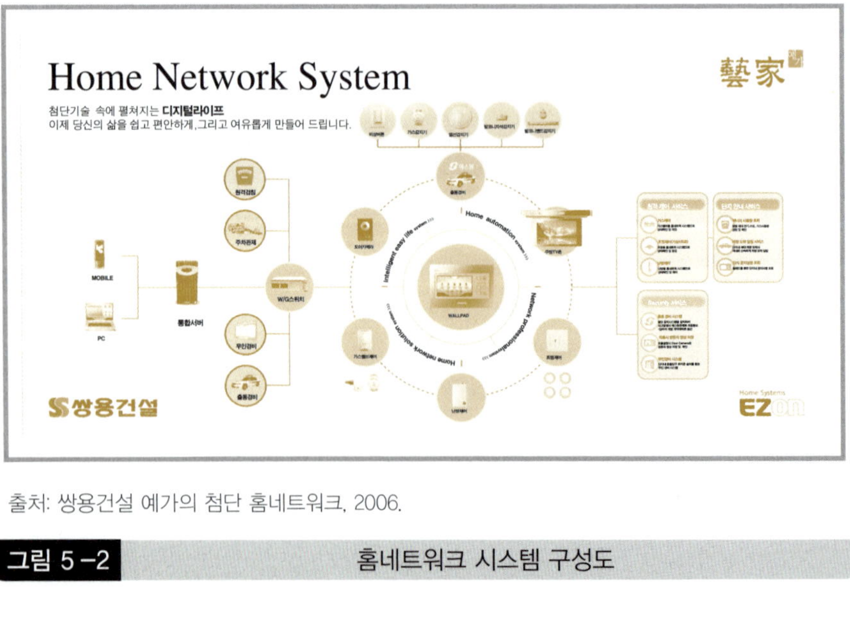

출처: 쌍용건설 예가의 첨단 홈네트워크, 2006.

그림 5-2 홈네트워크 시스템 구성도

고 방문자의 현관 출입을 통제할 수 있으며, 주차관제시스템을 적용하여 차량이 단지입구에 도착했을 때 이를 감지하여 단말기를 통해 입주자에게 차량의 도착을 알려준다.

사례에서 적용되는 홈네트워크 시스템 기능은 크게 생활 솔루션, 홈기기 제어솔루션으로 구분할 수 있다. 먼저 생활 솔루션은 입주자가 세대 내에서 주방 라디오폰이나 주방 TV, 비상벨 겸용 욕실 폰 등을 통해 라디오 청취가 가능하고, 방문자 영상 확인 및 현관 출입통제를 할 수 있게 해 준다. 홈기기 제어솔루션은 입주자가 홈네트워크 단말기의 터치스크린을 통하여 세대별 거실조명 조절 제어 및 주방의 가스밸브 차단 제어, 보일러의 난방 제어, 에어컨 제어를 할 수 있게 해 준다.

손 안의 홈네트워크 … 이제 아파트도 '스마트' 시대

건설업계, 가전기기 제어 · 에너지 관리 등 스마트폰 앱 본격 서비스

스마트폰 열풍이 아파트에도 불고 있다. 스마트폰 하나로 아파트의 각종 설비를 언제 어디서나 제어할 수 있는 스마트 아파트 시대가 열리고 있는 것이다.

GS건설은 스마트폰에 아파트 홈네트워크 시스템을 연결한 애플리케이션을 개발해 지난해 8월 입주한 일산자이에 적용하고 있다.

외출시에도 스마트폰으로 집 안의 상황을 점검해 조명과 냉난방, 가스 등 가전기기를 조절하고 상가, 병원, 버스 시간 등 각종 생활정보도 안내받을 수 있다.

GS건설 관계자는 "일산자이 스마트폰 서비스는 기존의 홈네트워크 시스템을 한 차원 넘어선 프로그램"이라며 "스마트폰 기술을 접목시켜 입주민들에게 다양한 첨단 서비스를 제공하고 있다"고 말했다.

삼성물산도 스마트폰과 태블릿PC를 통해 아파트 내부 시스템 제어는 물론, 전기료 등 관리비를 실시간으로 확인할 수 있는 '래미안 스마트 홈 애플리케이션'을 내놓았다.

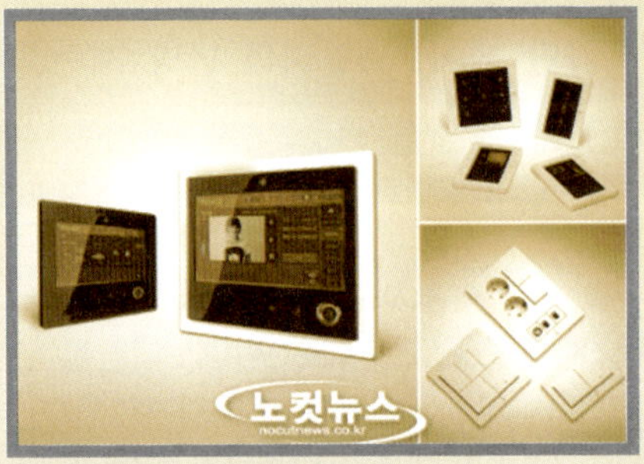

〈자이 유홈시스템 2.0〉

특히, 에너지 사용 현황 점검과 에너지 사용 목표 설정 등 전기, 가스 절감을 위한 에너지관리시스템을 적용한 점이 특징이다. 또, 단지 내 CCTV와 연결해 방문자와 주차 위치를 확인하는 등 자녀 보호와 방범 등의 기능도 갖추고 있다.

삼성물산은 올해부터 랜(LAN) 기반의 홈네트워크가 구축된 래미안 단지를 중심으로 본격적으로 적용할 예정이다.

GS건설 등은 지난해 말부터 아파트 분양에 QR코드를 도입하는 등 스마트폰을 분양 마케팅에도 적극 활용할 방침이다.

세상을 바꾸는 스마트폰 등 모바일 기술이 아파트 시장을 어떻게 바꿔놓을지 주목된다.

〈출처: 노컷뉴스, 정재훈 기자, 2011.02.04〉[8)]

두 번째 홈네트워크 구축 사례[9)]는 아파트가 단순한 주거공간에서 편의, 문화, 건강 등의 다양한 요소들과 결합되어 복합 주거공간으로 바뀌고 입주자들의 보안, 안전, 건강 및 편의성 증대에 초점을 맞춘 인간 중심의 지능형 서비스를 제공하는 것을 목표로 하고 있다. 이러한 유비쿼터스 홈네트워크 시스템 구축을 통하여 아파트 내, 외부에서 모든 디바이스가 네트워크로 연결되어 각종 서비스를 제공하게 된다.

해당 업체는 이러한 서비스를 한 곳에서 통제할 수 있는 Portal Service를 구축하고 있다. 가정 내 12.1인치의 대형 컬러 월패드시스템을 도입하여 디지털 기기들을 네트워크로 연결하고 터치패널 스크린을 통하여 세대 간 화상통화, 공동현관 방문자 확인, 세대 내 조명, 가스, 난방, 실내환기 시스템 등에 대한 제어가 가능하다. Portal Service 시스템은 입주자를 대상으로 교통, 날씨 등의 생활정보와 함께 주변상가, 관공서 등 지역정보 및 단지 내 커뮤니

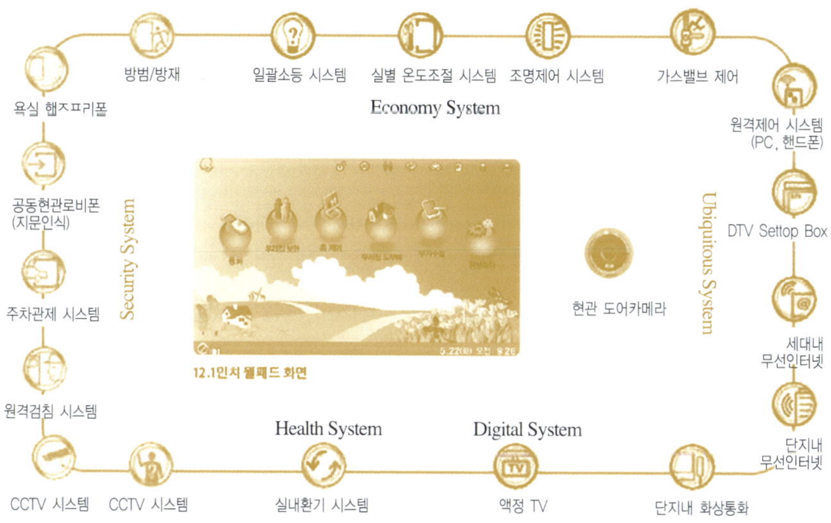

출처: 한화건설 꿈에 그린 유비쿼터스 홈네트워크 시스템, 2007.

그림 5-3 에코메트로 적용 서비스

출처: 한화건설 꿈에 그린 유비쿼터스 홈네트워크 시스템, 2007.

그림 5-4 UI적용 Wall-Pad

티의 구성 등 다양한 정보를 제공하고 있다.

이 밖에도 입주자에게 전자책 도서관 서비스를 제공하여 컴퓨터, 휴대폰, PDA 등 인터넷에 연결할 수 있는 매체를 통하여 손쉽게 전자책을 검색, 열람할 수 있도록 하고 있다. 전자책은 종이책에서는 구현이 불가능한 동영상, 사운드, 애니메이션 등 다양한 멀티미디어 기능을 추가하여 즐길 수 있으며 풍부한 교육관련 컨텐츠를 유아 및 학생들에게 제공하고 있다.

또한 TV Portal 서비스도 함께 제공하고 있다. 이는 인터넷에서만 가능하였던 영화, 음악, 게임, 교육 등을 고화질의 디지털 TV를 통해 제공받는 서비스로, 입주자는 TV 리모컨으로 가정 내 홈네트워크 기기(조명, 난방, 가스밸브)를 제어할 수 있으며, TV 수신 중 세대 방문자 영상을 확인하여 출입을 승인할 수 있고, 원격 검침, 관리비 내역 등 각종 데이터 조회를 TV를 통해 제공받을 수 있다. TV Portal 서비스는 유선을 통한 서비스뿐만 아니라 휴대폰을 통한 모바일 감시제어 서비스를 제공하는 데 휴대폰을 연결하여 세대 내 홈네트워크 기기제어는 물론 외출시에 DVR(Digital Video Recorder), Network Camera를 통하여 집안 상태와 놀이터를 모니터링할 수 있으며, 방문자 영상 녹화 및 확인 기능, 음성메모 기능, 현관 자동문 열림 기능 등의 다양한 모바일 부가서비스를 제공한다. 이 밖에도 입주자는 공동 현관 무인경비시스템, 원격검침시스템, CCTV시스템, 주차관제 시스템 등을 이용할 수 있다.

세 번째 홈네트워크 구축 사례는 인터넷망을 통해 다양한 형태로 홈네트워크를 구현할 수 있는 인터넷전화이다. 인터넷전화는 VoIP(Voice over Internet Protocol) 기술을 이용하여 인터넷망을 통해 음성 신호를 전달하는 기술[10)]로 음성과 데이터를 하나의 망으로 전송하여 인터넷과 연계된 다양한 서비스를 함께 제공한다. 우리나라에서는 2005년부터 인터넷전화가 상용화되어 사용하기 시작했다. 현재 우리나라 기업들이 제공하는 인터넷 집전화 서비스는 멀티미디어 통합기능을 앞세워 다양한 형태로 진화하고 있다. [그림 5-5]는 시중에 출시되어 있는 홈스마트폰 기기들이다.

예로, 가정용 인터넷전화에서 좀 더 진화된 형태인 '홈스마트폰'의 등장을 들 수 있다. 인터넷전화가 가입자 간 무료통화와 저렴한 요금제를 바탕으로 등장하였으나 1인 가구의 증가와 스마트폰 정액제 이용의 증가로 스마트

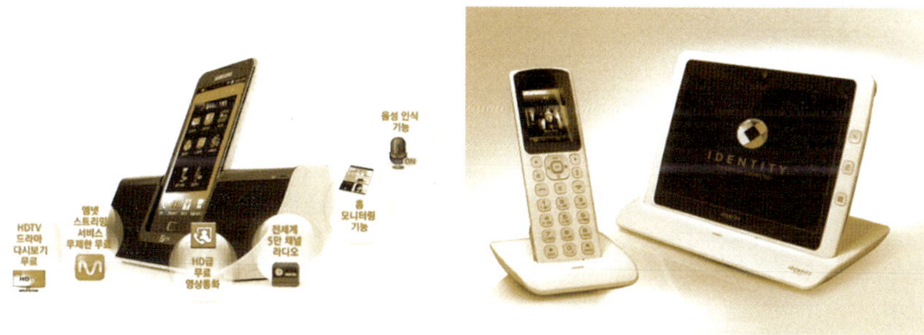

출처: 070 플레이어 vs 스마트홈 패드, 2012.

그림 5-5 홈스마트폰 기기

폰 기능을 포함하고 있는 '홈스마트폰'이 등장한 것이다. '홈스마트폰'은 일반전화 기능 외에도 인터넷전화기에 특정 기능을 부가시켜 홈 시큐리티 서비스가 가능하고 집안의 상황을 모니터링할 수 있는 폐쇄회로(CCTV)를 대체하여 집안에 사람이 없을 때 움직임이 감지되면 가입자 휴대폰 문자메시지(SMS)로 통보받을 수 있다. 이 밖에도 VOD(주문형 비디오), 실시간 TV, TV 다시 보기 등의 서비스도 함께 제공하고 있다.[10]

3. 홈네트워크 기술의 과제와 전망

국내에서 홈네트워크 도입 초기에는 가정 내 가전기기 제어 및 보안 중심의 홈오토메이션으로 시작하였으나, 유·무선 네트워크 기술이 발달하게 되면서 홈네트워크는 언제, 어디서나 편리하고 안전하며, 건강한 가정생활을 제공하는 방향으로 발전하고 있다.[11] 그러나 가정이 새로운 가치창조와 소비의 주 무대로 변화함에 따라 홈네트워크 산업은 융합, 웰빙이라는 개념이 접목되어 지능형 정보, 가전, 통신기기 및 기술을 기반으로 거주자 중심의 다양

표 5-1 ■ 지능형 홈네트워크의 발전 전망 구분

구 분	2003-2007년	2008-2012년	2013-2017년
	디지털 홈	스마트 홈	에코 홈
컴퓨터 환경	- Hardware Home - 수동화/폐쇄적 구조	- Hardware Home - 자동화/폐쇄적 · 개방적 구조	- Software Home - 자율화/개방적 구조
주거 환경	- Device Connected Home - 가정(Indoor Home)	- Device Connected Home - 단지(Indoor Home)	- Human-centric Home - 도시(Indoor/Outdoor Home)
기술 환경	- 가전기기의 디지털화 - 유·무선 네트워크 기술	- 가전기기의 네트워크화 - 지능형 디바이스 제어기술	- 가전기기의 친환경화 - 사회 참여형 케어 기술
서비스 환경	- 공급자 중심 서비스 - 홈오토메이션	- 공급자 중심 서비스 - 에너지 저감/스마트가전	- 수요자 중심 서비스 - 실감/감성형 서비스
산업 환경	- 제품중심 - 기술 간 융합 - 건설업체 주도	- 서비스 중심 - 서비스 간 융합 - 가전업체 주도	- 인간/환경 중심 - 인간과 환경 간의 융합 - 콘텐츠 제공업자 주도

출처: 김진태, 2011.

한 제품과 서비스를 생산하는 융·복합 산업으로 발전하고 있으며 이는 지능형 친환경 홈네트워크로 진화하는 것을 의미한다.

따라서 홈네트워크는 〈표 5-1〉과 같이 현재의 디지털화와 홈오토메이션 서비스 환경의 '디지털 홈'을 거쳐 공급자 중심의 친환경 서비스를 제공하는 '스마트 홈'에서 미래에는 실감, 감성형 서비스로 인간과 환경에 친화적인 '에코 홈'으로 발전할 것으로 예상된다.[12]

향후 홈네트워크 산업은 통신, 방송, 가전, 건설 및 의료 등 각 분야의 첨단 기술과 서비스가 서로 융합되고 인간중심의 새로운 형태의 디지털 컨버전스로 진화될 것임에 따라 홈네트워크 확산을 위해서는 이들 기술이 손쉽게 융합되어 지속적으로 발전될 수 있도록 기업은 새로운 비즈니스 모델을 창출하여야 한다.[13] 국가 차원에서는 홈네트워크 플렛폼 분야의 원천 핵심기술 확보와 함께 정부와 기업 주도하에 정보가전 기기들 간의 상호호환성을 제공하는 미들웨어 기술개발을 통해 홈네트워크를 보급·확산시킬 수 있는 기반을 마련하는 것이 필요하다.[13]

▶ 토의과제

1 교재에서 설명하고 있는 홈네트워크 개념을 바탕으로 개인의 관점에서 정의해 보자.

2 일상생활 속에서 개인이 체험하고 있는 홈네트워크의 실제 사례를 얘기해 보자.

3 교재 설명 이외에도 미래 SF영화에서 볼 수 있는 홈네트워크 적용 사례를 얘기해 보자.

동 영 상

제 목	주요내용	Link	시 간
홈 네트워크 산업으로 주거환경 개선	홈 네트워크 기술의 발달로 인하여 편리한 생활 영위 사례	https://www.youtube.com/watch?v=OZjCFaV0xao	2분 17초
Window Personal Cloud 홈네트워크	홈네트워크의 실생활 활용 사례	https://www.youtube.com/watch?v=qMMDGDy3AYQ	2분 1초

Summary
요약

홈네트워크 개요

- 이동통신, 초고속 인터넷 등 유·무선 통신망을 기반으로 외부망과 가전기기의 연결, 홈네트워크 단말기 간 연결 그리고 외부서비스와의 연동을 통해 언제, 어디서나, 어떤 기기로든 정보서비스를 제공받을 수 있는 IT환경
- 홈네트워크는 새로운 유·무선 통합시스템이 구비되고 생활환경의 변화에 따라 새로운 형태로 진화

홈네트워크 기술 적용 사례

- 홈네트워크 기술 적용분야는 건설사 중심의 홈오토메이션 서비스와 서비스 사업자 주도의 응용서비스로 구분
- 해외에서는 홈네트워크가 데이터 네트워크와 홈엔터테인먼트 중심으로 확산되고 국내에서는 2000년대 초반부터 대형 건설사의 사이버아파트를 중심으로 홈오토메이션 서비스가 홈네트워크를 주도
- 홈오토메이션 서비스는 가스, 조명, 난방, 출입문 제어 등의 분야에 도입되어 활용되고, 홈시큐리티 관련 설비 시스템으로 확대, 보급
- 우리나라 기업들이 제공하는 인터넷 집전화 서비스는 멀티미디어 통합기능을 앞세워 다양한 형태로 진화하고 있는데, 가정용 인터넷전화에서 좀 더 진화된 형태인 '홈스마트폰'이 등장

홈네트워크 기술의 과제와 전망

- 홈네트워크 기술은 현재의 디지털화와 홈오토메이션 서비스 환경의 '디지털 홈'을 거쳐 공급자 중심의 친환경 서비스를 제공하는 '스마트 홈'에서 미래에는 실감, 감성형 서비스로 인간과 환경에 친화적인 '에코 홈'으로 발전될 것으로 예상
- 홈네트워크 산업은 통신, 방송, 가전, 건설 및 의료 등과 같은 각 분야의 첨단 기술과 서비스가 서로 융합되고 인간중심의 새로운 형태의 디지털 컨버전스로 진화될

것임에 따라 홈네트워크 확산을 위해서는 이들 기술이 손쉽게 융합되어 지속적으로 발전될 수 있도록 기업은 새로운 비즈니스 모델 창출이 필요

질문

1. 지능형 홈네트워크가 무엇인지 생각해 보자.
2. 우리나라의 초기 홈네트워크 적용분야에 대해서 생각해 보자.
3. 홈네트워크가 제공하는 Portal 서비스에는 어떤 종류가 있는지 생각해 보자.
4. 홈네트워크 산업이 디지털 컨버전스로 발전하기 위한 방법에는 어떠한 것들이 있는지 생각해 보자.
5. '홈스마트폰'의 역할에 대해서 생각해 보자.
6. 아파트가 단순한 주거공간에서 복합 주거공간으로 진화하기 위한 방법에 대해서 생각해 보자.

Closing Case

스마트열풍 … 개인을 넘어 가정으로
가시화된 스마트홈, 점점 더 똑똑해진다

스마트 열풍이 거세지고 있다. 단순히 전화 기능만 했던 휴대폰이 다양한 기능을 구현하는 스마트폰으로 진화하면서 IT 환경의 많은 변화를 가져왔다.

국내 스마트폰 사용자는 최근 2,000만 명을 넘어섰으며, 오는 2012년 1분기에는 보급률이 50%가 넘을 전망이다. 스마트폰, 태블릿PC 등을 비롯한 모바일 디바이스도 2,500만 대를 넘어서며 빠르게 확산되고 있다.

이러한 현상은 우리의 생활 패턴을 다각적으로 변화시키고 있다. 클라우드를 이용해 하나의 콘텐츠를 여러 디바이스에서 활용하는 것은 이제 보편적인 일이다. 트위터와 페이스북 등 소셜 네트워크 서비스(SNS)로 촉발된 소셜 서비스는 상품 구매뿐만 아니라 라이프 스타일까지 변화시켰다. 새로운 형태로 등장한 애플리케이션은 단순한 재미뿐만 아니라 사용자가 원하는 대로 다양한 정보과 콘텐츠를 사용하고 공유할 수 있게 해 줬다.

스마트홈 위한 인프라 형성

기존에 구축했던 스마트홈은 홈네트워크 구축에 초점이 맞춰졌다. 새로 지어지는 아파트를 중심으로 건축사와 이통사 등이 구축한 홈 네트워크를 위한 장비 설치가 주된 내용이다. 월패드 기반의 조명과 가스, 도어를 제어하고 각 방에 유선 케이블을 공급하고 디지털 방송을 볼 수 있는 정도의 수준이었다. 사후 관리도 탁월하게 진행할 수 없는 구조였다. 즉 하드웨어적 측면이 강했다.

KT 홈CS본부 서태식 본부장은 "건설사를 중심으로 구축한 홈 네트워크는 기간 상의 한계가 존재했으며, 기능상 단순한 제어 역할만 가능했다"고 말했다.

이후 네트워크 서비스가 점점 진화해 유선뿐만 아니라 무선 네트워크 발전이 가속화 단계에 들어섰다. 초고속 인터넷이 방방곡곡 깔리고, 와이파이(Wi-Fi)망을 통해 전화와 TV, 컴퓨터를 사용할 수 있게 됐으며 최근에는 빠른 속도를 보여주는 차세대 통신(4G)인 롱텀에볼루션(LTE)까지 상용화됐다.

네트워크 서비스뿐만 아니라 디바이스도 점점 더 발달했다. 스마트폰과 태블릿PC, 스마트TV를 비롯해 와이파이를 이용할 수 있는 냉장고, 오븐 등 생활 가전까지 그 범위를 더욱 넓혀갔다. 이와 함께 각 디바이스에 어울리는 맞춤형 서비스들이 등장했다. 그 중 애플리케이션은 새로운 모바일OS에 맞는 응용프로그램으로 설치 및 사용이 간단해 많은 활용도를 보였다.

더 똑똑해진 홈은 어떤 모습일까

미래의 스마트홈은 현재와 같이 스마트한 사용자의 활용 능력이 아닌 홈 자체가 스마트해질 것이다.

스마트홈 자체가 지능형 가전 제어 및 에너지를 관리하고 상황을 인지해 가족의 건강을 돌보고, 간접 체험이 아닌 직접 체험이 가능한 실감형 데이터 방송을 감상할 수 있도록 배려해 준다. 사용자의 얼굴만 보고도 그 날에 맞는 음악을 틀어주고 음성 및 제스처만 보고도 알아서 척척 원하는 내용을 실천한다. 외부인의 침입에 민감하게 반응하고 가정을 보호하는 것도 스마트홈의 역할이다.

이러한 모습만 봐도 알 수 있듯이 스마트홈은 다양한 분야가 융합된 복합적인 산업이다. 통신, 방송, 가전, 건설, 콘텐츠 등이 산업 간 파급효과가 큰 가치사슬을 통해 지속적으로 부가가치를 창출할 수 있는 성장 산업이다. 이 같은 산업들은 크게 홈시큐리티, 홈오토매틱, 스마트그리드, 콘텐츠 공유 등으로 나눌 수 있다. 각계 각층의 산업들은 유·무선 네크워크가 기반이 돼 로봇, 패드, TV 등의 제어 기술, 센서, 스크린 등을 통해 사용자의 특성에 맞는 맞춤형 콘텐츠를 제공해 사용자 가치를 더욱 높여주는 역할을 한다.

산업이 발전하고 기술이 보다 정교해짐에 따라 스마트홈 구축에도 한층 속도가 붙

출처: 한국스마트홈산업협회.

을 전망이다. 스마트홈 구축 과제는 산업과 사회 발전에 동기를 부여해 주고 이에 따라 발전한 산업은 좀 더 풍요로운 디지털라이프를 실현시켜 줄 것이다

〈출처: 아이티투데이, 김문기, 2011.12.22〉[14)]

질문

1. SNS서비스가 스마트홈에 어떠한 영향을 주고 있는지 생각해 보자.
2. 유·무선시스템의 발달이 홈네트워크에 미치는 효과에 대해서 생각해 보자.
3. 스마트홈이 우리 생활을 어떻게 변화시킬 수 있을지 생각해 보자.

참고문헌

1. Daum, 영화, http://movie.daum.net/moviedetail/moviedetailStory.do?movieId=40933&t__nil_main_synopsis=more.
2. 문행규, "홈네트워크 기술기준 도입에 관한 연구," 전파연구소, 보고서, 2007.
3. Youtube, https://www.youtube.com/watch?v=qMMDGDy3AYQ, 검색일 2013.01.15.
4. 한국전자통신연구원, "홈네트워크 기술 및 시장동향," 보고서, 2005.
5. iT dongA, 이문규 기자, 2011.05.13, http://it.donga.com/5699/.
6. 한국스마트홈산업협회, "㈜ 아이케이테크 무선 홈네트워크 소개 및 구축사례," HN FOCUS, 제7권, 2005, pp. 16-23.
7. 한국스마트홈산업협회, "쌍용건설 예가의 첨단 홈네트워크," HN FOCUS, 제11권, 2006, pp. 8-11.
8. Nocutnews, 정재훈, 2011.02.04, "손 안의 홈네트워크…이제 아파트도 '스마트' 시대," http://www.nocutnews.co.kr/show.asp?idx=1707927.
9. 한국스마트홈산업협회, "한화건설 꿈에 그린 유비쿼터스 홈네트워크 시스템," HN FOCUS, 제16권, 2007, pp. 20-25.
10. 시사용어사전, "인터넷전화," http://terms.naver.com/entry.nhn?cid=925&docId=74845&mobile&categoryId=925, 검색일 2013.01.26.
11. 전자신문, 권건호 기자, LG유플러스, "스마트 인터넷전화로 '홈 시큐리티' 서비스 선보여," 2012.12.20, http://news.naver.com/main/read.nhn?mode=LSD&mid=sec&sid1=004&oid=030&aid=0002196340.
12. 문경덕, "홈네크워크 기술 및 산업현황," TTA Journal, No.99, 2005, pp. 32-27.
13. 김진태, 문경덕, "지능형 홈네트워크 산업 기반 조성에 관한 보고서," 한국전자통신연구원, 2011.
14. 아이티투데이, 김문기 기자, "스마트열풍, 개인을 넘어 가정으로," 2011.12.22, http://www.ittoday.co.kr/news/articleView.html?idxno=23781.
15. 한국전자통신연구원, "홈네트워크 기술 및 시장동향," 보고서, 2005.
16. LG U+, http://blog.uplus.co.kr/1001, 검색일 2013.01.30.
17. iT dongA, 권명관 기자, 2010.12.06, http://it.donga.com/3915/.

Memo

Chapter 06

소셜 네트워킹과 빅데이터

학습목표

1. 소셜 네트워킹 서비스의 개념을 이해한다.
2. 소셜 커머스의 개념을 이해한다.
3. 빅데이터의 개념을 이해한다.

Openning Case

영화 소셜 네트워크

5억 명의 온라인 친구, 전세계 최연소 억만장자, 하버드 천재가 창조한 소셜 네트워크 혁명! 5억 명의 '친구'가 생긴 순간 진짜 친구들은 적이 되었다!

2003년 가을, 하버드대의 컴퓨터 천재 '마크'는 비밀 엘리트 클럽의 윈클보스 형제에게 하버드 선남선녀들만 교류할 수 있는 '하버드 커넥션' 사이트 제작을 의뢰받는다. 하지만 여기서 획기적인 아이디어를 생각해 낸 '마크'는 인맥 교류 사이트 '페이스북'을 개발, 절친 '왈도'의 도움으로 사이트를 오픈한다. '페이스북'은 순식간에 모두의 마음을 사로잡고, 유명한 냅스터의 창시자 '숀'의 참여로 전세계로 번지면서 '마크'는 기업가치 58조원, 전세계 최연소 억만장자가 된다. 하지만 그 순간 윈클보스 형제는 물론 '왈도'마저 전대미문의 소송을 제기하면서 하버드 천재들 간의 치열한 아이디어 전쟁이 시작된다.

제시 아이젠버그가 연기하는 마크 저커버그의 제스처를 보라. 그는 다른 데 정신이 팔려 있는 사람처럼 똑바로 걷질 못하고 고개를 약간 숙인 채 몸을 비틀고 뛰듯 걷는다. 지나가는 사람이나 주변 경관을 둘러본다든가 하는 일이 일체 없다. 그는 몸은 여기 있되 정신은 다른 어딘가에 가 있다. 즉 누구보다 더 편안하고 자신 있는 존재, 컴퓨터 속 네트워크로. 이건 기본적으로 소년들의 쓰라린 성장담이다. 상대방이 A라고 질

문하면 A로 답하는 게 아니라 C를 먼저 말해 버리는 성급함, 하지 않아도 좋을 말을 불쑥 내뱉고는 금세 후회하는 치기, 더 좋고 더 쿨하고 더 마음에 드는 것이 있으면 바로 옮겨갈 수 있는 캐주얼함. 현재 기업가치 58조원에 달하는 소셜 네트워크 서비스 '페이스북'이 만들어지기까지, 그리하여 순식간에 전세계 5억명에 달하는 가입자에게 환호를 이끌어내기까지 어린 천재들의 그같은 정서는 그야말로 악성 바이러스처럼 빠르게 퍼져나갔다. '친구'를 맺은 사람과는 그의 친구의 친구까지 네트워킹할 수 있는 관용을 베풀고 같은 취향을 공유하지만, 그렇지 않으면 친구 맺기 신청을 거절할 수 있는 배타적인 곳. 현실에서의 상처는 페이스북에서 또 다른 성취로 감당할 수 있고 보충할 수 있다고 그들 모두는 믿는다. "너네 사이트는 후졌어. 우리 사이트가 더 쿨하고 더 아름다워."

〈출처: 다음 영화〉[1)]

1. 소셜 네트워킹 서비스

인터넷이 발달하면서 친구, 선후배, 동료 및 공통 관심사를 가진 사람들 간의 관계를 형성하는 것이 용이해지고 있다. 이 절에서는 이러한 관계형성을 지원하는 소셜 네트워킹 서비스의 개념과 주요 기능을 알아보고, 소셜 네트워킹 서비스의 유형과 활용사례, 앞으로의 발전과제와 전망에 대하여 살펴본다.

1.1 소셜 네트워킹 서비스의 개념

소셜 네트워킹 서비스(SNS: Social Networking Service)는 온라인상에서 사용자 간의 관계 형성, 인맥 관리, 정보 공유 등 다양한 커뮤니티(community) 활동을 지원하는 서비스로서 그룹보다는 개인 단위로 인적 네트워크를 형성할 수 있는 기능을 지원하는 것이 특징이다.

표 6-1 ■ 소셜 네트워킹 서비스의 주요기능

이 름	내 용
관계맺기	친구/지인 맺기, 팬 되기 등 개인들이 관계를 맺고 시스템에 축적할 수 있는 기능
프 로 필	사진과 신상정보, 취미, 관심사 등 개인 자신의 아이덴티티를 밝힐 수 있는 기능
커뮤니케이션	이메일, 쪽지, 채팅, 메신저 등 사용자 간의 커뮤니케이션을 지원하는 기능
콘텐츠 생산	프로필 이외에 블로그, 포토, 동영상 등 사용자가 시스템 안에서 콘텐츠를 생산할 수 있는 기능
네트워크 활용	사용자 생산 콘텐츠나 외부 콘텐츠를 공유하거나 추천, 배포하고 함께 협업 등 축적된 관계 네트워크를 활용하는 기능

출처: 정유진, 배국진, 2007.

SNS의 주요 기능은 친구나 팬 등의 관계맺기, 개인 신상에 관한 프로필 관리, 이메일, 쪽지, 채팅 등 사용자 간의 커뮤니케이션 지원과 블로그, 포토, 동영상 등 콘텐츠의 생산, 공유 및 배포의 지원에 있다.

SNS는 관계 형성의 용이성으로 인해 사용자 수가 급격하게 증가하고 있다. eMarketer에 따르면 세계 SNS 사용자는 2011년 약 12억 명을 기록하였으며, 매년 10~20%의 증가율을 보여 2014년에는 약 18억 5천 명에 이를 전망이다.

1.2 SNS의 유형 및 활용

정유진, 배국진(2007)[3]*에 따르면, SNS는 일반적 소셜 네트워킹, 비즈니스 소셜 네트워킹, 블로그 결합 모델, 버티컬 소셜 네트워킹, 협업 기반 소셜 네트워킹, 커뮤니케이션 중심 소셜 네트워킹 등 6가지의 유형으로 분류된다.

첫째, 일반적인 소셜 네트워킹은 사용자나 분야의 제한 없이 누구나 참여할 수 있는 일반적인 소셜 네트워킹 서비스로서 마이스페이스(myspace.com),

출처: www.facebook.com.

그림 6-1 페이스북 홈페이지

* 1.2절의 주요 내용은 정유진, 배국진(2007)의 연구를 요약한 것임.

페이스북(facebook.com), 오르쿠트(orkut.com), 베보(bebo.com), hi5(hi5.com) 등이 있다. 페이스북(Facebook)의 경우 세계 최대의 소셜 네트워크 서비스로서 사용자들은 자신의 프로필 작성 후 사용자들을 친구로 추가한 뒤 메시지를 교환할 수 있다. 친구들이 프로필을 업데이트하면 자동적으로 알림 메시지가 뜨며, 사용자들은 공통의 관심사를 가진 사용자 그룹에 가입할 수 있다. 그룹은 직장, 학교 등으로 분류되고, 친구는 '직장친구', '가까운 친구' 등으로 분류된다.

둘째, 비즈니스 소셜 네트워킹은 업무나 사업 관계를 목적으로 한 전문적인 비즈니스 중심의 소셜 네트워킹 서비스로서 링크드인(linkedin.com), 씽(XING.com), 스포크(spoke.com), 라이즈(ryze.com) 등이 있다. 링크드인은 세계 최대 비즈니스 전문 소셜 네트워크 업체로서 초기에는 구직·구인 관련 SNS로 시작됐으나, 지금은 기업들이 바이어 발굴과 신규시장 개척, 비즈니스 파트너 물색 등에 주로 활용하고 있다.

셋째, 블로그 결합 모델은 개인 미디어인 블로그를 중심으로 소셜 네트워킹 기능이 결합된 서비스로서 야후!360(360.yahoo.com), 윈도우 라이브 스페이스(spaces.live.com), 장가(Xanga.com) 등이 있다. 윈도 라이브 스페이스

출처: www.linkedin.com.

그림 6-2 링크드인 홈페이지

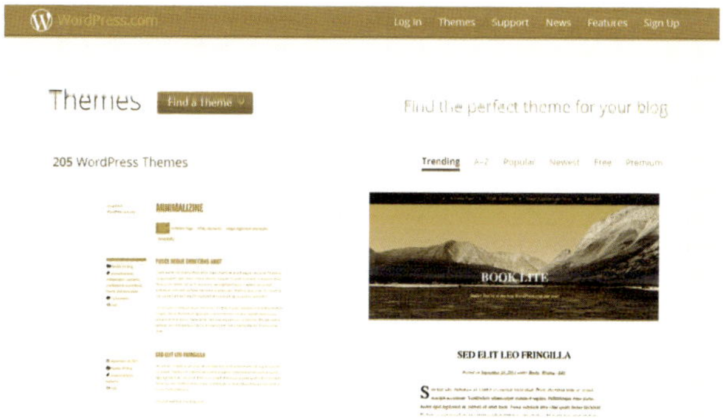

출처: www.spaces.live.com.

그림 6-3 윈도우 라이브 스페이스 홈페이지

(Windows Live Spaces)는 마이크로소프트의 블로그, 소셜 네트워킹 플랫폼으로 프로필 관리, 블로그, 사진 등록, 댓글 기능 등을 제공한다.

넷째, 버티컬 소셜 네트워킹은 포토, 동영상, 리뷰 등 특정 분야의 버티컬 UCC 중심의 소셜 네트워킹 서비스로서, 동영상을 중심으로 한 유튜브

출처: www.youtube.com.

그림 6-4 유튜브 홈페이지

(youtube.com), 사진 중심의 플리커(flickr.com), 북마크를 기반으로 한 딜리셔스(del.icio.us) 등이 있다. 유튜브는 무료 동영상 공유 사이트로서 누구나 동영상을 올릴 수 있도록 해 몇 분 안에 수백만 명이 볼 수 있어 비디오 공유가 새로운 문화로 정착되게 하였다.

다섯째, 협업 기반 소셜 네트워킹은 공동 창작, 협업 기반의 소셜 네트워킹 서비스로서 공동으로 인터넷사전을 만드는 위키피디아(wikipedia.org)와 공동 스케줄 관리를 할 수 있는 구글 캘린더(calendar.google.com) 등이 있다. 위키피디아의 경우 누구나 자유롭게 글을 쓸 수 있는 사용자 참여 형태의 온라인 백과사전으로 2001년에 만들어졌다. 인터넷상에서 모두가 자유롭게 글을 쓸 수 있고 고칠 수 있기 때문에 악의적인 편집과 부정확한 내용, 내용의 질, 책임성과 권위의 부족 등의 문제가 지적되어 왔다. 그러나 다방면의 지식들이 방대한 분량으로 자세히 수록되어 있고 내용이 끊임없이 갱신되며 사용

출처: www.wikipedia.org.

그림 6-5 위키피디아 홈페이지

출처: www.meebo.com.

그림 6-6 미보 홈페이지

자의 접근이 편리하기 때문에 전 세계적으로 많이 활용되고 있다.

여섯째, 커뮤니케이션 중심의 소셜 네트워킹은 채팅, 메일, 비디오 컨퍼런싱(conferencing) 등 사용자 간 커뮤니케이션 중심의 소셜 네트워킹 서비스를 말하며, 웹 기반 메신저인 미보(meebo.com), 웹/모바일 기반 메신저인 이버디(ebuddy.com) 등이 있다. 미보(Meebo)는 인스턴트 메시지 프로그램으로 야후! 메신저, AOL 인스턴트 메신저 등의 서비스를 제공하고 있다.

미 대선 예비후보의 소셜 미디어 경쟁력, SNS가 선거 승패를 갈라

소셜 미디어 분석 및 활용 솔류션 업체 어텐시티(Attensity)는 2012년 2월 25일~3월 2일까지 트위터 사용자들의 트윗을 분석, 미 공화당 대선 예비 후보들의 3월 6일 경선 결과를 예측한 결과 트윗 수와 경선 결과가 상당부분 일치하는 것으로 나타났다.

소셜 미디어에 기반한 선거 결과 예측은 이미 여러 차례의 적중률을 보이며 선거 캠프의 주목을 받고 있으며 소셜 미디어가 선거 결과를 판가름하는 주요 지표로 떠오르면서 광고 플랫폼으로서의 소셜 미디어가 지닌 타깃 마케팅 기능이 대선 캠페인에서도 유용하다는 주장이 제

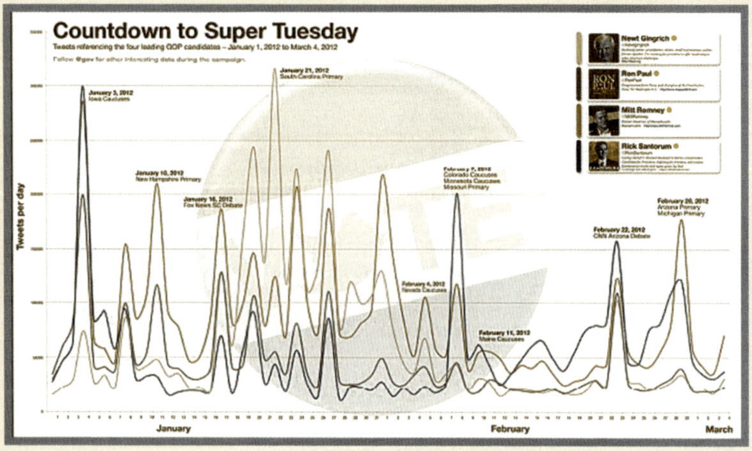

[트위터의 미 공화당 대선 예비 후보별 트윗 빈도 분석 그래프]

기되고 있다. 그러나 어텐시티의 예상 중 절반 이상이 빗나간 것처럼 소셜 미디어에서의 절대적 인지도가 실제 경선 및 대선 경쟁력을 직접적으로 반영한다고 보는 것은 성급하다는 의견도 적지 않다.

전문가들은 올해 미 대선에서는 텔레비전 정치광고, 이메일 홍보보다 트위터가 더 맹위를 펼칠 것으로 전망하고 있으며, 양당이 소셜 미디어로 맞대결하는 첫 번째 선거가 될 것이라고 전망하였다. 실제 트위터의 미 공화당 대선 예비 후보별 트윗 빈도 분석을 보면, 총 80만 건에 달하는 트윗 분석 결과를 토대로 어텐시티는 미트 롬니(Mitt Rommey) 전 주지사가 7개 주에서 승리를 거둘 것으로 예측했으며, 릭 샌토럼(Rick Santorum) 전 상원 의원은 1개 주를, 뉴트 깅리치(Newt Ginrich) 전 하원의장 역시 1개 주를 석권할 것으로 전망하였다.

실제 지난 6일 경선 결과 롬니 전 주지사는 6개 주에서 승리를 거두었고(실제 예상과 일치한 주는 3개), 샌토럼 전 상원 의원은 3개주, 깅리치 전 하원의장이 1개 주(예상과 일치)에서 득표율 1위를 차지함으로써 어텐시티의 예상이 어느 정도 일치한 것으로 나타났다.

〈출처: DMC 미디어, 소셜미디어 현황 및 전망, 2012〉[4]

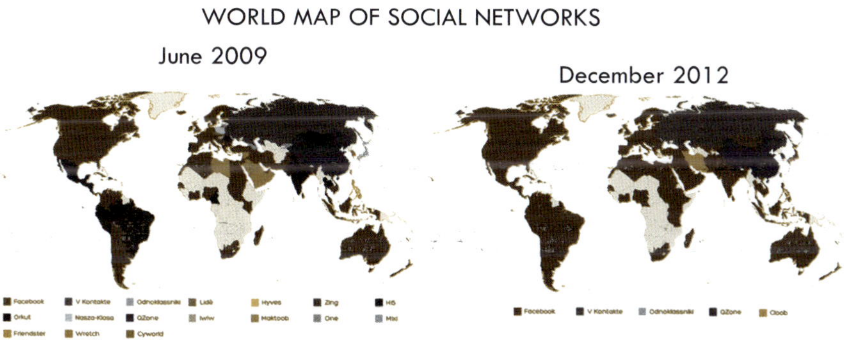

출처: VINCOSBLOG, 2013.

그림 6-7 세계 SNS 지도

이 중에서 세계적으로 가장 많이 활용되고 있는 SNS는 일반적인 소셜 네트워킹 유형에 속한 서비스이다. SNS 시장 초기에는 국가별, 언어권역별로 다양한 현지 서비스들이 등장하여 사용자들의 인기를 얻었다. 하지만 SNS 시장의 성숙과 사용자들의 관계 네트워크가 SNS 간의 이동 및 확장으로 이어지면서, 러시아의 V Kontakte, 중국의 QZone 등 일부 대륙권 국가의 현지 SNS를 제외하고는 세계 대부분의 국가에서 페이스북이 가장 많이 사용되고 있다. 이는 [그림 6-7]의 2009년 6월과 2012년 12월의 두 시점을 기준으로 세계 각 국가에서 가장 인기 있는 SNS를 나타낸 세계지도를 비교해 보면 그 차이가 명확하게 드러난다. 스마트폰 보급의 증가와 세계 SNS 사용자들의 사회적 관계 및 범위가 점점 글로벌화됨으로써 향후 SNS를 통한 개인의 사회적 영향도는 점점 더 커질 전망이다.

동 영 상

■ 사회 연결망의 숨겨진 영향력

사람들은 누구나 친구, 가족, 동료 및 기타 여러 방식으로 구성된 커다란 사회 연결망들 속에 들어 있다. 니콜라스 크리스타키스는 행복에서 비만까지 이르는 다양한 특질들이 어떻게 사람들 사이에서 전파되는가에 대한 분석을 통해서, 여러분의 연결망 속 위치가 어떻게 스스로도 알아차리지 못한 방식으로 삶에 영향을 줄 수 있는지 보여준다.

〈출처: TED, 사회연결망의 숨겨진 영향력, 2012.02〉[5)]

1.3 SNS의 과제와 전망

앞으로 SNS 시장이 성숙기에 접어듦에 따라 개인의 사회적 관계가 다양한 형태로 진화되며, 그 속에서의 영향 또한 커질 것이나 프로필 노출에 의한 사생활 침해, 음란물의 불법적 유통, 스팸 및 사이버 폭력 등에 의한 개인의 사회적 문제도 지속적으로 증가할 것으로 전망된다.

기업 관점에서는 SNS가 저비용으로 고객에게 손쉽고 친근감 있게 접근할 수 있는 커뮤니케이션의 수단이 되기 때문에 마케팅 활동에 활용하는 사례가 점점 늘고 있다. 현재까지는 기업의 기대와 달리 SNS를 활용한 마케팅 활동이 기업의 실질적인 매출액 증가로 이어지는 사례는 많지 않다. 하지만 앞으로 기업들이 SNS를 활용한 마케팅의 노하우가 축적되면 새로운 마케팅 활용 방안이 나타날 것으로 전망된다.

한편 개인의 SNS 활용이 늘면서 정부 및 공공기관이 시민을 대상으로 정책 홍보 및 민원상담 등의 용도로 활용하는 사례가 늘고 있다. SNS는 신속한 커뮤니케이션 활동이 요구되기 때문에 전담인력 배치가 필요하고, 대중성을 고려하여 정부가 사설 SNS를 사용해야 하기 때문에 정보 보안에 취약한 문제점 등이 먼저 해결되어야 한다.

동 영 상

■ 소셜 미디어와 성별의 종말

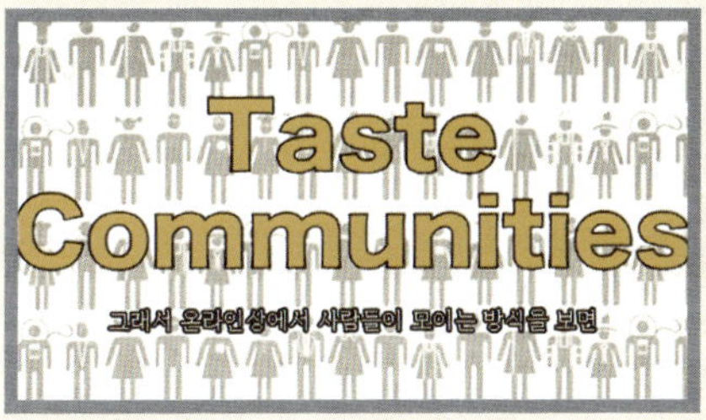

미디어 회사들과 광고 회사들은 청중들을 이해하기 위해서 여전히 구태의연한 인구통계를 사용하지만, 온라인을 추적하는 것은 점점 어려워지고 있다. 소셜 미디어가 전통적인 미디어보다 더욱 성장하고, 여성 사용자들의 수가 남성 사용자들의 수보다 앞서감에 따라 미디어의 미래에 어떤 변화가 예기되는지 설명된다.

〈출처: TED, 소셜 미디어와 성별의 종말, 2010.12〉[6)]

2. 소셜 커머스

SNS의 성장과 더불어 기업 및 소비자 간의 정보 교환이 활발해지면서 소비자 대 소비자, 기업 대 소비자의 거리가 빠르게 좁혀지고 있다. 이러한 이유로 기업들이 기존 전자상거래에 SNS를 활용하는 소셜 커머스가 증가하고 있다. 이 절에서는 소셜 커머스의 개념과 유형, 앞으로의 발전 과제와 전망 등에 대해 살펴본다.

2.1 소셜 커머스의 개념

소셜 커머스(Social Commerce)의 개념은 2008년 미국 시카고에서 설립된 그루폰(Groupon)이 처음 공동구매형 비즈니스 모델을 만들어 성공을 거둔 후 널리 사용되기 시작하였다. 소셜 커머스란 온라인에서 재화나 서비스를 사고 파는 전자상거래의 한 형태로서 소비자의 소셜 네트워크를 마케팅에 활용하

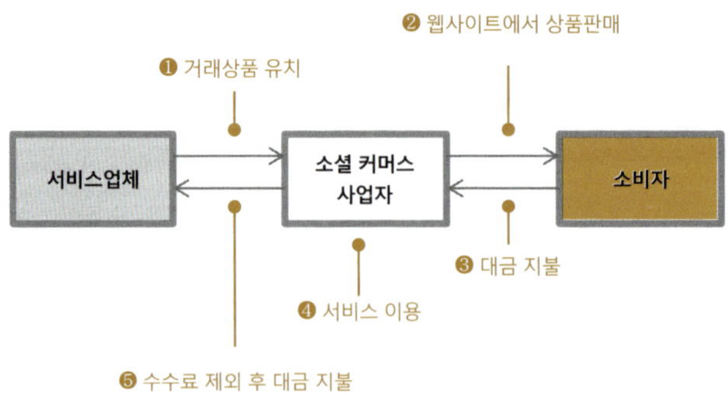

출처: KB 금융지주 경영연구소, 2012.

그림 6-8 소셜 커머스의 개념도

는 것이 특징이다.

소셜 커머스의 일반적인 비즈니스 모델은 소셜 커머스 사업자와 서비스업의 계약, 소셜 커머스 사업자와 소비자 간의 계약으로 이루어지며, 소셜 커머스 업체는 특정 매장과의 계약을 바탕으로 소비자에게 쿠폰을 발행하여 판매하는 통신판매업 형태를 띤다.[7)]

2.2 소셜 커머스의 유형 및 활용

김윤화(2011)[8)]**는 소셜 커머스의 유형을 그룹바이(group-buy)형, 소셜 쇼핑(social shopping)형, 플래시 세일(flash sale)형, 소셜 쇼핑 앱(social shopping app)형, 퍼체이스 쉐어링(purchase sharing)형, 퍼스널 쇼퍼(personal shopper)형 등 6개의 유형으로 분류하고 있다.

먼저 그룹바이형은 제한된 시간 동안 정해진 인원이 모이면 특정 상품을 할인된 쿠폰으로 판매하는 방식이다. 이 유형에 해당하는 그루폰은 지역사업자의 판매상품을 대행하여 온라인에서 판매해 주는 형식을 취하면서 지역사업자에게는 가격 할인이나 마케팅 비용으로 인식하게 만들었고, 이용자에게는 50% 정도의 할인된 가격으로 상품 구입이 가능하게 함으로써 사업자와 소비자 모두가 이득을 얻는 사업모델을 제시하였다. 둘째, 소셜 쇼핑형은 이용자들이 찾아낸 좋은 판매 사이트나 상품을 서로 공유하게 하는 방식이다. 이 유형에 해당하는 'Polyvore'는 패션 아이템에 관한 사이트, 상품, 패션정보 등 쇼핑을 위한 다양한 정보를 알려주는 포털의 역할을 한다. 또한 셀러브리티들의 패션스타일 및 잡지에 실린 패션스타일에 관한 모든 상품의 정보를 소비자의 상품평과 함께 제공한다. 또한 이용자 중 누군가가 셔츠아이템 사진을 올리고, 이것과 어울릴 만한 아이템 추천을 요청하면 코디가 가능한 상품을 판매 사이트가 링크된 사진과 함께 올려주기도 한다. 이 모든 것들이 사이트 운영자가 아닌 소비자들의 자발적인 커뮤니티 활동으로 이루어진다. 그리고 이 사이트에서 공유하는 모든 정보는 블로그, 트위터, 페이스북으로 실

** 소셜 커머스의 유형 및 활용은 김윤화(2011)의 연구를 요약한 것임.

시간 공유된다.

셋째, 플래시 세일형은 온라인상에서 제한된 시간 동안만 상품을 판매하는 방식이다. 이 유형에 해당하는 대표적인 업체로는 'Vente-Privěe'가 있다. 이 업체는 프라이빗 쇼핑의 형태로 회원만이 판매상품을 볼 수 있다. 1,200개의 패션디자이너 브랜드 및 스포츠 장비, 자동차, 여행상품에 이르기까지 최대 70% 할인율을 제공한다. 특정 상품의 판매기간은 2~4일 정도이며, 사이트 회원 간 입소문을 통해 회원의 혜택이 커지는 방식(drive member-get-member referrals)을 취하고 있다.

넷째, 소셜 쇼핑 앱형은 스마트기기에 앱을 다운받은 소비자가 오프라인상의 상점을 방문할 때마다 포인트 및 혜택을 제공하는 방식이다. 이 유형에 해당하는 'Shopkick'은 스마트폰에 shopkick 앱을 다운받은 일반 소비자가 오프라인상의 상점을 방문할 때마다 kick이라는 일종의 포인트가 쌓이는 방식을 개발했다. 그리고 상점을 단순히 방문하는 것뿐만 아니라, 상점에서의 check in 혹은 상품의 바코드를 스캔함으로써 kick을 추가로 적립할 수 있다. 이렇게 모인 kick은 아이튠즈의 기프트카드, 레스토랑 바우처, Best Buy, Target, Macy's, Crate&Barrel, American Eagle, Simon Malls, Sports Authority 등 미국 전역의 주요 소매점의 기프트카드, 혹은 Facebook의 크레딧 등으로 교환할 수 있으며, 기부에도 사용할 수 있다.

다섯째, 퍼체이스 쉐어링형은 소비자가 자신의 상품구매 정보를 공유하게 함으로써 사업자에게는 마케팅 수단을 제공하고, 구매 소비자에게는 금전적 보상을 해 주는 방식이다. 이 유형에 해당하는 'Swipely'의 경우 소비자가 자신이 사용하는 신용카드를 사이트에 등록한 후 이 신용카드를 사용하여 상품 및 서비스를 구매하거나 이용할 경우, 이 구매 정보를 사업자에게 제공하여 마케팅에 활용할 수 있도록 한다. 마케팅 프로세스는 사업자가 구매한 소비자에게 포인트를 지급함으로써 단골고객 유치를 가능하게 하고, 더 나아가 포인트를 얻은 소비자가 친구나 가족들에게 입소문을 내는 마케팅 효과를 기대하는 방식이다.

여섯째, 퍼스널 쇼퍼형은 소셜 네트워크를 통해 다른 사람의 객관적인 조언을 얻는 유형으로 현재는 초기 단계의 커뮤니티 성격이 강하다. 'GoTryItOn'은 무엇을 입을지, 무엇을 구매해야 할지 고민하게 될 때 소셜 네트워크를 통해 다른 사람의 객관적인 조언을 얻을 수 있는 유형의 소셜 커머스이다. 이 또한 이용자가 많아지고 그에 따라 참여하는 사업자도 많아지게 되면, 참여하는 이용자에게 포인트를 제공하고, 사업자는 구전효과를 얻고, 사이트 운영자는 광고수입을 얻는 비즈니스 모델을 구축할 것으로 예상된다.

한편 신규 소셜 커머스 사업자들이 기존과 차별화된 서비스 모델을 공개하고 있는데, 이 중에는 소셜 쇼핑게임을 제공하는 판타지 쇼퍼(Fantasy Shopper), 유튜브 기반의 소셜 비디오 커머스 형태의 쇼핑몰 샤프맨(Sharpmen), 기부와 펀딩 개념을 접목한 소셜 커머스 등이 있다.

SNS로 자금을 모아 영화를 찍는다! 클라우드 펀딩!

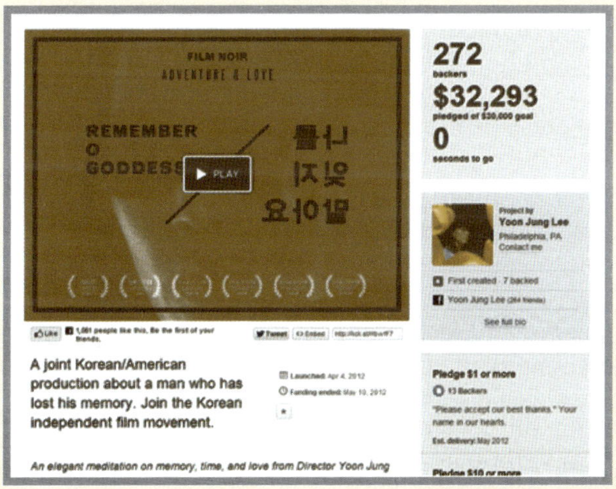

트위터의 가입자 수는 5억 명이 넘었고, 페이스북의 가입자 수는 10억 명을 돌파하고 있다. 바야흐로 지금은 21세기 SNS의 시대이다. SNS의 시대에 발맞춰 많은 기업들과 기관들이 페이스북과 블로그 등 SNS 소통매체로 홍보활동과 마케팅활동을 하고 있는데 이러한 시대의 흐름을 타고, 미국은 SNS를 통해 영화를 찍고, 음반을 제작하거나 사회공헌활동을 하는 크라우드 펀딩의 선두주자로 달려가고 있다.

크라우드 펀딩은 SNS를 통해 대중들

로부터 자금을 모아 프로젝트를 실행하고, CD나 공연티켓 등 프로젝트 결과물로 다시 보상받는 구조이다. 크라우드 펀딩은 소셜펀딩으로도 많이 불리는데 이는 소셜 커머스(Social Commerce)와 상당히 유사한 구조를 띠고 있다. 소셜 커머스는 목표의 판매수량을 설정하고 이 판매수량에 도달하면 파격적인 할인가로 상품을 제공하듯이, 크라우드 펀딩은 프로젝트 목표금액을 설정하고 이 금액에 도달하면 프로젝트가 실행되어 보상을 제공하는 것이다. 소셜 커머스에서 목표 판매수량에 도달해야 상품을 제공받기 때문에 구매자들이 이를 널리 홍보하는 것처럼, 크라우드 펀딩에서도 목표금액에 도달하기 위해 프로젝트 후원자들이 이 프로젝트를 널리 알려 홍보를 돕는 성격을 띠고 있다.

SNS 시대에 맞게 자본시장도 변화하고 있다. 이러한 변화의 중심에서 앞장선 미국과 함께, 우리나라도 IT강국으로써 크라우드 펀딩을 개척해 나간다면 중소기업과 벤처기업이 성공하는 나라, 그리고 세계 경제의 중심에 서 있는 나라가 될 것이다.

〈출처: 한미경제협의회 공식블로그, SNS로 자금을 모아 영화를 찍는다! 클라우드 펀딩!, 2012.08.11〉[9)]

2.3 소셜 커머스의 과제와 전망

소셜 커머스는 개인의 소셜 네트워킹을 배경으로 기존의 정형화된 상품뿐 아니라 개별 소비자의 취향에 맞는 다양한 상품 및 쿠폰을 발행함으로써 선풍적인 인기를 얻고 있다. 최근에는 스마트폰 보급률의 증가와 위치기반 및 증강현실 기술의 발달로 소비자의 이동 중에도 그들 자신의 성향에 맞는 1 대 1 맞춤형 소비를 할 수 있는 환경이 만들어지고 있어, 앞으로 더 많은 소비자들이 소셜 커머스를 활용할 것으로 전망된다.[9)]

소셜 커머스의 시장이 발전함에 따라 예기치 못한 문제점들이 발견되고 있다. 그 중 대표적인 문제가 '반값 할인'으로 상징되는 할인 이벤트이다. 이는 기업들이 고객들에게 마케팅 홍보용으로 판매하는 경우가 많은데, 일부 기업들이 할인 쿠폰 이용자들에게 서비스나 상품의 품질을 낮추어 공급함으

"할인 흔적 지워주오"… 소셜쇼핑의 딜레마

서울 시내에 있는 A 피부샵. 새 프로그램을 홍보할 방법을 고민하던 차에 B 소셜 커머스 직원이 찾아와 진행하기로 했다. 소셜 커머스의 영업 특성상 원래 가격에서 60%를 할인했다. B 소셜 커머스 직원은 이 가격도 높다고 했지만, 60%만(!) 할인하기로 했다. B 소셜 커머스는 얻어가는 수수료보다 촬영팀 차비가 더 나올 정도로 A 피부샵 편의를 봐줬다.

헌데 문제가 생겼다. 제휴처에서 A 피부샵을 포털 사이트에서 검색했다가 쿠폰 페이지를 발견한 것이다. 제휴처는 A 피부샵에 B 소셜 커머스에서 파격 할인을 진행했으니 서비스 가격을 낮춰달라고 요구했다. 아뿔싸. 온라인 홍보하는 방법으로 소셜 커머스를 이용했는데 그 정보가 되레 사업에 방해가 되는 걸 깨닫는 순간이었다.

A 피부샵은 B 소셜 커머스를 이용했단 사실에서 잊혀지고 싶어졌다.

〈출처: 블로터닷넷, 정보라 기자, 2013.01.09〉[10)]

로써 할인 쿠폰의 신뢰성을 떨어뜨리고 있다. 또한 소셜 커머스를 통해 할인 이벤트를 진행한 업체의 경우 할인 이벤트를 종료하더라도 과거 할인 이벤트를 진행한 기록이 온라인에 남아 있어 고객들로부터 정상가격에 대한 불신을 받는 문제가 발생하고 있다.[10)]

이러한 문제들 때문에 위메이크프라이스(wemakeprice)의 경우 거래 기록을 삭제하거나 보이지 않게 하고, 과거에 판매하고 이용기간이 끝난 쿠폰 페이지에 가격 및 팔린 쿠폰 수는 표시하지 않고 있다. 다른 소셜 커머스 업체들도 고객사가 요청하면 거래 정보를 삭제해 주고 있지만 해당 정보는 이미 많은 사용자들에 의해 공유되어 있는 상태이기 때문에 완벽하게 지우는 것은 어려운 상황이다. 따라서 기업이나 브랜드 이미지를 관리할 목적으로 쿠폰을 판매하는 경우 신중한 의사결정이 필요하다.

이 외에도 소셜 커머스가 성숙해지기 위해서는 온라인 거래에서 발생할 수 있는 가짜 제품판매나 허위거래 등의 방지대책이 필요하다.

소셜 커머스, 할인 상품권 명절 전 사기 기승

19일 한국소비자원에 따르면 '도깨비쿠폰'과 '쿠앤티', '간지폰', '투게더', '티켓알리딘' 등 영세 소셜 커머스 업체들이 상품권을 싸게 판다고 소비자를 유인해 돈만 챙기고는 실제로 배송은 하지 않는 사례가 속출하고 있다.

특히 현금이나 신용카드 일시불로 결제를 했다가 업체측이 사라지거나 잠적할 경우 환불을 받을 방법이 전혀 없어 피해자들이 발만 구르고 있는 상황이다.

이들 업체는 소셜 커머스 사이트를 개설해 백화점 상품권이나 주유상품권 등을 20~30% 싸게 판매한다며 무통장 입금 등으로 대금만 받고는 상품권을 배송하지 않는 식으로 소비자들의 돈을 가로채고 있다.

또 특정 쇼핑몰에서 상품권과 교환할 수 있는 온라인캐시를 발행해 소셜 커머스에 넘긴 뒤 쇼핑몰을 아예 폐업하고 대금을 챙기는 경우도 있다.

소비자원은 지난해에만 상품권 사기판매에 따른 피해액이 120억원을 훌쩍 넘은 것으로 추정했다.

'쿠앤티'의 경우 지난해 주유상품권과 백화점 상품권을 25% 할인판매한다고 했다가 40억원의 피해를 입혔다.

'도깨비쿠폰'은 주유상품권 25% 할인권을 판매한다고 공지한 뒤 1차로 상품권 일부를 배송해 소비자들의 신뢰를 얻은 뒤 2, 3차 판매 대금 40억원을 챙겼다. 또 'MS포인트'가 35억원, '엔트하우스'가 5억원의 손해를 입혔다.

'티켓알라딘'은 주유상품권을 20~30% 낮춰 판매한 뒤 상품권을 나눠 배송해던 중에 사업자 부부가 자살하는 바람에 상품권 발송이 중단돼 소비자들이 피해를 당한 경우다.

소셜 커머스에서 할인상품권을 샀다가 피해를 당한 경우 소비자는 신용카드사에 잔여 할부금 지급 거절을 요구할 수 있으며 카드사가 지급 거절을 거부하면 '1372 소비자상담센터'에 상담을 요청하면 된다.

소비자원은 "백화점 상품권을 시중보다 큰 폭으로 할인해 판매한다고 광고해 현금 입금을 유도하는 소셜 커머스 사기 피해가 급증하고 있다"면서 "설 등 상품권 수요가 늘어날 것으로 예상되는 시기에 피해가 발생할 우려가 크므로 조심해야 한다"고 당부했다.

〈출처: 프런티어타임스, 강석원 기자, 2013.01.19〉[11)]

'트러블메이커' 소셜 커머스, 짝퉁 팔아 신뢰 '뚝'

소셜 커머스 업계는 새해 시작부터 바람잘 날 없이 시끄럽다. 연이은 과태료 사건 등으로 소비자들의 신뢰를 잃고 있어서다.

9일 업계에 따르면 최근 소셜 커머스 4대 업체(티켓몬스터, 쿠팡, 위메이크프라이스, 그루폰)가 '모조품(짝퉁)'을 판매한 혐의로 공정거래위원회로부터 총 2,300만원의 과태료를 부과받았다. 지난 2012년 6, 7월경 일본 유명 미용용품(아루티 모공브러쉬)의 위조품을 정품이라 속이고 판매했다는 이유다.

이들 업체들은 '짝퉁인줄 모르고 공급받아 판매했다'는 입장이나, 공정위는 제품 검수 과정을 거치지 않은 업체도 책임을 물어야 한다며 이 같은 조치를 취했다.

소셜 커머스 업체들은 2010년 시장 생성 초기부터 양적 성장에만 치중해 오면서 '소비사 보호'에 대한 부분을 간과해 왔다는 지적을 끊임없이 받아왔다.

2012년도 시장 규모 1조원을 넘기며 본격적으로 성장 궤도에 발을 올리자 위조품 110% 보상, 미사용 쿠폰 환불제 등의 다양한 제도를 만들며 신뢰 회복에 나섰다.

하지만 개인정보보호법규 위반, 허위 · 과장 광고 등으로 연이어 과태료를 부과해 왔다. 또한 '업계 1위'를 놓고 벌인 두 업체의 과도한 각축전으로 소비자들의 눈살을 찌푸리게 하기도 했다.

이에 대해 업계 관계자는 "이러한 일이 다신 없도록 판매자 및 제품 관리를 강화하는 데 꾸준히 노력하고 있다"며 "철저한 사전검증과 재고조사, 미스터리 쇼퍼 등 다양한 프로세스를 통해 소비자 피해를 최대한 줄여나갈 것"이라고 말했다.

〈출처: 아시아투데이, 김나영 기자, 2013.01.09〉[12)]

3. 빅데이터

인터넷과 SNS 사용의 증가로 온라인을 통해 오가는 정보의 양이 폭발적으로 증가함에 따라 사용자들은 수많은 정보 중에 가치 있는 정보가 무엇인지 파악하기 더욱 힘들어졌다. 따라서 기하급수적으로 늘어나고 있는 빅데이터를 활용하여 의미 있는 정보를 발굴하기 위한 기술들이 개발·활용되고 있다. 이와 관련하여 빅데이터의 개념과 유형, 앞으로의 발전과제 및 전망 등에 대해 살펴본다.

3.1 빅데이터의 개념

빅데이터(Big Data)는 일반적인 데이터베이스(database)로는 관리하기 어려운 정도의 큰 규모로서 현재로는 수십 테라에서 향후 페타, 엑사 바이트 정도 크기의 대용량 데이터를 의미한다(페타바이트(petabyte)는 10^{15}바이트, 엑사바이트(exabyte)는 10^{18}바이트로서 미의회도서관 데이터의 4천 배 크기이다). 최근 빅데이터는 대용량 데이터의 수집, 저장, 분석, 체계화를 위한 도구, 플랫폼, 분석기법 등을 포괄하는 용어로 쓰이고 있다.[13)]

빅데이터는 단체, 기업 구성원들이 제공하는 정보뿐 아니라 기사, 블로그와 같은 전문적이거나 소비자가 생성한 데이터 모두를 포함한다. 특히 지난 20년간 폭발적으로 증가한 웹(web), 이메일(email), 블로그(blog) 및 소셜미디어(social media)는 현재의 빅데이터 분석 및 연구를 통해 다양한 비즈니스를 가능하게 한다.[14)]

트위터를 통해 정보의 흐름을 알 수 있다?

아래의 그림은 트위터의 데이터를 통해 형상화된 빅데이터의 가늠할 수 없을 정도의 복잡성을 표현하고 있지만, 한편으로는 거미줄처럼 연결됐음에도 정보 흐름이 한눈에 보이는 예를 보여준다. 정보의 흐름이 집중되는 곳은 그 강도에 따라 짙고 굵은 선들로 형상화된다. 결국 빅데이터의 분석을 통해 얻게 되는 유효하고 중요한 내용은 이러한 정보의 중첩과 쏠림, 패턴에 근거함을 알 수 있다. 빅데이터의 분석 및 결과는 직관적 예측 및 분석을 지지하는 수단이 되며 단계적 또는 전방위적 수치화를 통한 지원 방법이 된다.

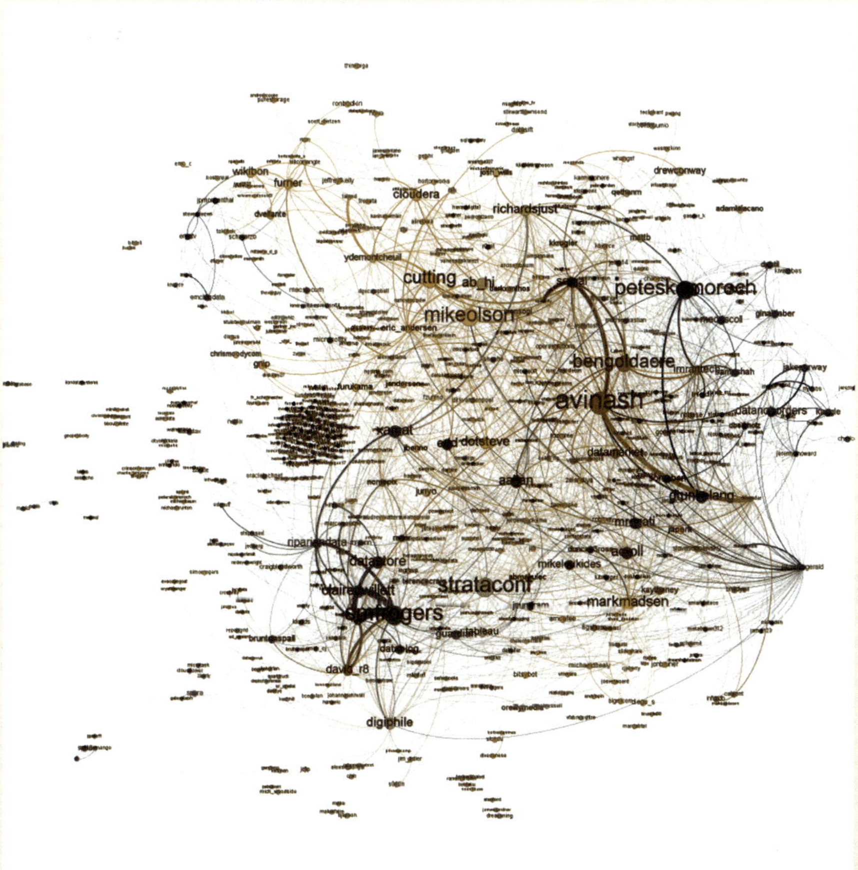

〈출처: 마이크로소프트웨어, serviceangle 재인용〉[15]

3.2 빅데이터의 유형 및 활용

빅데이터는 데이터의 정형화 정도에 따라 정형(Structured), 반정형(Semi-Structured), 비정형(Unstructured)으로 분류된다. 정형은 컴퓨터가 분석할 수 있는 정형화된 언어나 규칙적인 형식을 갖춘 것을 의미하고, 비정형은 데이터가 규칙성이 없는 형태를 의미한다. 반정형은 정형과 비정형의 중간 성격의 형태를 의미한다. [그림 6-9]에서는 비정형적 구조를 가진 이미지 데이터(왼쪽)와 이미지의 정보(이미지의 저장위치, 화면으로 출력되는 컴퓨터 환경 등)를 설명하는 반정형 데이터(오른쪽)의 예시를 보여주고 있다.

출처: 조성우, 2011.

그림 6-9 비정형 데이터와 반정형 데이터의 예

유유제약의 빅데이터 분석 성공기 … 당신회사의 고객은 누구인가

유유제약의 베노플러스겔은 멍, 붓기, 타박상, 벌레물린데 바르는 연고 타입의 약입니다. 네이버 검색창에 '멍 빨리 없애는 법'이라는 검색어를 입력하면 관련 의약품 중에는 유일하게 연관검색어에 등장하는 약입니다. 그 시장에서 가장 대중인지도가 높은 약이라고 볼 수 있습니다. 의약품 중에는 유일하게 연관검색어에 등장하는 약입니다. 그 시장에서 가장 대중 인지도가 높은 약이라고 볼 수 있습니다.

그러나 1~2년 전에는 이렇지 않았습니다. 그 당시에는 '멍 빨리 없애는 법'이라는 검색 키워드의 연관검색어에는 엉뚱하게 소고기나 달걀이 등장했습니다.

유유제약은 어떤 방법으로 베노플러스겔을 네이버 연관검색어에 올릴 수 있었을까요? 바로 '빅데이터 분석'입니다.

유원상 유유제약 상무에 따르면, 이 회사는 1~2년 전까지 베노플러스겔을 어린이 제품으로 포지셔닝하고 있었습니다. 아무래도 자주 넘어지고 부딪히는 어린이들이 멍들고 붓는 일이 많다고 생각했기 때문입니다.

그런데 빅데이터 분석을 통해 진짜 고객은 어린이가 아니라는 사실을 발견했습니다. 유유제약이 텍스트 마이닝 업체 다음소프트에 의뢰해 온라인상의 각종 글들을 종합 분석한 결과 멍이나 붓기를 빨리 빼고자 하는 집단은 어린이가 아니라 여성이라는 사실을 발견했습니다. 얼굴의 멍 때문에 외출을 못하거나, 미니스커트를 입기 위해 멍을 빨리 없애고 싶은 요구가 여성들에게 있었던 것입니다. 그 동안 유유제약이 주력했던 어린이의 수요보다 여성들이 7배 정도 많은 수요가 있는 것으로 분석됐습니다.

이 같은 결론을 얻은 유유제약은 제품의 컨셉트를 바꾸기 시작했습니다. 베노플러스겔을 단순한 의약품이 아닌 미용을 위한 의약품으로 포지셔닝하기로 한 것입니다. 마케팅 및 광고 메시지도 '계란은 팔아파요, 소고기는 비싸요' '무릎에 메이크업? 멍 가리지 말고 빼자'는 등 여성들의 취향에 맞도록 유머러스하면서 여성들의 고민을 담아내는 쪽으로 바꿨습니다. 제품 디자인도 연고가 아닌 화장품처럼 보이도록 바꿨고, 여성잡지 등에도 광고를 했습니다.

마케팅 방향을 바꾼 것은 매출에 큰 도움이 됐습니다. 지난 해 베노플러스겔 매출은 전년대비 64% 성장했고, 전전년 대비 104% 올랐습니다. '멍 빨리 없애는 법'이라는 검색 키워드에 관련 제품 중 유일하게 연관검색어로 등재됐습니다.

빅데이터 분석을 통해 제품을 필요로 하는 소비자들이 어디에 있는지 파악하고 마케팅 전략을 바꾼 것이 큰 도움이 됐다는 것이 유원상 상무의 말입니다.

2~3년 전부터 IT업계를 필두로 화두가 된 빅데이터 분석이 이제는 기업 경영의 중요한 경쟁우위전략으로 떠올랐고, 이를 잘 활용하는 기업은 앞서 나갈 수 있다는 사실을 유유제약이 보여주고 있습니다.

〈출처: 디지털데일리, 심재석 기자, 2013.01.20〉[16)]

한편 빅데이터를 분석하기 위해서는 통계학과 전산학, 특히 기계학습, 데이터 마이닝 분야에서 사용되던 텍스트 마이닝, 오피니언 마이닝, 소셜 네트워크 분석 등의 기술이 활용된다.[17)]

지난 2012년 여론조사 기관들은 빅데이터 처리 기술을 활용하여 국내외 대통령 및 국회의원 선거에서 SNS상의 데이터에서 정치 여론과 관련된 정보를 찾고, 조직화함으로써 유권자의 성향을 분석하고 예측한 바 있다.[18)] 또한 국내에서 국가 간 경제 관련 빅데이터들을 처리하여 국가 간 영향력을 분석할 수 있는 새로운 기술들도 개발되고 있다.

4 · 11 총선 SNS 여론 분석 방식은?

4·11 총선, 12·19 대선을 앞두고 후보자들이 소셜 네트워크 서비스(SNS) 여론 살피기에 한창이다. 이에 기존의 전화 여론조사에서 벗어나 SNS 데이터를 분석해 결과를 제공하는 조사기관이 늘고 있다. 여론분석기관들은 주로 SNS 텍스트 분석을 이용해 민심의 흐름을 파악하고 있다. SNS 텍스트 분석이 이뤄지는 방식을 알아보았다.

연관어, 감정 분석의 정확도가 핵심

SNS텍스트 분석은 트위터나 페이스북 등 SNS를 통해 쌓인 글들을 분석해 사용자의 성향이나 심리 등을 파악해 유의미한 결과를 얻어내는 작업이다. 조사 기관들은 주로 트위터를 이용해서 분석한다. 페이스북은 개인적인 내용의 글들이 많은 데 비해, 트위터의 글들은 미디어 성향이 강하기 때문이다. 또 트위터에 국내 계정으로 올라오는 모든 글은 수집이 허용되므로 데이터 수집이 용이하다.

여론조사기관에서 행하는 SNS 텍스트 분석은 기본적으로 특정 단어의 빈도수, 긍정 · 부정의 방향성, 어휘 간의 연관성 파악으로 이뤄진다. 예를 들어 지난 10·26 서울시장 재보궐 선거에서 박원순 시장에 관한 SNS상의 여론을 파악한다고 하자.

트위터의 모든 글에서 '박원순'이라는 단어가 몇 번이나 쓰였는지 빈도수를 집계한다. 일단 많이 집계될수록 관심도가 높음을 알 수 있다. 그러나 '박원순 후보의 공약이 마음에 들지 않는다'는 내용의 글도 있을 것이므로 긍정인지 부정인지 가려낼 수 있어야 한다. 긍 · 부정을 가릴 때 조심해야 할 것은 '좋다', '나쁘다'가

No.	연관어	분류	탐색건수
1	한미fta	속성	291,639
2	발효	속성	108,592
3	국민	속성	70,780
4	반대	심리	58,542
5	미국	장소	54,515
6	정부	속성	48,390
7	민주당	단체	40,921
8	총선	속성	32,499
9	정권	속성	28,961
10	해군	단체	27,028

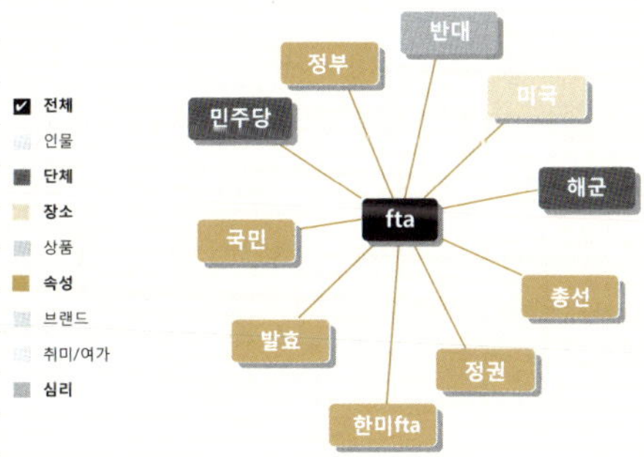

[다음소프트의 소셜 메트릭스를 통해 FTA관련 연관어 분석하는 장면]

해당 후보자와 관련된 반응인지 확인하는 것이다. 쉽게 말하면 '박원순 후보의 헤어스타일이 싫다'는 글에서는 글쓴이가 박원순 후보 자체를 싫어하는건지 정확히 알 수 없기 때문에 어휘 간의 연관성도 파악해야 신뢰도가 높아진다.

한국리서치 김춘석 부장은 "조사기관마다 자체 시스템을 통해 긍・부정을 가리는 감정분석을 하는데 보통 신뢰도는 60% 수준이다. 그러나 어휘 간의 연관성을 얼마만큼 잘 파악하는가에 따라 80%까지 높일 수 있다"고 설명했다.

때문에 각 조사기관들은 어휘 분석 시스템의 정확도를 높이는 데 주력하고 있다. 데이터 분석 전문 업체 미디어그램의 경우 형태소와 단어 사전집을 만들어 어휘 간의 연관성을 분석한다. 정치인의 경우 청렴도, 지지도 등으로 카테고리화시켜 각 카테고리에 자주 쓰이는 단어를 프로그램에 저장시켜 놓는다. 또 신조어나, 축약어 등도 사전집에 업데이트시킨다.

여론조사 전문기관 다음소프트는 자체 개발한 빅데이터 마이닝을 통해 구문 분석을 하고 있다. 트위터나 블로그에 적은 글들을 수집할 수 있는 한국어 자연어 처리 기술을 보유하고 있다. 다음소프트는 텍스트 마이닝 기술로 지난 10・26 선거에서 박원순 시장의 당선을 예측해 눈길을 끌었다.

SNS여론 분석, 거부할 수 없는 시대의 흐름

최근 2년간 선거에서 SNS 등 온라인 민심이 승패를 뒤바꿀 만큼 위력을 발휘했다. 서울시장 재보궐 선거를 비롯해 서울시 무상급식 주민투표, 4・27 재보선 최문순 강원도 지사 당선 등이 대표적인 예다. 게다가 올해 총선은 중앙선거관리위원회가 SNS나 온라인상의 선거운동을 상시 허용해 SNS 선거 열풍이 거세게 불 전망이다. 조사기관들은 기존 전화여론조사의 신뢰도가 떨어지고 있는 상황에서

SNS 여론조사 분석은 여론을 파악하는 필수 요소라고 설명하고 있다.

김 부장은 "여론조사의 신뢰도를 높이기 위해 RDD(Random Digit Dialing: 전화번호부 미등재가구 포함 임의걸기) 방식과 휴대전화도 포함시키고 있으나 한계가 있다"며 "조만간 SNS 여론분석 방식을 도입할 예정이다"고 말했다. 리서치기관 갤럽도 SNS 여론분석 도입을 검토중인 것으로 알려졌다.

그러나 SNS 여론분석이 성공적으로 자리잡기 위해서는 대표성 보증과 여론과의 상관관계에 대한 부분을 해결해야 한다. SNS의 사용연령층이 20대에서 40대가 대부분이므로 40대 이후의 연령층의 의견은 나타내지 못해 모집단 선정에서 오류가 생길 수 있다. 또 SNS의 텍스트를 통해 흐름은 알 수 있지만 관련성과 영향력을 파악해 수치로 나타낼 수 있는지에 대한 문제가 남아있다.

미디컴 김종대 파트장은 "SNS 여론분석은 아직 걸음마 단계지만 여론을 파악할 수 있는 하나의 지표로 충분하다"며 "빅데이터 기술에 기반한 SNS텍스트 분석은 몇 년 전부터 기업에서 소비자의 의견을 파악하고 마케팅 전략을 수립하는데 사용해 왔다. 이번 총선과 대선을 통해 하나의 여론분석 방식으로 자리잡게 될 것이다"고 말했다.

〈출처: 아이티투데이, 이호연 기자, 2012.03.22〉[18)]

3.3 빅데이터의 과제와 전망

경제 전문가들은 데이터가 자본이나 노동력과 거의 동등한 수준의 경제적 투입효과를 내고, 새로운 비즈니스의 영역을 창출하며, 비즈니스 트렌드 파악, 질병 예방, 범죄 해결 등의 효과를 보일 것이라 전망하였다. 그리고 2011년 가트너(Gartner)[19)]는 빅데이터를 21세기의 원유로 비유하며, 기업은 다가올 '데이터 경제 시대'를 이해하고 정보고립을 경계해야 한다고 전망하였다. 맥킨지(McKinsey, 2011)[19)]는 글로벌 비즈니스의 지형을 뒤바꿀 기술 트렌드의 3가지 핵심은 '클라우드', '빅 데이터', '스마트 자산'이라고 하였다. 특히 빅데이터는 혁신, 경쟁력, 생산성의 핵심 요소로서 의료, 공공행정 등 5대

분야에서 6천억 달러 이상의 경제적 가치를 창출할 것이라고 전망했다. 이처럼 세계 각국의 정부와 기업들은 빅데이터가 향후 기업의 성패를 가늠할 새로운 경제적 가치의 원천이 될 것으로 전망하고 있다.[19]

이처럼 모두가 빅데이터에 잠재된 유용한 정보에 관심을 높이고 있지만, 빅데이터를 활용하기 위해서는 현실적으로 해결해야 할 과제들이 있다. 한국인터넷진흥원(2012)[13]에서는 해결과제들을 다음과 같이 설명하고 있다.

보건정보, 교통정보 등과 같이 공공분야에서 수집되는 빅데이터의 경우 개인정보이면서 동시에 사회적으로 유용한 정보들이 함께 존재하기 때문에 데이터를 활용할 때 사생활 침해에 관한 문제가 발생할 수 있다. 따라서 개인정보가 포함된 빅데이터의 활용에 대한 사회적인 합의가 요구된다. 공공부문의 정보에는 일반에서 국가기밀에 이르기까지 다양한 정보들이 존재하기 때문에 보안이 요구되는 중요 정보에 대한 유출방지 기술 및 정책의 마련이 필요하다.

출처: 한국인터넷진흥원, 2012.

그림 6-10 빅데이터 활용 5대 전략분야

▶ 토의과제

1 SNS의 활용 전과 후를 비교했을 때 일상생활에서 변화된 것들은 무엇인가, 그리고 변화된 것들 중 좋은 점과 나쁜 점에 대해서도 함께 논의해 보자.

2 소셜 커머스를 활용한 쇼핑 경험을 설명하고, 소셜 커머스의 장단점에 대해 논의해 보자.

3 빅데이터의 활용 가능 분야와 예상되는 기대효과에 대해 논의해 보자.

동 영 상

제 목	주요내용	Link	시 간
사회 연결망의 숨겨진 영향력	연결망 속 위치가 어떻게 스스로도 알아차리지 못한 방식으로 삶에 영향을 줄 수 있는지 보여줌	http://www.ted.com/talks/view/lang/ko//id/852	18분 14초
소셜 미디어와 성별의 종말	소셜 미디어가 전통적인 미디어보다 더욱 성장함에 따라 미디어의 미래에 어떤 변화가 예기되는지 설명	http://www.ted.com/talks/lang/ko/johanna_blakley_social_media_and_the_end_of_gender.html	8분 28초
소셜 커머스의 의미와 현실 그리고 과제	소셜 커머스의 의미와 공동구매와의 차이점을 설명해주고 시장현황, 향후 전망을 보여줌	http://www.youtube.com/watch?v=QDq67FIFrQQ	15분 58초
소셜 커머스 똑똑한 이용법	소셜 커머스의 부작용과 안전하게 사용하는 법을 보여줌	http://www.youtube.com/watch?v=SyWiV8tlvS8	2분 18초
빅데이터는 새로운 기회 (KBS 시사기획 창)	빅데이터의 용어에 대한 소개와 필요성을 보여줌	http://www.youtube.com/watch?v=P9HQBE3Y8OQ	2분 16초

Summary

요 | 약

SNS의 개념

- 온라인에서 사용자 간의 관계 형성, 인맥 관리, 정보 공유 등을 지원하는 서비스
- 그룹보다는 개인 단위로 인적 네트워크를 형성할 수 있는 기능을 지원하는 것이 특징

SNS의 유형

- 일반적 소셜 네트워킹: 페이스북, 베보 등
- 비즈니스 소셜 네트워킹: 링크드인, 씽 등
- 블로그 결합 모델: 야후!360, 윈도우라이브스페이스 등
- 버티컬 소셜 네트워킹: 유튜브, 플리커 등
- 협업 기반 소셜 네트워킹: 위키피디아, 구글캘린더 등
- 커뮤니케이션 중심 소셜 네트워킹: 미보, 이버디 등

소셜 커머스의 개념

- 온라인에서 재화나 서비스를 사고파는 전자상거래의 한 형태
- 소비자의 소셜 네트워크를 마케팅에 활용하는 것이 특징

소셜 커머스의 유형

- 그룹바이(group - buy)형: 그루폰
- 소셜 쇼핑(social shopping)형: Polyvore
- 플래시 세일(flash sale)형: Vente - Privee
- 소셜 쇼핑 앱(social shopping app)형: Shopkick
- 퍼체이스 쉐어링(purchase sharing)형: Swipely
- 퍼스널 쇼퍼(personal shopper)형: GoTryItOn

빅데이터의 개념

- 일반적인 DB S/W로 관리하기 어려운 정도의 큰 규모의 데이터
- 웹, 이메일, 블로그 등 전문적인 정보와 소비자가 생성한 데이터 모두를 포함

빅데이터의 유형 및 분석기술

- 정형, 비정형, 반정형 데이터
- 텍스트 마이닝, 오피니언 마이닝, 소셜 네트워크 분석, 군집분석 등

질문

1. SNS의 유형에는 어떤 것들이 있는가?
2. 미디어를 활용한 SNS는 어떤 것들이 있는가?
3. 소셜 커머스의 거래방식은 어떤 특징이 있는가?
4. 소셜 커머스의 플래시 세일형은 어떤 거래 방식인가?
5. 빅데이터를 활용한 사례에는 어떤 것이 있는가?
6. 기업들이 빅데이터의 가치를 높게 평가하는 이유는 무엇인가?

Closing Case

'기부+관계' 진짜 소셜 커머스가 온다

소셜 커머스는 말 그대로 사회적인 쇼핑을 의미한다. 2005년 야후가 처음으로 소개했는데, 당시는 소비자들이 상품에 별점을 매기거나 야후의 장바구니(pick lists) 및 관련정보를 공유하는 것을 지칭했다. 이어 페이스북, 트위터 등 SNS가 전자상거래와 결합했다. 2008년 시카고의 온라인 할인쿠폰 업체 그루폰(Groupon)이 공동구매형 소셜 커머스를 선보인 게 대표적이다.

지역이 넓어 배송비가 큰 문제인 미국에서는 '공동구매' 형태로 물건을 사서 할인율을 높이고, 배송비도 절약하는 방식이 인기를 끌었다. 그루폰은 출시 3년 만에 35개국에 5,000만 명이 넘는 가입자를 확보하며 소셜 커머스 붐을 일으켰다.

티켓몬스터, 쿠팡, 위메프 등 한국의 초기 소셜 커머스 업체들은 '가격' 요인에 초점을 맞추었다. 소셜 커머스 하면 '반값 할인'이 따라다닌 것도 이 때문이다.

하지만 소셜 커머스의 핵심 가치의 하나인 '관계'가 빠져 있다는 지적이 적지 않았다. 이용자들이 SNS를 통해 유입되기보다 직접 이메일이나 홍보채널을 통해 방문하는 경우가 대부분이어서다. '소셜'이라는 진정성이 배제된 채 '땡처리 마켓'으로 전락했다는 비판도 제기됐다.

반면 해피빈 콩스토어와 굿바이셀리 등 새로운 소셜 커머스 플랫폼은 기부와 관계를 핵심가치로 삼고 있다. 티켓몬스터, 쿠팡, 위메이크프라이스 등 한국형 1세대 소셜 커머스들이 '커머스'를 위해 '소셜'을 활용한 것이라면, 이들은 '소셜' 활동을 중심으로 '커머스'가 수반되는 플랫폼을 지향한다.

업계 관계자는 "과거 온라인 광고시장의 주류는 광고주가 높은 비용을 지급해 대행사가 수익을 올리는 구조였다"며 "진짜 소셜한 커머스가 확산되는 경우 입소문으로 영향력을 행사하는 소비자들에게 광고비를 지급하려는 움직임이 가속화될 것"이라고 말했다.

〈출처: 머니투데이, '기부+관계' 진짜 소셜 커머스가 온다, 2012.10〉[20)]

질문

1. 여러분이 소셜 커머스를 처음 이용했을 당시 서비스 가입 경로는 무엇이었는지 논의해 보자.
2. 여러분이 소셜 커머스를 활용해 기부를 한다면 어떤 형태로 하고 싶은지, 왜 그렇게 생각하는지 설명해 보자.
3. 소셜 커머스를 통해 기부를 하는 방법과 기존의 일반적인 기부 방법과 비교했을 때의 장단점을 비교해 보자.

참고문헌

1. 다음영화, http://movie.daum.net/moviedetail/moviedetailMain.do?movieId=57597, 검색일 2013.01.10.
2. eMarketer, eMarketer.com, 검색일 2013.01.12.
3. 정유진, 배국진, "소셜네트워킹서비스(SNS)의 동향과 전망," 한국과학기술연구원, 2007.
4. DMC 미디어, 소셜미디어 현황 및 전망, 2012.
5. TED, "사회연결망의 숨겨진 영향력," 2012.02, http://www.ted.com/talks/view/lang/ko//id/852.
6. TED, "소셜 미디어와 성별의 종말," 2010.12, http://www.ted.com/talks/lang/ko/johanna_blakley_social_media_and_the_end_of_gender.html.
7. KT 경제경영연구소, "소셜커머스 시장 및 소셜커머스 소비자에 대한 이해," 2013.
8. 김윤화, "소셜커머스 시장현황 및 정책이슈," 방송통신정책, 제23권 제11호 pp. 41–63, 2011.
9. 한미경제협의회 공식블로그, http://kusec.tistory.com/61, 검색일 2013.01.15.
10. 블로터닷넷, 정보라 기자, "할인 흔적 지어주오… 소셜 쇼핑의 딜레마," 2013.01.09, http://www.bloter.net/archives/139852.
11. 프런티어타임스, 강석원 기자, "소셜커머스, 할인 상품권 명절 전 사기 기승," 2013.01.19, http://frontiertimes.co.kr/news/htmls/2013/01/20130119102089.html.
12. 아시아투데이, 김나영 기자, "트러블 메이커 소셜커머스, 싹둥 필아 신뢰 뚝," 2013.01.09, http://www.asiatoday.co.kr/news/view.asp?seq=751678.
13. 한국인터넷진흥원, "Net Term, 빅데이터(Big Data)," 2012.
14. 마이크로 소프트웨어, "빅데이터의 본질과 활용방안," 2012.
15. Serviceangle, http://www.imaso.co.kr/?doc=bbs/gnuboard.php&bo_table=article&wr_id=40695, 검색일 2013.01.15.
16. 디지털데일리, 심재석 기자, "유유제약의 빅데이터 분석 성공기…당신회사의 고객은 누구인가," 2013.01.20, http://www.ddaily.co.kr/news/news_view.

php?uid=100106.

17. 조성우, "Big Data 시대의 기술," KT종합기술원, 2011.
18. 아이티투데이, 이호연 기자, "4.11 총선 SNS 여론 분석 방식은?," 2012.03.22, http://www.ittoday.co.kr/news/articleView.html?idxno=26025.
19. McKinsey, mckinsey.com, 검색일 2013.01.13.
20. 머니투데이, 김동하 기자 "'기부+관계' 진짜 소셜 커머스가 온다," 2012.10.04, http://www.mt.co.kr/view/mtview.php?type=1&no=2012093002464687052&outlink=1.
21. 페이스북, www.facebook.com, 검색일 2013.01.10.
22. 링크드인, www.linkedin.com, 검색일 2013.01.10.
23. 윈도우라이브스페이스, www.spaces.live.com, 검색일 2013.01.10.
24. 유튜브, http://www.youtube.com, 검색일 2013.01.10.
25. 위키피디아, www.wikipedia.org, 검색일 2013.01.10.
26. 미보, www.meebo.com, 검색일 2013.01.10.
27. VINCOSBLOG, http://vincos.it/world-map-of-social-networks, 검색일 2013.01.10.
28. KB 금융지주 경영연구소, "KB daily 지식 비타민 소셜커머스에 대한 이해," 2012.

Chapter 07

RFID와 모바일 전자결제

학습목표

1. 컴퓨터가 스스로 정보를 읽는 것을 가능하게 하는 RFID에 대해 이해한다.
2. 모바일 전자결제를 이해한다.

Openning Case

'RFID', 모든 정보를 작은 칩 안으로!

전자태그(RFID)는 IC칩과 무선을 통해 식품과 사물 등 다양한 개체의 정보를 쉽게 관리할 수 있는 차세대 IT 인식 기술이다. 제품에 붙이는 태그에 생산과 유통, 보관, 소비 등 전 과정에 대한 정보를 담을 수 있어, 제품이 공장 문 밖을 나가 유통업체의 진열장에 전시되는 모든 과정을 추적할 수 있다.

• 현재 RFID가 가장 많이 사용되는 곳은 물류 부문이다. 관세청에 따르면 현재 인천공항 전체 수입화물의 95% 이상이 RFID로 처리되고 있다. 관세청은 지난 2008년부터 RFID를 활용해 항공 수입화물을 처리하기 시작했고, 지난해 1월 인천공항 아시아나항공 화물터미널을 시작으로 12월 대한항공 화물터미널 등 11개 보세구역으로 이를 확대했다. RFID를 이용한 화물통관 시스템 적용으로 항공화물 처리 속도가 3시간가량 빨라진 것으로 나타났다.

• 한국정보화진흥원은 음식물 쓰레기 용기에 RFID를 부착해 배출량만큼 요금을 부과하는 'u-도시생활폐기물 통합 관리서비스' 사업을 추진하고 있다. RFID가 부착된 음식물쓰레기 용기에 이용자들이 사전에 발급받은 쓰레기배출량 관리카드를 접촉한 후 음식물쓰레기를 버리면 자동으로 배출량을 계근해 향후 배출량에 따라 과금청구서가 발송되는 방식이다. 이 사업은 서울 영등포구와 충북 청주시, 전북 전주시, 전남 광양시, 제주 서귀포시 등 5개 지역을 대상으로 추진되며 이를 통해 음식물쓰레기 배출량이 연간 12.6% 감소할 전망이다. 지자체당 평균 6억원의 예산을 절감할 수 있을 것으로 기대된다.

• 유통업계와 식품업계도 RFID 활용에 적극적인 움직임을 보이고 있다. 홈플러스는 수도권 41개 매장에서 신한 · 하나SK카드 등과 제휴해 휴대폰으로 결제 및 포인트 적립이 가능한 모바일 지갑 '스마트 페이' 서비스를 제공하고 있다. '스마트 페이' 서비스는 RFID 리더칩이 내장된 USIM(범용가입자식별모듈)칩을 활용해 모바일 신용카드와 함께 홈플러스 멤버십카드 및 쿠폰을 휴대전화에 제공함으로써 간편하게 결제와 할인, 적립 혜택을 받을 수 있는 서비스다.

• 금융기능이 포함된 USIM칩을 보유한 고객은 스마트폰 애플리케이션 다운로드를 통해 쉽게 '스마트페이' 서비스를 이용할 수 있으며 '스마트페이' 이용자에겐 포인트 2배 적립과 이용금액최대 7%까지 할인 혜택이 제공된다. 이마트 역시 RFID를 이용해 상

품 구매부터 결제에 이르는 전 과정을 해결할 수 있는 '스마트 카트'를 도입해 운영 중이다. '스마트 카트'란 기존 쇼핑 카트에 RFID리더기와 바코드 리더기, LCD 모니터를 장착한 것으로 이마트는 이를 통해 매장 내 상품 위치 안내 및 개별 상품 정보, 쿠폰 상품의 위치, 매장 내 할인 행사 정보를 실시간으로 제공하고 있다.

• 쇠고기 이력 추적에도 RFID가 활용되고 있다. 농림수산식품부가 시행하고 있는 쇠고기이력추적제는 RFID를 통해 쇠고기의 원산지와 등급, 질병 유무 등을 한눈에 파악하는 제도로 지난해 6월 국내산 쇠고기를 대상으로 시행한 데 이어 올해 12월부턴 수입산 쇠고기에도 이력추적제가 실시될 예정이다.

• 국세청 역시 페르노리카코리아 등 양주업체들과 함께 주류유통시스템을 구축, 가짜 양주 퇴출에 RFID를 이용하고 있다. 주류유통시스템은 양주 제조장에서 술병에 RFID를 부착해 출고하는 것으로, 양주 제조공장에서부터 도매상 및 최종 소비단계까지 주류의 모든 유통과정을 실시간 추적할 수 있다. 이 시스템을 이용하면 소비자는 휴대폰을 통해 즉석에서 양주의 진품 여부를 확인할 수 있다. 유흥주점에 비치된 기기를 휴대폰에 연결해 위스키 병에 갖다 대면 양주의 유통이력이 나타나는 방식이다. 국내 이동통신 3사의 휴대전화 모두 사용 가능하다.

• 식약청 역시 남양유업과 매일유업 등 분유업계와 함께 지난해 1월부터 올해 3월까지 RFID를 이용해 영유아용 이유식 제품 관리 시범사업을 벌인 바 있다. 전자태그 전문기업 네오글로벌의 문충완 대표는 "RFID는 국내에서 급성장하고 있는 신기술 시장 가운데 하나로 물류와 유통, 건강 · 의료, 교통 · 운송, 환경, 보안 · 방범, 제조분야로 시장을 넓혀 가고 있다"며 "현재 더욱 첨단화된 기술인 모바일 RFID와 위치추적기술 등은 물류 및 유통분야에 커다란 발전을 가져올 수 있어 관련 업계에 큰 관심을 받고 있다"고 말했다.

〈출처: 뉴스토마토, RFID-모든 정보를 작은 칩 안으로, 2010.10.25〉[1]

1. RFID

최근 IT기술의 발전으로 모든 사물과 사용자를 네트워크로 연결하려는 유비쿼터스 컴퓨팅 관련 연구가 다양한 분야에서 진행되고 있다. 유비쿼터스 컴퓨팅 환경 구현을 위한 핵심 요소인 RFID는 바코드와는 달리 직접적인 접촉 없이도 정보를 읽을 수 있어 그 활용 분야가 무궁무진하다.

1.1 RFID의 개념 및 특징

RFID(Radio Frequency Identification)는 생산에서 판매에 이르는 전 과정에서 물품에 초소형칩을 내장시켜 이를 무선주파수로 추적하여 사물의 정보를 수집, 저장, 가공하는 기술로 '전자태그' 혹은 '스마트 태그', '전자 라벨', '무선식별' 등으로도 불린다.

RFID의 특징은 아래와 같다.[2)]

- 다양한 형태와 크기로 개발, 제조 가능(스티커, 라벨, 티켓, 뱃지 등)
- 비접촉식(무선인식) 통신방법으로 원거리 인식 가능
- 전자라벨에 저장되어 있는 데이터 갱신 가능
- 먼지, 습도, 온도 등에 제한을 받지 않고 사용 가능
- 제조과정에서 유일 ID부여하여 위조 불가능
- 많은 양의 데이터의 저장, 송수신이 가능

〈표 7-1〉과 같이 RFID는 바코드와 유사한 기능을 수행한다. 그러나 RFID는 원거리에서 인식이 가능하고 동시에 여러 개를 인식할 수 있으며 바코드에 비해 월등히 많은 정보를 저장할 수 있다. 또한 바코드에 비해 인식속도가 현저히 빠르고 활용범위도 넓다는 장점을 가지고 있다.

표 7-1 ■ 바코드과 RFID 태그의 비교

분 류	바코드	RFID
인식방법	광학식	무 선
정 보 량	수십 단어	수천 단어
인식거리	최대 수십 cm	최대 100m
인식속도	개별 스캐닝	최대 수백 개
관리레벨	상품그룹	개별상품(일련번호)
가 격	라벨인쇄 10원 미만	태그수백원
예 제	농협에서 납품받은 시금치 8 801234 567893 [표준형A]	산지에서 08월 31일 오후 6시에 출하되어 9월 1일 오전 7시에 가공센터로부터 출고되었으며, 오후 10시에 매장에 입고되이 A33번 곤돌라에서 진열된 10개 중 7번째 시금치

출처: 김명훈, 2007.

이러한 장점으로 인해 RFID는 현재 유통, 물류, 의료, 교육 등 다양한 분야에서 활용되고 있으며, 향후에는 바코드를 대체하여 거의 모든 물품에 RFID 태그가 부착될 것으로 예상된다.

동 영 상

■ 생활 곳곳에 자리잡은 RFID, 신성장 동력으로 '주목'

바코드를 대체할 차세대 인식기술로 알려진 RFID에 대해 알아 본다. 그 변화가 너무니 빨라 사실 '차세대'라는 수식어가 어울리지 않을 정도로 우리 삶에서 큰 부분을 차지하고 있다. 물류 유통뿐만 아니라, 위조방지, 폐기물관리까지 그 응용분야도 다양하다.

〈출처: SBSCNBC, 생활 곳곳에 자리잡은 RFID, 신성장 동력으로 주목, 2011.09.26〉[3]

1.2 RFID 시스템 구성요소와 작동원리

RFID 시스템은 [그림 7-1]과 같이 태그, 판독기(Reader), 안테나, 컴퓨터로 구성된다. 태그는 상품에 부착되는 것으로 고유번호(ID)와 데이터를 저장하고 있으며 리더(Reader)는 태그의 정보를 해독하여 네트워크를 통해 컴퓨터와 교신하는 역할을 수행한다. 안테나는 정보를 읽기 위한 신호를 발신하고 태그를 활성화시키는 역할을, 컴퓨터는 태그의 정보를 저장·관리하는 역할을 수행한다.[4)]

RFID 시스템의 작동원리는 다음과 같다.

- IC칩과 안테나로 구성된 태그에 정보를 입력하고 대상에 부착
- 게이트, 계산대, 톨게이트 등에 부착된 리더에 태그 접촉
- 태그는 주파수에 반응하여 입력된 데이터를 안테나로 전송
- 안테나는 전송 받은 데이터를 디지털 신호로 변환시켜 리더로 전달
- 리더는 데이터를 해석하여 컴퓨터로 전달

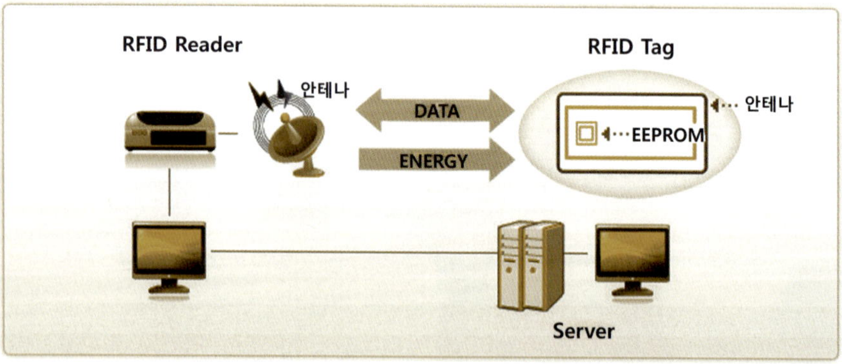

출처: 디노ICT, 2012.

그림 7-1 RFID 구성요소

1.3 RFID 활용 사례

RFID는 유비쿼터스 컴퓨팅의 핵심 기반 기술로 국방, 조달, 건설, 교통, 의료 등 공공 부문과 물류, 유통, 제조, 서비스 등 산업 전반에 걸쳐 중요한 미래기술로 인식되고 있다.[5] 각 산업분야에서 활용되고 있는 RFID사례는 다음과 같다.

가. 물류, 유통산업

물류분야에서는 미국의 월마트를 비롯하여 군수품 조달, 해운·항공 물류분야에 RFID가 도입되었고, 의류 및 식음료, 가전·제약 유통업체로 확산되고 있다.[6]

대표적인 유통업체인 월마트는 의류제품에 RFID를 부착하여 제품이 매장에 도착하면 휴대용 리더로 의류제품을 스캔해 제품별 사이즈와 수량 등의 정보를 실시간으로 제공하고 있다.

월마트는 향후에 의류제품의 RFID 도입이 성공적으로 구현되면 미국 내 3,750개 이상의 매장에 있는 다른 품목으로 RFID 태그 부착을 확대할 계획이다.[7]

리더기로 제품 정보 확인

태그 탈부착 과정

출처: 정보통신산업진흥원, 2011.

그림 7-2 의류제품에 탈착식 RFID 도입

또 다른 사례로 의약업체 화이자(Pfizer)는 모조품 방지를 위해 미국에 납품하는 의약제품의 병과 운반용기에 2005년 12월부터 RFID 태그를 부착하였다. RFID 도입으로 도매업체 및 약국에서는 단말기를 사용하여 Pfizer의 인터넷 사이트를 통해 진품여부를 확인할 수 있게 되었다.[8]

영국 최대의 소매 업체 중 하나인 Marks & Spencer는 바코드를 부착하여 사용하던 식품운반용 Tray, Dolly Cage, Pallet 등에 RFID 태그를 부착하였다. RFID 적용에 따른 도입효과를 산출한 결과 RFID 시스템의 10년 운용비용이 700만 유로인 데 비하여 바코드 시스템의 10년간 사용 운용비용이 5,750만 유로로 나타나 금전적인 효과가 매우 큰 것으로 조사되었다. 운영면에서도 물류작업의 정확성이 향상되었을 뿐만 아니라 바코드 사용에 비해 업무자동화, 물류처리 속도면에서도 Tray 정보의 스캐닝 속도가 약 6배 향상되었다.[8]

나. 제조산업

RFID 기술은 제조업의 공급망 관리에 유용하여 실시간 부품구매, 외주구매 물품 추적, 재고 가시화(visibility), 운송추적, 창고관리, 납기관리, 반품

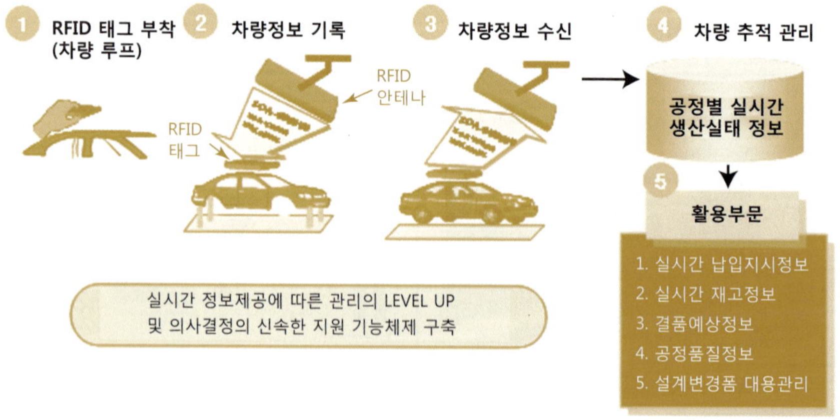

출처: 류옥현, 2006.

그림 7-3 기아자동차의 부품생산라인의 RFID 적용 프로세스

Vaillant 그룹, RFID기반 자동화 시스템	Kerry Logistics RFID 태그	Lee Ting San 타이어부착용 태그

출처: 정보통신산업진흥원, 2011.

그림 7-4 바일란트 그룹의 RFID 시스템

관리, 시제품관리 및 자산관리외 9개 비즈니스 프로세스에서 주로 활용되고 있다.[9]

기아자동차는 자동차 조립공정에서의 생산현황 파악을 위해 RFID 기술을 적용하였다. 공장 내에서는 실시간으로 생산정보(실시간 부품사용 정보)를 획득하고, 이를 바탕으로 물류센터와 부품 공급업체에게 실시간 소모량이 반영된 부품납입지시서 발행이 가능하게 되었다. 공급업체는 차량의 생산현황을 원격지에서 파악할 수 있어 부품 공급량을 정확히 예측할 수 있게 되었다.

궁극적으로 RFID 도입으로 기아자동차의 발주 신뢰도를 크게 향상시켰고, 불필요한 재고 유지 및 자재 부족을 예방하는 효과를 가져왔다.[9]

독일의 바일란트(Vaillnat)그룹은 영국의 보일러 제조공장에서 작업과정을 추적하기 위해 RFID를 도입하였다. 2010년 2월부터 RFID를 기반으로 하는 자동화시스템은 현징 직원들의 부품의 잘못된 조립 실수를 6배까지 줄이는 등 조립과정의 효율성과 품질향상에 도움이 되었다.[8]

다. 서비스 산업

우리나라의 하이원스키장[7]은 곤돌라와 리프트 탑승시 RFID 시스템을 도입하여 이용자들의 대기시간을 단축시키고, 리프트 수송능력을 30% 이상 향상시켰다.

RFID시스템 사용과정을 살펴보면, 스키장은 고객을 대상으로 RFID티켓

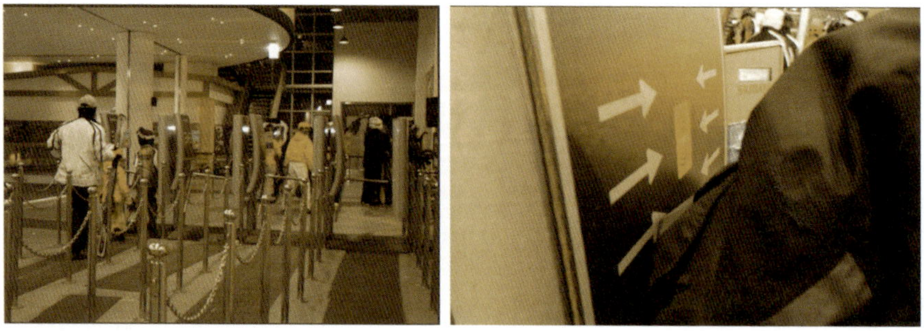

출처: Daum 블로그, 2013.

그림 7-5 하이원스키장 RFID 기반 핸드프리 검색대

을 발권하고 [그림 7-5]와 같이 스키장 리프트 통로에 수직 게이트형 안테나를 설치해 부착된 태그의 정보를 확인한다. 이때 입장정원 확인을 통해 리프트 탑승 대기시간을 조절하여 슬로프 탑승 대기시간을 단축시키며, 스키어가 리프트를 타고 슬로프로 올라갈 때 리프트가 바람에 흔들려 로프가 궤도를 이탈할 증후가 예상되면 전자센서로 이를 감지해 속도를 자동으로 늦춰 안전 조치를 취할 수 있게 되었다.[10]

SC제일은행은 스마트 뱅킹을 설립하고 RFID를 이용한 지능형순서표시 시스템(IOS)을 설치·운영하고 있다. 지능형순서표시 시스템은 RFID를 이용한 번호표 발행 시스템으로 고객들에게 전자태그를 제공하고 이를 소지한 고객이 지점 방문시 출입문을 통과하는 순간 자동으로 고객의 방문 사실이 인식되고 지점장 및 고객 담당 매니저에게 메시지가 전달되는 시스템[7]으로 해당 은행은 우수고객을 직접 선정하여 전자카드를 지급해 VIP 고객들이 번호표를 뽑고 대기해야 하는 불편함을 해소하였다.[11]

해외의 RFID 적용 사례

당신이 운전하는 자동차에도 RFID 기술이 적용되어 있을까? 물론이다.

운행을 하기 위해서 자동차 키를 삽입한 후, 엔진을 가동시킨다는 것은 알 것이다. 하지만 이런 자동차 키에도 보안장치로써 RFID가 사용된다는 것을 아는 사람이 얼마나 될까?

자동차의 도난방지를 위해 자동차 기에 고유의 인식코드가 부여되어 악의의 목적의 사용자로부터 코드조작이 불가능하도록 설계되었고, 안전하다.

TIRIS라는 자동차 보안 시스템이 바로 그것이다. 자동차의 엔진시동기(Ignition)에 RFID 리더가 장착되어 자동차 키에 인식된 고유의 코드를 판독한 후 엔진시동이 가능하도록 설계된 보안시스템이다. 전 세계 1천 600만의 자동차에 쓰였고, 크라이슬러, 포드, 폭스바겐, BMW, 현대, 미쓰비시, 닛산, 토요타 등의 자동차 회사에서 사용하고 있다.

1997년부터 미국의 모빌(Mobil) 주유소에서는 자동차의 휘발유 값을 주유펌프에서 바로 계산할 수 있노록 간편하고 빠른 서비스를 제공해 왔다. 스피드패스(Speedpass™)라는 RFID를 이용한 자동 지불시스템(TI-RFID™)이다.

최근 아시아에서는 최초로 싱가포르에서 이보다 한 단계 업그레이드된 더 빠르고 더욱 편리한 RFID를 이용한 지불 시스템을 사용하게 되었다. 자동차에 부착된 RFID 태그와 운전자의 이지페이(Easipay) 카드를 사용하여 주유소에 도착하면 먼저 자동차의 태그를 판독한 후, 이지페이 카드계좌에서 주유허가를 받는 방식을 사용하여 펌프해 주는 방식을 사용하면 차에서 내리지 않아도 되고, 주유 금액은 자동으로 계좌에 청구되므로 기존의 스피드패스(Speedpass™)보다 더욱 빠른 서비스를 제공받는다.

필자는 예전에 외국 공항에서 여행가방을 잃어버린 적이 있다. 다행히 며칠 후 찾았지만 이 때문에 여행스케줄에 차질이 생겨 고생한 적이 있다.

항공사의 분실물 신고센터(Lost &

Found)에 가서 알아보니 다른 여행자가 내 여행가방을 자신의 것으로 착각하여 가져간 것이었다. 비행기 태워줬더니 가방 내놓으라는 승객(필자)이 발생한 격이었다.

앞으로는 이런 일이 발생하지 않을 것 같다. 영국항공사(British Airways)는 태그잇(Tag-it™)이라는 RFID 종이라벨을 이용하여 공항에서 비행승객들의 여행가방에 태그를 부착하여 승객과 승객의 여행가방을 매치시켜 주는 시스템을 구축하여 똑같은 여행가방을 가진 여행자들 간의 혼선 방지와, 운송 벨트를 따라 화물이 안테나를 지날 때 손쉽게 발견하도록 도와준다.

동물과 RFID의 만남?

전 세계의 동물원에서는 이미 RFID 태그를 별다른 손상 없이 동물의 체내에도 주입하거나 부착시켜 사용하고 있다.

멸종위기종 거래금지 협약기구(CITES)나 세계 동물사육 전문가그룹(CBSG)에서도 RFID를 다양하게 활용하고 있다. 미국 알래스카에서는 붉은 왕게(Red King Crab)에 삽입하여, 불법 포획하거나 불법거래시에 손쉽게 적발할 수 있도록 한 사례도 있다.

최근에는 애완동물 분실시 주인을 찾아주는 사업도 등장하고 있다.

필자는 애완동물로 열대어를 기르기 때문에 잃어버릴 염려가 없고, 물 속이라서 RFID 태그를 적용할 수도 없어서 아쉽다.

〈출처: 아이뉴스, 조대진 기자, 2005.09.11〉[12)]

2. 모바일 전자결제

모바일 장치를 통한 전자결제의 등장으로 이동성, 접근성, 보안성, 경제적 편익 등 기존의 지급결제 수단과는 전혀 다른 지급결제 서비스가 가능하게 되었다.

2.1 모바일 전자결제의 개념 및 분류

모바일 전자결제는 "온라인과 오프라인상에서 이루어지는 서비스와 재화 구매시 대금을 이동형 기기(휴대폰, PDA, 기타) 또는 이동통신망을 이용하여 지불하는 결제서비스"로 정의된다.[13] 즉, 모바일 지급결제는 현금이나 신용카드 등 기존 결제수단을 대체할 수 있는 새로운 전자결제의 유형으로, 이용자의 신원확인, 거래정보의 전달, 거래인증 등 결제과정이 이동통신망의 일부 또는 전부를 통해 이루어지는 것을 의미한다.

모바일 전자결제의 분류방식은 스마트카드(IC칩)의 내장 또는 탈착 여부에 따라서 카드 또는 비카드 방식으로, 무선네트워크의 이용 정도에 따라 온라인 · 오프라인 방식으로, 또는 금융기관의 참여정도에 따라 직접결제 · 간접결제 방식 등으로 구분된다.[13]

직접결제 방식은 금융기관이 이동통신사와 제휴하거나, 간접적으로 모바일 전자결제 서비스에 참여하여 서비스를 제공하는 것으로 실시간 계좌이체 방식과 USIM칩 내에 신용카드 및 전자화폐 등의 기능을 탑재하는 간접결제 방식이 있다.

간접결제 방식은 전자지갑이 대표적으로 이동통신사가 모바일 전자결제 서비스를 제공하는 사업자가 되어서 전자결제과정 전반을 관리하고 책임을 지는 방식이다.[13]

표 7-2 ■ 기술방식에 따른 전자결제 서비스 종류

구 분	종 류	내 용
스마트 카드(IC칩) 내장 또는 탈착 여부	카드 기반 (H/W식)	• 스마트카드(칩)에 결제정보를 담아 인증 및 결제서비스를 제공 (예) 싱글슬롯, 듀얼슬롯, 듀얼칩, NFC카드 등
	非카드 기반 (S/W식)	• 무선 네트워크를 통해 실시간 인증 및 대금결제 (예) Phone Bill(휴대폰 통합과금) • 휴대폰 메모리에 결제정보를 저장하는 모바일 지갑(Mobile Wallet)방식(클라이언트형, 서버형)
무선 네트워크 이용 정도	온라인 방식	• 무선 인터넷에 접속, 모바일뱅킹 또는 무선 PG를 이용한 온라인 쇼핑몰 등에서 대금 지급결제(통화료 부담) (예) Phone Bill, Remote Payment
	오프라인 방식	• 휴대폰과 POS 단말기/ATM 사이에서 근거리 통신기술인 RF, 블루투스, 2D바코드, NFC칩 등을 이용한 대금 지급결제(통화요금 부담 없음)
금융기관의 참여 정도	직접결제 방식	• 금융기관에서 독자적으로 제공하거나 이통사와 제휴를 통해 서비스를 제공하는 것으로, 금융기관이 지급결제 서비스 제공 주체 • 선불 · 직불 · 신용카드 · 계좌이체 등
	간접결제 방식	• 이동통신업체가 직접 지급결제 서비스 제공 주체 • 지급결제과정 전반을 이동통신업체가 관리/책임부담 (예) Phone Bill, SKT의 네모서비스, KT의 주머니

출처: 이용희, 2008.

손 안의 스마트 서비스, NFC(Near Field Communication, 근거리무선통신)

2012년 12월 현재 국내 스마트폰 사용자가 3,200만 명을 넘어섰다. 이렇듯 스마트폰은 국내에 들어온 지 채 5년도 되지 않아 IT산업 전반에 걸쳐 절대적인 영향을 미치고 있다. 그런 만큼 참으로 다양한 기술과 기능, 서비스가 선을 보이며 사용자의 일상을 윤택하게 만들고 있다. 최근 들어 우리나라를 비롯해 전 세계에서 큰 관심을 받고 있는 스마트 서비스가 하나 있다. 바로 NFC, 즉 '근거리무선통신'이다.

NFC는 'Near Field Communication(근거리무선통신)'의 약자로, 10cm 정도의 가까운 거리에서 기기 간의 접촉 없이 연

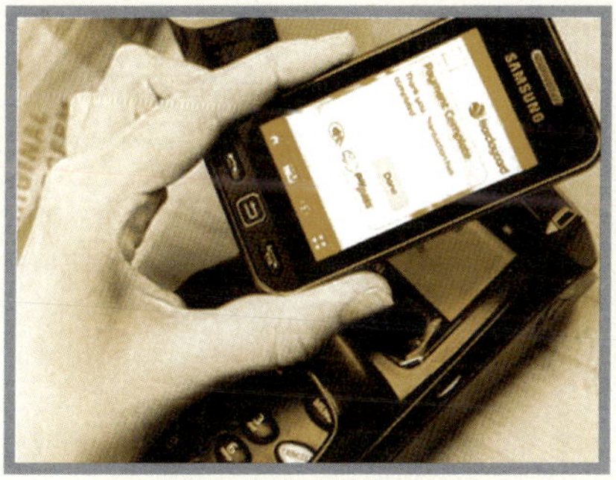

결해 데이터를 송수신할 수 있는 통신기술을 말한다. 대형마트 등에서 보는 바코드 인식기와 비슷한 형태다. NFC와 같은 기기 간 무선연결 기술에는 블루투스(키보드/마우스/헤드셋 등)나 RFID(교통카드, 하이패스 카드 등, NFC도 RFID의 일종), 적외선 통신(IrDA) 등도 있지만, 최근 스마트폰에 NFC 기술이 내장되면서 모바일 결제 기능이나 개인정보 식별 기능 등 여러 가지 편의 기능을 사용할 수 있게 됐다. NFC의 장점은 연결되는 두 기기가 서로 양방향 데이터 통신이 가능하다는 것이다. 또한, 복잡한 연결 설정/단계 없이 1/10초 내에 연결된다는 점도 빼놓을 수 없는 NFC의 특징이다

NFC의 구성 요소

두 기기가 NFC를 통해 연결되려면 몇 가지 필요한 요소가 있다. NFC칩셋, 안테나, USIM(개인정보 메모리카드) 등이다. 칩셋은 데이터를 송수신하고 이를 처리하는 역할, 안테나는 NFC 통신을 위한 주파수(13.56MHz) 전송의 역할, USIM은 사용자 정보를 저장하는 역할이다. 따라서 스마트폰 등의 모바일 기기로 NFC 통신을 하려면 이 3가지가 모두 갖춰져야 한다.

여기서 NFC칩셋은 흔히 신용카드나 교통카드 등에 들어가는 스마트카드(NFC와 동일한 주파수 사용)와 비슷한 개념인데, 한쪽 방향으로만 통신하는 스마트카드와는 달리 필요에 따라 양방향 통신이 가능해 기기 간 데이터를 송수신할 수 있다. 때문에 스마트폰과 결합되는 경우 다양한 편의 기능 구현이 가능하다.

NFC는 내부 기능에 따라 다시 태그(tag), 리더(reader), 라이터(writer)로 나뉜다. 태그는 데이터를 보내는 기능을, 리더는 그 데이터를 읽어 들이는 기능을, 라이터는 읽어 들인 데이터를 저장/기록하는 기능을 담당한다. 다른 무선통신 기술과 달리 NFC는 이들 기능이 동시에 가능하기에 일상생활에 응용하기가 대단히 용이하다. 이를테면, 모바일 기기 계좌 이

체/결제기능, 개인정보(명함, 연락처 등) 상호 전송기능, 개인인증(건물 출입 등) 기능, 의료기록/관리기능, 공연 등 예약기능, 구매 쿠폰 기능, 주차위치 확인기능, 디지털 콘텐츠 구매기능 등 현재로서는 그 활용도가 무궁무진하다.

〈출처: iT dongA, 이문규, 2012.12.28〉[14)]

국내 스마트폰 사용자수 증가와 함께 새로운 모바일 전자결제 방식으로 NFC지급결제서비스가 등장하고 있다. NFC(Near Field Communication)는 10cm 정도의 가까운 거리에서 기기 간의 접촉 없이 데이터를 송수신할 수 있는 통신기술을 말한다.[11)]

NFC지급결제서비스는 NFC가 탑재된 스마트폰에 금융 거래 정보를 저장해 두고, 물건 구매시 현금이나 신용카드를 대신하여 NFC 수신 단말기에 스마트폰을 접촉시켜 자동결제를 하는 방식이다.[15)] 현재 스마트폰의 NFC기능

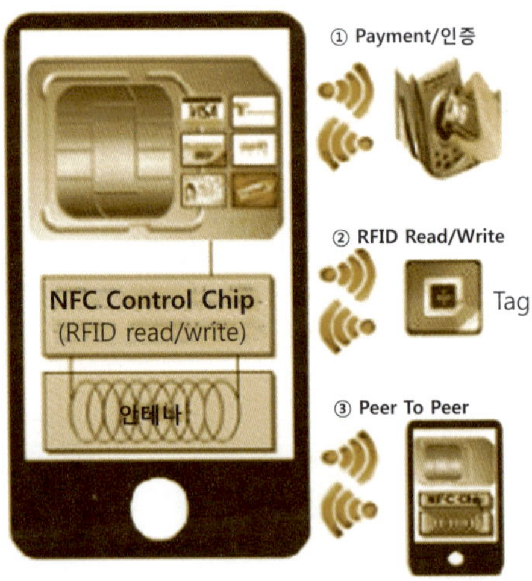

출처: NEWSPIM, 2011.

그림 7-6 NFC를 이용한 전자결제

은 결제와 주문, 각종 쇼핑정보와 쿠폰 다운로드 등에 사용된다. 전국에 설치된 은행 자동화기기에서 애플리케이션(유비터치)이 탑재된 스마트폰을 이용해 은행 자동화기기(CD, ATM)에서 조회, 이체, 입출금 등 금융거래가 가능한 "유비터치 서비스"가 2011년 말부터 실시되고 있다.[13)]

전자지갑 · 모바일뱅킹 … '스마트금융' 활짝

직장인 A씨. 출근길에 스마트폰으로 자신이 투자한 주식 시세를 확인한다. 회사에 도착하자 어제 친구에게 빌린 돈이 생각난 A씨. 바쁜 일정으로 은행에 갈 틈이 없지만 걱정하지 않는다. 스마트폰 은행 결제서비스로 몇 분만에 친구에게 빌린 돈을 송금한다. 점심시간 식사 후 결제는 스마트폰 모바일카드로 지갑 없이 간단히 해결. 자동차보험 기간이 만료돼 재가입해야 하는 A씨는 퇴근 후 설계사를 만나 태블릿PC상으로 간단히 보험 체결을 완료한다.

IT가 금융 서비스 환경을 바꾸고 있다. 기존 금융의 방식에서 벗어나 IT를 통한 새로운 개념의 금융환경을 만들고 있는 것이다. 직접 방문하고, 찾아갔던 방식이 모바일 등을 비롯한 IT를 만나면서, 금융의 전통적인 개념까지 달라지고 있다.

결제, 이체도 스마트폰 하나로 '모바일 결제'= 대표적인 것이 은행의 결제서비스다. 그동안 은행 지점을 방문하거나 자동화기기를 통해야만 가능했던 이체, 송금 등 금융거래를 모바일을 통해서 간편하게 처리할 수 있는 이른바 '스마트뱅킹' 환경이 조성됐다. 시중 은행들도 앞다퉈 관련 시비스를 선보이며 금융결제 시장의 변화에 대응하고 있다.

스마트뱅킹 이용자가 300만 명 돌파를 눈앞에 두고 있는 KB국민은행은 최근에는 스마트폰을 기반으로 한 모바일 '직불'결제서비스를 선보이고 있다. 다운받은 애플리케이션을 통해 휴대폰 번호로 결제할 수 있는 서비스로, 결제확인과 비밀번호 입력만으로 결제가 가능하다.

30만원 미만의 소액결제시장을 겨냥

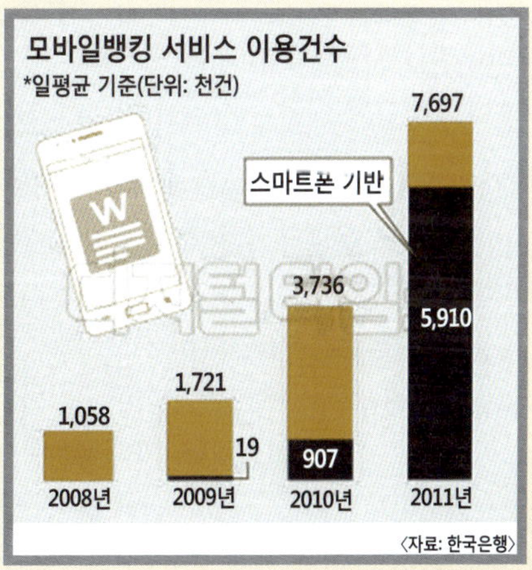

해 우선 커피전문점 등을 대상으로 직불 결제서비스를 선보이고 있으며, 향후에는 QR코드, NFC(근거리무선통신)기술을 접목해 결제 영역을 확대해 나갈 계획이다.

'전자지갑'도 IT가 금융과 만나면서 새롭게 등장한 결제수단이다. 충전해 사용하는 모바일 화폐 개념인 하나은행의 '하나N월렛(Wallet)' 서비스가 대표적이다. 하나은행은 '스마트폰 속의 지갑'이라는 새로운 컨셉트로 선불용 충전 화폐인 '하나N월렛'서비스를 선보였다. 가상계좌나 기존 하나은행 계좌를 통해 충전을 하고, 충전된 금액 내에서 스마트폰으로 결제를 할 수 있다.

기업은행의 '모바일 머니'도 이와 비슷한 서비스다. 스마트폰에 모바일머니를 충전해 결제, ATM 인출 등의 금융서비스를 이용할 수 있다.

기업을 대상으로 한 스마트뱅킹 서비스도 등장했다. 우리은행은 스마트폰을 비롯해 태블릿PC 등에서도 이용 가능한 기업 스마트뱅킹 서비스를 출시해 지난달부터 서비스하고 있다. 모바일 기기를 통해 이체, 펀드, 대출업무 등을 볼 수 있는 서비스로 은행 지점을 방문하지 않아도 간단한 금융결제 서비스가 가능하다. 특히 우리은행의 경우 스마트뱅킹 금융상품목을 확대해 모바일 상품권 판매, 영업점 대기인원 실시간 조회 등 개인·기업 금융을 연동해 한 번에 이용할 수 있는 '원터치 서비스'도 선보이고 있다.

은행과 함께 카드업계의 모바일 결제 시스템도 금융업계의 뜨거운 화두다. 기존 플라스틱 카드 없이 스마트폰에서 '모바일카드'를 통해 플라스틱카드 결제와 똑같은 결제 기능을 실현해 말 그대로 '전자지갑' 시대를 열었다.

특히 모바일카드의 경우 국내 자체적으로 표준화를 도입해 그 성장 가능성에 기틀을 마련했다는 점에서, 카드업계의 중요한 수익창출 통로로 부상하고 있다. 때문에 카드사들도 모바일카드 전용상품 출시를 통해 다양한 부과서비스를 앞다퉈 선보이며 모바일카드 시장 선점에 사활을 걸고 있는 상황이다.

하나SK카드는 SK텔레콤과의 네트워크를 기반으로 모바일결제 사업을 추진 중이다. KB국민카드도 모바일 컨버전스 사업을 집중적으로 육성할 계획을 갖고 모바일 카드 사업에 무게를 두고 있다. 국내 표준화 마련에 힘을 쏟았던 비씨카드는 모바일카드 발급을 확대하기 위해 비씨카드 회원사를 확대하고 다양한 프로모션을 통해 고객에게 모바일카드를 친숙한 결제수단으로 알리는 데 주력할 계획이다.

〈출처: 디지털타임스, 전자지갑, 모바일 뱅킹, 2012.04.05〉[16)]

2.2 모바일 전자결제 사례

국내에서 2010년에 최초로 NFC를 적용한 휴대폰을 출시한 삼성은 지하철 · 버스 · 택시 등의 교통카드 사용과 편의점 결제시에 사용할 수 있는 모바일 결제기능을 휴대폰에 탑재하였으며 여기에는 교통카드의 T-머니 잔액 조회기능과 충전기능이 포함되어 있다.[17)]

또한 SK플래닛은 NFC 애플리케이션인 '스마트터치(SmartTouch)'를 출시하고 신용카드, 맴버십, 교통 등 NFC를 활용해 사용할 수 있는 애플리케이션들을 추천하고 다운받을 수 있는 기능과 스마트폰에 설치된 NFC앱/USIM을 통합 · 관리할 수 있는 기능을 제공하고 있다.[18)]

애플은 스마트폰에 NFC를 탑재하고 모바일 결제관련 특허 출원을 하는 등 전자결제시장을 선도하기 위해 노력하고 있다. 최근에는 NFC e-티켓의 특허를 출원하고 NFC 장착 아이폰 프로토타입을 테스트 중이다. 애플사는 아이폰 및 Mac의 '콘서트 티켓' 애플리케이션을 이용하여 아이튠즈와 연계된

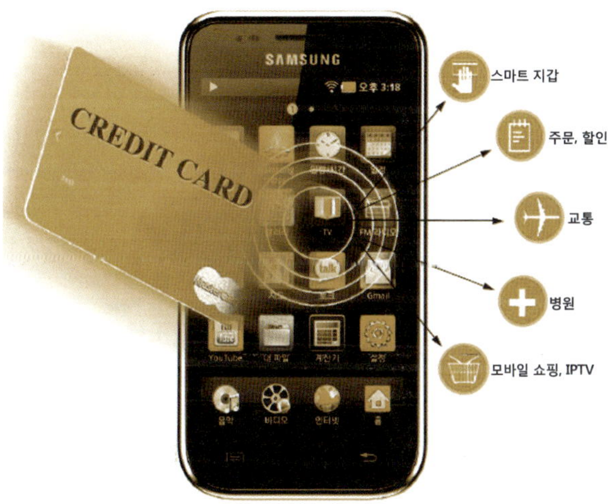

출처: 이코노미조선, 2011.

그림 7-7 전자지갑을 이용한 카드사용

온라인 서비스를 제공하며 모든 티켓팅 업무를 자동처리하고 스포츠 경기, 결혼식, 각종 컨벤션 및 미팅 등 여러 가지 이벤트에도 활용할 예정이다.[19)]

NFC칩을 이용한 또 하나의 사용 형태는 전자지갑(Smart Wallet)이다. 소비자는 전자지갑을 이용하여 기존의 플라스틱 카드 없이도 애플리케이션에서 바로 맴버십이나 신용카드를 발급받아 NFC칩이 내장된 스마트폰을 이용해 할인이나 적립 · 결제 등에 이용할 수 있다.[20)]

LG유플러스는 3G와 4G 네트워크를 이용한 전자지갑 서비스를 제공하고 있는데, 소비자는 전자지갑을 활용하여 맴버십, 쿠폰, T-머니, 현금카드를 모바일로 발급받아 NFC방식 또는 바코드 방식 중 하나를 선택하여 결제업무를 처리할 수 있다.[21)]

구글은 전자지갑 '구글 월릿(Google Wallet)'을 출시하고 신용카드, 맴버십, 상품권, 쿠폰, 탑승권 정보를 애플리케이션에 담아두고 사용자 계정과 연동하여 사용할 수 있게 하였다. 구글 월릿은 모바일과 데스크탑 PC에서 동시 사용이 가능한 것이 특징이다.[22)]

애플은 신용카드와 쿠폰, 비행기 티켓정보를 담고 있는 전자지갑 '패스북

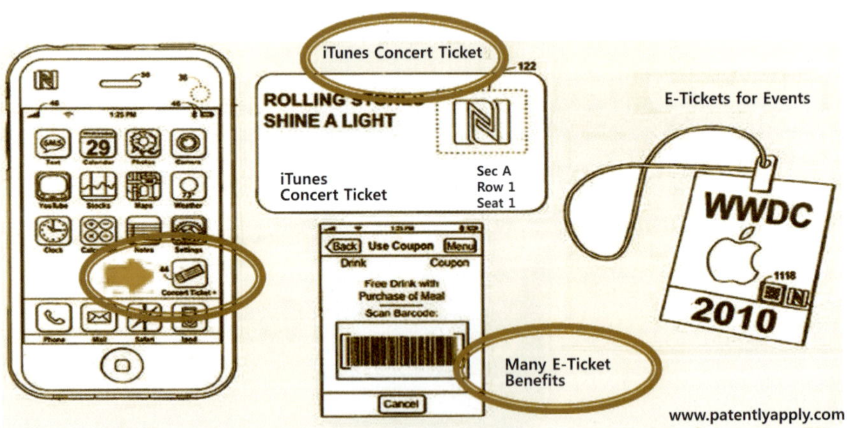

출처: kt 경제경영연구소, 2009.

그림 7-8 애플사의 NFC 모바일 결제서비스

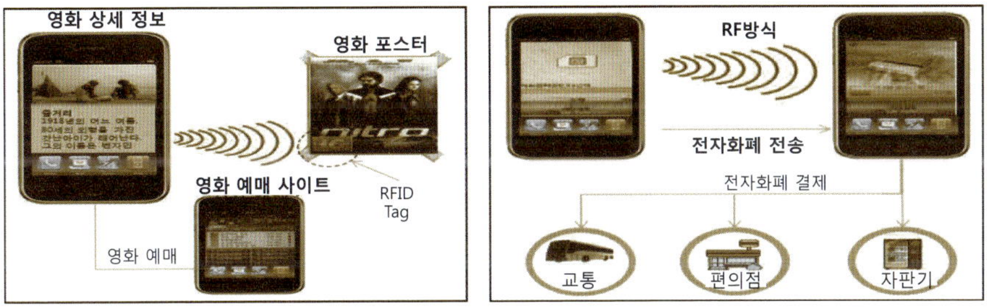

출처: kt 경제경영연구소, 2009.

그림 7-9 국내 기업들의 NFC 활용

(Pass Book)'을 개발하였다. '패스북'에 입력되는 신용거래 정보는 애플이 가지고 있는 컨텐츠 제공 서비스인 아이튠즈와 앱스토어 등에서 거래된 정보와 연동시켜서 스마트폰에 따로 입력하지 않아도 신용카드 대신 스마트폰으로 결제할 수 있도록 하였다.[23] 이러한 장점을 바탕으로 애플은 전자지갑 시장에서 통신사, 단말제조사, 금융사, 유통사와 함께 새로운 비즈니스 모델을 생성할 것으로 예상된다.[19]

애플 이외에도 노키아, 브로드컴, VISA 등 다양한 분야의 업체들이 NFC 도입을 발표하고 서비스 제휴 및 공동개발을 추진하고 있다. 이와 같이 관련 업체들이 NFC를 탑재하는 이유는 통신 인프라에 부담을 주지 않으면서 온-오프라인이 연계된 모바일 뱅크 창출이 가능하고 NFC칩세트 비용 또한 저렴하여 스마트폰 도입에 부담이 없기 때문이다.

▶ 토의과제

1. 일상에서 개인이 체험하고 있는 RFID 실제 체험 사례를 말해 보자.
2. 교재 설명 이외에도 미래사회에 적용할 수 있는 RFID 적용 사례를 말해 보자.
3. 스마트폰을 실행하는 모바일 전자결제 체험 사례를 말해 보자.

동 영 상

제 목	주요내용	Link	시 간
'RFID', 모든 정보를 작은 칩 안으로!	RFID에 대한 설명과 각 분야별 적용 사례 설명	http://www.gomtv.com/449516	2분 5초
생활 곳곳에 자리 잡은 RFID, 신성장 동력으로 '주목'	RFID의 분야별 사례 설명	http://news.naver.com/main/read.nhn?mode=LPOD&mid=tvh&oid=374&aid=0000011111	9분 15초
POSCO RFID SCM (Smart Logistics, 철강 물류 혁신 시스템)	포스코와 협력회사 간의 RFID 도입 시스템 설명	http://www.youtube.com/watch?v=3VDO11ssutg	8분 7초
LG U+ 전자결제 안내 동영상	LG U+ 전자결제제공 서비스에 대한 소개	http://www.youtube.com/watch?v=IoF_rmkTOFM	2분 26초

Summary
요 | 약

RFID의 개념과 특징

- RFID(Radio Frequency Identification)는 생산에서 판매에 이르는 전 과정에서 물품에 초소형칩(IC칩)을 내장시켜 이를 무선주파수로 추적하여 사물의 정보를 수집, 저장, 가공하는 기술로 '전자태그' 혹은 '스마트 태그', '전자 라벨', '무선식별' 등으로 불림
- 특 징
    - 다양한 형태와 크기로 개발, 제조 가능(스티커, 라벨, 티켓, 뱃지 등)
    - 비접촉식(무선인식) 통신 방법으로 원거리 인식 가능
    - 전자라벨에 저장되어 있는 데이터 갱신 가능
    - 먼지, 습도, 온도 등에 제한을 받지 않고 사용 가능
    - 제조과정에서 유일 ID부여하여 위조 불가능
    - 많은 양의 데이터의 저장, 송수신이 가능

RFID 시스템 구성요소와 작동원리

- RFID 시스템 구성요소는 태그, 판독기, 안테나, 컴퓨터로 구성
- RFID 시스템 작동원리
    - 칩과 안테나로 구성된 태그에 활용 목적에 맞는 정보를 입력하고 대상에 부착
    - 게이트, 계산대, 톨게이트 등에 부착된 리더에 태그 접촉
    - 태그는 주파수에 반응하여 입력된 데이터를 안테나로 전송
    - 안테나는 전송받은 데이터를 디지털 신호로 변환시켜서 리더로 전달
    - 리더는 데이터를 해석하여 컴퓨터로 전달

RFID 활용 사례

- 물류, 유통산업
    - 월마트는 RFID도입을 통하여 판매상품과 재고상품 파악을 통하여 정확한 재고

관리가 가능하므로 매장별 매출 증가 효과

- ▸ 의약업체 화이자(Pfizer)는 모조품 방지를 위해 RFID도입, 제품 위조 방지 효과
- ▸ Marks & Spencer는 바코드를 부착하여 사용하던 식품운반용 Tray, Dolly Cage, Pallet 등에 RFID 태그를 적용, 운용비용 절감 효과

- ▪ 제조산업
  - ▸ 기아자동차는 RFID도입을 통하여 발주 신뢰도를 크게 향상시켰고, 불필요한 재고 유지 및 자재 부족을 예방
  - ▸ 바일란트(Vaillnat)그룹은 영국의 보일러 제조공장에서 작업 과정을 추적하기 위해 RFID를 도입, 현장 직원들의 실수를 6배까지 감소시킴
- ▪ 서비스산업
  - ▸ 하이원스키장은 RFID도입을 통하여 소비자 만족 극대화
  - ▸ SC제일은행은 스마트 뱅킹 영업점을 설립하고 RFID를 이용한 지능형순서표시 시스템(IOS)을 설치 · 운영하여 고객 서비스 증대

모바일 전자결제의 개념 및 분류

- ▪ 온라인과 오프라인상에서 이루어지는 서비스와 재화 구매시 대금을 이동형 기기(휴대폰, PDA, 기타) 또는 이동통신망을 이용하여 지불하는 결제서비스
- ▪ 모바일 지급결제의 분류방식은 스마트카드(IC칩)의 내장 또는 탈착 여부에 따라서 카드 · 비카드 방식으로, 무선네트워크의 이용 정도에 따라 온라인 · 오프라인 방식, 또는 금융기관의 참여여부에 따라 직접결제 · 간접결제 방식으로 구분
- ▪ NFC 지급결제서비스는 NFC가 탑재된 스마트폰에 금융 거래 정보를 저장해 두고, 물건 구매시 현금이나 신용카드를 대신하여 NFC 수신 단말기에 스마트폰을 접촉시켜 자동으로 결제

모바일 전자결제 사례

- ▪ 삼성은 2010년에 최초로 NFC를 적용하여 지하철 · 버스 · 택시 등의 교통가드 및 편의점에서 사용할 수 있는 모바일 결제기능을 탑재, 교통카드인 T-머니 잔액 조회기능
- ▪ SK플래닛은 '스마트터치(SmartTouch)'를 출시하고 NFC를 활용한 애플리케이션 추천기능과 스마트폰에 설치된 NFC앱/USIM을 통합 · 관리할 수 있는 기능 제공

- 전자지갑(Smart Wallet)은 NFC를 적용하여 신용카드, 맴버십, 쿠폰, T-머니, 현금카드 등을 모바일로 발급받아 통합 · 관리하는 서비스 형태로 구글, 애플 등이 주도
- 애플은 전자지갑(Smart Wallet)의 확산을 통하여 통신사, 단말제조사, 금융사, 솔루션 업체들 간의 새로운 비즈니스 모델을 생성할 것으로 예상

질문

1. 우리나라를 비롯해서 각국에서 정의하는 RFID 개념에 대해서 생각해 보자.
2. RFID의 특징에 대해서 설명해 보자.
3. RFID와 바코드의 특징을 각각 설명해 보자.
4. RFID 시스템 구성요소에는 어떤 것이 있는지 설명해 보자.
5. 교재 이외의 산업분야별 RFID 적용 사례를 조사해 보고 성공, 실패 사례를 설명해 보자.
6. 모바일 전자결제의 역할과 기능에 대해서 설명해 보자.
7. NFC를 이용한 결제서비스가 무엇인지 설명해 보자.
8. 전자지갑(Smart Wallet)의 정의와 특징을 설명해 보자.

Closing Case

Smart Logistics, 철강물류 혁신 시스템

포스코와 코일센터 그리고 철강제품사, 자동차 부품사의 동반성장을 이끌어갈 RFID 테크놀로지에 대해 소개한다.

현재 수작업으로 코일창고 관리하고 입고, 출고, 재고 파악을 확인하는 통상적인 시스템이다. 따라서, 보다 효율적인 관리시스템이 필요한 상황이다. 이러한 비효율적인 업무방식을 개선하는 새로운 기술이 포스코의 U-IT기반 철강물류 RFID 시스템이다.

기존의 고가의 비용이 드는 메탈코드에서 성능이 개선된 직립형 라벨태그, 플래그 태그로 인해 확대 적용이 용이해졌다. 이로 인해 SCM의 실시간 정보처리가 가능하게 되었고 물류혁신의 시대로 진입하게 되었다.

RFID 안에는 국제표준의 전자제품코드 EPC를 사용하고 있다. 코드 안에는 제품별 제조사, 상품종류, 일련번호가 인코딩되어 있다. 또한 RFID 안에 시리얼넘버를 넣어 제품별 조회가 가능하게 한다. 포스코는 RFID 태그에 제품번호를 쓰고 프린트한다. 이를 통해 RFID 태그인식에 의한 창고 입고작업 자동화가 이루어진다. 관리자의 PDA를 이용해 작업시간과 원가가 절감되는 효율적인 창고 재고조사가 이루어진다.

RFID 리더기가 장착된 출고용 무인 크레인으로 출고제품을 자동으로 차량에 적재한다. RFID 태그가 붙은 제품은 고객사에서도 연계 가능해 자동입고처리 프로세스가 이루어진다. 따라서 자동으로 입고, 검수작업이 신속하게 이루어진다.

포스코 내에서 생산된 제품별 RFID 정보는 EPC smart works system에 저장된다. 고객사의 EPC smart협업 시스템과 인터넷을 통해 제품정보를 실시간 제공토록 되어 있다.

고객사 RFID 시스템 구성요건은 데이터베이스 서버, 휴대형 리더기, 무선랜, 고정형 리더기, EPC-IS 패키지, 응용 소프트웨어 ERP와 기능연계가 필요하다. 이를 바탕으로 포스코와 고객사 간에 EPC-IS서버를 통한 신속하고 정확한 RFID 정보를 공유할 수 있다.

RFID 물류시스템을 통한 기대효과로는 입고, 검수, 재고관리 등 개선, 위·변조의 방지 등 수작업을 통해 이루어졌던 작업상의 낭비요소를 획기적으로 개선하여 정확한 제품입출고 점검과 도난을 방지할 수 있다. EPC서버 간에 실시간으로 물류정보교환이 가능하다는 것은 철강물류 시스템 패러다임의 변화를 의미한다.

〈출처: 유튜브, 2013.01.29〉[24]

질문

1. 본사와 협력사 간에 RFID 시스템의 효율적 활용을 위해서 필요한 것에 대해서 생각해 보자.
2. 물류산업에 있어서 RFID도입 효과에 대해서 생각해 보자.
3. RFID가 우리의 일상생활을 어떻게 변화시킬 수 있을지 생각해 보자.

참고문헌

1. 뉴스토마토, "'RFID', 모든 정보를 작은 칩 안으로," 2010.10.25, http://www.gomtv.com/449516.
2. 김명훈, "RFID," MMLAB, 보고서, 2007.
3. SBSCNBC, 생활 곳곳에 자리잡은 RFID, 신성장 동력으로 '주목,' 2011.09.26, http://news.naver.com/main/read.nhn?mode=LPOD&mid=tvh&oid=374&aid=0000011111.
4. 디노ICT, "RFID 구성요소," http://www.dinoict.co.kr/?page=business/business05, 검색일 2012.12.30.
5. 한국전자통신연구원, "RFID 기반 실시간 우편물류 기술," 전자통신동향분석, 제22권, 제3호, pp. 45-57, 2007.
6. 산업연구원, "물류산업의 RFID 활용사례와 정책방향," 보고서, 2009.
7. 정보통신산업진흥원, "RFID/USN 산업 동향 보고서," 보고서, 2011.
8. 정보통신연구진흥원, "해외 RFID 프로젝트 및 적용사례 분석," 주간기술동향, 통권1372호, pp. 13-24, 2008.
9. 류옥현, "제조업의 RFID 작용사례: 기아자동차의 실시간 부품 소요량 파악," ie매거진, 2006.
10. 뉴시스, 조병수기자, "하이원리조트, 스키장 진화의 선두에 서다," 2011.01.28, http://news.naver.com/main/read.nhn?mode=LSD&mid=sec&sid1=102&oid=003&aid=0003666720.
11. 아이뉴스, 김관용 기자, "IT 기술로 은행고객늘리는 '스마트 브랜치'를 아시나요?," 2011.09.23, http://news.inews24.com/php/news_view.php?g_serial=605008&g_menu=020200.
12. 아이뉴스, 조대진 기자, "해외의 RFID 적용 사례," 2005.09.11, http://opinion.inews24.com/php/news_view.php?g_menu=041003&g_serial=169011.
13. 이용희, "국내외 모바일 지급결제 서비스 현황과 향후 발전방향," The Banker, pp. 28-35, 2008.
14. iT dongA, 이문규 기자, "손 안의 스마트 서비스, NFC(근거리무선통신),"

2012.12.28, http://it.donga.com/12534/.

15. 한국정보화진흥원, "미래 정부를 위한 NFC기술의 공공부문 적용방향," IT& Future Strategy, 보고서, 제8호, 2011.

16. 디지털타임스, 박세정 기자, "전자지갑, 모바일 뱅킹," 2012.04.05, http://m.ahnlab.com/kr/site/securityinfo/secunews/secuNewsView.do?seq=19299.

17. 아시아투데이, 한지운 기자, "삼성전자, 국내 첫 NFC 휴대폰 'SHW-A170K' 출시," 2010.12.13, http://www. eto. co.kr/news/outview.asp?Code=20101213101302170&ts=145219.

18. 머니투데이, 이학렬 기자, "SK플래닛, 생활형 NFC 앱 '스마트터치' 선봬," 2012.12.11, http://news.mt.co.kr/mtview.php?no=2012121109383506247&VN.

19. kt 경제경영연구소, "애플의 NFC 도입 및 NTT도코모의 모바일 금융 사업 추진 사례," 보고서, 2009.

20. 아크로펜, "LG유플러스, NFC기반 'Smart Wallet' 업그레이드 출시," 2012.09.24, http://www.acrofan.com/ko-kr/commerce/news/20120924/00000021.

21. IT 데일리, 김민숙 기자, "LG유플러스, '스마트월렛' 업그레이드 출시," 2012.09.24, http://m.itdaily.kr/articleView.html?idxno=33805&menu=2.

22. 중앙일보, 이수기 기자, "애플도 전자지갑 시장 진출-구글과 맞붙는다," 2012.06.19, http://article.joinsmsn.com/news/article/article.asp?total_id=8501935&cloc=rss%7Cnews%7Ceconomy.

23. 디지털조선일보, "NFC(근거리무선통신)가 만드는 전자지갑 시대," 2011.09.01, http://m-economy.chosun.com/view.php?boardName=C14&t_num=5664.

24. 유튜브, "POSCO RFID SCM," 2012.02.24, http://www.youtube.com/watch?v=3VDO11ssutg.

25. Daum 블로그, http://gofridaynight.tistory.com/, 검색일 2013.01.05.

Memo

Chapter 08

유비쿼터스와 정보보안

학습목표

1. 정보보안의 개념과 보안을 위협하는 형태에 대하여 알아본다.
2. 해킹의 개념과 해킹 사례를 알아본다.
3. 피싱의 개념과 피해 사례를 알아본다.
4. 일반적인 정보보안 방법에 대하여 알아본다.
5. 개인의 정보를 보호하는 방법에 대하여 알아본다.

Openning Case

영화 ‘테이크 다운’

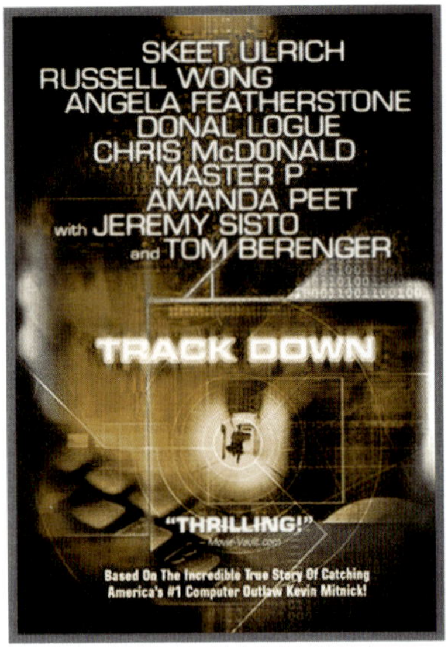

지난 2000년 개봉된 영화 ‘Take Down’은 미국에서 전설의 해커라 불리우는 ‘케빈 미트닉(Kevin Mitnic)과 정보보호 전문가인 ‘시노무라’의 갈등을 소재로 제작됐으며 케빈이 FBI에 체포되는 2년간의 과정을 그렸다. 영화는 어느 술집에서 케빈과 그의 친구인 ‘알렉스’가 또 다른 해커인 ‘랜스’로부터 정보를 공유하게 되고 랜스는 FBI의 사주를 받고 케빈에게 접근을 시도하지만 오히려 ‘세스’라는 중요 정보만 케빈에게 주는 것으로 시작된다.

‘세스(Switched Access Service)’는 켈리포니아 텔레콤이라는 회사에서 FBI에게 제공하는 프로그램으로써 언제 어디서든 어떤 전화든 도청이 가능하다. 케빈이 ‘세스’에 대해 알고 싶은 이유는 다른 악의적인 목적으로 사용하기 위해서가 아니라 단지 호기심 때문이었다. 보호관찰 대상이었던 케빈은 ‘세스’의 존재여부와 실체를 알아내기로 하고 일을 꾸민다.

한편 캘리포니아 대학 슈퍼컴퓨터센터 수석 연구원으로 근무하는 ‘시노무라’는 자신이 휴대폰 회사인 노키텔의 전화기에 내장되어 있는 도청기능을 발견했다며 인터뷰를 하고 현 사회가 도청에 노출되어 있음을 알린다. TV를 통해 이를 본 케빈은 시노무라에게 접근을 시도하고 그가 근무하는 회사의 슈퍼컴퓨터에 접근하여 각종 파일 자료와 노키텔 소스코드를 해킹하는 데 성공한다. 그리고 자신이 해킹한 것을 과시하 듯 시노무라에게 그 사실을 알린다. 하지만 문제는 잃어버린 노키텔 소스 코드가 아니었다. 최고의 정보보호 전문가를 꿈꾸던 시노무라는 최고의 백신을 연구하고 있었으며 이에 앞서 강한 바이러스를 만들었다. 이 작업 자료는 그의 슈퍼컴퓨터 안에 저장되어 있었다.

‘컨템트’라 불리우는 이 바이러스는 인터넷에 연결되어 있는 모든 프로그램을 제어할 수 있는 기능을 가졌으며 전력 시스템, 병원, 은행 전산망 등에 엄청난 영향을 끼칠 수 있었다.

케빈은 자신이 해킹한 시노무라의 파일 안에 노키텔 소스 코드 이외에 '컨템트'의 존재를 알게 된다. 중요한 소스인 만큼 철저하게 암호화해서 보관해 둔 '컨템트'였지만 케빈은 근처 대학의 슈퍼컴퓨터 네트워크를 통해 '컨템트'의 암호를 푸는 데 성공하지만 그것을 인터넷에 공개할 지 여부를 두고 갈등한다. 시노무라는 주위 사람들의 도움으로 '셀 사이트 시뮬레이션'을 구해 케빈이 인터넷 접속에 사용하던 사이트인 것처럼 꾸며 그와 접촉한다. 이 사실을 알지 못했던 케빈은 자신이 바이러스를 인터넷에 공개했다고 생각한 채 FBI에게 검거된다. 그리고 6개월 후에 시노무라는 케빈을 면회하고 케빈이 검거되던 날 자신이 사용했던 시뮬레이터와 케빈이 '컨템트'를 업로드한 곳 역시 자신이 사용했던 시뮬레이터였다는 사실을 알린다.

영화에서 케빈은 처음부터 악의를 갖고 해킹을 하지 않았다. 단순히 호기심 때문에 통신회사의 소스코드를 빼내고 컴퓨터 전문가가 개발한 바이러스를 빼냈다.

영화 속의 케빈과 같은 우수한 컴퓨터 실력을 가진 천재 해커들이 그들의 실력을 양지에서 사용한다면 우리 사회에 많은 보탬이 될 것이다. 이들을 양성화해서 컴퓨터 전문가로 정착할 수 있도록 제도적 장치도 마련되어야 할 것이다.

실제 케빈은 상원 청문회에서 "나의 성공은 해킹당한 기업의 내부 보안 관계자들이 수 년간 시행되어 왔던 보안방침과 절차를 스스로 위배한 덕"이라고 밝히면서 보안 관계자들의 부주의를 탓했다. 이 말은 현 시대의 보안 관계자들에게도 경고를 보내고 있다.

케빈은 1995년 「보호관찰법」 위반과 사이버 절도 등의 혐의로 5년간 구속되어 지난 2001년 1월 미연방 형무소에서 출소한 이후 자신의 실력을 발휘할 수 있는 '미트닉 시큐리티 컨설팅'이라는 보안회사를 운영하면서 컴퓨터 보안 전문가로 변신했다.

이 회사는 또 천재 해커들에게 해킹의 대상이 되기도 해, 실제로 두 차례나 해킹을 당하는 수모를 겪어 천재적인 해커가 운영하는 보안회사도 해킹을 당할 수 있다는 것을 증명했다.

석방 후에도 그는 3년간 컴퓨터 사용이나 소유는 물론 휴대폰 등을 통한 인터넷 접속까지도 금지되는 보호관찰 명령을 받았지만 그에 관한 신문기사와 책, 영화, 기록 등은 쏟아져 나와 많은 관심을 모으기도 했다.

우리에겐 컴퓨터 소스를 이해하고 프로그래밍하고 코딩하는 기술이나 하드웨어 장비에 대한 지식도 중요하다. 하지만 그에 맞는 기본적인 보안의식을 갖는 것이 더 중요한 시대를 살아가고 있다. 특히 산업기밀 유출이 심각한 요즘 우리의 기업 보안의식은 지속적인 보안에 대한 개념 정립과 교육을 통해 높일 수밖에 없다. 모든 보안의 최대 취약점은 '사람'이라는 말이 있다. 자기 자신도 알지 못하는 작은 실수로 발생되는 보안사고가 엄청난 피해를 가져올 수 있다는 것을 항상 염두에 두어야 한다. 그리고 아무리 철저한 보안을 해도 이 보안을 뚫고 들어오려는 사람들은 항상 존재한다는 것을 명심해야 하지 않을까.

〈출처: 보안뉴스, 김태형 기자, 2007.08.10〉[1)]

1. 유비쿼터스와 정보보안

유비쿼터스 사회는 언제, 어디서나 네트워크에 접속하여 원하는 서비스 및 정보를 신속하게 제공받는 편리함을 주는 한편, 역으로 개인과 조직의 정보가 외부로부터 불법적으로 접근되어 피해를 입기 쉬운 환경에 놓여 있다. 정보화 사회에서 이러한 위험요인으로부터 개인 및 조직의 중요한 지적자산이 되는 정보의 보호 방법에 대하여 알아본다.

1.1 정보보안의 개념

정보보안이란 "해커 침입과 각종 바이러스 발생에 대비하여 보안 정책과 예방책을 수립하고, 시스템에 대한 접근 및 운영을 통제하며 침입이 발생했을 때 즉각적 대응, 손상된 시스템을 복구하는 행위"를 말한다.[2] 특히 요즘은 인터넷을 통한 네트워크 기반의 컴퓨팅으로 인하여 정보보안에 대한 위협 및 불안감이 점점 커지고 있다.

정보화 사회에서 컴퓨터를 이용하여 불법적으로 보안을 위협하는 형태는 〈표 8-1〉과 같다.

컴퓨터 바이러스는 컴퓨터 프로그램의 일종으로 정상적인 파일이나 부트 영역에 침입하여 그 곳에 자신의 코드를 삽입하거나 감염시키고, 결과적으로 정상적인 프로그램과 데이터 파일을 파괴하는 악성 프로그램을 말한다. 형태에 따라 기억 장소에 상주해서 부트 영역이나 파일을 감염시키는 부트 바이러스, 메모리 상주형 바이러스, 파일 바이러스, 사용자나 백신 프로그램을 속이기 위해 스스로를 은폐시키는 은폐형 바이러스 등이 있다. 바이러스에 감염되면 컴퓨터 부팅시간이 평소보다 오래 걸리거나, 프로그램이 잘 실행되지 않고, 모니터 화면에 이상한 글자가 나타나거나, 프로그램의 크기, 파일의 작

표 8-1 ■ 보안 위협 형태

일반적인 보안 위협 형태	
서비스 거부 (DoS: Denial of Service)	무수히 많은 서비스 요청을 발생시켜 웹사이트의 속도를 늦추거나 네트워크를 다운시키는 행위
분산 서비스 거부(DDoS: Distributed Denial of Service)	다수의 컴퓨터를 이용한 서비스 거부 공격으로, 동시에 다수의 컴퓨터에서 특정 웹사이트에 대한 서비스 요청을 발생시켜 해당 웹사이트의 속도를 늦추거나 다운시키는 행위
스니핑(Sniffing)	네트워크 주변을 지나다니는 패킷을 엿보면서 계정과 패스워드 등의 정보를 가로채는 행위로, 이때 사용하는 프로그램을 스니퍼라고 함
스푸핑(Spoofing)	눈속임에서 파생된 것으로, 검증된 사람이 네트워크를 통해 데이터를 보낸 것처럼 데이터를 변조하여 접속을 시도하는 침입형태. IP 스푸핑, ARP 스푸핑, 이메일 스푸핑, DNS 스푸핑 등이 있음
백도어(Back Door)	서비스 기술자나 유지보수 프로그래머들의 엑세스 편의를 위해 보안을 제거하여 만든 비밀 통로를 이르는 말로, 시스템에 무단 접근하기 위한 일종의 비상구로 사용
웜(Worm)	네트워크를 통해 연속적으로 자신을 복제하여 시스템 부하를 높여 결국 시스템을 다운시키는 바이러스의 일종
해킹(Hacking)	사용 권한이 없는 사람이 시스템에 침입하여 정보를 수정하거나 빼내는 행위
트로이목마(Trojan Horse)	정상적인 기능을 하는 프로그램으로 가정하여 프로그램 내에 숨어 있다가 해당 프로그램이 동작할 때 활성화되어 부작용을 일으키는 것으로 자기 복제능력은 없음
피싱(Phishing)	공신력 있는 단체나 기관의 이름을 사칭한 메일 혹은 메시지를 통해 수신자의 개인정보 혹은 금융정보를 수집하는 사기 수법
파밍(Pharming)	합법적인 웹사이트로의 요청 경로를 바꿔 가짜 웹사이트로 연결한 후 개인정보 혹은 금융정보를 수집하는 사기 수법
키로거(Key logger)	키보드상의 키 입력 캐치프로그램을 이용하여 ID나 암호와 같은 개인정보를 빼내어 악용하는 형태

성날짜, 이름이 바뀌는 증세가 나타난다.

웜(Worm)은 네트워크를 통해 연결된 다른 컴퓨터에 침투해서 자신을 복제하고 전파하는 악성 프로그램이다. 자기 복제능력이 매우 뛰어나 시스템의 과부하를 일으켜 바이러스를 능가하는 피해를 야기한다. 웜은 전자우편을 통해 자신을 첨부하여 많은 컴퓨터에 복제하거나, 운영체제나 프로그램의 보안 취약점을 이용하여 침투한다. 또는 공유폴더, 메신저나 P2P 프로그램을 이용하여 침투하기도 한다. 단순히 자기 복제로 컴퓨터 시스템에 무리를 주는 것 외에 파일을 지우거나 재부팅하면 하드디스크를 포맷하는 등의 피해를 주기도 한다.

이란 핵시설 파괴 노린 컴퓨터 웜 침투

이란 핵시설 파괴를 노리는 것으로 추정되는 악성 컴퓨터 웜이 확산되고 있어 산업현장과 보안업계에 비상이 걸렸다. 전문가들은 이 악성 컴퓨터 웜이 새로운 사이버전쟁의 무기로 사용될 것을 우려하고 있다.

23일 영국 BBC방송 등에 따르면 현존 컴퓨터 웜 가운데 가장 정교한 것으로 평가받는 스턱스넷(Stuxnet) 웜이 이란의 부셰르 원자력발전소나 나탄즈 우라늄 농축시설 등을 파괴하기 위해 산업시설에 침투한 것으로 추정된다는 분석이 컴퓨터 보안업계 전문가들로부터 제기되고 있다. 독일 사이버 보안 연구가인 랄프 랭그너는 이와 관련해 "이란 핵시설들이 알 수 없는 원인으로 완전히 가동되지 않고 있다"면서 "기술적인 문제가 있는 것으로 보인다"고 말했다.

웜은 컴퓨터 바이러스처럼 컴퓨터에 침투해 자료를 파괴하거나 기능을 마비시키는 악성 소프트웨어다. 다른 프로그램에 기생해 실행되는 바이러스와 달리 웜은 독자적인 프로그램으로서 스스로 자신을 복제해 다른 컴퓨터에 전송하는 것이 가능하다.

전문가들은 스턱스넷이 발견된 건 지난 6월이지만 전 세계의 산업현장에 유포되기 시작한 것은 지난해라고 보고 있다. 감염 사실을 알아내는 것도 어려워 이미 많은 산업시설이 스턱스넷에 감염된 상태일 수 있다는 분석도 나오고 있다.

현재 스턱스넷은 산업현장에 널리 쓰이는 독일 전자회사 지멘스가 개발한 자동제어장치에 침투해 오작동을 일으키거나 작동을 중단하는 것으로 알려졌다.

스턱스넷이 주목을 받는 것은 파일을 옮기는 데 일반적으로 사용되는 이동식 저장장치인 USB 메모리를 통해 인터넷이 연결되어 있지 않은 컴퓨터에도 침투가 가능하기 때문이다. 기존 악성 소프트

스턱스넷의 침투·감염과정

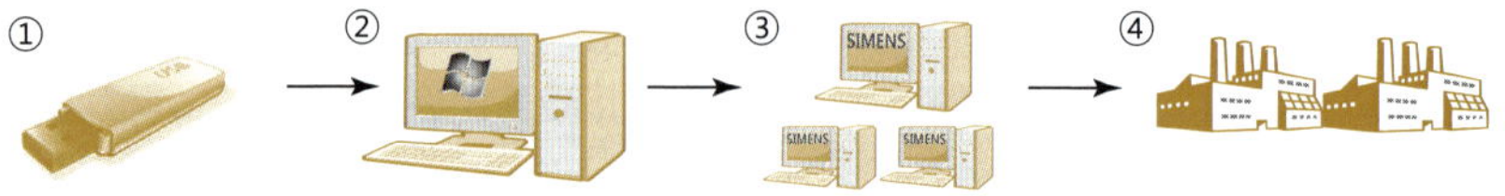

① 스턱스넷에 감염된 USB 메모리를 마이크로소프트사의 원도 운영체제를 사용하는 컴퓨터에 꽂으면 자동으로 침투

② 침투한 컴퓨터 내에서 해당 산업시설을 제어하는 독일 지멘스사의 소프트웨어 검색

③ 지멘스사 소프트웨어를 발견하지 못할 경우 해당 시설의 내부 네트워크를 통해 다른 컴퓨터로 침투, 다시 검색

④ 지멘스사 소프트웨어를 찾아낼 경우 다시 프로그래밍하는 방법으로 해당 시설의 자동제어장치 장악. 발전소, 정유공장 등 해당 시설의 기능을 정지 시키거나 오작동을 일으킴

웨어들의 경우 대부분 인터넷을 차단하면 외부로부터의 침투를 막는 것이 가능했지만 스턱스넷에 감염된 USB 메모리를 컴퓨터에 꽂기만 해도 감염된다.

일부 전문가들은 스턱스넷이 이란에서 집중 발견된 점을 들어 스턱스넷이 이란의 핵시설을 목표로 하고 있다는 분석을 내놓고 있다. 실제 시만텍 등 보안업계의 분석에 따르면 감염된 컴퓨터는 인도네시아와 인도 등에서도 발견되고 있지만 이란에서 발견되는 경우가 약 60%에 달한다. 스턱스넷을 처음 발견한 시만텍의 보안 전문가 리엄 오무추는 "(스턱스넷이) 이란의 매우 가치가 높은 무언가를 노리고 있다고 생각한다"고 말했다.

이 때문에 스턱스넷을 만든 주체는 개인 해커가 아닌 특정 국가라는 분석도 나오고 있다. 랭그너는 "USB 메모리나 컴퓨터에 잠복한 후 발각되지 않기 위해 이전에 본 적이 없는 새로운 기술이 다수 사용됐다"면서 이 같이 의문을 제기했다. 스턱스넷을 만든 국가로는 이스라엘, 중국, 미국 등이 거론되고 있다.

전문가들은 스턱스넷이 '컴퓨터 웜이 무기화된 첫 사례'라는 것에 주목하고 있다. 개인 컴퓨터가 아닌 핵시설, 발전소, 정유공장 등 산업시설을 겨냥한 악성 소프트웨어로는 처음이라는 점에서 새로운 형태의 사이버공격이 시작될 것이라는 전망도 나오고 있다. 사이버보안을 연구하는 단체인 국제 전자상거래 자문 협의회의 대표 산제이 바비시는 "사이버공격이 무기화되는 새로운 시대가 열리고 있다"며 "이것(스턱스넷)은 단지 시작일 뿐"이라고 말했다.

〈출처: 경향신문, 김기범 기자, 2010.09.24〉[3)]

2. 해킹과 피해 사례

해킹이 무엇인지 기본적인 정의와 해커의 유형 등에 대해 알아보고 해킹으로 인한 개인과 기업의 피해 사례를 살펴보도록 한다.

2.1 해킹(Hacking)의 개념과 해커의 유형

위키 백과에 따르면[4] 해킹(Hacking)은 어떠한 의도에 상관없이 다른 컴퓨터에 침입하는 모든 행위로서 전산망을 통하여 타인의 컴퓨터 시스템에 엑세스 권한 없이 무단 침입하여 부당행위를 하는 것을 말한다. 부당행위란 불법적인 시스템 사용, 불법적인 자료열람, 유출 및 변조 등을 뜻하며, 반면 긍정적 의미로는 각종 정보체계의 보안 취약점을 미리 알아내고 보완하는 데에 필요한 행위를 말한다. 그리고 IT 기술 전문가로서 해킹을 행하는 사람들을

표 8-2 ■ 해커의 유형

일반적인 해커의 유형	
화이트 햇 해커 (White-hat hacker)	악의가 없는 해킹으로 시스템 소유자의 요청에 의해 회사의 시스템에 침입해 취약점을 찾아내는 보안 전문가를 칭함
블래 햇 해커 (Black-hat hacker)	타인이 컴퓨터에 침투하여 정보를 열람하거나, 훔치거나, 파괴하는 등 타인에게 피해를 주는 불법적인 형태의 해킹을 말함
핵티비스트 (Hactivist)	해커(Hacker)와 정치운동가(Activist)를 합성한 용어로 정치, 사회, 종교 등의 특성을 가진 메시지를 알리거나 또는 시스템에 침투하는 행위를 말함
스크립트 키디 (Script Kiddie)	네트워크와 운영체제에 대하여 약간의 기술적인 지식을 가지고 있는 초보해커로서 컴퓨터 지식이 부족하여 남이 만들어 놓은 프로그램으로 해킹을 시도하는 사람을 말함
크래커(Cracker)	남에게 해를 끼치는 형태로써 범죄 의도를 가지고 있는 해커

출처: 고석하 외 5명 역, 비즈니스 정보 시스템, 2012 재작성.

해커(Hacker)라고 부른다. 일반적으로 해커의 유형은 〈표 8-2〉와 같다.

해킹은 초기에는 개인의 호기심이나 지적욕구의 의도에서 컴퓨터 간의 네트워크를 탐험하는 행위였으나 시간이 지남에 따라 악의적 및 범죄적인 의도를 가지고 불법적으로 시스템에 침입하는 행위로 변하면서 크래킹(Cracking)이라 부르게 되었다. 하지만, 오늘날에는 해킹과 크래킹을 거의 같은 의미로 사용하고 있다.

2.2 해킹(Hacking) 사례

가. 소셜 네트워크 서비스(SNS)를 이용한 해킹

지디넷 코리아에 의하면[5] 2012년 10월 4일 잉카인터넷, 소포스 등 국내외 주요 보안업계는 SNS를 활용한 해킹사례가 꾸준히 늘고 있음을 지적했다. 기존에는 페이스북 이메일을 가장해서 악성코드를 배포했는데, 요즘은 SNS의 사진파일, 공지사항, 친구신청, 인맥 등을 이용해서 악성코드를 유포하고 있다.

페이스북의 경우에는 인기 페이스북 계정인 것처럼 위장해서 악성코드를 활용한 네트워크 봇넷(악성 Bot에 감염되어 해커들에 제어당하는 시스템들로 구성된 네트워크)을 형성하고, 이를 활용해 악성코드와 각종 스팸메일을 유포한다. 소셜 네트워크를 타깃으로 한 해커들의 공세가 증가하면서 수많은 좀비PC를 이용해 봇넷을 만드는 형태가 SNS에서도 이용되고 있다. 브리티시 콜롬비아 대학의 조사결과 2011년에 100개의 페이스북 봇넷이 발견됐으며, 각 계정마다 수천 개의 페이스북 사용자를 친구등록한 것으로 밝혀졌다.[5]

해커들은 가짜 페이스북 계정을 만들어 실제 SNS사용자의 사이트를 해킹용으로 사용하는 명령제어서버에 연결해 악성코드를 배포하고 스팸메일을 발송했다. 페이스북은 전체 9억 5천 500만 명의 사용자들 가운데 8.7%인 8천 310만 개가 가짜계정이라는 것을 알아냈다.[5] 소셜 네트워크의 특징인 인맥을 이용하면 한 번의 공격으로 상당수 이용자들에게 피해를 입힐 수 있다. 이와 같은 SNS해킹을 예방하기 위해서는 불특정한 수신자로부터의 이메일 첨부파일을 클릭하지 않아야 한다.

나. 인터넷 포털사이트 해킹

연합뉴스에 따르면[6] 인터넷의 한 포털사이트에서 최대 3천 500만 명의 개인정보가 유출된 역대 최악의 해킹 사건이 일어났다. 국내 3위의 인터넷 포털 사이트와 국내 최대 소셜 네트워크 서비스(SNS) 사이트를 운영하는 A 기업은 2011년 7월 26일 외부 해킹으로 고객정보가 유출됐고 이틀이 지난 후에 이를 확인했다. 두 사이트의 회원수를 감안하면 잠재적인 피해자가 전 국민의 70%에 이르는 사상 최대 규모의 인터넷 사용자 개인정보 유출 사건이다.

유출된 정보는 암호화되지 않은 아이디, 이름, 전화번호, 이메일 주소와 암호화된 비밀번호, 주민번호 등이다. 주민번호와 비밀번호는 암호화돼 있어 해커들이 사용할 수 없다고 하지만, 암호화되지 않은 정보를 이용해 2차적인 범죄로 이어질 수 있는 보이스피싱(전화금융사기), 스팸메일, 명의도용 등이 발생할 수 있다. 이러한 사건이 발생하면 즉시 비밀번호를 바꾸고 동일한 아이디를 사용하는 다른 사이트의 비밀번호도 변경하여야 한다.

다. 금융 포털사이트 해킹

경향신문에 의하면[7] 2011년 3월 6일에서 4월 7일, 해커가 관리자 계정을 습득하여 보조서버(정비내역 조회서버, 광고메일 발송서버)에 침입하여 화면복사 및 해킹 프로그램을 설치하고 다운로드하는 방식으로 약 175만 명의 고객정보를 해킹하였다. 이 사례의 피해 규모는 4월 8일에 필리핀을 경유하는 2개의 IP가 검출되어 42만 건의 고객정보가 유출되었고, 5월 18일 7개의 추가 IP가 검출되어 67만 건의 고객정보가 유출되었다. 특히 로그파일에 남아 있는 고객 비밀번호의 암호화를 실시하지 않아 정보유출이 더욱 컸다고 한다.

대다수 기업은 이익창출과 직접적인 연관이 없는 보안에 투자하기를 꺼린다. 기업들의 보안의식을 강화하기 위해서는 책임소재를 철저히 밝히고 거기에 대응한 처벌 및 보상의 형태를 정해야 한다. 뿐만 아니라, 인터넷의 포털사이트에서는 개인에 관련한 많은 정보를 요구하고 있는데, 특히 주민번호

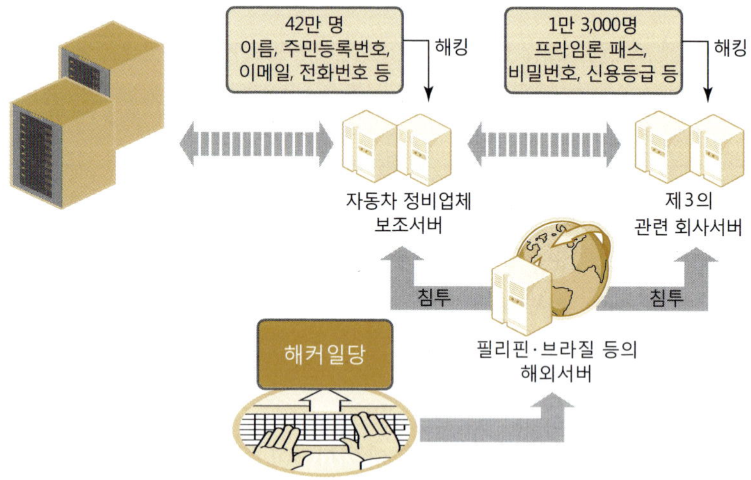

출처: 한국경제신문, 2011.

그림 8-1 금융기관 해킹 사례

와 같은 민감한 부분은 비교적 안전한 아이핀(i-PIN)으로 대체하는 것이 바람직한 방법이다.

3. 피싱과 피해 사례

현대사회에서 개인의 정보를 빼내기 위하여 새로운 형태로 발생한 신종범죄 피싱의 의미와 변천사, 피해사례에 대하여 알아본다.

3.1 피싱이란

시사용어사전에 의하면[8] 피싱(Phishing)의 어원은 다양하지만 '개인정보(Private Data)를 낚시(Fishing)하듯 낚아챈다'는 뜻에서 유래된 온라인 사기 기법을 말한다. 즉, 개인정보를 불법으로 얻으려는 피셔(Phisher)가 불특정 다수에게 이메일을 보내어 금융정보 등을 빼내 불법적으로 이용하는 사기 형태이다. 발신자가 공신력 있는 기관인 것처럼 위장하거나, 신원확인 메일, 이벤트 당첨, 흥미를 유발하는 사은품 등을 미끼로 수신자의 개인정보를 알아낸 뒤 범죄에 악용하는 것이다.

파밍(Pharming)은 피싱에서 진화한 형태로 사용자의 도메인 네임 시스템(DNS)의 주소를 변조함으로써 사용자들에게 진짜 사이트로 속인 다음 접속하게 하고 개인에 관련한 정보를 훔치는 형태의 인터넷 사기 수법이다. 파밍의 경우에는 사용자가 아무리 인터넷 도메인 주소와 URL 주소를 정확히 입력하더라도 가짜 홈페이지로 들어가도록 되어 있다. 사용자들은 의심 없이 정상적인 사이트로 알고 개인 아이디(ID)와 암호(password), 금융정보 등을 입력하면 피해를 입게 되는데, 특히 보안카드 비밀번호와 일련번호 전부를 기입하라고 요구하는 사이트는 파밍 사이트라고 판단해야 한다.

[그림 8-2]에서처럼 파밍은 인터넷의 파일공유사이트(P2P)에서 다운로

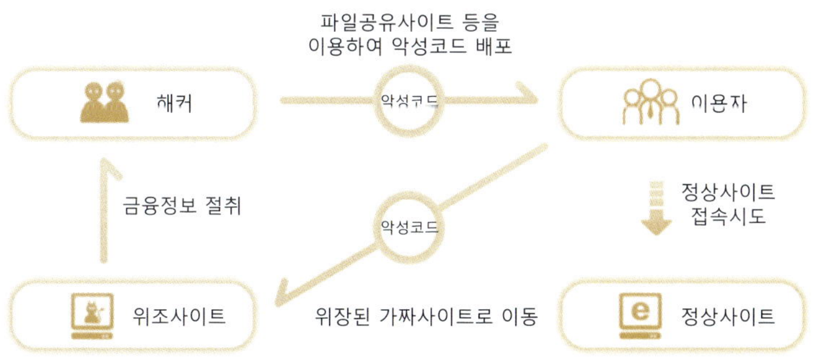

출처: 금융감독원.

그림 8-2 파밍 흐름

드받은 파일에 첨부된 악성코드로 인하여 인터넷 도메인 주소를 정확히 입력해도 가짜 홈페이지로 접속이 유도된다.

파밍에 의한 피해를 방지하기 위해서는 인터넷 브라우저의 보안성을 강화하고, P2P 사이트에서의 확인되지 않은 파일은 내려받지 말아야 하며, 보안카드 등의 금융정보를 요구하는 의심이 가는 사이트는 즉시 신고하는 것이 바람직하다. 또한 관련 기관은 사용하고 있는 DNS 운영 방식과 서버 소프트웨어를 강화하여야 한다.

3.2 피싱 변천

한국정보진흥원(2005)의 '새로운 사이버위협: 피싱'이라는 보고서에 의하면, 피싱이라는 용어는 1996년 AOL(America Online)의 신용도가 높은 사용자의 계정을 도용한 해커에서 유래되었으며, 타인 ID와 패스워드를 일컫는 피시(phish)는 당시 해커들 사이에서는 일종의 사이버머니로 유통이 되었다고 한다. AOL 계정을 훔치기 위해 해커가 불특정 다수의 AOL 회원에게 가짜 인스턴트 메시지를 보내 피해를 입힌 사건이 대표적이다.

국내에서의 첫 피싱 사례는 2004년 미국 오클라호마 소재 PC를 이용, 국내 K대학 서버를 해킹해 외국계 A은행의 홈페이지로 가장한 피싱용 화면을 설치하고, 스팸메일을 대거 발송하여 수신자들의 인터넷뱅킹 ID와 패스워드 등 개인정보 획득을 시도한 사건이 있었다.[9)]

초기의 피싱 형태는 특정 사이트와 비슷한 도메인 웹 페이지를 제작하여 사용자가 웹주소를 실수로 잘못 입력하는 것을 악용하는 수법이었다. 예를 들어 www.nbc.net일 때 www.nbc.com을 입력하면 거의 흡사한 사이트로 이동하는 형태다. 이후에는 이메일을 이용하여 발송한 스팸에서, 개인정보의 수정을 요구하거나 웹사이트 링크가 첨부되어 이를 클릭하면 피싱사이트로 이동하는 형태를 띠었다. 또한, 이메일을 통한 첨부파일과 함께 사용자의 컴퓨터에 악성코드를 실행시켜 사용자의 ID와 패스워드를 수집하거나 타인의 컴퓨터를 모니터링하기도 하였다. 이렇게 피싱의 수법은 아주 초보적인 것에서 시작되어 현재는 트로이목마, 웜 바이러스와 결합하여 사용자 컴퓨터의 취약성을 이용하거나 피싱을 알아차리기 어려울 정도의 지능적인 방법과 기술이 이용되고 있다

IDG Korea[10]는 피싱 사기를 예방하는 5가지 팁을 아래와 같이 제시하고 있다.

- 모든 e-메일을 의심
- 첨부파일 주의
- 어떠한 행동을 요구하는 요청이나 명령 무시
- 링크가 잘못된 곳으로 연결되는지 아닌지를 확인
- 전화를 걸어 해당 개인 또는 기업에서 정상적으로 발송한 것인지를 확인

3.3 피싱 사례

가. eBay 피싱

2003년의 eBay 피싱사건은 eBay를 가장하여 "보안 위험으로 계정이 일시 차단되었으니 첨부된 링크를 클릭해 eBay 홈페이지를 통해 재등록하라"는 형태의 e-메일을 스팸으로 발송한 것이었다. e-메일을 받은 사용자들은 각자의 사회보장번호, 신용카드번호 등과 같은 금융, 개인정보를 입력할 경우 피해가 발생하였다. 피싱사기는 eBay 사건이 대표적으로 이후 미국과 유럽의 유명 금융회사, AOL, Google 등 인터넷업체를 사칭한 피싱이 계속적으로 발생하였다.[11]

나. 결제대행사를 사칭한 소액결제 승인 SMS 피싱

뉴시스에 따르면[12] 허위로 SMS(문자메시지)를 보낸 후 이용자가 전화를 하면 실제 결제되는 승인번호를 통해서 휴대폰 소액결제로 온라인 게임캐시나 아이템을 구매하는 신종 SMS 피싱 사건이 발생하고 있다고 한다.

먼저 휴대폰 결제가 되었다는 허위 문자 메시지를 받게 되면, 이용자는 발신번호로 전화를 하고 상담원이 결제취소를 위해 이용자의 휴대폰에 보내진

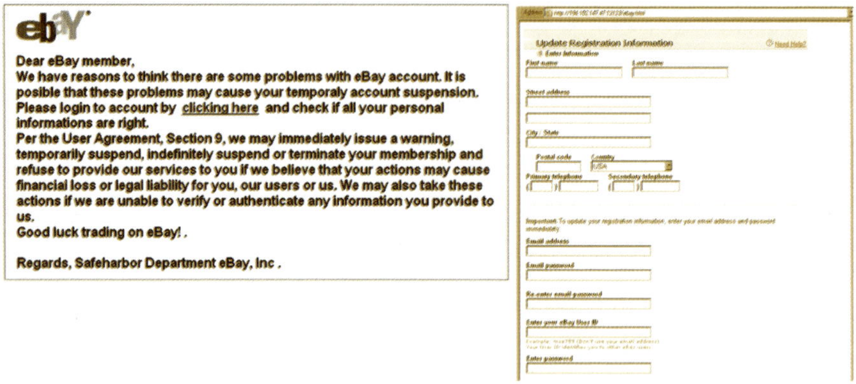

출처: 한국정보보호진흥원, 2005.12.

그림 8-3 eBay를 사칭한 사례

SMS 승인번호를 물어본다. 이렇게 해서 얻어진 승인번호를 통해 휴대폰 소액 결제로 게임캐시 등을 구매해서 피해를 보는 사례가 발생하고 있다.

다. 은행을 사칭한 금융 피싱

보안뉴스에 따르면[13] 은행 보안승급 서비스를 핑계로 이용자들을 가짜 피싱 사이트로 접속하도록 유도해 개인정보를 입력하게 하는 금융 피싱 사이트 사건이 있었다. 은행을 사칭해 고객의 개인정보가 유출됐으니 보안승급을 요청한다는 문자메시지를 대량 발송하고, 수신자가 가짜 사이트에 접속하면 '보안승급 바로가기'라고 되어 있는데 이는 실제 은행 사이트를 교묘하게 위장한 가짜 사이트이다. 이 사이트는 주민번호와 성명 등의 개인정보뿐만 아니라 통장 계좌번호, 비밀번호, 보안카드 번호까지 입력하도록 유도한다. 은행은 보안승급을 하라는 문자를 보내지 않으며, 주민번호, 성함, 주소, 비밀번호, 보안카드번호 등을 적으라고 하지 않으니 주의해야 한다.

2012년 11월 말 기준 인터넷진흥원이 차단한 피싱 사이트 수는 6,667건, 그 중 은행 등 금융권 사칭이 4,050건으로 60.7%에 이른다고 한다.[14]

출처: 보안뉴스, 2013.01.

그림 8-4 은행을 사칭한 피싱 사이트 화면

4. 정보보안 방법

정보의 가치가 중요해짐에 따라 정보보안을 위한 다양한 기술이 개발되고 있다. 일반적으로 정보 시스템을 감시하고 통제하기 위해 사용하는 소프트웨어와 특정 데이터를 이용하는 방법에 대하여 알아본다.

4.1 방화벽(Firewall)

방화벽이란 기업이나 조직 내부의 네트워크와 인터넷 간에 전송되는 정보를 선별하여 수용, 거부, 수정하는 능력을 가진 보안 시스템을 말한다.[15] 즉, 컴퓨터의 정보보안을 위해 외부 인터넷과 조직 내부의 전용통신망 사이에 건물의 방화벽과 같은 기능을 가진 소프트웨어 혹은 소프트웨어를 탑재한 하드웨어를 말한다.

방화벽은 원래 건물에서 발생한 화재가 더 이상 번지는 것을 막기 위해 만든 벽을 의미하나, 컴퓨터 네트워크 분야에서는 외부로부터의 불법적인 침입을 차단하여 네트워크의 보안 사고나 문제가 더 이상 확대되는 것을 방지하기 위한 수단으로 보면 된다.

외부에서의 불법적인 트래픽 유입을 막고 인증된 트래픽만을 허용하려는 방어책으로, 네트워크를 통해 들어오는 패킷에 대해 사전에 관리자가 설정해 놓은 보안규칙에 따라 허용 또는 차단하는 기능을 가진다.

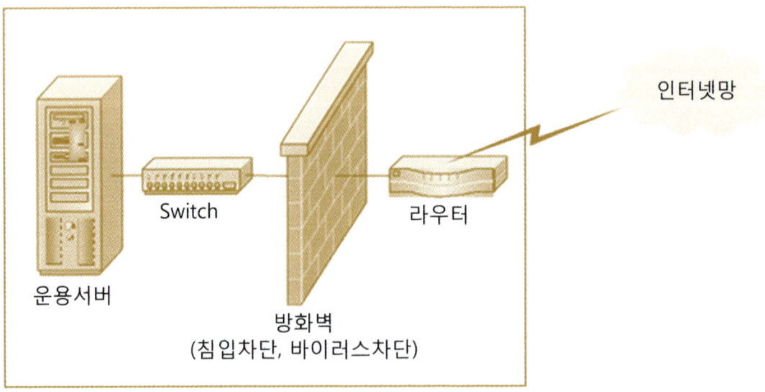

출처: www.kjunitech.com 포털사이트.

그림 8-5 방화벽의 원리

4.2 암호화(Encryption)

정보보안을 위해 이루어지는 기본적인 형태가 암호화이다. 암호화란 자료의 기밀성을 보장하기 위해 필요하며, 정보의 내용을 제3자가 알 수 없도록 특수하게 변환하는 것을 말한다. 일반 문서(평문)를 암호문으로 변경하는 것을 암호화, 암호문을 원래의 일반 문서(평문)로 변경하는 것을 복호화라고 한다.

암호화 방식에는 비밀키(대칭키) 방식과 공개키(비대칭키) 방식 등이 있다. 비밀키 암호방식은 송신자의 암호화와 수신자의 복호화에서 동일한 키가 사용되는 방식이다. 알고리즘의 종류가 많고, 키의 크기가 공개키에 비해 상대적으로 작아서 속도가 빠르고 효율적이나, 송신자와 수신자가 동일한 키를 사용하여야 하기 때문에 비밀키 보관의 중요성이 문제된다. 공개키 방식은 암호화와 복호화에 쓰이는 키가 한 쌍으로 사용된다. 즉, 두 개의 키를 생성하

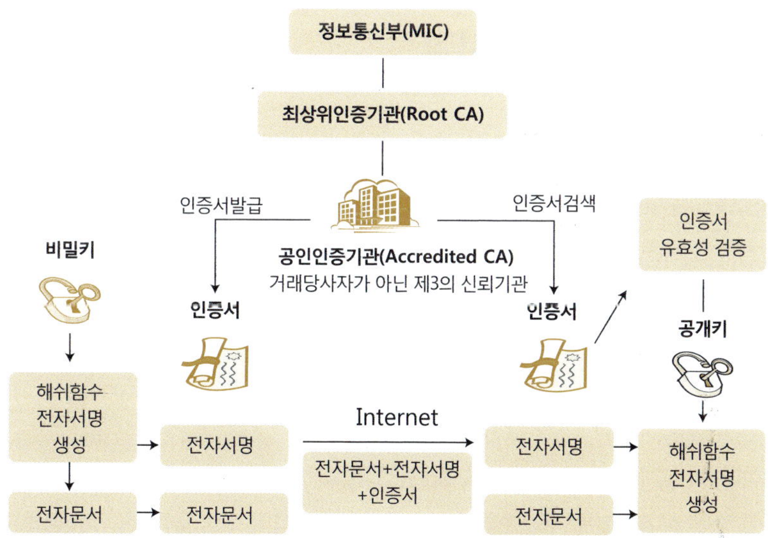

출처: SignKorea, 2013.

그림 8-6 인터넷에서의 인증서 검증 절차

여 하나를 공개하고, 나머지 하나를 자신이 보관하여 사용한다. 비밀키 암호화 방식에 비해 필요한 키의 수가 적고, 키의 크기가 상대적으로 크기 때문에 데이터 처리속도가 느린 것이 단점이다.[16]

인터넷에서 사용되는 공인인증서 방식은 공개키 기반구조를 바탕으로 만들어졌다. 개인의 비밀키로 암호화된 전자서명은 수신자에 의해 공개키로 전자서명을 검증받게 된다. 수신자들은 개인의 인증서에 포함된 공개키를 통해서 신원을 확인하고 메시지를 열람할 수 있으며, 비밀키는 개인이 특정 메시지를 수신자에게 전송할 때 날인의 개념으로 쓰인다.[17] 여기서, **전자서명**(Digital Signature)이란 사이버 세상에서 거래를 증명하거나 신원확인이 필요할 때 이를 확실히 보장 및 증명해 주는 수단을 말한다. 인터넷 뱅킹, 사이버 증권에서의 금융분야, 인터넷쇼핑, 전자무역에서의 전자상거래 분야, 전자민원서비스, 전자조달 및 입찰, 각종 공과금 수납 등 공공분야에서 사용되고 있다.[18]

5. 개인정보 보호 지침

정보화 사회에서 개인의 정보를 지키는 것은 매우 중요한 일이다. 개인정보보호위원회(www.pipc.go.kr)의 대표적인 개인정보 보호 지침은 다음과 같다.

개인정보 보호 10계명

1. 회원가입을 하거나 개인정보를 제공할 때에는 개인정보 처리 방침 및 약관을 꼼꼼히 살핍니다.

개인정보처리자는 「개인정보보호법」에 따라 회원가입 등의 방법으로 개인정보를 수집하고자 할 경우, 개인정보 처리 목적, 처리 및 보유기간, 제3자 제공에 관한 사항, 정보주체의 권리·의무 및 행사

방법, 위탁 업무의 내용 등 개인정보 취급 관련 내용을 개인정보 처리 방침에 포함하여 공개하도록 하고 있습니다. 따라서 이용자는 회원가입을 하거나 개인정보를 제공할 경우 사업자의 개인정보 처리 목적 등을 자세히 검토한 후 가입/제공하여야 합니다.

2. 회원가입시 비밀번호를 타인이 유추하기 어렵도록 영문/숫자 등을 조합하여 8자리 이상으로 설정합니다.

안전한 패스워드란 본인이 아닌 다른 사람이 쉽게 추측할 수 없으며, 인터넷을 통해 전송되는 정보를 해킹하여 이용자 패스워드를 알 수 없거나 알 수 있어도, 패스워드를 알아내는 데 많은 시간이 요구되는 패스워드를 말합니다.

3. 자신이 가입한 사이트에 타인이 자신인 것처럼 로그인하기 어렵도록 비밀번호를 주기적으로 변경합니다.

권장하는 패스워드 변경주기는 6개월이며 패스워드 변경시 이전에 사용하지 않은 새로운 패스워드를 사용하고 변경된 패스워드는 예전의 패스워드와 연관성이 없어야 합니다.

4. 가급적 안전성이 높은 주민번호 대체수단(아이핀 : i-PIN)으로 회원가입을 하고, 꼭 필요하지 않은 개인정보는 입력하지 않습니다.

아이핀(i-PIN)은 인터넷상 개인식별번호(Internet Personal Identification Number)로써, 대면확인이 어려운 온라인에서 본인확인을 할 수 있는 수단의 하나입니다. 인터넷이용자가 주민등록번호를 제공하지 않으면서 본인확인을 할 수 있는 방법이므로 개인정보(주민등록번호)의 오/남용을 줄일 수 있습니다. i-PIN은 이용자가 인터넷 사이트 회원가입이나 성인인증 등을 위해 자신의 신원정보를 본인확인기관에 제공하고 본인확인이 필요할 때마다 식별 ID와 비밀번호를 이용하여 본인확인을 받는 방법으로, 다수의 본인확인기관이 서비스를 제공하고 있습니다.

5. 타인이 자신의 명의로 신규 회원가입시 즉각 차단하고, 이를 통지받을 수 있도록 명의도용 확인서비스를 이용합니다.

자신의 개인정보가 노출되어 타인이 자신의 명의로 자신도 모르게 회원가입이 되어 있는 경우가 있으므로 명의도용 확인 서비스를 이용하여 인터넷 가입정보 확인, 정보도용 차단, 실명인증기록 조회 등을 확인할 수 있습니다.

6. 자신의 아이디와 비밀번호, 주민번호 등 개인정보가 공개되지 않도록 주의하여 관리하며 친구나 다른 사람에게 알려주지 않습니다.

자신의 개인정보가 노출되어 타인이

자신의 명의로 자신도 모르게 회원가입이 되어 있는 경우가 있으므로 명의도용 확인 서비스를 이용하여 인터넷 가입정보 확인, 정보도용 차단, 실명인증기록 조회 등을 확인할 수 있습니다.

7. 인터넷에 올리는 데이터에 개인정보가 포함되지 않도록 하며, P2P로 제공하는 자신의 공유폴더에 개인정보 파일이 저장되지 않도록 합니다.

P2P(peer to peer)서비스는 인터넷에 연결된 모든 개인 PC로부터 직접 정보를 제공받고 검색은 물론 내려받기까지 할 수 있는 서비스로 웹사이트에 한정되어 있던 정보추출 경로를 개인, 회사가 운영하는 DB까지 확대할 수 있습니다. 따라서 자신의 개인정보 또는 다른 사람의 개인정보를 공유폴더에 저장하여 P2P 사이트에 올리는 것은 개인정보 노출 및 오/남용을 극대화하는 것이라 볼 수 있으므로, 개인정보가 포함된 파일은 홈페이지나 공유폴더에 게시하지 않고 개인 메일로 전송하거나 오프라인에서 배포하여야 합니다.

8. 금융거래시 신용카드 번호와 같은 금융정보 등을 저장할 경우 암호화하여 저장하고, 되도록 PC방 등 개방 환경을 이용하지 않습니다.

신용카드 번호와 같은 금융정보 등의 중요한 개인정보들을 문서에 작성하여 저장할 경우 암호화기능을 제공하는 문서프로그램(한글, MS 오피스 등) 을 사용해야 합니다. 개인정보가 담긴 문서를 프린트하여 다른 사람들이 볼 수 있는 곳에 두거나, 문서파일을 PC방 등 개방 환경에서 사용 및 복사를 자제하고, 복사시 반드시 삭제하여야 합니다.

9. 인터넷에서 아무 자료나 함부로 다운로드하지 않습니다.

인터넷상에서 정확히 모르는 파일을 다운로드하게 되면 그 파일이 개인정보를 유출하는 프로그램일 경우도 있고 해킹 프로그램일 수도 있어 파일을 다운로드 시행했을 시 이용자 개인 PC에 있는 개인정보를 유/노출시킬 수 있으므로 파일 내역을 잘 모르거나 의심이 가는 자료는 다운로드하지 않습니다.

10. 개인정보가 유출된 경우 해당 사이트 관리자에게 삭제를 요청하고, 처리되지 않는 경우 즉시 개인정보 침해신고를 합니다.

〈출처: 개인정보보호위원회〉[19)]

▶ 토의과제

1. 정보보안을 소홀히 할 경우 국가, 기업, 개인이 당할 수 있는 위험 요소들에 대하여 토의해 보자.
2. 해킹은 컴퓨터 범죄에 속한다. 하지만, 해킹을 함으로써 시스템의 취약점을 알려주어 보안을 강화시키는 사례도 있다. 이로써 해커의 해킹이 정당화될 수 있는지 토의해 보자.
3. 인터넷 상거래는 우리의 구매생활을 편리하게 만들었다. 과연 인터넷 상거래는 안전한지에 대해 생각해 보고, 우리가 안전하게 물품거래를 할 수 있는 방법에 대하여 토의해 보자.
4. 모바일 기기에서 일어날 수 있는 바이러스 및 해킹 공격은 우리에게 어떤 피해를 가져올 수 있는지 토의해 보자.
5. 자신의 신원 도용을 방지하기 위한 방법으로 무엇을 해야 하는지 생각해 보자.

동 영 상

제 목	주요내용	Link	시 간
좀비 PC	해커들은 좀비 PC를 조종해 ID 절도, 대량 스팸 전송, 수천 대의 컴퓨터를 공격하는 등 수많은 사이버범죄를 저지르며 큰 피해를 끼침	http://www.kbs.co.kr/2tv/enter/sponge/view/pod/1669854_34482.html	17분 39초
What's Phishing?	피싱이 행해지는 과정을 설명함	http://www.youtube.com/watch?v=5xi5JciXWO4	2분 38초
[IT info] SQL Injection 해킹 공격!! 한국도 위험하다!	한 번의 공격으로 방대한 코드를 삽입하여 다량의 DB값을 변조시킴으로써 웹사이트에 치명적인 영향을 입힐 수 있는 SQL injection 공격의 정의 및 해킹 공격시 피해 상황과 이에 대한 대응책을 제시함	http://www.youtube.com/watch?v=WifWHn5-OyQ	14분 5초
최악의 시나리오 3부-사이버 아마겟돈	해킹으로 인한 국가 인프라를 마비시키는 상황을 보여주는 SBS 스페셜	http://www.youtube.com/watch?v=hc-0zWJa_NY	51분 48초

Summary
요 | 약

정보보안의 개념

- 해커 침입과 각종 바이러스 발생에 대비하여 보안 정책과 예방책을 수립하고, 시스템에 대한 접근 및 운영을 통제하며 침입이 발생했을 때 즉각적 대응, 손상된 시스템을 복구하는 행위
- 주요 보안 위협형태에는 서비스 거부(DoS), 분산 서비스 거부(DDoS), 스니핑(Sniffing), 스푸핑(Spoofing), 백도어(Back Door), 웜(Worm), 해킹(Hacking), 트로이목마(Trojan Horse), 피싱(Phishing), 파밍(Pharming), 키로거(Key logger) 등이 있음
- 컴퓨터 바이러스나 보안위협 요소들은 국가의 중요 인프라 파괴에서부터 개인의 사생활 침해 등 많은 부분에서 해악적인 요소로 작용

해킹(Hacking)과 해커(Hacker)

- 해킹(Hacking)은 "어떠한 의도에 상관없이 다른 컴퓨터에 침입하는 모든 행위"로서 전산망을 통하여 타인의 컴퓨터 시스템에 액세스 권한 없이 무단 침입하여 부당행위를 하는 것을 말함
- IT 기술 전문가로서 해킹을 행하는 사람들을 해커(Hacker)라고 부르며, 해커의 유형에 따라 화이트 햇 해커, 블랙 햇 해커, 핵티비스트, 스크립트 키디, 크래커가 있음

피싱(Phishing)과 파밍(Pharming)

- 피싱(Phishing)은 "개인정보(Private Data)를 낚시(Fishing)하듯 낚아챈다"는 뜻에서 유래되었으며, 개인정보를 불법으로 얻으려는 피셔(Phisher)가 불특정 다수에게 이메일을 보내어 금융정보 등을 빼내 불법적으로 이용하는 사기 형태를 말함
- 파밍(Pharming)은 피싱에서 진화한 형태로 사용자의 도메인을 탈취하거나 도메인 네임 시스템(DNS)의 주소를 변조함으로써 사용자들로 하여금 진짜 사이트로 오인하여 접속한 다음 개인정보를 훔치는 새로운 형태의 인터넷 사기 수법임

정보보안 방법

- 방화벽(Firewall)은 기업이나 조직 내부의 네트워크와 인터넷 간에 전송되는 정보를 선별하여 수용, 거부, 수정하는 능력을 가진 보안 시스템으로, 전용통신망에 불법 사용자들이 접근하여 컴퓨터 자원을 사용 또는 교란하거나 중요한 정보들을 불법으로 외부에 유출하는 행위를 방지하는 것이 목적임
- 암호화(Encryption)란 어떤 정보의 내용을 관련자 이외의 사람들이 볼 수 없도록 정보를 특수하게 변환하는 것을 말하는데, 일반 문서(평문)를 암호문으로 변경하는 것을 암호화, 암호문을 원래의 일반 문서(평문)로 변경하는 것을 복호화라고 함

개인정보 보호 지침

- 정보화 사회에서 개인의 정보를 지키는 것은 매우 중요한 일임
- 비밀번호 작성시 영문/숫자 등을 조합하여 8자리 이상으로 설정하며 6개월마다 주기적으로 변경
- 가급적 안전성이 높은 주민번호 대체수단인 아이핀(i-PIN)으로 회원가입
- 인터넷에서 검증되지 않은 자료를 함부로 다운로드하지 않음

질문

1. 정보보안에서 보안위협의 형태에는 무엇이 있는가?
2. 바이러스 등 악성 프로그램이 이메일로 배달되어서 내 컴퓨터에 피해를 줄 수 있다. 이를 예방하기 위해 어떻게 해야 할까?
3. 기업의 자산인 정보를 보호하기 위하여 일반적으로 사용하는 기술적인 방법에는 무엇이 있는가?
4. 온라인에서 본인확인을 위하여 개인정보인 주민번호를 입력하는 부분이 많다. 이를 대체하는 방법은 무엇이 있는가?
5. 피싱과 파밍이 무엇을 말하는지 설명해 보자.
6. 암호화의 기본적인 두 가지 형태에는 무엇이 있는가?
7. 온라인에서 현명하게 비밀번호를 설정하려면 어떻게 작성하는 것이 좋은가?
8. 웜과 바이러스의 차이점은 무엇인가?
9. 해킹과 크래킹의 차이점은 무엇인가?
10. 피싱 사기를 예방하는 5가지 방법은 무엇인가?

Closing Case

실시간 키 값 가로채는 '스마트폰 안드로이드 키로거' 등장

2011년 11월 3일 서울 양재동 서울교육문화회관에서 열린 국제해킹보안컨퍼런스(POC2011)에서 유동훈 아이넷캅 연구소장은 안드로이드 스마트폰용 키로거를 이용해 입력하는 키값을 가로채는 장면을 시연했다.

유 소장은 간단한 문자를 보내거나, QR코드를 스캔하게 하거나, URL을 보내는 등 일반적인 방법으로 악성코드를 사용자에게 전송했다. 키보드 보안 프로그램을 무력화 시키는 안드로이드 스마트폰용 키로거는 문자, 채팅 내용과 계좌 이체 계정과 같은 중요 정보를 실시간으로 가로챈다.

스마트폰의 키보드 보안 프로그램은 키보드의 배치가 매번 실행될 때마다 바뀌어 스마트폰의 정보 입력단계에서부터 해킹이 불가능하도록 설계돼 있다. 하지만 해커에 의해 키 값을 기록하는 키로거 프로그램이 설치된 스마트폰은 배치가 바뀐 스마트폰 키보드를 화면 캡처와 키 값 기록을 동시에 수행해 사용자가 어떤 키를 누르고 있는지 실시간으로 알려준다.

즉, 스마트폰 뱅킹 이용시 사용자가 입력하는 키 값을 해커 마음대로 조종하는 맨 인더미들(Man in the Middle) 공격을 시행하면 계좌정보와 이체 금액 등도 변조할 수 있다. 따라서 이 공격을 악용해 사용자가 입력하는 키 값을 조작하는 공격을 통해 공격자의 계좌로 일정 금액을 이체할 수도 있다. 공인인증서나 일회용 비밀번호(OTP)와 상관없이 계좌정보와 결제 금액 등을 바로 해커가 원하는 대로 변조해 송금시키기 때문에 돈을 가로채는 것은 식은 죽 먹기다. 특히 충격적인 것은 탈옥이나 루팅 없이 정상적인 방법으로 스마트폰을 사용해도 이런 악성코드에 모르는 사이 감염될 수 있다는 점이다.

이번 발표를 진행한 유동훈 아이넷캅 연구소장은 "그간 스마트폰 해킹 시연은 악성코드를 설치해 폰에 저장된 정보를 빼오는 수준이었지만 키보드 보안프로그램을 우회해 사용자가 입력하는 정보를 실시간으로 가로챌 수도 있다"며 "이를 악용하면 스마트폰 뱅킹 조작도 가능하기 때문에 보다 철저한 방어가 필요하다"고 말했다.

유 소장은 "스마트폰 키보드 프로그램을 우회하는 악성코드를 방어하기 위해서는 키보드 배열을 해커가 짐작하기 어려울 정도로 완전히 바꾸고 화면캡처도 동시에 금지시켜야 한다"며 "스마트폰 펌웨어 업그레이드나 패치 등을 자주 업데이트해 악성코드 설치를 방어해야 한다"고 당부했다.

〈출처: etnews.com, 장윤정 기자, 2011.11.04〉[20)]

〈스마트폰 이용자 10대 안전 수칙〉

1. 의심스러운 애플리케이션 다운로드하지 않기
   – 위 · 변조된 애플리케이션에 의해서 스마트폰용 악성코드가 유포될 가능성 높음
2. 신뢰할 수 없는 사이트 방문하지 않기
   – 인터넷을 통해 스마트폰 단말기가 악성코드에 감염되는 것을 예방
3. 발신인이 불명확하거나 의심스러운 메시지 및 메일 삭제하기
   – 멀티미디어 메시지(MMS) 및 이메일은 첨부파일 기능이 있어 악성코드 유포에 악용 가능
4. 비밀번호 설정 기능을 이용하고 정기적으로 비밀번호 변경하기
   – 단말기 분실 및 도난시 비밀번호가 유출되는 것을 방지
5. 블루투스 기능 및 무선 인터페이스는 사용시에만 켜놓기
   – 국외의 경우 블루투스 기능을 통해 상당수의 스마트폰에 악성코드 유포 사례 발견
6. 이상 증상이 지속될 경우 악성코드 감염여부 확인하기
   – 스마트폰 매뉴얼에 따라 선조치한 후에도 이상 증상이 계속될 경우, 악성코드 감염 가능성이 있으므로 백신 프로그램을 통해 단말기 진단 및 치료 필요
7. 다운로드한 파일은 바이러스 유무를 검사한 후 사용하기
   – 스마트폰용 악성프로그램이 인터넷을 통해 특정 프로그램이나 파일 등에 숨겨져 배포될 수 있으므로 바이러스 유 · 무 검사 필요
8. PC에도 백신프로그램을 설치하고 정기적으로 바이러스 검사하기
   – 동기화 프로그램을 통해서도 PC에 있는 악성코드가 스마트폰으로 옮겨질 수 있으므로 스마트폰 및 PC의 정기점검 필요
9. 스마트폰 플랫폼의 구조를 임의로 변경하지 않기
   – 플랫폼 구조 변경시, 기본적인 보안 기능에 영향을 주어 문제가 발생할 가능성 있음
10. 운영체제 및 백신프로그램을 항상 최신 버전으로 업데이트하기

– 해커들의 다양한 공격기법에 대응하고 스마트폰의 안전한 사용을 위해 필요

〈출처: 방송통신위원회〉[21]

질문

1. 근래에 스마트폰 해킹에 관련한 또 다른 사례에는 어떤 것이 있는지 살펴보자.
2. 최근 정부나 기업에서 공무원이나 직원들에게 스마트폰을 지급하고 스마트 워크에 활용하는 등 스마트폰의 업무 이용이 확대됨에 따라 보안 문제가 심각한 상황으로 대두되고 있다. 스마트폰에서 사용되는 악성코드 및 보안 위협 형태에 대하여 살펴보자.
3. 각자 위에 열거한 스마트폰의 10대 안전수칙들이 얼마나 지켜지고 있는지 살펴보자.

참고문헌

1. 보안뉴스, 김태형 기자, "해커 영화 '테이크다운', 보안의 중요성 일깨워줘," 2007. 08.10, http://www.boannews.com/media/view.asp?idx=7096.
2. 강영무, 고영중, 권기항, 김종훈, 김혀수, 박경환, 박병권, 이강배, 이재기, 정문상, 조장우, 최형림, 홍순구, 허성우, "정보처리개론," 생능출판사, 2007.
3. 경향신문, 김기범 기자, "이란 핵시설 파괴 노린 컴퓨터 웜 침투," 2010.09.24, http://news.khan.co.kr/kh_news/khan_art_view.html?artid=201009242206385&code=970209&area=nnb3&cmt&cmt&cmtpage=&cmtpage=1.
4. 위키백과, "해킹이란," http://ko.wikipedia.org/wiki/%ED%95%B4%ED%82%B9, 검색일 2013.01.20.
5. 지디넷코리아, 손경호 기자, "진화하는 SNS 해킹," 2012.10.04, http://www.zdnet.co.kr/news/news_view.asp?artice_id=20121004130925&type=det.
6. 연합뉴스, "개인정보유출 방지 특단의 대책 서둘러야," 2011.07.29, http://news.naver.com/main/read.nhn?mode=LSD&mid=sec&sid1=102&oid=001&aid=0005187031.
7. 경향신문, 박병률 기자, "퇴직직원 ID · 비밀번호로 금융기관 해킹 당했다," 2011.05.18, http://news.khan.co.kr/kh_news/khan_art_view.html?artid=201105180000035&code=920301.
8. 시사용어사전, "피싱," http://terms.naver.com/entry.nhn?cid=208&docId=73794&mobile&categoryId=208, 검색일 2013.01.20.
9. 전자신문, 김인순 기자, "국내 첫 '피싱'사례 적발," 2004.10.28, http://news.naver.com/main/read.nhn?mode=LSD&mid=sec&sid1=105&oid=030&aid=0000086373.
10. IDG, "피싱 사기를 예방하는 5가지 팁," 2011.04.11, http://www.itworld.co.kr/news/65011.
11. 한국정보보호진흥원, "새로운 사이버위협: 피싱, 피싱에 따른 기술 · 사회 · 법제적 대응 및 시사점," 2005.12.
12. 뉴시스, "결제대행사 사칭, 소액결제 승인 'SMS피싱' 주의," 2013.1.9, http://news. naver.com/main/read.nhn?mode=LSD&mid=sec&sid1=101&oid=003&aid=0004919183.

13. 보안뉴스, 김태형 기자, 2013.01.08, "보안승급 유도 국민은행 피싱사이트 주의보," http://www.boannews.com/media/view.asp?idx=34348&kind=1.
14. 아주경제, 박선미 기자, "'파밍' 피해사례 및 은행권 대처 방안은," 2013.01.08, http://www.ajunews.com/common/redirect.jsp?newsId=20130108000572.
15. 두산백과, "방화벽," http://terms.naver.com/entry.nhn?cid=200000000&docId=1179934&mobile&categoryId=200000781, 검색일 2013.01.20.
16. 황하진, 고일상, 박경혜, "전자상거래와 e-비즈니스," 경문사, 2010.
17. 시사용어사전, "전자서명," http://terms.naver.com/entry.nhn?cid=208&docId=71845&mobile&categoryId=208, 검색일 2013.01.20.
18. SignKorea, http://www.signkorea.com/guide/main.php, 검색일 2013.01.20.
19. 개인정보보호위원회, http://www.pipc.go.kr/cmt/not/ham/notPerHarm1.do, 검색일 2013.01.20.
20. etnews, 장윤정 기자, "실시간 키 값 가로채는 스마트폰 안드로이드 키로거 등장," 2011.11.04, http://www.etnews.com/news/computing/public/2521118_ 2564.html.
21. 방송통신위원회, 네이버캐스트, 안창현, "스마트폰 안전하게 이용하는 법," 2012.08.22, http://navercast.naver.com/contents.nhn?rid=112&contents_id=11955.
22. 고석하, 권순동, 김태성, 민대환, 최형림, 홍순구 역, "비즈니스 정보 시스템 3판," 생능출판사, 2012.06.
23. 한국경제신문, 김일규 기자, "모 금융기관 보안망, 제휴 맺은 車정비업체 통해 뚫렸다," 2011.04.11, http://www.hankyung.com/news/app/newsview.php?aid=2011041160381&intype=1.
24. 금융감독원, 보도참고자료, 2012.07.27, http://www.fss.or.kr/fss/konan/kr/search/search_total.jsp?kwd=%C6%C4%B9%D6&x=0&y=0.
25. (주)유니테크시스템, http://www.kjunitech.com/sub/server.htm, 검색일 2013.01.20.
26. KBS, 스펀지, 2010.08.27, http://www.kbs.co.kr/2tv/enter/sponge/view/pod/1669854_34482.html.
27. 유튜브, http://www.youtube.com/watch?v=5xi5JciXWO4, 검색일 2013.01.20.
28. 유튜브, http://www.youtube.com/watch?v=WifWHn5-OyQ, 검색일 2013.01.20.
29. 유튜브, http://www.youtube.com/watch?v=hc-0zWJa_NY, 검색일 2013.01.20.

Chapter 09

유비쿼터스와 정보윤리

학습목표

1. 정보윤리의 개념을 이해한다.
2. 정보윤리의 필요성 및 기본 원칙을 이해한다.
3. 정보윤리의 사례를 이해하고 활용할 줄 안다.

Openning Case

에너미 오브 스테이트(Enemy Of The State)

에너미 오브 스테이트는 위성에서 내려다 보는 화면에 사람들의 일거수 일투족이 정밀하게 포착되는 첫 장면으로 시작한다. 상원의원 필은 NSA의 감청 및 도청 행위를 법적으로 승인하자는 법안에 강력하게 반대해 왔기 때문에 결국 살해당하고 만다. 로버트 딘과 과거 대학동창 친구였던 다니엘은 철새를 연구하기 위해 호숫가에 카메라를 설치해 두었다가 살해 장면이 촬영된 것을 알게 된다. 이때부터 그는 NSA의 추적을 받게 되어 이때부터 딘은 살기 위한 치밀하고도 쇼킹한 작전을 짜게 된다.

이 영화에서 다니엘을 추적하는 NSA의 시스템들이 더 이상 영화 속에서만 등장하는 가상의 설정이 아니라 실존한다는 충격적인 내용이 세간에 알려지면서 에너미 오브 더 스테이트는 그런 국가 비밀 기구의 정보 집중의 문제와 정보화 사회에 대한 공포를 잘 그려낸 수작으로 평가받게 된다.

이 영화에서 보여진 유비쿼터스 기술에는 개인의 위치와 움직임을 GPS와 위성 등 각종 추적장치를 이용하여 실시간으로 파악한다. 이러한 개인의 정보들을 이용하여 한 사람을 고립시키고 신용카드를 정지시키는 등 사회활동을 할 수 없도록 만든다. 여기서 사용된 유비쿼터스 기술들은 현재 우리가 차량 내비게이션이나 스마트폰에서 위치를 추적할 수 있는 GPS와 LBS(Location Based Service) 서비스와 같은 위치 추적 기술이다. 이러한 기술은 미래의 기술이라기보다 현재 사용하고 있다.

위치 추적 기술은 사람들이 산속, 사막 등 오지에서 길을 잃었거나 위험에 처했을 경우 응급한 상황을 알리고자 할 때 활용될 수 있으며, 철새나 돌고래 등의 이동 상황 및 자연생태 조사 연구에서도 응용되는 기술이다.

〈출처: 네이버 영화; 네이버 블로그〉[1)2)]

1. 정보윤리의 개념

정보윤리는 유비쿼터스 사회를 살아가는 우리들이 정보통신 기술을 이용하는 데 있어 지켜야 할 도리 및 사회적 규범을 말한다.[3] 정보윤리는 현실 세계에서 적용되는 도덕적 윤리규범뿐 아니라 유비쿼터스 컴퓨팅 환경이 만들어 놓은 가상의 공간으로 그 범위가 확대되고 있다. 예를 들면 현실공간에서의 도덕적 규범이라고 하면 타인에 대한 존중과 배려 등의 윤리로 이 규범이 깨어지면 범죄, 도박, 사기, 유언비어, 성문란 등의 각종 사회문제들이 발생한다. 이와 같은 문제가 가상공간에서도 발생할 수 있고 아울러 해킹, 바이러스, 악플과 같은 또 다른 윤리 문제를 야기한다. 따라서 정보윤리는 유비쿼터스 사회를 살아가면서 우리가 지켜야 할 "옳음과 그름, 윤리적인 것과 비윤리적인 것을 판단하고 행동하는 데 기준이 되는 체계"라고 할 수 있다.[4]

그렇다면 이와 같이 다양한 정보윤리 문제들이 발생하고 있는 가상공간의 특징을 알아보자. 먼저 가상공간은 현실공간에서처럼 자신을 모두 보여주지 않아도 인터넷상의 생활이 가능하다. 이러한 가상공간에서의 익명성과 비대면성의 보장은 현실공간과 달리 어떠한 잘못된 행위를 한다고 해도 자신의 정체가 드러나지 않기 때문에 악플, 언어폭력 등과 같은 비도덕적 행위를 더욱 쉽게 하게 된다.[5] 또한 현실공간에서는 남의 것을 훔치는 것을 범죄로 인식하여 쉽게 저지르지 못하지만 가상공간에서는 아무런 범죄의식 없이 남의 아이디어를 도용하거나 소프트웨어 등을 무단으로 복제하게 되는 경우가 많다.

이와 같이 가상공간에서 새로운 정보윤리 문제들이 계속 발생하고 있다. 현실공간에서의 윤리와 가상공간에서의 윤리는 근본적으로 차이가 없기 때문에 우리는 가상공간에서도 정보윤리를 잘 실천할 수 있도록 노력해야 한다.

2. 정보윤리의 필요성과 기본원칙

2.1 정보윤리의 필요성

유비쿼터스 사회에서의 인간의 삶은 정보기술들로 인해 점점 편리하게 되어 가고 있다. 그렇지만 그로 인한 부작용과 문제에 대한 우려의 목소리도 커지고 있다.

예를 들어, 개인의 신용정보가 무분별하게 수집되고, 수집된 정보가 유출되어 개인의 권리와 사생활이 침해되고 있으며, 기업의 중요한 기밀이 유출되어 금전적 피해를 입는 사례도 늘어나고 있다. 실제로 2011년 농협 전산망 해킹으로 인한 피해는 사회 전체를 혼란스럽게 만들기도 하였다. 또, 인터넷 중독, 게임중독, 사이버 도박 등으로 인해 사회활동이나 학업을 중단하는 일이나, 사이버 머니 때문에 사람을 해치는 일과 온라인 자살사이트의 등장으로 자살을 유도하는 등 여러 가지 사회문제들이 나타나고 있다. 이와 같이 인터넷으로 빠져들게 만드는 중독이나 집단 자살과 같은 문제들은 개개인의 삶에서 사회적 역할의 의미를 잊어버리고 사회적으로 고립되는 인간성 상실, 탈사회화 현상으로 나타나고 있다.[4)]

2.2 정보윤리의 기본원칙

현대인들은 가상공간에서 현실공간과는 또 다른 사회를 만날 수 있다. 가상공간도 현실공간과 마찬가지로 눈에 보이지는 않지만 지켜야 할 윤리에 대한 기본원칙이 필요하다.

정보통신윤리위원회에서는 2004년 정보통신윤리 백서를 펴내면서 가상사회에서 지켜야 할 정보윤리의 기본원칙으로 존중(respect), 책임(responsibility),

가상사회에서 지켜야 할 기본원칙

첫째, 존중의 원칙이다. 존중이라고 하면 사람이나 사물이 지닌 고귀한 가치에 대해서 경의를 표하는 것을 말한다. 여기서 존중은 자신에 대한 존중과 타인에 대한 존중을 포함한다. 따라서 가상공간에서 인터넷 중독이나 게임 중독, 도박 중독 등으로 자신의 몸과 마음을 해치는 것은 정보윤리의 존중의 원칙에 위배되며, 타인을 존중하는 것은 다른 사람의 지적 재산권, 사생활 침해, 다양성 등을 인정하는 것을 말한다.

가상의 공간에서는 자신이 드러나지 않고 또 눈으로 직접 볼 수 없다는 것 등의 비대면성과 익명성이 보장된다는 특징으로 인해 상대방에 대한 존중의 마음을 가지지 않는 경우가 많이 있다. 그러나 가상의 공간도 현실공간과 똑같은 하나의 사회이기 때문에 자신이 눈으로 직접 볼 수 없고 또한 자신의 정체가 드러나지 않더라도 상대방을 하나의 소중한 인격체로 존중하려는 자세를 가지는 마음가짐이 필요하다.

둘째, 책임의 원칙이다. 책임은 자기에게 맡겨진 일을 다 하는 것이다. 즉, 가상의 공간에서 어떤 행동을 하기 전에 이러한 나의 행동이 다른 사람에게 어떤 영향을 미치게 될지 깊이 있게 생각한 후에 행동하는 것이 바람직하다. 예를 들면 내가 확인되지 않은 불건전 정보에 접속하여 바이러스에 감염되었다고 하자. 그러면 나의 홈페이지를 방문한 수많은 접속자들은 모두 바이러스에 감염될 수 있다. 이것은 나의 작은 클릭이라는 행동 하나가 수많은 사람들에게 바이러스 유포라는 피해를 입힐 수 있다. 따라서 가상공간에서 서로 보살피고 관심을 가지는 책임의식이 필요하다.

셋째, 정의의 원칙이다. 정의는 공정한 것을 추구하려는 것과 다른 사람을 위한 이타주의의 삶, 옳지 못한 규칙이나 법에 저항하는 것을 모두 포함하는 의미이다. 따라서 가상공간에서 참되고 공정한 정보를 교환해야 하고, 타인의 권리를 침해해서는 안 되며, 인간의 자유를 구속하려는 옳지 못한 법이나 규칙에 대해서 적극적으로 대응하는 것이 필요하다.

넷째, 해악금지의 원칙이다. 해악금지는 구체적으로 다른 사람들에게 피해를 주지 않는 것이다. 따라서 가상의 공간에서 다른 사람에게 욕설이나 비방으로 해로움을 주는 것은 안 된다. 또 해킹이나 바이러스 등으로 다른 사람에게 피해를 입히는 것도 해악금지의 원칙에 위배되는 일이다.

〈출처: 정보통신윤리위원회, 2004〉[4)]

정의(justice), 해악금지(non-maleficence)의 4가지를 아래와 같이 제시하였다.[4]

2.3 네티켓

우리가 다른 사람들과 관계를 가질 때 예의와 예절을 지킨다. 이러한 다른 사람들에 대한 예의나 예절에 대한 일종의 규약을 에티켓(Etiquette)이라 한다. 마찬가지로 유비쿼터스 시대의 가상공간에서 지켜야 할 규약으로 네티켓(netiquette)이 있다. 네티켓은 네트워크(network)와 에티켓(etiquette)을 합성한 용어로서 가상공간에서 반드시 지켜야 할 문화, 규범 등의 통신예절을 의미한다.[4]

인터넷상에서 만나는 사람들과의 대화는 직접 얼굴을 보지 않고서도 아주 다양한 사람들과 만날 수 있다. 이와 같이 직접 만나지 않고 내가 누군지 모른다는 것으로 인해 상대방에게 욕설이나 비방을 일삼는 경우가 있다. 한국전산원(1997)에서는 인터넷에서 다른 사람과 대화를 할 때 다음과 같은 네티켓을 제시하고 있다.[6]

첫째, 마주보고 이야기하는 마음가짐으로 임한다.

둘째, 만나고 헤어질 때에는 인사를 한다.

셋째, 대화방에 처음 들어가면 지금까지 진행된 대화의 내용과 분위기를 어느 정도 경청하고 난 후 대화에 참여한다.

넷째, 얼굴을 보지 않고 대화를 하더라도 서로 존칭을 사용한다.

다섯째, 지극히 개인적인 논조는 피한다.

여섯째, 광고·홍보 등의 상업적 목적으로 악용하지 않는다.

일곱째, 유언비어, 속어와 욕설, 음란성 대화를 금한다.

여덟째, 선플과 같이 센스 있고 미소를 자아내는 대화를 유도한다.

아홉째, 자신의 ID를 타인과 공유하거나 대여해서는 안 되며, 타인의 정보를 허가 없이 함부로 공개해서도 안 된다.

3. 정보윤리의 영역

3.1 개인정보의 사생활 침해

유비쿼터스 사회에서 개인정보의 이용가치는 매우 크다. 기업은 경제활동을 위해 개인의 취향, 구매 성향, 구매 잠재력, 연락처 등 개인정보가 기업의 마케팅 활동에 필요하기 때문에 이러한 정보들을 수집하려 한다. 또한 스토킹이나 타인의 정보를 불법으로 사용하기 위해 고의로 수집하는 경우도 있어, 이를 예방하기 위한 각종 법률이 제정되어 있다.

개인정보와 관련된 법은 처음 공공부문과 민간부문으로 나뉘어 있었다. 공공부문은 「공공기관의 개인정보 보호에 관한 법률」, 민간부문은 「정보통신망 이용촉진 및 정보보호 등에 관한 법률」, 그 외 「통신비밀보호법」 등이 있다.[7] 그러나 공공부문과 민간부문을 통합하고, 개인정보의 보호 수준을 강화할 수 있는 새로운 법의 필요성이 제기되어 왔다. 이러한 사회적 요구에 따라 개인정보를 보호할 수 있는 「개인정보 보호법」이 2011년 3월 29일 제정되었다. 이 법의 목적은 "개인정보의 수집 · 유출 · 오용 · 남용으로부터 사생활의 비밀 등을 보호함으로써 국민의 권리와 이익을 증진하고, 나아가 개인의 존엄과 가치를 구현하기 위하여 개인정보 처리에 관한 사항을 규정" 하고 있다.[8] 이 법에서 사용하는 개인정보는 개인에 관한 정보로 성명, 주민등록번호 및 영상 등을 통하여 개인을 알아볼 수 있는 정보를 말한다.

개인정보를 침해하는 방법은 다양하다. 먼저 본인의 동의를 얻어 수집된 개인정보의 경우 담당자나 관련 기관에서 목적 외에 사용하거나 부주의로 유출되는 경우이다.[4] 특히 각종 추적 및 센서 기술의 발달은 개인의 정보를 스스로 감지하여 본인의 동의 없이 수집이 가능하기 때문에 개인정보 침해 사례는 더욱 증가하고 있다. 이러한 개인정보 침해 사례를 우리 주변에서 찾아

보자.

먼저 우리는 일상적으로 접하는 장소인 길거리, 백화점, 학교, 사무실 등에서 수많은 CCTV들을 볼 수 있다. 또한 우리가 매일 가지고 다니는 스마트폰은 개인의 위치를 추적할 수 있다. 이러한 감시 및 추적 기술은 개인의 재산권 및 생명보호, 유아를 둔 부모들에게는 자녀들의 안전 확인, 치매 노인들의 위치파악 등 우리의 생활에 유익함을 가져다 주기도 하지만, 이를 악용하여 기업에서는 근로자를 감시하는 데 사용하거나, 범죄에 이용되기도 한다.[4)]

유비쿼터스의 핵심 기술로 인식되고 있는 RFID를 사례로 생각해 보자. 만약 어떤 소비자가 RFID 칩이 내장된 고가의 물건을 구입하였다고 가정하자. 그러면 그 상품에 부착된 태그를 읽어서 그 제품을 구매한 사람의 개인정보를 알아낼 수 있을 것이다. 이러한 정보들이 모이면 사람들의 제품 구매 성향과 쇼핑 시간대 등을 상세하게 파악할 수 있게 된다. 또 다른 예로 마트에서 구매할 물건을 카트기에 담아 일일이 계산을 하지 않아도 계산대를 지나가기만 하면 자동으로 계산되어 자신의 신용카드로 결제가 되는 상황을 가정해 보자. 이때 타인의 신용카드 정보를 해킹하여 이를 결제에 활용하는 문제가 발생할 수 있다.[9)]

우리나라는 세계 최고의 정보화 국가로서 명성을 얻고 있지만 개인정보보호 수준은 낮은 편이다. 연도별 개인정보 침해와 관련된 상담 및 신고 건수가 증가추세에 있는 것을 보더라도 개인정보에 대한 사생활 침해 수준은 심각하다. 따라서 개인정보를 보호하기 위한 법적 · 제도적 장치 마련과 함께 개인 스스로 자신의 정보를 지키려는 노력도 절실하다.

지난해 개인정보 유출 침해신고 최다 … 전년 대비 123%증가

최근 해킹으로 인한 개인정보 유출 사고가 급증하고 있는 가운데 개인정보 침해 신고 및 상담 건수도 급증하고 있다. 30일 대통령 소속 개인정보보호위원회에 따르면 지난해 개인정보 침해 신고 및 상담은 총 12만 2,215건이었으며 전년 대비 123% 증가했다. 개인정보 침해 신고는 2007년 847건에서 지난해 2,556건으로 매년 급증하고 있고 상담 건수도 2007년 2만 5,118건에서 지난해 11만 9,659건으로 5배 이상 증가했다. 개인정보보호위원회측은 이 같은 현상에 대해 "최근 몇 년 사이에 개인정보 침해 사고가 많았고 「개인정보보호법」 시행에 따른 정보 주체들의 권리보호를 위한 의식이 높아진 결과"라고 설명했다. 지난해 신고 및 상담접수 유형별 현황을 보면 주민등록번호 등 타인의 정보훼손 등이 6만 7,094건(54.9%)으로 비중이 가장 높았다. 「정보통신망법」 적용대상 여부 등 확인 민원이 3만 8,172건(31.2%)으로 두 번째로 많았다. 이는 지난해 주민등록번호를 포함한 개인정보 유출 사건이 많았고 「개인정보보호법」 시행에 따른 기존 법률과의 혼란이 작용했기 때문으로 풀이된다. 개인정보 침해관련 접수 민원 12만 2,215건 중에서 11만 9,659건은 권리, 법령, 유관기관 안내 등으로 해결된 단순 상담 민원이 주를 이뤘다. 나머지 2,556건은 사업자에 대한 법 위반 여부조사 등 사실확인 조사를 거쳐 처리한 침해신고 민원이었다. 아울러 최근 5년간 개인정보 침해신고 처리는 총 2,556건으로 이 중 신청인의 고충 해결로 완료 처리된 건이 2,107건으로 가장 많았다.

사실조사 불가 처리가 156건, 개인정보 분쟁조정위원회의 분쟁 조정을 통한 처리가 126건 순으로 나타났다. 이 밖에 피해구제 신청 철회, 법위반 사항이 없거나 행정 · 수사기관에 이첩해 처리한 사례도 13건에 달했다.

한편, 공공기관의 경우 개인정보 유출 사례는 민간 영역보다 훨씬 적게 나타났다.

개인정보보호위원회가 공공기관 1,187개를 대상으로 실시한 개인정보 유출 사례 조사결과를 보면 개인정보 유출 사례가 있는 기관은 6.9%(82개)에 불과했다. 이 중 교육기관의 유출 사례가 69.5%(57개)로 가장 많았다.

〈출처: 파이낸셜 뉴스, 김태경 기자, 2012.09.30〉[10]

동 영 상

■ 개인정보 유출 방지 가이드라인

BC주 정부는 최근 SNS를 통한 개인정보 유출 예방을 위한 가이드라인을 발표했다.

가이드라인에는 SNS, 스마트폰 등 이용자의 개인정보 유출을 막기 위해 꼭 지켜야 할 사항 6가지를 안내하고 있다

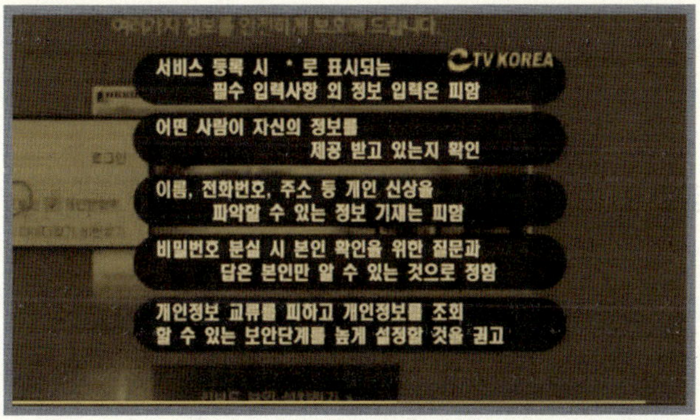

〈출처: 밴쿠버 한인방송, 교민소식, 2012.02.06〉[11)]

3.2 저작권과 정보윤리

저작권이란 "문학, 예술, 학술에 속하는 창작물에 대하여 저작자나 그 권리 승계인이 행사하는 배타적·독점적 권리"를 말하는 것으로,[10)] 저작권은 저작자가 생존한 기간과 사후 50년간 유지된다. 이처럼 지작자의 권리를 보호하고 저작물의 공정한 이용을 도모하기 위해 제정된 법이 「저작권법」이다.

「저작권법」에 따라 가상세계에서도 현실세계와 마찬가지로 저작물의 소유권을 인정하고 존중하여야 하나 현실은 그렇지 못하다. 현실세계에서의 저작권은 상당히 강화되고 있지만 가상공간에서는 여전히 저작권 침해가 이루어지고 있고, 그 피해 규모도 크다.[12)] Lessig(2004, 2008)은 지식정보화 시대에서는 인터넷 공간에서의 자료와 지식은 인터넷 이용자들이 모두 사용할 수

있도록 공유되어야 한다고 주장하고 있다. 그렇게 된다면 사람들은 누군가 만들어 놓은 자료와 정보들을 이용만 하려 하지 비용과 노력을 들여 새로운 저작물을 생산하려 하지 않을 것이다. 따라서 가상의 인터넷 공간에서도 현실 공간과 마찬가지로 개인의 저작권을 보호하고 지킬 필요가 있다.[13)14)]

우리가 인터넷에서 저작권에 위배되는 행위를 하더라도 그것이 불법임을 인지하지 못하는 경우가 있다. 특히 불법다운로드나 불법 복제 등은 다운로드하는 사람과 복제자가 누구인지 잘 알지 못하는 익명성으로 인해 더욱 다양한 문제를 발생시키고 있다. 따라서 인터넷 가상공간에서 사용자들이 스스로 저작권이 있는 저작물에 대해서는 보호하고 지키려는 노력이 필요하다. 아무리 불법 다운로드나 복제를 하고 싶어도 저작권에 대한 본질적인 가치를 인식하고 이를 수용하려고 노력하다 보면 불법다운로드나 복제 가능성은 줄어들 수 있을 것이다.[12)]

3.3 인터넷 중독과 정보윤리

우리는 일상생활에서 인터넷을 통해 필요한 다양한 정보들을 쉽고 빠르게 검색할 수 있게 되었다. 그러나 인터넷의 역기능들에 대한 우려도 그만큼 커지고 있다.

인터넷 중독이라는 용어는 Goldberg(1995)에 의해 처음 제의되었다. 그는 인터넷 중독을 "인터넷의 사용을 아주 많이 사용하여 느낄 수 있는 만족과 인터넷 사용을 중단하거나 감소하면 생기는 정신적인 초조나 불안, 강박적 사고 등의 증상이 일어나 사회적 활동이 중단되는 상태가 12개월 내에 발생할 때 인터넷 중독 장애"라고 정의하였다.[15)]

인터넷 중독은 직업, 사회, 학업 및 여가활동에 영향을 미치게 되어 우울, 소외감, 고독, 학업소홀, 성적저하 등의 피해로 나타나고 있으며, 특히 청소년의 경우 피해가 더욱 심해 일상생활뿐만 아니라 인간관계 전반에 심각한 문제를 일으킬 수 있다. 아울러, 권희경 외(2002)의 연구에서는 인터넷을 중독적으로 사용하는 학생들의 경우 비중독적 학생들보다 충동성이 높아 온라

동 영 상

■ **인터넷 중독, 우리의 청소년을 병들게 한다**

디지털 시대의 신종 마약 인터넷 중독으로 인해 고등학교 1학년 남학생이 매우 거칠고 난폭하게 성격이 변하여 가위로 문을 찍고 동생을 심하게 구타하는 등의 폭력적 행동을 하게 된다.

〈출처: SBS, 김미화의 U, 2007.01.10〉[15]

인 게임의 아이템 거래 및 사기행위, 욕설사용, 게임 내의 폭력을 현실로 연결시키는 행위 등의 비행을 저지르기 쉽다고 하였다.[16]

국내 연구들은 인터넷 중독을 완화하고 예방할 수 있는 방안으로 개인 스스로 자기 효능감을 높이고, 자기 표현력을 향상 시켜서 원만한 대인관계를 형성할 수 있는 기회를 제공하는 방법 등을 제시하고 있다.[17]

3.4 사이버 폭력과 정보윤리

사이버 폭력은 언어폭력, 폭로 및 공개, 아이디 도용 및 숨기기, 사기, 스토킹, 소외, 성희롱 및 성폭력, 해킹 등으로 구분될 수 있다.

표 9-1 ■ 사이버 폭력의 내용에 따른 유형 구분

구 분	세부 구분
성희롱과 성폭력	사이버 성희롱(음란한 대화, 성적 메시지 전달), 사이버 성폭행, 음란물 유포 등
스 토 킹	지속적으로 괴롭히기, 사이버 스토킹
언어폭력	공격적 문자 · 메일 보내기, 협박 · 조롱하기, 욕설로 싸움하기(모욕하기)
폭로 및 공개	신상정보 유포, 사적인 메시지 공개, 창피를 주는 사진 · 동영상 유포, 나쁜 소문내기(명예훼손, 허위사실 유포), 인신공격하기
아이디 도용 및 숨기기	아이디 훔치기, 자신의 아이디 숨기기, 다른 사람인 척하기
사 기	사기치기, 거짓말하기
소 외	토론게시판에서 배제시키기, 의도적으로 그룹에서 배제시키기

출처: 두경희 외, 2012 재구성.

사이버 폭력은 그 유형이 다양하고 가상공간에서 이루어짐에 따라 폭력으로 인식되지 않는 경우가 많다. 또한 피해확산이 매우 빠르며, 가해자를 찾기가 어렵고, 가상공간에서 많은 사람들에게 개인정보가 노출되어 정상적인 사회활동을 하는 것이 불가능해지는 경우도 있다. 이러한 사이버 폭력은 어떤 경우에는 현실세계까지 연결되는 2차 피해로 이어질 수 있어 그 심각성이 크다.[18]

가상공간에서의 사이버 폭력을 줄이기 위해서 국내에서는 사이버 폭력 피해자를 구제하기 위한 가이드라인을 수립하고 악성 댓글에 대한 필터링 시스템을 도입하는 등 관련 제도 정비와 함께 정보통신과 관련된 사업자들의 자율적인 인터넷 정화 활동이 강화되어야 한다. 또한 인터넷을 활용하는 사용자들이 스스로 올바른 활용을 할 수 있도록 생애주기별 예방교육과 함께 범사회적인 홍보 및 캠페인의 확대 전개도 필요하다.[19]

동 영 상

■ **대삼이의 일기**

정대삼 인터넷 만화 작가의 실화를 바탕으로 한 사이버 폭력(악싱댓글)에 관한 내용이다.

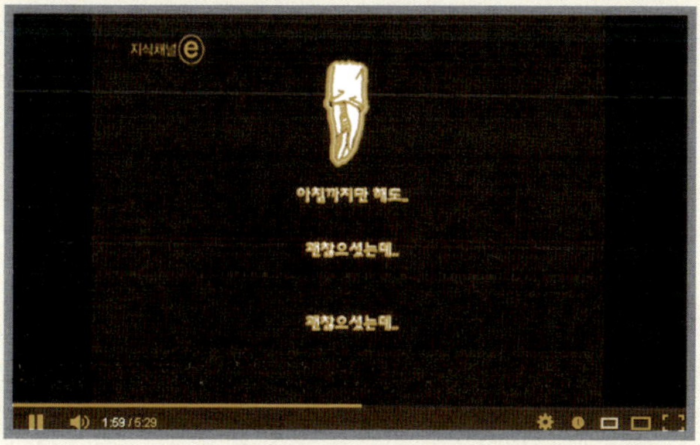

〈출처: EBS, 지식채널ⓔ, 2012.07.11〉[20)]

3.5 불건전 유해정보 유통과 정보윤리

유비쿼터스 사회에서는 다양한 정보들이 인터넷을 통해 유포된다. 최근에는 SNS의 발전으로 정보량이 엄청나게 증가하고 있다. 이와 같은 정보에는 인간생활에 필요한 유용한 정보도 있지만 불건전한 유해정보도 있다. 이러한 불건전 유해정보에는 자살, 도박, 친북 사이트와 같은 불법·반사회적 정보, 불법 의약품 판매와 같은 홍보 및 광고를 목적으로 악용되는 정보, 음란 화상 채팅, 음란 스팸메일과 같은 음란물 정보가 있다.

2009년 방송통신심의위원회에서 발표한 불법·유해정보 관련 신고현황을 살펴보면, 권리침해가 47.2%, 음란·선정 정보 22.1%, 사행심 조장 17.4%, 사회질서 위반 12.8%, 폭력·잔혹·혐오 등이 0.5% 순으로 나타났다.[21)]

불건전 유해정보들 중에서 가장 확산속도가 빠르고 큰 것 중의 하나로 음란물 정보가 있다. 음란물 정보는 양의 증가보다는 정보에 대한 접근성이 용이해지고 있는 것이 더 큰 문제이다. 사람들이 원하지 않아도 우연히 또는 비자발적으로 음란물 정보에 노출될 수 있다. 예를 들어 인터넷에서 잘못된 URL 주소를 입력하거나 정상적인 정보검색에서도 다른 사이트로 자동으로 연결되는 경우, 또는 음란물 정보를 판매하는 기업에서 잠재 고객을 유인하거나 확보하기 위해 광범위하게 노출시키는 배너광고, 스팸문자나 메일을 통해 유포하는 경우 등 사용자의 선택과 무관하게 음란 정보가 전달되고 있다.[4] 최근에는 스마트폰의 급속한 성장과 SNS의 확산으로 이러한 불건전 유해정보의 전달이 더욱 기승을 부리고 있다.

불건전 유해정보를 차단하기 위해서는 정보생산자로서 개인의 책임을 강조하는 교육이 필요하고, 특히 성인정보에 대한 아동 및 청소년을 보호하기 위해서는 불건전 유해정보에 대한 상시적인 감독과 인터넷 콘텐츠에 대한 사후규제 시스템의 효율적인 운영방안 및 사전 예방적인 대응방안을 마련할 필요가 있다.[22]

"담배 귀엽게 피우는 방법?" … 생정 블로그 논란

생활에 필요한 정보를 공유하는 일명 '생정 블로그'가 10대 사이에서 '불건전 정보'의 온상이 되고 있다. '생정'은 '생활 정보'의 줄임말이다.

인터넷 포털사이트에서 '술', '담배', '가출' 등을 검색하면 관련 정보를 소개하는 다량의 블로그가 노출된다. 청소년들은 이 같은 블로그에서 교복을 예쁘게 줄여 입는 법, 가출했을 때 버티는 방법 등을 누구의 제지도 받지 않고 접할 수 있다.

특히 '귀엽게 담배 피우는 방법'을 다룬 게시물이 발견돼 충격을 주고 있다. 해당 게시물은 여학생이 담배를 귀엽게 피우는 방법을 알려준다. "한 손으로 카카오톡을 하고 다른 손의 중지와 검지로 담배를 잡은 채 멍한 표정으로 연기를 내뿜는 것이 포인트"라며 아무렇지 않게 청소년 흡연을 권장하고 있다.

일각에서는 '생정 블로그'를 통해 유해정보가 무방비로 노출되면서 유용한 정보 공유라는 본래의 목적이 퇴색될 것을 우려하고 있다. 이에 불건전 블로그에 대한 규제 강화와 함께 청소년의 올바른 인터넷 이용을 지도하는 교육이 요구된다.

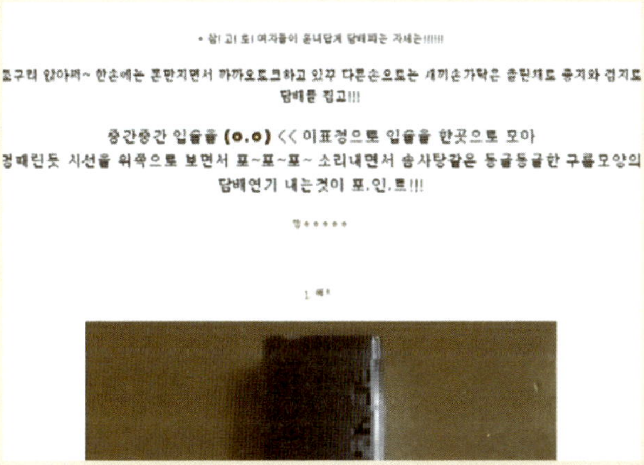

〈세계일보, 뉴스팀, 2013.01.23, 사진 = 생정블로그 화면 캡처〉[23]

▶ 토의과제

1 가상공간에서 정보윤리의 필요성에 대해 인터넷을 사용하면서 직접 체험한 내용을 토대로 발표하고 토론한다.

2 유비쿼터스 사회에서 스마트폰 및 SNS의 급성장에 따라 개인정보의 노출이 심화되고 있다. 스마트폰이나 SNS의 사용에서 개인정보를 보호하기 위한 방법에 대해서 구체적으로 토론한다.

3 인터넷 중독이 사회 문제임을 인식하고 이를 극복할 수 있는 방안에 대해서 토론한다.

동 영 상

제 목	주요내용	Link	시 간
개인정보 유출 방지 가이드라인	SNS, 스마트폰 이용자의 개인정보 유출을 막기 위해 꼭 지켜야 할 사항 6가지를 정리해 안내하고 있음	http://www.youtube.com/watch?v=MERt8HquThc&feature=related	2분 14초
인터넷 중독의 피해	인터넷 중독으로 인해 고등학교 1학년 남학생이 매우 거칠고 난폭하게 성격이 변함	http://netv.sbs.co.kr/player/netv_player.jsp?uccid=10000472198&boxid=&st=0&cooper	4분 51초
대삼이의 일기	정대삼 인터넷 만화 작가의 실화를 바탕으로 한 사이버 폭력(악성댓글)에 관한 내용	http://www.youtube.com/watch?v=yd6QVdEV-a0&noredirect=1	5분 29초

Summary

요약

정보윤리의 개념

- 유비쿼터스 사회를 살아가는 우리들이 정보통신 기술을 이용하면서 지켜야 할 도리 및 사회적 규범
- 익명성, 비대면성 등의 가상공간의 특징들로 인해 현실세계와는 다른 다양한 윤리적 문제들이 발생

정보윤리의 필요성

- 유비쿼터스 사회가 발전하면서 인간의 삶은 점점 편리해지는 반면 그로 인한 부작용과 문제에 대한 우려가 커지고 있음
- 개인의 권리와 사생활의 침해, 해킹으로 인한 피해, 인간성 상실, 탈사회화 등의 문제들이 나타나고 있음

정보윤리의 기본원칙

- 눈에 보이지는 않지만 가상의 사회를 살아가는 것이므로 지켜야 할 윤리에 대한 기본원칙이 필요
- 4가지 기본원칙: 존중(respect), 책임(responsibility), 정의(justice), 해악금지(non-maleficence)

네티켓

- 마주보고 이야기하는 마음가짐, 인사, 대화참여시 경청, 존칭 사용, 개인적 논조 피함, 상업적 목적으로 악용하지 않음, 유언비어, 욕설, 음란성 대화 금지, 선플, ID보호 및 타인정보를 허가 없이 공개 금지 등

개인정보의 사생활 침해

- 유비쿼터스 사회에서 개인정보가 기업 마케팅 활동에 필요하기 때문에 무분별하게

개인정보를 수집
- 각종 추적 및 센서 기술은 개인의 정보를 스스로 감지하여 본인의 동의 없이 수집이 가능하기 때문에 개인정보 침해 사례는 더욱 증가하고 있음
- 개인정보를 보호하기 위한 법적 · 제도적 장치 마련과 함께 개인 스스로 자신의 정보를 지키려는 노력 절실함

저작권과 정보윤리

- 가상공간에서 저작물의 소유권을 인정하고 존중하여야 하는데 가상공간에서의 저작권 침해는 계속적으로 이루어지고 있으며, 그 피해규모도 커지고 있음
- 저작권에 대한 본질적인 가치를 인식하고 이를 수용하려는 노력이 필요

인터넷 중독과 정보윤리

- 인터넷 중독은 직업, 사회, 학업 및 여가활동에 영향을 미치게 되어 우울, 소외감, 고독, 학업소홀, 성적저하 등의 피해로 나타나고 있음
- 특히 청소년의 경우 일상생활뿐만 아니라 인간관계 전반에 심각한 문제를 일으킬 수 있음
- 인터넷 중독을 완화하고 예방할 수 있는 방안으로 개인 스스로 자기 효능감을 높이고, 자기 표현력을 향상시켜서 원만한 대인관계를 형성할 수 있는 기회를 제공하는 방법

사이버 폭력과 정보윤리

- 사이버 폭력은 언어폭력, 폭로 및 공개, 아이디 도용 및 숨기기, 사기, 스토킹, 소외, 성희롱 및 성폭력, 해킹 등으로 구분
- 사이버 폭력을 줄이기 위해서는 사이버 폭력 피해자 구제 가이드라인 수립, 악성댓글에 대한 필터링 시스템 도입 등의 관련 제도 정비, 자율적 인터넷 정화 활동 강화, 인터넷 사용자들의 예방교육, 범사회적인 홍보 및 캠페인의 확대 전개 필요

불건전 유해정보 유통과 정보윤리

- 불건전 유해정보에 자살, 도박, 친북 사이트와 같은 불법적 · 반사회적 정보, 불법의약품 판매와 같은 홍보 및 광고를 목적으로 악용되는 정보, 음란 화상채팅, 음란

스팸메일과 같은 음란물 정보가 있음

- 음란물 정보는 양의 증가보다 정보에 대한 접근성 용이가 더 큰 문제
- 불건전 유해정보를 차단하기 위해서 정보생산자로서 개인의 책임을 강조하는 교육 필요, 불건전 유해정보에 대한 상시적인 감독, 인터넷 콘텐츠에 대한 사후규제 시스템의 효율적인 운영방안 및 사전 예방적인 대응방안을 마련할 필요가 있음

질문

1. 가상의 공간에서 왜 정보윤리가 필요한 것일까?
2. 정보윤리의 기본원칙에는 어떤 것들이 있을까?
3. RFID나 LBS 등의 개인의 정보나 위치를 추적할 수 있는 기술의 발전으로 개인의 사생활이 침해받는 사례에는 어떤 것들이 있을까?
4. 불법복제 및 불법다운로드의 피해를 줄일 수 있는 방법에는 어떤 것들이 있을까?
5. 인터넷 중독을 예방할 수 있는 구체적 방법에는 어떤 것이 있을까?
6. 사이버 폭력의 유형에는 어떤 것이 있을까?
7. 불건전 유해정보에는 어떤 것들이 있을까?

Closing Case

[국내 저작권산업 120조 시대] 저작권의 힘 … 매출 1조원 '뽀통령 · 폴총리' 키웠다

불법복제 침해 국내선 줄지만 중 · 동남아 등 해외 피해 커져

할리우드 영화 '해리포터와 죽음의 성물 2'는 2011년부터 지난해 말까지 전 세계 극장에서 13억 달러(약 1조 3,700억원)의 흥행수익을 올렸다. 8편까지 나온 시리즈의 흥행수익은 77억 달러, DVD와 방송 재판매 등을 합하면 150억 달러에 이른다. 4억 5,000만 부 이상 팔린 원작 소설과 캐릭터 상품까지 합치면 총 매출은 3,000억 달러(약 317조원)에 육박한다.

1928년 만화영화 속 주인공으로 처음 등장한 디즈니의 '미키 마우스' 캐릭터는 연간 6조원의 수익을 창출한다. 한국 최고의 방송애니메이션 캐릭터 '뽀로로'는 2003년 첫 방송된 이래 지난해 말까지 1조원 이상의 매출을 기록했다. 브랜드 총 이익도 2,000억원을 넘어섰다. 올 들어서는 한 · 중 합작 극장용 애니메이션으로 제작돼 곧 중국 시장 공략에 나선다.

이들 세 가지 성공사례의 핵심 요소는 창작의욕을 북돋우는 저작권의 힘이다. 세계지식재산권기구(WIPO) 분류방식에 따르면 한국 저작권산업은 2006년부터 연평균 7.3%씩 성장, 2009년에 105조원을 넘어섰다. 연간 국내총생산(GDP)의 10%에 이르는 규모다. 성장률 면에서는 같은 기간 실질GDP 증가율(3.2%)보다 2배 이상 높은 것으로 나타났다. 저작권산업 고용자 수는 146만 7,000명으로 우리나라 전체 산업 취업자의 6.24%를 차지했다. 특히 고용률은 연평균 1.82% 늘어 전체 산업 종사자 수 증가율 0.71%의 2.5배다. 청년실업자가 쏟아지고 있는 현실에서 저작권산업이 날로 중요해지고 있는 이유다.

WIPO의 최신 자료는 올 하반기에 집계되지만, 국내 업계에서는 120조원을 돌파할 것으로 보고 있다. 저작권산업이 성장하는 것은 창조경제 혹은 지식경제의 역할이 강화되면서 창작행위의 중요성이 커지고 무형재산의 가치가 높아지고 있기 때문이다. 관련 산업의 주요 부문으로는 문학, 출판, 영화, 방송, 음악, 소프트웨어, 데이터베이스, 광고, 저작권신탁단체 등이 꼽힌다.

문화체육관광부와 한국저작권위원회에 따르면 저작권단체들이 저작권 사용료를 일반인들에게 징수한 금액은 2009년 1,243억원, 2010년 1,409억원, 2011년 1,566억원으로 연평균 160억원(12.2%)씩 증가했다.

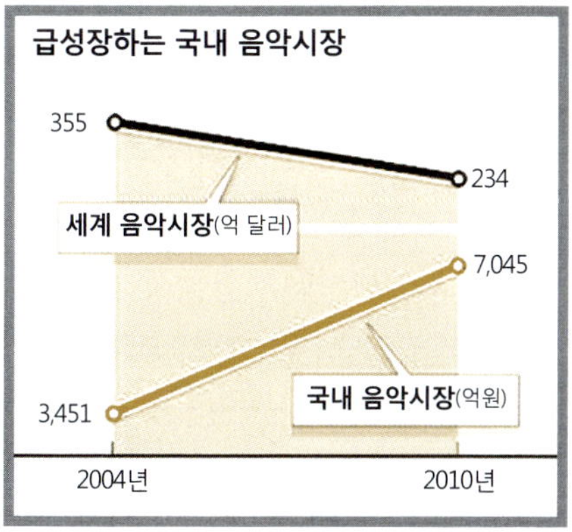

국내 음악시장은 2004년 3,451억원에서 2010년 7,045억원으로 커졌다. 같은 기간 전 세계 음악시장은 355억 달러에서 234억 달러로 크게 줄었다. 한국저작권위원회 관계자는 "한국 음악시장은 일찌감치 불법복제를 경험한 뒤 단속을 강화하고 합리적인 상품으로 이용자들을 합법시장으로 끌어들였다"고 말했다. 저작권에 대한 관심이 고조되면서 불법복제는 줄어들고 있다. 불법복제로 인한 합법저작물 시장 침해율은 2008년 22.3%에서 2011년 18.8%로 낮아졌다. 정부와 민간기업, 단체들이 불법복제에 대한 단속을 강화한 덕분이다. 그러나 저작권과 관련한 사회적 갈등과 분쟁은 증가일로다. 네티즌들이 콘텐츠를 함부로 사용하고 법무법인은 합의금을 받아낼 목적으로 일반인을 대상으로 '묻지마 고소'를 늘려가고 있다. 디지털기기가 발전하면서 새로운 유형의 불법복제들이 계속 등장하고 있는 것도 문제다. P2P와 웹하드업체 등이 모습을 바꿔가며 불법복제를 일삼고 있다. 소프트웨어 불법복제율은 많이 낮아졌다 해도 2011년 40%로 경제협력개발기구(OECD) 평균 26%를 크게 웃돈다.

한류 콘텐츠에 대한 불법복제는 중국과 동남아 등에서 심각한 수준이다. 피해금액이 중국에서 4억 7,900만 달러, 동남아에서 3억 달러에 이르는 것으로 추정된다.

유병한 한국저작권위원장은 "해외에서 한류 콘텐츠 저작권을 보호하는 데 적극 나서야 할 때"라며 "각국에 보호센터를 늘리고 관련 인력을 양성해야 한다"고 말했다.

〈출처: 한국경제신문, 유재혁 기자, 2013.01.14〉[24)]

질문

1. 위의 기사에서처럼 유비쿼터스 시대에서는 복제 기술들이 더욱 완벽하게 되기 때문에 저작권 위반과 같은 사례가 더욱 늘어날 것이다. 따라서 이러한 부작용을 최소화할 수 있는 기술적 방안들에는 어떤 것들이 있는지 생각해 보자.
2. 음악의 불법다운로드 및 불법복제 등 합법적 저작물을 침해하는 행위들을 줄이고 저작권 보호를 위해 우리가 실제 생활에서 할 수 있는 구체적·실천적 방안들에는 어떤 것들이 있는지 생각해 보자.
3. 뽀로로와 해리포터와 같은 사례에서 보는 것처럼 창조적 행위의 중요성과 무형재산의 가치는 관련 산업 전반에 엄청난 영향을 미칠 수 있다. 따라서 이러한 무형의 창조적 행위를 활성화하기 위한 우리의 노력들에는 어떤 것들이 있는지 생각해 보자.

참고문헌

1. 네이버 영화, http://movie.naver.com/movie/bi/mi/basic.nhn?code=19521, 검색일 2013.01.05.
2. 네이버 블로그, "영화로 보는 유비쿼터스 사회," http://blog.naver.com/leaders71?Redirect=Log&logNo=40134359934, 검색일 2013.01.05.
3. 노형석, "정보윤리와 인성교육," 교육전남, 제97호, pp. 47-56, 2001.
4. 정보통신윤리위원회, "정보통신윤리 백서," 2004.
5. 유재숙, "초등학교에서의 정보통신윤리교육 방안에 관한 연구: 인터넷 역기능 문제에의 대처를 중심으로," 서울대학교 석사학위논문, 2006.
6. 한국전산원, "정보사회의 네티켓과 정보이용윤리 정립방안," 보고서, 1997.
7. 현대호, "「개인정보보호법」과 다른 법률의 개인정보보호 규정과의 정합성 확보," 한국인터넷 법학회 춘계공동학술대회, pp. 19-41, 2011.
8. 행정안전부, "법령집," 2013.
9. 이연희, "유비쿼터스 기술을 활용한 노인생활지원," 보건복지포럼 정책동향 1호, 2007.
10. 파이낸셜 뉴스, 김태경 기자, "지난해 개인정보 유출 침해신고 최다 … 전년 대비 123% 증가," 2012.09.30, http://www.fnnews.com/view?ra=Sent1201m_View&corp=fnnews&arcid=201209300100255650015732&cDateYear=2012&cDateMonth=09&cDateDay=30.
11. 밴쿠버 한인방송, "교민소식," 2012.02.06, http://www.youtube.com/watch?v=MERt8HquThc&feature=related.
12. 이기식, "디지털융합시대 사이버 저작권 수용의 영향요인 및 정책대안," 현대사회와 행정, 제20권, 제2호, pp. 125-154, 2010.
13. Lessig, L., "Free Culture," NY: the Penguin Press, 2004.
14. Lessig, L., "Remix: Making Art and Commerce Thrive in the Hybrid Economy," NY: the Penguin Press, 2008.
15. SBS, "김미화의 U," 2007.01.10, http://netv.sbs.co.kr/player/netv_player.jsp?uccid=10000472198&boxid=&st=0&cooper.

16. 권희경, 권정혜, "인터넷 사용조절 프로그램의 개발 및 효과검증을 위한 연구," 한국심리학회지, 제21권, 제3호, pp. 503-514, 2002.
17. 김효정, 유상진, 구본회, "개인특성 및 인터넷 활용 특성이 인터넷 중독 및 정보윤리에 미치는 영향에 관한 연구," 경영교육논총, 제48권, 2007, pp. 101-124.
18. 중앙대학교 언론문화연구소, "사이버 폭력과 인터넷 윤리 실태조사 보고서," KT 문화재단 보고서, 2006.
19. 한국인터넷진흥원, "2013 인터넷 및 정보보호 10대 이슈 전망," 2013.
20. EBS, "지식채널ⓔ," 2007.02.19, http://www.youtube.com/watch?v=yd6QVdEV-a0&noredirect=1.
21. 방송통신심의위원회, "6월「인터넷 불법 · 유해정보 신고 동향분석」발표," 2009.
22. 방송통신심의위원회, "SNS 불법 · 유해정보 실태 및 대응방안 연구," 보고서, 2011.
23. 세계일보, 뉴스팀, "담배 귀엽게 피우는 방법?, 생정 블로그 논란," 2013.01.23, http://www.segye.com/Articles/NEWS/SOCIETY/Article.asp?aid=20130123024353&subctg1=&subctg2=&OutUrl.
24. 한국경제신문, 유재혁 기자, "저작권의 힘 … 매출 1조원 뽀통령 · 폴총리 키웠다," 2013.01.14, http://www.hankyung.com/news/app/newsview.php?aid=2013011415751.
25. 두경희, 김계현, 정여주, "사이버 폭력 연구의 동향과 과제: 사이버 폭력의 정의 및 유형을 중심으로," 상담학 연구, 제13권, 제4호, pp. 1581-1607, 2012.

Chapter

10

유비쿼터스 사회의 이해

학습목표

1. 유비쿼터스 사회의 모습을 이해한다.
2. 유비쿼터스 사회의 문제점을 이해한다.
3. 전자정부의 개념을 이해한다.
4. 전자정부의 종류 및 활용 사례를 이해한다.
5. 정보격차를 이해한다.
6. 웹 접근성을 이해한다.
7. 유비쿼터스 사회의 과제 및 전망을 이해한다.

Openning Case

세상을 조종하는 또 하나의 눈, EAGLE EYE

교통, 통신 … 인류가 구축한 모든 전자 기계적 시스템을 조종할 수 있는 또 다른 '무엇'이 있다면? 그리고 우리 주변의 전자, 기계장비들이 우리를 감시하고 지배하게 된다면? … 이 영화의 흥미는 세상을 조종하는 또 하나의 눈 '이글 아이'를 목격하는 것으로 시작된다. 전화기 너머의 정체 모를 여자 목소리는 10초 후, 30초 후 일어날 사고를 선택된 타깃에게 예고하고 명령한다. 교통, 통신망에서 현금인출기와 거대 크레인을 비롯한 세상 모든 전자, 기계장비 그리고 네트워크를 조종하며 선택된 타깃을 지배한다. 전화, 전자보드 등 모든 통신 네트워크를 통해 지시되는 사항은 반드시 일어나며 피할 길은 없다. 그것에 선택되면 복종해야 하고 그렇지 않으면 … 죽는다. 그리고 그것은 어디에나 있다!

"관객이 이 영화를 보고 극장 문을 나설 때, 공포에 떨며 핸드폰이나 PDA를 두려

워하길 바란다"는 스필버그의 의도처럼, '이글 아이'라는 흥미로운 존재는 디지털 시대의 관객에게 충격과 센세이션이 될 것이다. 왜 그들은 선택되었는가? '이글 아이'가 그들에게 내린 지령은 무엇이며, 그들은 '이글 아이'로부터 벗어날 수 있는가? 그리고 그들이 목격하는 진실은 무엇인가? 이 영화의 흥미는 '이글 아이'에 의해 선택된 타깃으로 확장된다. 평범한 복사집 점원 제리와 어린 아들을 학교캠프에 보낸 싱글맘 레이첼. 평범한 우리들의 이웃일 수 있는 그들은 알 수 없는 이유로 '이글 아이'에 의해 선택된다. 제리에겐 75만불과 함께 각종 최첨단 무기와 자신의 이름으로 만들어진 여러 개의 여권이 주어진다. "명령을 어기면 아들이 죽는다"는 수화기 너머의 목소리는 레이첼의 하루를 악몽으로 변하게 만든다. 그들은 선택되었고 살기 위해선 복종해야 한다. FBI는 그들을 쫓고, 공사장의 크레인과 보트, 지하철과 교통 신호등까지, 모든 것들이 그들을 조종하기 시작한다. 게임엔 룰이 있다. 그것은 그들이 무엇을 해야 할 지 외에는 아무것도 알려주지 않는다는 것이다! 두 남녀는 모든 상식과 믿음을 버리고, 한치 앞을 알 수 없는 게임에 끌려가게 된다. 그리고 '이글 아이'의 정교한 음모가 드러나기 시작하는 순간, 관객은 스티븐 스필버그의 완벽한 스릴러와 대결하게 된다.

〈출처: Daum 영화〉[1)]

1. 유비쿼터스 사회

유비쿼터스 환경은 정치, 경제, 교육, 의료분야 등 사회 전반에 걸쳐 다양하고 광범위한 영향을 주어 많은 변화를 가져올 것이지만 이에 따른 부작용이나 문제점 또한 적지 않다. 이 절에서는 유비쿼터스 사회의 모습과 문제점, 과제 및 전망 등을 살펴본다.

1.1 유비쿼터스 사회의 모습

다양한 유비쿼터스 기술을 통해 언제, 어디서든 정보 접속이 가능한 유비쿼터스 사회는 어떠한 모습인지에 대해 살펴보자.

유비쿼터스 사회는 유비쿼터스 컴퓨팅 환경이 구축되어 모든 사물이 지능화·네트워크화됨으로써 개인의 삶의 질과 기업의 생산성이 향상되고 공공서비스의 혁신이 이루어져 국가의 경쟁력이 향상되는 사회라고 할 수 있다.[2)] 이러한 유비쿼터스 시대의 큰 특징은 많은 사물들이 네트워크로 연결됨으로써 융합된 세계를 형성한다는 점이다. 이는 지금까지의 사회구조와 인프라를 가지고는 불가능하였던 새로운 서비스와 애플리케이션들이 인간을 위해 제공되는 것이다.[3)] 이러한 유비쿼터스 환경은 아래와 같이 정치, 경제, 교육, 의료분야 등 사회 전반에 걸쳐 다양하고 광범위한 영향을 주게 될 것이다.

첫째, 정치, 행정의 변화이다. 지금까지의 정부와 시민 간 관계는 비대칭적으로 이루어져 왔다. 정부는 서비스 공급자였으며, 시민은 서비스 수혜자였다. 그러나 유비쿼터스 사회에서는 단순히 정보를 제공하고, 자료를 검색해 보는 차원을 벗어나, 양방향으로 정보를 교환할 수 있는 서비스가 증가하게 될 것이다. 실례로, 구청에 가지 않고도 TV를 통해 민원서류를 신청 및 발급받을 수 있을 뿐 아니라 구청에서 실시하는 여론조사도 TV 투표로 해결할 수 있다. 또한 안건이나 정책결정에 있어 단순히 찬반을 묻는 형식이 아니라 국민들로부터 다양한 의견수렴을 할 수 있는 새로운 전자투표 방식도 등장될 것이다

둘째, RFID 기술의 발달과 활용은 경제 전반에 걸쳐 큰 변화를 가져 왔다. 특히 물류, 유통, 교통 등이 지능화되면서 비용이 대폭 절감되고 효율성의 향상을 가져 왔다. 거래 속도가 빨라지고 정확해지며, 효율적인 관리를 통해 재고를 많이 가질 필요가 없게 되었다. 또한 다양한 정보를 수집할 수 있게 됨에 따라 정확한 수요예측으로 최적화된 물품 생산이 가능하게 된다.

셋째, 교육의 형태에서 많은 변화가 일어날 것이다. 지금까지의 교실이나 운동장에서 이루어지는 교육 형태에서 벗어나 언제, 어디서나 직접 체험할 수 있는 교육이 활성화될 것이다. 또한 교육 자료가 공유되어 다수의 수요자에게 제공되고, 1 : 1 맞춤교육서비스도 가능하므로 교육의 양과 질에서 향상이 기대된다.[4]

마지막으로, 의료분야에서 의료기기의 발달과 함께 RFID기술의 활용은

출처: KERIS, 2006.

그림 10-1 디지털 TV를 통한 수업참여와 맞춤형 정보를 제공하는 매직미러

인식과 판별 시스템의 향상을 가져와 오진율을 줄이고, 환자에 대한 체계적이고 지속적인 관리가 가능해진다. 또한 실시간 모니터링과 함께 원격진료서비스가 제공되는 U-healthcare 시대가 전개되고 있다.

1.2 유비쿼터스 사회의 문제점

정보화 사회를 거쳐 유비쿼터스 사회를 선도하는 IT 기술은 이제 우리의 생활 곳곳에서 중추적인 역할을 수행하고 있으나 한편으로 그에 따른 역기능이 사회문제로 대두되고 있다.

유비쿼터스에 대한 문제점은 개인적인 차원의 사생활 침해 문제, 사회적 차원의 소외계층의 부조화 문제 및 감시사회와 관련된 문제, 국가적인 차원의 시스템 자체의 취약성 등으로 구분할 수 있다.

가. 사생활 침해

유비쿼터스 사회로 접어들면서 정보의 감시와 개인의 정보 유출 및 사생활 침해의 방법이나 그 영역이 확대되고 있다. 개인 사생활 정보의 유출은 이미 CCTV, 카메라폰 등으로 인해 문제가 되고 있다. 연예인들의 사생활 침해에서 볼 수 있듯이 디지털 기기의 발달로 인해 앞으로도 이러한 문제들은 더욱 확대될 것이다.

원격 및 실시간 감시는 물론, 생체정보가 내장된 ID 카드의 도용, RFID, 스마트카드, LBS(Location Based System) 등 편리하게 이용되는 기술이 역으로 언제, 어디서나 개인정보가 유출될 수 있는 위협요인으로 작용된다.[5)]

개인정보의 유출로 인한 스팸메일을 누구나 한 번쯤은 받아 보았을 것이다. 문제는 개인이 자신의 정보를 의도적으로나 실수로 유출하지 않았음에도 불구하고 자신의 정보가 유출되고 있고, 또한 자신의 정보가 어디에서 어떤 경로로 유출되었는지조차 알기 쉽지 않다는 점이다. 이는 스파이웨어, 사이버 스토킹과 같은 새로운 기술과 결합되어 더욱 다양한 사이버 범죄로 나타날 수 있어 피해규모가 더욱 커질 것으로 예상된다.[5)]

"무분별한 CCTV 설치 규제 필요"

인권위 '사생활 침해우려 장소 설치 금지해야'

인권위가 최근 설치가 급증하고 있는 CCTV에 대해 국민 사생활 비밀의 자유 보장을 위한 규정을 마련해야 한다는 의견을 표명했다.

인권위는 "최근 범죄예방을 목적으로 공공 · 민간영역에서 CCTV 등 영상정보처리기기의 설치가 급증하고 있지만 이를 규율하는 법률이 없어 개인정보 유출과 악용 등 피해 사례가 지속적으로 발생하고 있다"며 의견표명의 배경을 설명했다.

인권위는 "불특정 다수가 이용하는 목욕탕, 화장실, 탈의실 등 개인의 사생활 침해우려가 있는 장소에는 원칙적으로 CCTV를 설치·운영하지 못하도록 해야 한다"고 밝혔다. 또 "구금 및 보호시설에서도 사생활을 침해하지 않도록 최소한의 범위 내에서만 설치해야 한다"고 덧붙였다.

인권위는 "사후적 관리 외에 등록제와 같은 사전적 · 예방적 관리규정을 신설해야 한다"고 제시했다.

인권위는 설치목적 및 장소, 촬영범위 등이 표시된 안내판 설치 등 필요한 조치에 대해 "하위 법령에 위임하지 말고 법률로서 직접 규율하는 것이 바람직하다"고 밝혔다.

〈출처: 전북인터넷신문, 박재순 기자, 2010〉[6]

나. 소외계층의 부조화 문제

정보사회에서의 소외계층은 컴퓨터를 사용하기 어려워 하는 컴맹 또는 넷맹이 그 대상이었다. 그러나 유비쿼터스 사회에서는 컴퓨터를 의식 없이 사용하게 됨에 따라 '참여하지 않는 자'라는 소외계층이 생겨나게 된다.[7] 이러한 문제점을 해결하기 위해서는 유비쿼터스 기술을 인간중심적으로 발전시켜야 한다. 즉, 모든 것의 중심은 사람이 되어 인간이 자연스럽게 컴퓨터에 접근할 수 있는 환경이 만들어져야 한다. 아울러 인간이 사물을 인지하지 않아도, 사물이 인간 행동이나 심리를 미리 예측하고 그에 맞는 서비스를 제공하여야 한다.

다. 감시사회

1998년에 개봉된 영화 에너미 오브 스테이트를 보면 위성을 통해 개인의 일거수 일투족을 감시하는 내용이 나온다. 비록 위성을 이용하지는 않았지만 이와 유사한 감시가 이미 존재하고 있다.

강남구의 CCTV 관제센터는 수평 360도 회전과 상하 각도조절이 되고, 100미터 밖에 있는 차량의 번호판까지 인식할 수 있는 줌(zoom)기능을 갖고

출처: 경남경찰청홍보, 2012.

그림 10-2 다양한 영국의 CCTV

있는 CCTV를 원격 제어할 수 있다. 최근 CCTV는 발전을 거듭하고 있어 탈부착이 용이한 무선 CCTV, 어둠 속에서 촬영이 가능한 야간조명 기술, 옷 속의 물건을 확인할 수 있는 투시촬영 기술, 개인의 동선을 파악해서 수상한 사람을 추적하는 행동패턴 인식 기술 등이 이미 개발되어 있다.[8]

런던의 시민은 하루 평균 20회, 최대 300회까지 CCTV에 촬영되며, 미국에서는 풋볼 경기장의 수십만의 관중들을 촬영해서 실시간으로 범죄용의자를 찾아내는 얼굴 인식 시스템과 화상정보 데이터베이스가 결합하여 한 사람의 하루 일과를 고스란히 추적할 수 있게 되었다.[8]

따라서 유비쿼터스 사회에 대한 불안감을 해소하기 위해서는 CCTV, 카메라폰, RFID 등 개인 추적이 용이한 기술의 오·남용 방지를 위한 제도적인 법 정비와 함께 기술적인 보완이 이루어져야 한다.

라. 시스템의 취약성

유비쿼터스 시대 이전에도 어떤 한 회사의 서버가 다운된다면 그 기업은 커다란 손실을 입게 된다. 전자공간과 물리공간이 공존하는 유비쿼터스 시대에 서버가 다운된다면 전자공간과 물리공간이 동시에 피해를 입게 되어 예전에 비해 더 큰 손실을 가져올 수 있다. 또한 거의 모든 사물이 네트워크망으로 연결되어 있어 바이러스 등이 침입할 수 있는 경로가 훨씬 더 다양해지고 있다. 이러한 문제점을 해결하기 위해서도 보안기술과 암호화 기술이 필요하고, 보다 엄격한 법제도의 정립이 필요하다.

마. 기계의존도의 심화

최근 들어 기계에 대한 인간의 의존도가 갈수록 커지고 있으며 더 큰 문제는 인간이 기계에 의존하고 있다는 것을 느끼지 못한다는 것이다.[9] 모든 기계가 정상적으로 작동이 된다면 문제가 되지 않으나 기계가 고장을 일으킨다면 모든 것이 마비될 수도 있다. 지금도 컴퓨터가 다운된다면 업무를 처리할 수 없는 경우가 종종 발생하고 있다. 예를 들어 홈네트워크 시스템으로 집안 온도와 습도, 채광 등을 최적의 상태로 유지하고 살다가 갑자기 시스템에 고장이 생긴다면 최악의 상태를 경험할 수도 있다.

동 영 상

■ 유비쿼터스강남도시관제센터

기존에는 부서별로 나눠 운영하던 강남구의 각종 CCTV를 국내 최초로 방범 · 재난재해 · 교통 등 1,100대 CCTV 하나로 통합·관리할 수 있는 시스템을 구축하여 무단횡단 행인, 범죄 행위 등 특이 상황 분리 및 물체 자동 추적, 3D GIS 기술 활용한 현실감 있는 위치 확인 및 추적이 가능한 서비스다.

〈출처: 유튜브, U강남 도시관제센터, 2011.12.26〉[10)]

2. 전자정부

전자정부는 정보기술을 활용하여 행정기관 및 공공기관의 업무를 전자화하여 행정기관 등의 상호간의 행정업무 및 국민에 대한 행정업무를 효율적으로 수행하는 정부를 말한다. 이 절에서는 전자정부의 개념과 서비스의 종류 등에 대해 살펴본다.

2.1 전자정부의 개념

미래의 정부는 "닫힌 정부에서 열린 정부"로, "안방민원 전자서비스를 담당하는 고객 지향적인 정부"로 변하게 된다.[11] 전자정부는 모든 행정의 공개화, 투명화, 정보의 공유화와 정책결정의 신속화를 가장 중요한 전제 조건으로 한다. 즉, 행정 네트워크시스템을 구축하여 전자인허가제도를 도입하고 신분증과 신용카드, 운전면허증 등 개인의 모든 기록을 한꺼번에 증명할 수 있는 전자카드의 발급으로 신속한 행정서비스를 제공한다. 대한민국의 대표적 전자정부서비스는 국가종합전자조달시스템인 나라장터(www.g2b.go.kr)와 생활민원 일괄서비스인 민원24(www.minwon.go.kr), 온라인 민원포털 국민신문고(www.epeople.go.kr), 국세청 홈택스(www.hometax.go.kr), 교육청 학부모서비스 나이스(www.neis.go.kr), 그리고 인터넷 특허시스템인 특허로(www.patent.go.kr) 등이 있다. 2012년 대한민국 전자정부서비스는 UN 전자정부 평가에서 2010년에 이어 2회 연속 세계 1위를 달성하여 세계 최고의 전자정부 선도 국가임을 확인시켰다.[12]

전자정부라는 말은 1993년 미국에서 처음 사용하였다. 미국의 전자정부 구현 노력은 클린턴 정부의 출범과 함께 시작된 정보고속도로 사업과 행정성과 사업에서 그 비전과 전략이 구체화되었다.[13] 전자정부의 가장 단순한 기술적 정의는 대부분의 행정업무가 온라인 정보기술에 의해 수행되어 신속, 정확한 서비스를 제공한다는 것이다. 위키백과에서는 전자정부를 "디지털 정부," "온라인 정부"라고도 하며 정부의 정보기술의 이용(시민, 사업 등의 용역과 정보를 교환)을 일컫는다. 전자정부가 온라인 정부나 인터넷 기반 정부로 여겨지지만, 인터넷 기반이 아닌 많은 전자정부 기술이 이러한 환경에서 사용될 수 있다. 이를테면, 팩스, PDA, SMS 텍스트 메시징, 무선 네트워크 및 서비스, 블루투스, CCTV, 추적 시스템, RFID, 생체인식, 도로교통관리, 스마트카드 등을 들 수 있다.

2.2 전자정부의 종류 및 활용 사례

우리나라 전자정부는 크게 정부기관 간(G2G), 정부와 기업 간(G2B, B2G), 정부와 국민 간(G2C, C2G)으로 나눌 수 있다. 좁은 의미로는 정부기관 간(G2G) 유형으로서 단일기관 내부 업무 또는 기관 간의 업무 영역을 가리키나, 일반적으로는 정부기관과 시민 또는 기업과의 창구민원 업무영역으로서 C2G, B2G, G2C, G2B 유형을 포괄하고 있다.

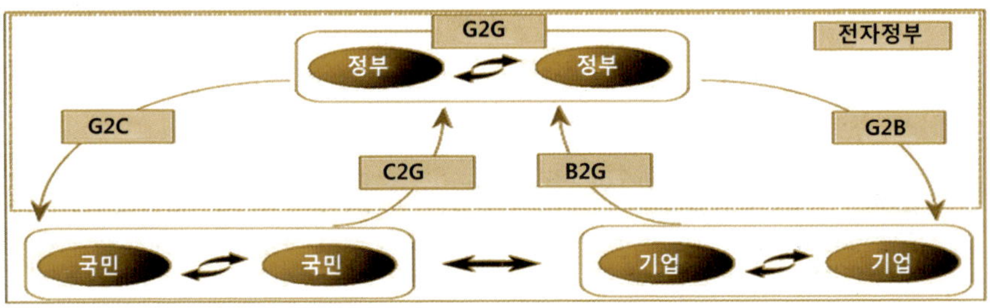

출처: 행정안전부, 2008.

그림 10-3 전자정부의 종류

가. 정부 대 정부(G2G : Government to Government)

G2G는 시나 도의 전자정부 간의 교류 또는 부처 간의 교류로 볼 수 있다. 예를 들면, 경찰과 검찰 그리고 법무부에서 범죄기록, 차량등록, 운전면허 등의 정보를 교환하는 경우로 이를 위해서는 부처 간의 통합된 국가규모의 데이터를 공유해야 한다.

나. 정부 대 기업(G2B : Government to Business)

정부와 기업이 전자정부의 형태로 교류하는 업무를 일컬어 G2B라고 한다. 대표적으로 국가종합전자조달시스템인 나라장터(www.g2b.go.kr)와 기업지원단일창구(G4B), 전자통관서비스(UNIPASS) 등이 있다. G2B에서는 기업들

검찰 · 경찰 이제야 '범죄 DNA 정보 공유'

범죄현장 DNA · 전과자 DNA, 상호 검색시스템 구축하기로

범죄자의 DNA정보를 보관하고 있는 경찰청이 검찰과 상호 실시간 DNA 정보 검색시스템을 구축하겠다고 12일 발표했다. 검찰은 경찰과 별도로 주로 수형자들에게 채취한 DNA정보를 보관하고 있다.

전과자들의 DNA 정보를 두 기관이 각각 보관하다 보니 범죄 발생 때 용의자의 신원 확인이 늦어지는 폐해가 있었다. 지난달 20일 서울 광진구 중곡동에서 주부를 성폭행하려다 살해한 서진환(42)의 경우 사건 보름 전에 일으킨 성폭행 사건 때 경찰이 DNA 정보를 확보했으나, 서진환의 DNA를 검찰이 보관하고 있다는 사실을 몰라 서진환의 범행 사실을 확인하지 못했다.

경찰청의 이날 발표는 살인사건 보름 전 성폭행 사건 당시 경찰과 검찰의 신속한 DNA 대조로 서진환을 검거했다면 주부 살인사건을 막을 수 있었다는 지적을 반영한 조치다.

DNA 정보를 관리하고 있는 두 기관 사이에 계획대로 상호 실시간 검색 시스템이 마련되면, 경찰이 구속된 피의자나 범죄 현장에서 채취한 DNA와 검찰이 수형자들에게서 채취한 DNA가 통합 관리돼, 범죄가 발생했을 때 신속하게 용의자를 특정해 검거할 수 있다. 서진환처럼 현장에 버젓이 DNA를 남기고도 불과 보름 뒤 더 끔찍한 2차 범행을 저지르는 일을 미연에 방지할 수 있게 되는 것이다.

법무부도 서진환처럼 전자발찌를 부착한 모든 범죄인의 신상 정보를 경찰과 공유할 수 있는 법률적 근거를 마련해 공조 범위를 확대할 방침이라고 밝혔다. 서진환이 착용하고 있던 전자발찌가 수사에서는 사실상 무용지물로 작용했다는 지적이 제기됐기 때문이다.

법무부가 경찰과 전자발찌 착용자들의 정보를 공유하게 되면, 현재 관내에 전자발찌 부착자가 얼마나 되는지, 어디에 사는지도 모르는 경찰이 우범자들의 첩보나 동향을 파악하기가 수월해져 범죄 예방 활동에 큰 도움이 될 것으로 전망된다.

경찰 관계자는 "DNA정보와 전자발찌 부착자의 정보가 관계기관 사이에서 공유되면 서진환 사건과 같은 참사를 막는데 큰 도움이 될 것으로 예상한다"고 말했다.

〈출처: 조선일보, 석남준, 박상기 기자, 2012〉[14]

이 공통적으로 모아야 할 정보를 정부에서 제공하여 기업들의 불필요한 중복 투자를 줄이는 것이 주된 목적이다.

나라장터에는 매일 20여만 명이 방문하고 18만 건 이상의 문서가 전자적으로 처리되고 있다.[15] 한 번의 등록으로 모든 공공조달정보의 검색과 입찰이 인터넷을 통해 가능하며, 물품의 등록, 입찰부터 계약, 검사, 대금지급까지의 전 과정을 전자화해 조달과정의 투명성을 확보하고 있다.

출처: 나라장터, 2013.

그림 10-4 나라장터 홈페이지 메인화면

잡음 많던 수학여행 '나라장터' 클릭 해결

앞으로 초·중·고 수학여행 업체선정이 조달청 나라장터 종합 쇼핑몰에서 원클릭으로 가능해진다.

나라장터 종합쇼핑몰은 조달청 또는 이용기관이 단가계약을 체결한 계약 상대자의 상품정보를 나라장터에 등록하고 이용기관과 계약상대자의 거래를 전자적으로 처리하기 위해 조달청 나라장터에 개설한 온라인 쇼핑몰. 조달청이 다수 여행업체와 수련시설의 납품능력과 가격을 심사해 나라장터 쇼핑몰에 등재하면 학교에서는 예산과 학생들의 선호를 반영, 원하는 여행사 및 수련시설을 선택해 업체를 선정한다.

수학여행·수련활동을 다수공급자계약(MAS) 방식으로 처리하면 각급 학교에서는 쇼핑몰에 등재된 업체별, 여행코스별 및 수련활동 프로그램별 내용을 종합검토한 후 자체 실정에 적합한 업체와 여행 코스를 클릭 한번으로 계약절차를 완료할 수 있게 된다. 따라서 각급 학교에서는 해당상품을 여러 업체와 동시에 비교한 후 편리하고 간편하게 선택구매할 수 있고, 업체 간의 자발적인 서비스경쟁이 강화돼 MAS 이용이 활성화될 것으로 전망된다.

또한, 다수공급자계약(MAS)은 차량, 숙박, 식사 등을 패키지 상품으로 공급함으로써 그동안 이를 별도의 계약으로 처리하는 행정처리의 불편사항 등이 해소될 것으로 기대된다. 한편, 현재 교육청에서 권장하고 있는 1~3개 학급 단위 소규모 테마여행(2,000만원 이하)으로의 권장사항이 본격 실시될 경우 2단계경쟁절차 없이 바로 업체선정이 가능해 구매계약절차 간소화로 계약에 따른 행정소요기간이 더욱 단축될 전망이다.

수행여행이 끝나더라도 수요자인 학생들을 통해 해당 여행사를 평가하고, 그 결과를 토대로 계약조건 위반, 부실 서비스 제공 여부를 조사해 이에 해당되는 여행사는 조달시장에서 퇴출시킬 예정이다. 또 정기적으로 안전·위생 등에 대한 여행 품질을 점검해 질 높은 수학여행이 될 수 있도록 관리할 계획이다.

〈출처: 행자부, 2011〉[16]

다. 정부 대 국민(G2C: Government to Citizen)

국민과 교류하는 정부의 업무형태를 일컬어 G2C라고 한다. 대표적으로 생활민원 일괄서비스인 민원24(www.minwon.go.kr), 온라인 민원포털 국민신문고(www.epeople.go.kr), 국세청 홈택스(www.hometax.go.kr), 교육청 학부모서비스 나이스(www.neis.go.kr), 그리고 인터넷 특허시스템인 특허로(www.patent.go.kr) 등이 있다.

1) 생활민원 일괄 서비스, 〈민원24〉(www.minwon.go.kr)

민원24시는 시민이 행정기관 방문 없이 어디서든, 24시간 365일 인터넷으로 필요한 민원을 신청하고, 발급 · 열람할 수 있는 서비스이다. 주로 이용하고 있는 민원서비스는 주민등록등(초)본교부, 토지(임야)대장열람 및 등본

▲ 민원24 홈페이지 메인 화면

출처: 민원24, 2013.

그림 10-5 민원24 홈페이지 메인화면

교부, 지적도(임야도)열람 및 등본교부, 개별공시지가 확인, 토지이용계획확인신청, 건축물대장등(초)본발급 및 열람신청, 자동차등록원부등(초)본발급 및 열람신청 등이다.

그리고 일상생활 중에 발생하는 다수의 생활민원을 인터넷상에서 한 번에 처리할 수 있도록 묶음으로 제공하는 생활민원 일괄서비스가 있다. 이사민원, 자동차 매매, 출산육아지원 등 상황에 필요한 서류를 한 자리에서 확인하고 발급받을 수 있다.

2) 온라인 민원포털, 〈국민신문고〉(www.epeople.go.kr)

해당되는 행정기관을 일일이 찾을 필요 없이 민원을 제기하거나 정책에 대한 의견을 제안하는 인터넷 단일창구로서 상습정체구역 개선, 건설 소음, 불법 간판, 모델하우스와 다른 아파트 실내 자재 문제 등을 제기할 수 있다. 국민신문고에 신청한 민원과 제안은 자동으로 해당 처리기관으로 전달되고, 담당행정기관은 민원과 제안 처리를 완료한 후 그 결과를 시스템을 통해 답

▲ 일일이 해당 행정기관을 찾거나 전화로 민원을 제기하는 불편을 덜어주는 온라인 민원포털 국민신문고

출처: 국민신문고, 2013.

그림 10-6 국민신문고 홈페이지 메인화면

변하는 제도로 사이트(www.epeople.go.kr)에 접속해 민원 메뉴에서 신청서를 작성하면 되고 모바일 앱을 통해서도 신청이 가능하다.

3) 국세청, 〈홈택스〉(www.hometax.go.kr)

세무서를 직접 방문하지 않고도 소득세, 법인세 등을 인터넷으로 처리할 수 있는 서비스로서 공인인증서가 있으면 연말정산뿐만 아니라 세금신고, 증명서발급, 조회서비스 등을 이용할 수 있다.

4) 교육청 학부모 서비스, 〈나이스〉(www.neis.go.kr)

학교정보는 물론 자녀의 학교생활에 관한 자료들이 모여 있는 사이트다. 학사일정과 식단표 등 기본 정보를 비롯해 학교생활기록부, 성적, 학업성취도를 조회할 수 있다. 공인인증서로 나이스 접속 후 해당 교육청을 선택하고 학부모서비스를 신청하면 학교에서 부모 여부를 확인 후 승인을 해 준다.

5) 인터넷 특허시스템, 〈특허로〉(www.patent.go.kr)

온라인으로 특허출원을 신청하고 진행정보를 조회하는 등 특허에 관한

출처: 교육청, 2013.

그림 10-7 NEIS 홈페이지 메인화면

모든 업무처리 서비스로서 변리사를 통하지 않고 직접 출원할 수 있다.

특허로 사이트에서 부여된 출원인코드번호를 이용해 특허청인증서 발급 또는 공인인증서 등록을 한 후 이용한다. 특허문서작성기를 이용해 명세서를 작성 후 전자문서를 제출하면 된다.

깊게 팬 도로 스마트폰으로 찍어 '민원24'에 전송 즉시 복구

1,200여 종 서류 · 세금납부 · 생활민원 … 행정기관 방문 않고 온라인서 신속 해결

얼마 전 서울에서 지방으로 이사를 간 A씨. 아들의 초등학교 입학 절차를 살펴보던 중 예방접종 증명서가 필요하다는 것을 알게 되었다. 처음에는 증명서를 발급받기 위해 예방접종을 한 서울 병원을 다녀와야만 하는 줄 알고 왕복 4시간 거리에 있는 서울 병원까지 갈 생각에 짜증이 났다.

하지만 친구와 전화 통화하면서 정부 민원 포털 '민원24 (www.minwon.go.kr)'로 접종증명서를 즉시 발급받을 수 있다는 사실을 알게 됐고, 서울을 갔다 오는 불편을 겪지 않고도 민원을 해결했다. 아울러 '민원24'를 통해 전입신고를 할 수 있다는 것도 접하게 돼 전입신고까지 처리했다. 이제 A씨는 행정기관에 갈 일이 생기면 우선 '민원24'부터 방문해 온라인으로 처리가 가능한 지 확인한다.

집 근처 주택가 도로가 깊게 팬 상태로 며칠째 방치돼 있어 운전하고 길을 지나갈 때마다 불편함을 겪었던 C씨. 어느 기관에 민원을 제기해야 하는지 몰라 며칠을 그대로 보내다 '생활불편 스마트폰 신고서비스'를 알게 됐다.

C씨는 바로 애플리케이션을 내려받아 팬 도로의 사진을 휴대폰으로 찍어 신고했고, 위치 설명을 따로 하지 않고도 사진과 위치가 해당 기관으로 전송돼 접수처리됐다. 팬 도로는 바로 복구됐고 C씨에게 조치사항과 복구된 사진이 전달됐다.

IT를 적극 활용한 전자정부서비스가 우리 생활을 바꿔놓고 있다.

직접 행정기관을 방문하지 않아도 언제 어디서나 온라인을 통해 다양한 공공서비스를 제공받을 수 있으며 국가정책에도 적극적으로 참여할 수 있게 된 것이다.

전자정부서비스의 대표격인 '민원24 (www.minwon.go.kr)'는 편리성 때문에 가입자 수가 1,020만 명(6월 말 기준)에 달했다.

이 서비스를 통해 지난해에만 2,824만 건의 증명서가 발급됐다. 또 집이나 사무실에서 주민등록 등·초본 등 1,200여 종의 민원서류를 인터넷으로 발급받을 수 있다.

아울러 전입신고나 출생신고 등 5,000여 종의 민원을 안내받을 수 있는 장점 때문에 국민의 활용도가 높아졌다.

세무서를 방문하지 않고도 소득세, 법인세 등을 인터넷으로 처리할 수 있는 '홈택스(www.hometax.go.kr)' 서비스나 연말정산간소화서비스 등도 국민만족도가 높다.

〈출처: mk.co.kr, 김경도, 서동철 기자, 2012〉[17)]

3. 정보격차

정보격차는 거시적으로 사회 전반의 정보량이 증대되는 상황에서 정보사용자의 정보 수용의 양과 질의 측면에서 '정보 부자'와 '정보 빈자' 간의 간격이 확대되는 현상이다.[18)] 지금까지 우리나라는 정보취약계층인 장애인, 저소득층, 장·노년층, 농어민들을 대상으로 PC보급을 추진하여 성과를 거두었으나, 웹 접근성 문제는 아직 해소되지 않고 있다. 이는 사회통합과 발전에 커다란 저해요인으로 유비쿼터스 사회, 전자정부의 활용과 참여를 위해서는 반드시 해결되어야 할 과제이다.

3.1 정보격차의 개념

정보격차를 의미하는 용어로 Digital Divide가 최초로 언급된 것은 1995년 "New York Times"의 저널리스트 Gary Andrew Pole이 쓴 Schoolnet Programs 관련 기사에서였다.[19)] 이후 미국 상무부의 정보격차 실태보고서(1998)는 신기술에 접근하는 집단과 그렇지 못한 집단 간의 격차, 정보능력을 가진 자와 가지지 못한 자 사이의 분할로 정의하고 있다.

우리나라의 경우는 2001년 제정된 「정보격차 해소에 관한 법률」에서 정보격차를 "경제적 · 지역적 · 신체적 또는 사회적 여건으로 인하여 정보통신망을 통한 정보통신서비스에 접근하거나 이용할 수 있는 기회에 있어서의 차이를 말한다"고 규정하고 있다.

정보화의 최우선 조건은 정보기술 매체에 대한 접근성이며, 20세기 후반에 상용화된 인터넷의 등장은 정보접근성의 양상을 획기적으로 변화시켜 왔다. 그러나 이러한 변화 속에서도 컴퓨터나 인터넷 등의 정보매체에 접근하기 어렵거나 제한적인 접근만 가능한 계층이 존재하며, 여기서 정보격차가 시작된다고 할 수 있다. 더 나아가 인터넷에서 소외되는 경우 경제적인 손실뿐 아니라 교육, 엔터테인먼트, 사회적 참여 등의 기회상실로 인해 불이익을 받게 된다.[20] 이처럼 정보격차는 정보에 대한 불평등한 접근 자체뿐 아니라 이로 인해 발생하는 모든 사회, 경제, 문화측면에서의 불이익을 초래한다.

정보격차란 무엇인가?

「정보격차 해소에 관한 법률」을 보면 정보격차는 "경제적 · 지역적 · 신체적 또는 사회적 여건으로 인하여 정보통신망을 통한 정보통신서비스에 접근하거나 이용할 수 있는 기회에 있어서의 차이"로 정의돼 있다. 이 정의에는 정보소외계층이 만들어질 수 있는 사회적 · 개인적 조건이 암시돼 있다. 정보격차에 대한 각종 조사 결과를 봐도 경제적 하위 계층, 농어촌지역 거주자, 장애인, 여성 등은 정보에 접근하고 정보를 적절히 이용하는 데 어려움을 겪고 있다는 사실을 알 수 있다.

정부에서는 법률 제정 및 다양한 정보화 사업을 통해 정보격차를 해소하려는 노력을 하고 있다. 노인층을 대상으로 한 무료 정보화 교육이나 농어촌 PC 보급, 초고속 인터넷 회선 증설 등은 이런 노력의 구체적 사례다. 이를 통해 최근에는 정보 접근성에서 계층, 지역, 성별 격차가 다소 완화되고 있다.

그런데 하드웨어를 보유하고, 인터넷에 접속할 수 있다고 해서 정보격차가 해소되는 것은 아니다. 정보를 대하는 태도 및 정보 선별 및 활용 능력 등 질적 차원의 격차가 여전히 남아있기 때문이다. 정보격차 해소가 사회적 불평등을 방지하고, 극복하는 단계에 이르기 위해서는 질적 측면에서의 접근이 반드시 동반돼야 한다.

논술고사에서는 지식격차가설을 토대로 정보격차를 분석하는 문제, 계층 및 세대 간 정보격차에 대한 분석을 요하는 문제 등이 출제됐다.

2008학년도 숙명여대 모의

세 개의 제시문을 주고 제시문에 설명된 '지식격차 가설'을 토대로 주어진 도표를 설명하는 문제, 빈곤국 어린이에게 노트북 PC를 지원하는 프로젝트의 타당성에 대한 견해를 제시하는 문제 등이 나왔다.

제시문 (가)는 빈곤 계층 미취학 아동의 지식격차를 해소하기 위해 제작한 미국 TV 프로그램 '세서미 스트리트'의 시청량과 아동의 성취 점수 간 상관관계를 보여주는 자료였다. 빈곤한 가정과 부유한 가정의 아동을 대상으로 프로그램 시청 전, 후의 성취 점수를 집단별 평균값으로 보여줬다.

제시문 (나)는 지식격차 가설(knowledge gap hypotheses)에 대한 설명으로, 사회 시스템에 주입된 매스미디어 정보가 늘어날 때 사회경제적 지위가 높은 계층은 사회경제적으로 낮은 지위에 있는 계층보다 정보를 빠른 비율로 습득하는 경향이 있고 이에 따라 지식격차가 증가한다는 내용이었다.

제시문 (다)는 인간에게 주어진 조건의 불평등은 불가피한 것이며, 가지지 못한 자들을 구제하고자 할 때 구성원 전체가 위험에 빠질 수 있다는 내용을 담은 것이었다.

〈출처: 한겨레신문, 2008〉[21]

3.2 웹 접근성

정보격차가 발생하는 원인이 PC나 인터넷 회선 등이 갖추어 지지 못한 환경의 문제일 수도 있으나, 인터넷 사용 환경을 모두 갖추고 웹을 사용하고자 해도 자신의 의지와는 상관없이 웹에 접근하는 것이 어렵거나 불가능한 사람들이 있다. 그 대표적인 예가 화면을 볼 수 없는 시각장애인, 소리를 들을 수 없는 청각장애인, 마우스를 사용할 수 없는 상지(지체, 뇌병변)장애인

및 노약자들이다.[22)]

컴퓨터를 기반으로 한 웹 기술은 지식 정보화 산업의 발전을 촉진시켰다. 기본적인 인터넷 지식만으로도 개인의 지식 및 정보의 공유가 가능해졌고 공유된 지식 및 정보는 웹을 통해 확대 재생산된다. 그러나 장애인, 노령자 집단은 웹 접근의 어려움으로 웹을 잘 활용하지 못하고 있다. **웹 접근성**에 제약을 겪는 집단과 그렇지 않은 집단 간 정보격차를 줄이기 위해서는 웹사이트 제작 시 웹 접근성을 고려한 웹사이트가 제작되어야 하나 아직은 그렇지 못한 것이 현실이다.[23)]

월드 와이드 웹 컨소시엄(W3C: World Wide Web Consortium) 웹 접근성 이니셔티브(WAI: Web Accessibility Initiative)와 짐 대처 (Jim. Thatcher)는 웹 접근성을 매우 현실적으로 정의하고 있다. 즉, 장애를 가진 사람들이 웹 콘텐츠를 인지하고, 편리하게 사용할 수 있으며, 그 내용이 이해하기 쉬워야 하며, 견고성을 지녀야 웹 접근성이 있다고 보는 관점이다. 인터넷 전자도서관인 Wikipedia는 웹 접근성의 개념을 웹 콘텐츠뿐만 아니라 인터넷을 통하여 전달될 수 있는 모든 콘텐츠로 확대 해석하고 있다.[24)]

우리나라의 웹 접근성 관련법으로는 「국가정보화 기본법」, 「장애인차별금지법」, 「장애인복지법」 등이 있으며, 2009년 5월에 개정된 「국가정보화 기본법」에서 법률적 의무화를 명시하였다. 또한, 2008년 4월부터 시행되기 시작한 「장애인차별금지 및 권리구제 등에 관한 법률」에 의거 공공 및 민간기관의 웹사이트에 대한 웹 접근성 준수를 단계별로 의무화하고 있다. 이 법률에 의하면 2009년에는 정부 및 지방자치단체, 사회복지시설, 장애복지시설, 종합병원, 근로자 300인 이상의 민간기업, 2010년에는 국립문화 예술단체, 박물관, 미술관, 국공립 도서관, 2015년까지 국내 모든 법인의 웹사이트가 웹 접근성을 준수하도록 규정하고 있어서 공공 및 민간기관의 웹사이트 제작에 있어서 웹 접근성 준수는 이제 필수적인 요소가 되고 있다.

4. 유비쿼터스 사회의 과제 및 전망

앞서 유비쿼터스 사회로의 진입 과정에서 일어나는 변화에서 살펴봤던 것처럼 향후 유비쿼터스 사회는 디지털 기기 간 컨버전스를 통해 이루어진다. 따라서 이를 위한 정보 융합과 네트워크의 융합이 활발히 이루어질 것이다. 이러한 IT 기술의 발달과 함께 웰빙 추구와 소비자 요구의 다양화, 라이프스타일 변화, 양질의 서비스 요구 등이 맞물려 나타나는 컨버전스 현상은 사회의 트렌드가 되고 있다. 이러한 변화와 함께 유비쿼터스 수요를 조기 창출하는 한편, 유비쿼터스 기술 분야에서도 글로벌 경쟁력을 갖출 수 있도록 새로운 비즈니스 모델을 찾아야 한다. 아울러 관련 기술 개발 및 표준화 연구를 위한 핵심 인재 양성과 새롭게 대두될 역기능에 대한 방지책과 법제도적 정비도 추진돼야 한다.[25)]

행정기관 등의 상호간의 행정업무 및 국민에 대한 행정업무를 효율적으로 수행하기 위한 전자정부는 주 고객이 국민이고 국민 지향적인 행정서비스가 중심이 되도록 눈높이를 맞추는 노력이 필요하다.

마지막으로 장애인과 고령자들에 대한 배려가 필요하다. 이들은 문명의 이기로부터 많은 혜택을 받을 수 있음에도 불구하고 충분한 혜택을 받지 못하고 있는 대표적 집단이다. 그들은 단지 인지적 혹은 신체적인 이유 등으로 인해 다르게 대우받고 있다. 이는 사회통합과 발전에 커다란 저해요인으로 유비쿼터스 사회, 전자정부의 활용과 참여를 위해서는 반드시 해결되어야 할 과제이다.

▶ 토의과제

1 유비쿼터스와 관련된 사회적 이슈 및 사례를 수집하여 토의해 보자.

2 전자정부의 역기능에 대해 토의해 보자.

3 유비쿼터스 사회의 문제점 및 해결 방안에 대해 토의해 보자.

동 영 상

제 목	주요내용	Link	시 간
U-강남 도시관제센터	기존에는 부서별로 나눠 운영하던 강남구의 각종 CCTV를 국내 최초로 방범·재난재해·교통 등 1,100대 CCTV 하나로 통합·관리할 수 있는 시스템을 구축하여 무단횡단 행인, 범죄 행위 등 특이 상황 분리 및 물체 자동 추적-3D GIS 기술 활용한 현실감 있는 위치 확인 및 추적이 가능한 서비스	www.youtube.com/watch?v=1qI8gPE7akg	6분 25초

Summary
요 | 약

유비쿼터스 사회의 모습

- 유비쿼터스 사회는 유비쿼터스 컴퓨팅 환경이 구축되어 모든 사물이 지능화 · 네트워크화됨으로써 개인의 삶의 질과 기업의 생산성이 향상되고 공공서비스의 혁신이 이루어져 국가의 경쟁력이 향상되는 사회
- 지금까지의 사회구조와 인프라를 가지고는 불가능하였던 새로운 서비스와 애플리케이션들이 인간 중심으로 제공
- 사회 전반에 걸쳐 다양하고 광범위한 영향을 주어 정치, 경제, 교육, 의료분야 등 사회 전반에 걸친 빠른 변화 예상

유비쿼터스 사회의 문제점

- 사생활 침해
- 소외계층의 부조화
- 감시사회
- 시스템 자체의 취약성
- 기계의존도의 심화

전자정부의 개념

- 닫힌 정부에서 열린 정부, 고객지향 정부
- 모든 행정의 공개화, 투명화, 공유화와 정책결정의 신속화가 전제 조건
- 대부분의 행정업무가 온라인 정보기술에 의해 수행되어 신속 · 정확한 서비스 제공

전자정부의 종류

- 정부기관 간(G2G)
- 정부와 기업 간(G2B, B2G): 나라장터(www.g2b.go.kr) 등
- 정부와 국민 간(G2C, C2G): 민원24(www.minwon.go.kr), 국민신문고(www.

epeople.go.kr), 국세청 홈택스(www.hometax.go.kr), 교육청 학부모서비스 나이스(www.neis.go.kr), 인터넷 특허시스템인 특허로(www.patent.go.kr) 등

정보격차

- 정보에 대한 불평등한 접근 자체 및 이로 인해 발생하는 모든 사회 문제를 지칭
- 정보 네트워크로부터의 소외가 야기할 수 있는 다양한 형태의 자본, 즉 경제, 사회, 문화자본에서의 불이익을 포괄적으로 내포

웹 접근성

- 장애인뿐만 아니라 모든 사람이 정보통신 기기나 서비스를 손쉽게 활용할 수 있도록 만드는 것
- 웹 콘텐츠를 제작할 때에는 장애에 구애됨이 없이 누구나 접근할 수 있도록 제작

유비쿼터스 사회의 과제 및 전망

- 디지털 기기 간 컨버전스를 통한 유비쿼터스 사회의 새로운 서비스 창출 및 기반 구축 필요
- 유비큐터스 관련 기술 개발 및 표준화를 위한 핵심 인재 양성
- 소비자 중심의 서비스
- 기존 문제의 심화 및 새로운 유형의 문제 발생 등에 대한 방안 마련

질문

1. 유비쿼터스 사회의 정치적 변화에는 어떤 것이 있을까?
2. 유비쿼터스 사회의 경제적 변화에는 어떤 것이 있을까?
3. 유비쿼터스 사회의 교육분야 변화에는 어떤 것이 있을까?
4. 유비쿼터스 사회의 문제점에는 어떤 것들이 있을까?
5. 전자정부의 종류에는 어떤 것들이 있을까?
6. 정보격차란 무엇인가?
7. 웹 접근성이란 무엇인가?

Closing Case

정보통신기술의 발달에 따른 부작용:
만화 〈BLAME!〉을 통해 본 유비쿼터스 사회

일본에서 97년부터 연재되기 시작해 2003년에 완료된, 니헤이 츠토무의 〈BLAME!〉은 미래의 디스토피아적 사회를 그린다.

미래로 갈수록 사람들은 네트워크에 언제, 어디서나, 원활하고, 편하게 접속하기를 바라고, 그렇게 기술이 발전해 나간다. 기술은 발전을 거듭하다 결국 유전자 레벨로까지 진보해 네트워크 단말 유전자를 개발하기에 이른다. 이 네트워크 단말 유전자를 지닌 모든 사람들은 네트워크에 접속해 기계와 기술을 제어하며 삶을 영위해 나가고, 이 네트워크와 유비쿼터스 기술에 의존해서 치안과 무력까지도 통제하기에 이른다. 모든 사람들이 언제, 어디서나 평등하게 네트워크에 접속해 자유를 누리는 유토피아가 펼쳐지는 듯했다.

그러나 교단이라는 반사회 집단이 생겨나 사회를 전복시킬 목적으로 네트워크 단말 유전자를 오염시키는 바이러스를 고의로 퍼뜨리기 시작한다. 이에, 오염된 네트워크 단말 유전자를 지니게 된 사람들은 네트워크에 접속이 불가능하게 되고, 치안을 맡은 세이프 가드라는 집단은 이 오염된 네트워크 단말 유전자를 지닌 사람들을 불법 접속자로 판단해 제거를 하게 된다. 바이러스가 퍼질수록 자신들이 구축한 유비쿼터스 네트워크에 의해 배제되어가는 세상. 인류의 문명은 퇴보하고 서버의 통제가 닿지 않는 곳에서 조그맣게 서로 격리되어 생명을 이어갈 뿐이다. 이러한 상황에서 주인공은 오염되지 않은 네트워크 단말 유전자를 찾아 네트워크에 접속해 서버를 정상화시키려 시도를 하고, 이를 막으려는 교단과 세이프 가드의 방해를 겪게 된다.

지금의 현대사회는 무선 네트워크와 컨버전스된 단말기의 발달로 유비쿼터스 사회로의 발달이 계속되고 있다. 언제, 어디서나 원하는 것을 통제할 수 있는 유비쿼터스 사회는 우리의 이상적인 미래상으로 그려지고 있다. 그러나 컴퓨터 모니터 안에 펼쳐지는 네트워크가 우리 삶(물리적인)에 더 깊숙이 개입한다고도 볼 수 있다. 예전에는 네트워크에 바이러스가 침입하면, 컴퓨터 하나가 망가질 뿐이었지만, 이제는 우리의 삶에 직접적인 영향을 줄 수도 있는 것이다. 유비쿼터스 기술이 완벽히 지원되는 병원이나 원자력 발전소가 있다고 생각해 보면, 그것이 더욱 크게 와 닿을 것이다. 만약 병원과 원자력 발전소에 악성 크래커가 침입해서 중환자의 생명유지장치를 정지시킨다든가, 원전의 핵연료 제어봉을 통제해 중대한 사고를 일으킨다든가, 교통통제 네트워크를 교란시켜 연쇄사고를 일으키는, 그러한 범죄가 더욱 현실화될 가능성이 높아질 것이다.

모든 것이 전산화되는 네트워크의 장점을 활용하는 유비쿼터스 사회는, 분명 우리의 삶의 질을 더욱 높일 것이다. 어느 정도 진행된 유비쿼터스적인 삶은, 지금도 편리한 문명의 이기를 보여주고 있다. 이것을 포기하고 과거로 돌아가기는 불가능할 것이다. 위험이 있다는 이유로 기술의 진보를 포기하는 것도 위험한 발상이다. 그러나 유비쿼터스 기술을 포함한 정보통신기술의 발달은, 철저하고 강력한 고도의 보안기술능력이 바탕이 되지 않는다면, 우리의 삶을 위협하는 양날의 검이 될 수도 있음은 자명해 보인다.

미래에는, 누군가가 악의를 가지고 우리집 네트워크에 침입해 가스렌지 불을 켜놓아 화재를 일으키는, 그런 신종 방화가 있지 말라는 법도 없을 것이다.

〈출처: Wikipedia, Blame〉[27)]

질문

1. 위 사례처럼 네트워크 단말 유전자를 오염시키는 바이러스를 누군가가 고의로 퍼뜨린다고 가정할 때 병원과 원자력발전소의 대비책은?
2. 유비쿼터스 사회로 편리해진 사회를 계속 영위하려면 개인은 어떻게 해야 할까?
3. 위와 같은 사례를 막기 위해 국가가 할 일은 무엇인가?

참고문헌

1. Daum 영화.
2. 미래기획위원회, "2020 유비쿼터스 학습국가체제 구축 비전 및 전략에 관한 연구," 2010.
3. 조영임, 유비쿼터스 사회의 문제점과 비전, 2004.
4. 한국교육학술정보원, "유비쿼터스 환경을 지향하는 미래교실 구성 방안," 2006.
5. 한국전산원, "유비쿼터스 사회의 5대 위협과 대응과제," 2005.
6. 전북인터넷신문, 박재순 기자, 2010.
7. 한국정보화진흥원, "정보화 패러다임 전환에 따른 새로운 정보격차 해소방안 연구," 2010.
8. 한국정보보호진흥원, "CCTV 개인영상정보보호 가이드라인 해설서," 2007.
9. 이홍주, 이장욱, "유비쿼터스 혁명," 2004.
10. Youtube, http://www.youtube.com/watch?v=1qI8gPE7akg, 검색일 2013.01.10.
11. 김광웅, "2040년 미래 정부는 어떤 모습일까?," 2010.
12. 행정안전부, "대한민국 전자정부 다시 한번 세계를 놀라게 하다," 2012.
13. 송희준, 한 · 미 · 일의 전자정부 구축 사례에 대한 국제 비교, 1996.
14. 조선일보, 석남준, 박상기 기자, 2012.
15. 정보정책투데이, 2011.
16. 행자부, 2011.
17. mk.co.kr, 김경도, 서동철 기자, 2012.
18. 정재기, "정보격차와 불평등," 2010.
19. Molnar, Szilard, Explanation frame of the digital divide issue. Information Society, Vol.4, 2002, pp. 102-118.
20. 황진구, 유지열, "청소년 디지털소비격차 실패와 대책," 한국청소년정책연구원 연구보고, 2007.
21. 한겨레신문, 2008.
22. 웹워치, 웹접근성의 필요성, 2013.

23. 강영무, 홍순구, 김동완, 차윤숙, 웹 접근성을 준수한 웹사이트 제작에 영향을 미치는 요인, 한국IT서비스학회지, 2012, pp. 1-14.
24. 웹접근성연구소, 2013.
25. 한국전산원, "유비쿼터스 사회의 발전 추세와 미래 전망," 2005.
26. Wikipedia, "Blame!," http://en.wikipedia.org/wiki/Blame!, 검색일 2013.01.10.
27. KERIS, 이슈리포트, 2006.
28. 경남경찰청홍보, "다양한 영국의 CCTV," 2012.
29. 행정안전부, "전자민원G4C활성화 및 보안강화 방안," 2008.
30. 나라장터, 2013.
31. 민원24, 2013.
32. 국민신문고, 2013.
33. 교육청, 2013.

Memo

Chapter 11

유비쿼터스 사회 속의 직업

학습목표

1. 유비쿼터스 사회에서 노동방식의 변화를 이해한다.
2. 유비쿼터스 근무를 위한 해결과제를 알아보자.
3. 유비쿼터스 사회의 유망직업을 알아보자.

Openning Case

어벤저(The Avengers, 1998)

날씨를 조작해 부와 권력을 독차지하려는 악당에 맞서 싸우는 첩보원.

'기후변화경찰'이라는 미래의 새로운 직업을 예고…

비와 안개의 나라로 알려진 영국 날씨, 정상적인 날씨를 위해 작동 중인 기상안전보호 프로그램에 이상이 생긴다. 날씨는 국가 안보와 밀접한 관련이 있기 때문에, '마더(mother: 짐 브로드벤트 분)'라 불리는 영국 첩보국장은 기후변화 경찰인 존 스티드(John Steed: 랄프 피네스 분)를 시켜 이 사건을 조사하게 한다.

존은 중절모와 잘 다듬어진 테일러 양복을 입은 전형적인 영국 신사. 어떤 상황에서도 절대 흥분하지 않는 그는 사안이 사안인지라 날씨에 능통한 기상학 박사 에마 필(Emma Peel: 우마 써먼 분)을 파트너 삼아 사건을 조사한다. 존과 에마는 유력한 용의자로 의심되는 어거스트 드 윈터 박사(Sir August de Wynter: 숀 코넬리 분)를 찾아가고 여기서 존은 에마와 똑같은 사람의 공격을 받는다. 그러나 이는 어거스트가 에마와 똑같은 인물을 복제해 사람들을 혼란케 하고 에마를 위험에 몰아넣어서 자기 편으로 삼고자 하는 전략이다.

어거스트의 진짜 목적은 기괴한 날씨를 수단삼아 전 세계를 혼란에 빠뜨리고, 자기가 직접 날씨를 조작, 이를 팔아서 부와 권력을 손에 쥐려 하는 데 있다. 어거스트와 무시무시한 음모를 막고 평화를 지키려는 존과 에마는 날씨를 담보로 위협하는 어거스트와 필사의 싸움을 시작한다.

영국에서 인기리에 방송된 동명의 TV 시리즈를 37년 만에 영화화한 작품으로 TV 시리즈는 세계 120여 개국에 수출되며 폭발적인 인기를 끌기도 했다.

테임즈강 밑의 지하 벙커에 자리잡은 영국 첩보부와 드 윈터의 최첨단 날씨 통제국 등은 초대형 세트로 처리됐다. 일순간 9미터 높이의 눈에 잠기는 트라팔가 광장의 모습도 특수 효과로 실감을 더해 준다.

〈출처: 알라딘 블로그 자료 재구성〉[1]

1. 유비쿼터스 사회의 노동방식의 변화

유비쿼터스 사회에서는 온라인과 오프라인, 현실과 가상공간이 공존함에 따라 일자리 및 직업관에서 많은 변화를 가져올 것이다. 유비쿼터스 사회가 시작되면서 생활혁명, 비즈니스 혁명뿐만 아니라 직업의 세계에서도 혁명의 바람을 몰고 오고 있다. 이 절에서는 유비쿼터스 사회에서 미래의 직업관에 대해 살펴본다.

1.1 산업구조 변화와 스마트 워크

'유비쿼터스 사회'는 유비쿼터스 기술의 발전에 따라 전통적 제조업이나 일반 서비스업에 비해 정보산업이나 지식 서비스업의 중요성이 상대적으로 커지면서 이 분야에서 새로운 일자리가 창출될 것으로 전망된다. 그러나 역으로, 유비쿼터스 기술로 인해 일부 산업에서는 일자리가 감소되어 실업과 복지 문제를 해결하기 위한 사회정책의 중요성이 커질 것이다.

아울러 소비자들의 다양한 요구에 대응하기 위한 지식정보처리를 담당하는 분야와 창의성이 요구되는 분야의 일자리가 늘어날 것으로 전망된다.[2)]

유비쿼터스 사회에서의 노동은 최첨단 정보통신기기를 이용하여 시공간을 넘나드는 업무환경으로 진화함에 따라 지식 정보처리가 중요시된다. 또한 유비쿼터스 IT 기술 혁신의 가속화는 재화나 서비스의 생산, 유통과정에 있어 육체 노동에 대한 수요의 감소와 지식정보 노동에 대한 수요의 증대를 초래할 것이다. 즉, 디지털화로 인해 전통적인 산업구조가 새로운 산업구조로 재편되고 일하는 방식도 모바일 등 점차 IT기반으로 변화하여, 미래 사회에서의 노동은 언제, 어디서나 함께 일할 수 있는 '유비쿼터스 협업', 장소에 구애받지 않고 업무처리가 가능한 '모빌리티(Mobility)' 환경으로 변화할 것으로

2020년의 업무 환경: 가트너의 예상

10년 후 사람들은 어떤 환경에서 일을 하게 될까? 가트너는 앞으로 10년 동안 일어날 10가지 주요 변화를 예상하는 꽤 괜찮은 생각을 가지고 있다고 생각하고 있다.

가트너의 펠로우 톰 오스틴은 미디어 발표를 통해 "판에 박힌 업무가 줄어들고, 끝없는 변화와 초과 연결 상태(Hyperconnectedness), 집합성 등으로 특징지워질 것"이라고 밝혔다.

이번 보고서는 5년 이내에 조직의 업무 중 40%가 일상적이지 않은 것이 될 것으로 전망했다. 2010년 현재 이런 업무는 25%에 불과하다.

오스틴은 "사람들은 더 자주 집단적으로 일을 할 것이고, 단독 업무는 줄어들 것이다. 사람들은 연관성이 적은 사람들과 함께 일을 하게 될 것이며, 팀에서는 조직의 통제를 받지 않는 외부 인력이 포함될 것"이라고 설명했다. 또한 "여기에 더해 시뮬레이션과 시각화, 통일화 기술, 초당 요타바이트급 데이터를 다루는 업무 등으로 새로운 차원의 인지 기술이 강조될 것"이라고 덧붙였다. 요타바이트(Yottabytes)는 1,024제타바이트이다.

가트너는 총 10개의 핵심적인 변화를 제시했는데, 여기서는 가장 흥미로운 트렌드 다섯 가지만 살펴본다.

1. 판에 박힌 일상 업무의 해체

"사람이 추가할 수 있는 핵심가치는 자동화가 가능한 프로세스 내에는 없다. 하지만 일상적이지 않은 프로세스, 인간만이 할 수 있는 독특한 것, 분석적이거나 인터랙티브에 기여하는 것들은 새로운 발견이나 혁신, 팀, 선도, 판매, 학습 등의 결과를 가져온다. 이런 비일상적인 기술은 자동화할 수 없는 것이다. 예를 들어 의심 많은 구매자에게 생명보험을 판매하는 과정은 자동화할 수 없다. 다만 판매 프로세스를 향상시키기 위한 자동화 툴은 이용할 수 있다."

2. 집단 작업의 증가

가트너는 이른바 "무리짓기(Swarming)"란 용어를 사용하고, "가치를 추가할 수 있다고 생각되는 그 누구라도 참여하는 소란한 집단적인 활동이 특징인 작업 유형"이라고 설명했다.

"이런 집단은 신속하게 형성되어 문제나 기회를 공격하고는 다시 신속하게 해산된다. 무리짓기는 애드혹(Ad Hoc) 활동에 대한 요구가 날로 증가하고, 애드혹 활동이 지속적으로 구조적이고 관료적인 상태를 대체해 나가는 경향에 민첩하게 대응한다."

3. 패턴에 대한 주목

이전부터 가트너 연구는 "패턴 기반의 전략(pattern-based strategy)"에 중점을 두어왔다. 기본적으로 전 세계 경제 환경이 더욱 더 유동적으로 변하면서 기업들은 예측할 수 없는 미래를 위한 전략을 세우느라 부심하고 있다.

이번에 가트너는 "새로 등장하는 패턴을 탐지하고, 이를 평가하고, 이런 분열이 어떻게 작용할 것인가에 대한 다양한 시나리오를 개발하고, 이런 변화를 이용하거나 변화로부터 조직을 보호할 새로운 방안을 임원에게 제안하는 일을 전담하는 별도의 부서를 만드는 기업이 증가할 것"이라고 전망했다.

4. 초과 연결 상태

새로운 유행어처럼 들릴 수도 있지만, 가트너는 초과 연결 상태(Hyperconnectedness)를 "네트워크의 네트워크 안에 존재하면서 이들 중 어떤 것도 완전히 통제할 수 없는 대부분 조직이 가지고 있는 특성"이라고 설명했다. 예를 들어 핵심적인 공급망 요소는 "계약조건하에" 있는 것으로 되어 있지만, 공급망의 협력업체와 시스템이 적절하게 수행된다는 보장은 없다는 것이다.

"이러한 초과 연결 상태는 더 많은 작업이 공식적인 관계와 비공식적인 관계 모두에서 발생하도록 만든다. 그리고 이는 사람들이 어떻게 일을 하고, IT가 사람들의 작업을 어떻게 지원하고 향상시키는지를 암시하고 있다."

5. 내 공간

업무 공간이 점점 더 가상화되고 있는 것은 그리 놀라운 사실이 아니다. 가트너는 "회의가 시간대와 조직의 경계를 넘어서 이뤄지고, 서로 잘 알지도 못하는 사람들이 참여하고, 당면 과제를 신속하고 집단적으로 해결한다"고 설명했다. 물론 직원들은 여전히 자신들이 일하기를 원하는 공간을 필요로 한다.

"많은 사람들이 회사가 제공하는 물리적인 사무실이나 책상을 갖지 못할 것이며, 업무도 하루 24시간, 일주일에 7일 계속해서 일어날 것이다. 이런 업무 환경에서 개인적인 것과 직업적인 것, 사회적인 것, 가정적인 것의 경계는 사라질 것이다."

"직원들은 중첩되는 요구에 의해 생겨난 거의 혼돈에 가까운 복잡성을 처리해야만 할 것이며, 이는 새로운 작업 환경에서 생겨날 수도 있고, 업무가 아닌 외부적인 현상에 의한 것일 수도 있다. 따라서 이런 기저의 기대를 관리하거나 과부하를 차단하지 못하는 사람들은 성과 부족에 시달릴 것인데, 이러한 과부하는 개인으로 하여금 정보 과부하 상태에서 업무를 수행하도록 하기 때문이다."

〈출처: itworld, Thomas Wailgum, 2010.08.05〉[3)]

예측되고 있다.[4)]

이러한 근무환경 변화로 스마트 워크가 가능해졌다. 업무에 스마트 기기가 결합되어 시간과 장소에 구애받지 않고 일할 수 있는 방식을 **스마트 워크**라 한다. 스마트 워크는 지정된 업무공간인 사무실의 개념을 탈피하여 여러

송파구, 유비쿼터스 근무 환경 조성

현장업무 담당부서에 넷북 지급하고, 정부 원격근무지원시스템 자료유출방지 시스템 노입.

송파구(구청장 박춘희)가 탄력근무, 재택근무 등 유연근무제의 확산과 같이 급속하게 변화하는 근무 환경에 대응하기 위해 다양한 인프라를 구축한다.

우선 구는 신속한 행정처리를 위해 현장업무를 많이 보는 부서에 넷북을 지급했다.

송파구 온라인원격근무 서비스 시스템 위반건축물을 순찰, 점검하는 건축과, 폐기물 배출을 관리하는 환경과 그리고 동 주민센터나 구 산하기관 컴퓨터를 관리하는 정보동신과에 넷북 총 18대를 지원해 업무에 활용토록 했다.

이와 더불어 전자정부통합망 내부에 위치한 각종 행정정보시스템에 안전하게 접속케 해 업무를 지원하는 행정안전부 정부 원격근무지원시스템(GVPN: Government Virtual Private Network)를 도입했다.

이를 통해 구 직원들은 인터넷만 연결돼 있는 곳이라면 언제, 어디서나 사무실에서

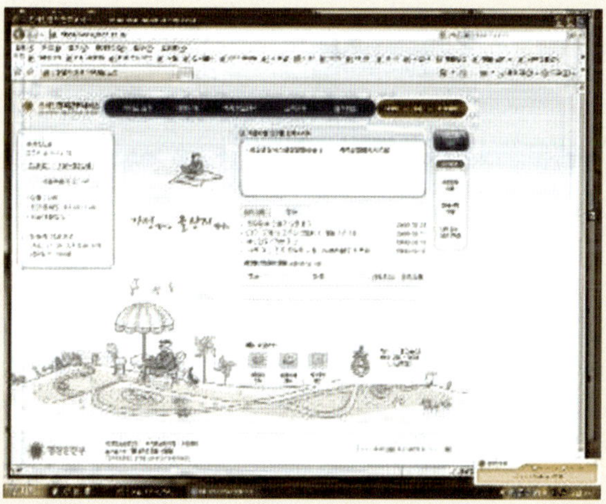

처럼 행정업무를 처리할 수 있게 됐다.

자료유출 방지시스템, 특히 유비쿼터스 근무환경 구축에서 가장 중요한 부분인 보안문제를 해결하기 위해 자료유출 방지시스템을 적용한 점이 눈에 띈다.

이 시스템이 구축되면 ▲자료 다운로드와 인쇄 ▲키보드 해킹 ▲Print Screen을 이용한 화면 캡처가 불가능해진다.

또 사용자, 그룹, 직급, IP대역별 접근 권한이 제한돼 내부자료의 유출 가능성이 원천 차단된다.

실제로 이 시스템을 이용하고 있는 정보통신과 박선정 주무관은 "직원들이 내부전산망 사용에 대해 문의해 오면 사무실로 가야만 처리할 수 있었는데 이제는 집이든 야외든 어디서건 업무를 볼 수 있어 굉장히 편리하다"고 말했다.

정보통신과 관계자는 "다양한 환경에서 업무를 원활히 수행할 수 있도록 돕는 송파구의 U-Work 환경은 송파구 행정의 질을 높이고 생산성을 극대화할 것"이라며 "궁극적으로 구민의 행정 만족도도 증대될 것"이라고 전했다.

〈출처: 아시아경제, 박종일 기자, 2011.04.03〉[5]

장소와 이동환경에서도 언제, 어디서나 업무처리가 가능한 근무환경이다. 이는 근무 장소에 따라, 공간 제약 없이 업무를 수행하는 현장/이동근무(모바일 오피스), 정보통신 기술을 이용해 자택과 직장에서 업무를 수행하는 재택근무, 전통적인 직장근무, 그리고 거주지 인근에 구축된 전용 시설을 이용하는 스마트워크센터 근무로 구분된다.[6] 예를 들어, 모바일 오피스는 모바일 기기를 이용하여 시·공간적 제약 없이 업무를 수행하는 근무 형태이며, 재택근무는 정보통신 기술을 활용하여 자택에서 근무하는 형태이다. 스마트워크센터는 근무자가 자신의 원래 근무지가 아닌 주거지와 가까운 지역에서 근무할 수 있도록 환경을 제공하는 원격근무용 사무실로 이 센터에는 업무에 필요한 IT 인프라 및 사무환경과 원격 근무지와의 원활한 커뮤니케이션을 위한 화상회의시스템이 마련되어 있다. 근로자는 가까운 스마트워크센터를 선택하여 근무하면 된다.

출처: 방송통신위원회, 2011.

그림 11-1 스마트 워크

스마트워크센터를 가다! 스마트워크센터 체험과 현황 소개

해외는 이미 스마트 워크 열풍.

네덜란드는 유럽에서도 스마트 워크가 가장 활성화된 나라로 알려져 있다. 네덜란드는 2007년을 기준으로 이미 전체 사업체의 49%가 원격 근무를 운영중이었으며, 500인 이상 고용 기업의 91%가 원격근무를 활용 중인 것으로 집계되었다.

방송통신위원회에 따르면, 현재 네덜란드

란드 암스테르담 주변에는 100여 개에 이르는 스마트워크센터가 운영되고 있는 것으로 파악되고 있다. 이 곳에는 원격근무와 영상회의, 그리고 금융 서비스와 복지시설 등이 완비되어 있는 것으로 나타났다.

이 외에도 스마트 워크를 적용한 대표적인 해외기업으로는 영국의 통신회사인 브리티시텔레콤(BT)이 꼽힌다. BT는 스마트 워크 도입 이후 매년 7억 5,000만 파운드 이상의 비용 절감효과를 거두고 있는 것으로 알려졌다.

또 직원들의 생산성도 도입 전에 비해 20% 이상 높아졌을 뿐만 아니라, 업무 만족도도 50% 가량 향상된 것으로 알려졌다. 현재 BT 전체 직원 중 85%가 원하는 시간과 장소에서 근무하고 있는데, 스마트 워크 도입 후 병가율은 63% 감소했으며 산후휴가 복귀율은 99%에 달하는 것으로 집계되었다.

〈출처: 사이언스타임즈, 김준래 기자, 2013.01.04〉[7]

동 영 상

■ 네덜란드 '스마트 워크' 열풍

시간과 공간의 경계를 허무는 업무 방식인 스마트 워크를 주도하는 네덜란드에 대해 소개하고 있다. 틀에 갇힌 낡은 업무방식에서 탈피하고 스마트 워크를 하자는 네덜란드. 마이크로소프트 외에 여러 회사가 업무 방식과 조직문화 등이 참여하고 있다.

사무실 운영비 절감, 직원들의 출퇴근 시간에 드는 비용 절감 등 다양한 이점을 보여주며 스마트워크의 이점을 설명해 준다.

〈출처: etnews, 글로벌 IT N, 2012.07.17〉[8]

1.2 유비쿼터스 사회에서의 직업관

김석수 외(2011)[9]는 유비쿼터스 시대를 대비하기 위해서 미래의 직업을 선택할 때 몇 가지 기준을 제시하고 있다.

첫째, 직장이 아니라 직업의 관점에서 접근해야 한다. 피터 드러커는 '21세기 지식경영'에서 평생직장, 정년 개념이 없는 세상이 도래했음을 선언했다. 또한 지식경제에 있어서 지식근로자는 어느 한 조직에 매여 있기보다는 더 나은 조건을 찾아 이동할 수 있으며, 기업도 병원이나 오케스트라 조직처럼 전문가 집단으로 구성될 것으로 예측하고 있다.

따라서 앞으로는 '어디에서 일을 하느냐'가 중요한 게 아니라 '무슨 일을 하느냐'가 중요한 시대가 되었다. 일하는 장소가 회사이든 집이든, 규모가 크든 작든, 현실공간이든 가상공간이든 업무의 내용이 가장 중요한 핵심으로 떠오른 것이다. 외과의사라는 직업을 가진 사람이 여러 병원에서 일을 하더라도 외과의사인 것처럼 직장은 잠시 머무르는 곳이지만 직업은 평생 나의 것이기 때문이다.

둘째, 인간의 노동력을 대체할 수 있는 직업은 가급적 피해야 한다. 예를 들어 RFID가 상용화되면 대형마트에서 바코드를 검색하거나 상품을 진열하고 재고를 파악하는 일자리는 점차 사라질 것이다. 현재 컴퓨터 관련 업종에 종사하는 수많은 인력은 컴퓨터가 생활환경 속에 스며드는 단계에 이르면 일자리가 대폭 감소될 수 있다. 점점 더 지능화되어 가는 기계들과 컴퓨터들은 과거 인간만이 할 수 있었던 일의 영역을 점점 잠식해 나갈 것이기 때문이다.

인간 vs 로봇 일자리를 두고 치열하게 경쟁하는 시대가 온다.

유명한 미래학자 토마스 프레이는 앞으로 인간은 로봇과 일자리를 두고 치열하게 싸울 것이라고 발표하였다. 로봇이 훨씬 더 효율적이기 때문에 기업인들은 감정이 없고 노사문제로 고생시키지도 않는 로봇을 더 많이 활용하게 된다고 보았다. 어떤 미래예측자료에는 2050년이 되면 기본적으로 사람 수보다 로봇의 숫자가 더 많아진다고 한다. 로봇은 이미 지구촌에 엄청난 인구를 가지고 있다.

기본적으로 인간은 이미 무거운 짐을 들거나, 반복적인 일을 하는 곳, 특히 위험한 일을 하는 곳에는 로봇을 활용하고 있다. 그러나 앞으로는 생각하는 일, 데이터를 처리하는 일, 다양한 사람들과 상대하는 서비스산업에도 로봇이 들어간다고 본다.

인간은 인간들끼리, 고령인구와 청장년층이 일자리를 두고 경쟁하는 것만 염두에 두고 있지만 실제는 인간과 로봇의 일자리 경쟁이 더 치열해질 것이라는 것이다. 사람들은 로봇보다 인간의 서비스가 익숙하기 때문에 처음에는 로봇을 멀리하겠지만 로봇이 인간처럼 친절하고 절대 화를 내거나 실망하지 않기 때문에 점점 로봇의 서비스를 이용하게 될 것이다. 또한 외로운 고령인구에게는 더 부담없는 친구가 될 것이다.

일본은 인구가 국력이라는 인식에서 앞으로 고령인구 1명당 도우미 친구로봇 1개씩을 나눠주어서 평균 수명을 늘려 인구를 유지하겠다는 정책을 수년 전에 발표한 바 있다. 미국의 유명방송사 NBC(MSNBC.COM)는 최근 로봇에게 내줘야 하는 일자리에 대한 특집을 방영하였다. 그 제목은 '인간은 점점 쓸모없는 일꾼이 되어 가는가?'였다. 프로그램 앞부분에서 던진 질문은 모든 지표를 검토한 결과 '그렇다'는 답을 내고 끝을 맺었다. IBM의 슈퍼컴퓨터 왓슨은 로봇이 인간보다 더 똑똑해질 수 있음을 증명했다.

로봇은 사람보다 실수를 적게 하고 똑같은 말을 수년간 되풀이해도 지루해하지 않는다. 'How Stuff Works'의 창시자이며 〈로봇국가〉의 저자인 마셜 브레인은 2013년이 되면 세계적으로 사람 5,000명 당 1대 꼴인 120만 대의 로봇이 산업현장에서 일하게 된다고 말한다. 로봇은 현재 서류를 분석하고 처방전에 따라 약을 조제하는 등 과거 오직 인간에 의해서만 다루어졌던 업무를 수행하고 있다.

약 사

미래에는 사람들이 처방전을 가져오면 약국 계산대 뒤에 로봇이 앉아 있는 것을 보게 될 것이다. 캘리포니아대학 샌프란시스코 의료원은 최근 두 군데 병원에 자동화 로봇에 의해 운영되는 약국을 만들었다. 새로운 약국에서는 컴퓨터가 캘리포니아대학 샌프란시스코 의료원의 의사가 발행한 처방전을 전산망을 통해 받아 로봇이 약을 고르고 포장하여 개인의 복용량에 따라 조제한다.

로봇은 12시간 간격으로 약을 복용해야 하는 환자들을 위해 플라스틱 고리 위에 모든 약품을 담아 약을 만들고 바코드로 약 정보를 저장한다. 의료원의 간호사들은 환자의 침상에서 바코드 리더기를 통해 약이 정확하게 조제되었는지 확인한다. 작년 한 해 동안 약국을 운영해 본 결과 35만 건의 투약 가운데 단 한 건도 오류가 없었다고 한다. 이런 자동화된 시스템은 화학 요법 또는 비화학 요법의 무균 조제와 약물이 함유된 전해질 주사 또는 수액을 만드는 것에도 활용될 수 있다.

변호사와 법무사

변호사와 법무사 등 법률 서비스를 받기 위해 돈을 지불하는 대신 훨씬 저렴한 소프트웨어로 해결할 수 있는 시대가 올 것이다. 법률 소프트웨어는 보다 적은 시간과 비용으로 변호사와 법무사의 일을 대신할 수 있다. 뉴욕타임스는 캘리포니아 주 팔로 알토의 '블랙스톤 디스커버리'에서 150만 건의 서류를 10만 달러 미만의 비용으로 분석할 수 있는 소프트웨어를 개발했다고 보도했다. 기사에서 빌 헤어 변호사는 "법률업무 종사자의 견해로 보면 이는 서류 검토 업무를 담당하던 수많은 사람들의 일자리를 빼앗는 결과를 가져온 것이다. 사람은 서류 뭉치와 싸우느라 지치고 두통에 시달리지만 컴퓨터는 그렇지 않는다"고 말했다.

운전기사

구글은 작년 가을, 자동화된 자동차는 안전성을 높이고 사람들의 통근 시간을 줄여줄 것이라고 발표했다. 인간 감독자가 옆자리에 앉아 있는 상태에서 운행한 일곱 대의 테스트 차량은 1,000마일을 사람 개입 없이 달렸고, 사람이 조금만

도와주니 14만 마일을 주행할 수 있었다. 구글 엔지니어인 세바스티안 스런은 “우리 자동화 자동차는 훈련받은 오퍼레이터가 옆에 탄 상태에서 구글 마운틴 뷰 캠퍼스에서 산타모니카 사무실까지 그리고 할리우드 보울바드까지 주행했다. 롬바드 스트리트를 내려 갔고 금문교를 건넜으며 태평양 고속도로를 달렸고 태호 호수를 한 바퀴 돌아왔다”고 말했다.

군 인

아직 로봇 군단이 군대를 대체하고 있지는 않지만 무인비행기나 다른 기계들이 전투에 투입되는 횟수가 늘어날 것임은 자명하다. 이미 포스터 밀러사가 개발해 이라크 전쟁에 투입되었던 첨단무장로봇시스템(MAARS)이 있다. 마스는 GPS로 정확한 위치를 찾고 화재 구역과 화재가 나지 않는 구역을 구분해서 문을 열고 부상병을 옮기는 등 전투뿐 아니라 인명 구조에도 활용되고 있다.

우주비행사

나사는 제너럴 모터스와 함께 로보노트2를 만들었다. 이는 최신 안드로이드 기술의 집합체다. 광범위한 센서와 정교한 다섯 손가락을 가진 손을 갖추고 있으며 우주정거장을 청소하거나 인간의 우주 작업을 돕는 역할을 수행한다. 나사는 더 나아가 이들이 언젠가는 우주인을 대신해 수리작업을 하거나 과학적 업무를 수행할 것이라고 말했다.

점원(계산원)

회사들은 보다 적은 직원으로 보다 많은 물건을 판매할 수 있는 방법을 찾고 있다. ATM 기계는 은행원을 감소시켰고 가상 상담원은 24시간 동안 전화에 응답한다. 그리고 셀프서비스 기계는 점원, 즉 계산원의 수요를 감소시키고 있다. 대형 판매회사의 매출이 크게 증대되었음에도 불구하고 소매업의 총고용 인원은 거의 변하지 않았다. 2010년에 7,400억 달러의 상품이 셀프서비스 기계를 통해 판매되었으며 이는 2009년에 비해 9% 늘어난 것이라고 발표했다. 로봇 계산원을 통해 판매되는 금액은 2014년까지 1조 1,000억 달러로 늘어날 것이다.

재해 재난 구조원

로봇은 사람이 접근할 수 없는 지역에도 갈 수 있으며 자연재해를 입은 피해자들에게 결정적인 도움을 줄 수 있다. 센다이 도호쿠 대학의 사토시 타도코로 같은 과학자들은 일본에서 구조 활동을 위한 로봇을 만들고 있다. 타도코로 박사는 뱀과 같이 생긴 로봇을 이용하여 붕괴된 건물의 좁은 공간으로 들어가 카메라로 희생자들을 수색한다. 텍사스 A&M 대학 로봇지원수색구조센터는 현재 로봇의 가장 유용한 용도는 무인항공기 또는 원격 조작기기를 통한 수중물체 탐색과 교량,

파이프라인의 상태 검사라고 말한다.

베이비시터

할리우드에서 배울 것이 있다면, 로봇이 치명적인 무기만은 아니며 놀라운 오락 거리도 된다는 점이다. 일본 쇼핑 업체인 '이언'은 2008년에 부모들이 쇼핑하는 동안 아이들을 봐주는 키 크고 네 발 달린 노랗고 하얀 로봇을 도입했다. 업체 관계자는 헬로 키티 등 다양한 캐릭터 모델이 있어 '아이와 놀아줄 시간이 없는 어른'들에게 꼭 필요한 제품라고 한다. NEC의 파페로 로봇은 재미난 이야기를 들려주고 퀴즈를 내고 RFID 칩을 이용해 아이들을 따라다니는 재주도 있다.

스포츠 기자와 리포터

노스 웨스턴 대학 '내러티브 사이언스'에서 개발한 소프트웨어는 로봇이 기사를 만드는 기능을 부여한다. 이를 이용하는 고객으로 폭스 케이블이 일부 지분을 가지고 있는 빅텐 네트워크다. 빅텐 네트워크는 야구와 소프트볼 중계 서비스에 로봇을 이용한다. 비용 절감이 주 이유다.

빅텐의 뉴미디어 담당 마이클 칼데론은 블룸버그 비즈니스위크지에서 "모든 게임이 열리는 곳마다 리포터를 보내는 것보다 이 소프트웨어를 사용하는 것이 훨씬 비용이 적게 듭니다"고 말했다. 경기가 끝나고 기록원이 경기 데이터를 내러티브 사이언스로 보내면 로봇이 수 분 내에 스포츠 기사를 만들어 낸다.

〈출처: betanews, 황영하 기자, 2012.10.15〉[10)]

셋째, 자신의 적성에 맞는 일을 해야 한다. 자신의 적성과 상관없이 직업을 구하다 보면 경제적 어려움에서 벗어날 수 있는 기회는 매우 낮다. 유비쿼터스 시대에는 시간이 가면 갈수록 자신이 좋아서 일을 하는 사람과 먹고 살기 위해서 일자리를 찾는 사람의 경제적 격차는 더욱 커질 것이다.

내게 맞는 직업을 찾기 위한 세 가지 선택기준

머리 쓸지 몸 쓸지, 같이 할지 혼자 할지, 돈인지 흥미인지

기술 융합성 커진 오늘날에는 타인과 소통하는 능력 중요해

직업진로를 정하는 것은 어려운 일이다. 학과도 다양하지만 직업은 학과 수보다 훨씬 더 다양하므로 어떤 직업을 선택해야 할지 고민이 된다. 필자는 직업선택을 두고 고민하는 학생들에게 몇 가지 명료한 기준을 제시하고자 한다. 직업진로에서 자신이 어떠한 인생을 살 것인지 그 기준을 명확히 한다면 선택가능 직업수를 좀 더 단순화시킨 직업군으로 정리할 수 있다. 그렇다면 그 기준은 무엇일까? 나에게 맞는 직업을 찾기 위한 세 가지 선택기준을 정리하면 다음과 같다.

1. 머리 쓸래, 몸 쓸래? 2. 같이 할래, 혼자 할래? 3. 돈 볼래, 흥미(보람) 볼래? 이 세 가지 질문에 대한 명료한 자기이해가 필요하다.

영감이 중요한가 노력이 중요한가

첫째, 직업을 수행하는 데 머리를 쓰며 살 것인지 몸을 쓰며 살 것인지를 결정해야 한다. 머리를 쓰는 대표적인 직업은 교수나 연구원 등이다. 머리를 쓰는 직업의 장점은 날씨 변화에 큰 영향을 받지 않는다는 점이다. 그래서 몸은 편하다. 반면 머리를 쓰는 직업의 단점은 일과 휴식의 구분이 모호하다. 항상 주말이나 휴일에도 업무와 관련된 생각을 계속하게 된다. 그래서 머리카락이 잘 빠지며 보이지 않는 스트레스가 많다.

머리를 쓰는 직업의 또다른 특성은 업무 성과가 불명확한 경우가 많다는 것이다. 예를 들어 연구원의 경우 작성된 연구보고서 및 논문이 좋은지 또는 나쁜지 식별하는 것이 쉽지 않다. 그리고 문학작품도 어떤 작품이 좋은 작품인지 나쁜 작품인지 구분하는 것이 쉽지 않다. 즉 성과를 명확하게 측정할 수 없으므로 보상도 불명확한 경우가 많으며 노력했다고 반드시 결과가 잘 나오는 것도 아니다.

예를 들어 카피라이터의 경우 밤새 고민하여 좋은 광고 문구를 만들 수도 있지만, 차를 마시며 쉬는 짧은 시간에 더 좋은 광고 문구의 영감을 얻을 수 있다. 따라서 이들 직업은 99%의 노력도 중요하지만 1%의 영감도 중요하다.

반면 몸을 쓰는 직업은 운동선수나 화약물 발파원, 문화재 발굴원, 용접공, 생산직 근로자, 자동차 정비 등의 기능직이 이에 해당한다. 몸을 쓰는 직업의 특징은 신체가 건강하며 몸을 부지런히 사용하는 가운데 스트레스가 해소되므로 육체

적으로나 정신적으로 건강하다. 하지만 몸을 쓰는 직업은 야외 작업이 많으므로 날씨에 영향을 많이 받으며 작업환경이 열악한 직업이 많다. 몸을 쓰는 직업의 경우 단순조립공, 도배원, 조적공, 운동선수 등과 같이 업무 성과가 눈에 보이므로 그에 대한 명확한 보상을 받을 수 있다. 따라서 몸을 쓰는 직업은 1%의 영감보다 99%의 노력이 중요하다.

타인과 협업이 필요한 직업 스트레스 높아

둘째, 같이 일하는 것이 좋은지 혼자서 일하는 것이 좋은지 생각해야 한다. 미용사나 자동차 운전사, 농작물 재배원, 사진작가, 속기사 등의 직업은 혼자서 업무를 처리해야 하는 일이 많다. 반면 방송인, 광고인, 기자, 건축설계 및 시공, 연기자, 소방관 등의 일은 함께 작업하는 일이 많다. 아나운서는 피디의 지시에 따라야 하며 방송작가의 대본, 촬영 및 녹음, 편집 등 많은 스태프의 도움을 받아야 한다. 기자 또한 기사를 작성하기 위해 인터뷰, 기사 아이템 선정 등의 공동 작업을 많이 하게 된다. 따라서 혼자만의 특출한 능력보다 사람과 소통하는 능력이 중요하고 통솔력도 필요하다.

과거에는 혼자서 하는 일의 종류가 많았으나 경제의 개방성이 커지고 정보통신이 발달하며 기술의 융합성이 커진 오늘날에는 소통하고 협업하는 일이 많아졌다. 따라서 최근 기업 채용에서 다른 사람과 융합하지 못하지만 특출한 재능을 소유한 인재보다 조직 속에서 융합해 협력을 잘하는 인재를 선호하는 추세이다. 혼자 하는 일의 특징은 기능과 관련된 직업이 많으며, 사물이나 자연을 대상으로 일을 수행하므로 가끔 외롭지만 업무 스트레스는 상대적으로 낮은 것이 장점이다.

그 밖에도 정년이 없는 경우가 많아 오래 일할 수 있다. 예를 들어, 작가나 미용사의 경우 정년이 없으므로 건강이 허락하는 한 평생 일할 수 있다. 단점은 혼자 하는 일의 경우 혼자서 실력을 쌓고 자신의 성과에 대한 대가를 지급할 거래처 등을 개척해야 하므로 직업 초기엔 고생을 많이 한다. 하지만 이들 직업은 시간이 지날수록 빛을 발하는 특징이 있다. 왜냐하면 정년이 없거나 퇴직 뒤에도 혼자서 그 일을 할 수 있기 때문이다. 반면 타인과 협업이 필요한 직업들은 업무 스트레스가 상대적으로 높다. 많은 사람의 경우 좋은 사람이라면 같이 일하고 싶고 싫은 사람이라면 차리라 혼자 일하고 싶은 마음일 것이나. 하지만 현실에서 내게 꼭 맞는 사람은 그리 많지 않다. 실제 회사를 그만두는 사람의 이직사유를 조사해 보면 직장 동료와의 불화 때문에 이직한다는 응답자의 비율이 높게 나타난다. 물론 협업을 할 경우 서로 미흡한 점을 보완할 수 있고 책임을 나눌 수 있으므로

업무 성과에 대한 부담감 등이 감소될 수 있다는 긍정적인 측면도 있다.

돈과 관련된 직업은 생존경쟁 치열

셋째, 돈이라는 현실적 가치기준과 흥미(보람)라는 이상적 가치기준에 대한 선택이 필요하다. 대개 나이가 어려서는 꿈을 가지라고 말하고 성인이 되어서는 자신의 밥벌이를 하라고 말한다. 금전적 문제에 가치기준을 둔다면 안정적이며 금전적으로 평균소득이 높은 직업을 택하면 된다. 예를 들면, 은행원, 변호사, 회계사, 펀드매니저, 외환거래원 등이 여기에 해당하는 직업이다. 반면 흥미를 추구하는 직업은 경제적 보상보다는 보람이나 흥미가 중요하며 금전적 보상보다는 시간적 여유를 즐기려는 사람들이 선호하는 직업이다.

예를 들면, 만화가, 음악가, 작가, 가수, 운동선수, 연예인, 영화연출가, 배우, 사회복지가 등이다. 꿈을 향한 직업은 노력에 대한 보상이 불확실하다. 예를 들어, 유명 주연배우의 출연료가 무명의 수십 아니 수백 명 보조출연자의 출연료보다 높은 것처럼, 노력과 대가가 불일치하는 경우가 많으며 운이라는 요인도 크게 작용한다. 돈을 추구하는 직업의 경우 직업적 안정과 소득이라는 대가를 중시하는 직업이 여기에 해당된다. 따라서 현실적이고 실리에 밝은 사람에게 적합한 직업이다. 돈과 관련한 직업의 또다른 특징은 생존경쟁이 치열하다는 점으로, 지속적이면서 일정하게 심리적 스트레스를 받는 직업들이 여기에 많이 해당된다. 반면 흥미(보람)를 추구하는 직업의 경우 심리적인 생활고를 겪을 수 있으나 일상에 있어서 심적인 스트레스는 적다. 꿈을 추구하는 직업들은 이상을 추구하며 불규칙적인 노동을 하는 직업이 여기에 많이 해당된다. 아울러 자신이 좋아하는 것을 직업으로 연결시키는 사례가 많다.

물론 현실의 많은 직업이 앞서 제시한 세 가지가 쉽게 구별되는 경우도 있지만 여러 가지 특성이 혼재되어 쉽게 구분되지 못하는 직업도 많다. 하지만 수없이 많은 직업 가운데 내게 맞는 직업을 찾으려면 앞서 제시한 세 가지 기준 가운데 어떠한 선택기준을 가지고 살아가는 것이 좋은지 스스로 자문해 보면 좋을 것이다. 아직 자신의 직업진로를 찾지 못한 사람이라면 부족한 정보와 경험 아래 직관적으로 마음에 드는 직업 명칭을 몇 가지 찾을 것이 아니라, 앞서 제시한 질문에 답해 보는 것이 도움이 될 것이다. 만약 희망직업을 가지고 있는 사람이라면 자신의 직업이 위의 세 가지 기준 가운데 어떠한 특성을 더 많이 가졌는지 따져보면 선택한 직업이 나에게 적합한지 여부를 검증할 수 있을 것이다. 한국직업능력개발원 직업진로자격연구실 연구원.

〈출처: 한겨레 뉴스, 김상호 기자, 2012.12.03〉[11]

2. 유비쿼터스 근무를 위한 해결과제

류석상(2006)[4]에 따르면 유비쿼터스 근무가 성공적으로 시행되기 위해서는 다음 몇 가지 과제가 먼저 해결되어야 한다.

첫째, 모바일 근무 등 새로운 노동방식의 확산을 위해서는 조직 문화적 환경 조성이 먼저 이루어져야 한다. 언제, 어디서든지 일을 한다는 유비쿼터스 근무가 삶의 질을 저하하는 것이 아니라 개인의 삶과 일을 효율적으로 조화시키는 근무 형태라는 인식을 심어 주어야 한다.

둘째, 유비쿼터스 근무는 지속적인 이동성이 요구되는 현장업무를 중심으로 공공부문에 우선 적용하여 그 결과를 보고 점차 확산하여야 한다. 즉, 장애인, 노령자 등 거동이 불편한 계층을 대상으로 유비쿼터스 기반의 근무 환경을 최우선적으로 적용하고, 현장업무가 가능한 공공부문 직종(환경모니터링, 방범, 사회복지 등)에 우선적으로 유비쿼터스 근무를 적용하여 문제점을 분석한 후 대상 영역을 확산시켜야 한다.

셋째, 유비쿼터스 근무 확산을 위한 제도의 정비가 필요하다. 기존의 근무방식에서 언제, 어디서나 근무할 수 있는 환경변화에 따라 근무시간, 업무성과, 산업재해, 책임소재 등에 대한 제도적 뒷받침이 마련되어야 한다. 또한 오작동 같은 기술적인 문제 해결뿐만 아니라 비밀공개에 대한 명확한 지침 마련 등 유비쿼터스 근무로 인해 소홀해질 수 있는 업무 비밀에 대한 보호 및 보안규정의 재정비가 필요하다.

'스마트 워크 프로그램 확산을 위한 성공 조건'

경제 성장과 더불어 근로자들의 업무와 삶의 질 조화에 대한 논의가 활발하게 진행되면서 새로운 근무 형태의 필요성이 부각되고 있다. 이는 OECD 국가 중 가장 많은 시간을 업무에 시달리면서도 노동시간당 GDP는 최하위권에 머무르고 있는 국내 근로자들의 현실도 고려된 것이다. 또한 정보기술(IT)의 발달로 시·공의 제약 없이 일할 수 있을 뿐 아니라 업무상 보안 문제도 해결 가능한 새로운 근무환경 구현이 가능해졌기 때문으로, 정부도 새로운 형태의 근무 제도로서 스마트 워크 도입의 필요성을 인식하고 추진 계획을 발표하였다.

(스마트 워크 개면 및 도입 현황) 스마트 워크 프로그램이란 전통적인 사무 공간으로부터 벗어나 업무 공간을 신축적으로 이용하는 근무 제도로서, 재택근무, 스마트폰 등을 이용한 모바일근무, 스마트워크센터 근무 등이 있다. 미국이나 유럽 등 선진국에서는 정부를 중심으로 스마트 워크를 도입하여 성공적으로 활용하고 있으며, 민간에서도 선마이크로시스템, BT(British Telecom) 등이 성공적으로 활용하고 있다. 국내에서는 원격근무를 도입한 사업체가 극히 미비하여 스마트 워크 활용도가 10%대에 이르는 선진국과 많은 격차를 보이고 있다. 국내에서 스마트 워크 프로그램이 제대로 활용되지 못하는 이유는 기업이나 근로자 모두 필요성을 인식하지 못하기 때문이다.

(대안으로서의 스마트워크센터) 스마트워크센터는 스마트 워크의 일종으로 회사나 자택이 아닌 다른 장소에서 원격근무를 수행하는 제도이다. 기존 재택근무제도와 유사하지만 여러 면에서 많은

차이점을 보인다. 스마트워크센터를 통해 회사는 업무 공간의 효율적 활용과 에너지 절감 효과를 얻을 수 있고, 근로자는 시간의 효율적 활용을 통한 업무와 삶의 질 균형 유지가 가능하다. 또한 사회적 관점에서도 출퇴근 정체 감소로 인한 혼잡 비용 절감과 CO_2 절감에 따른 환경 문제 해소 등의 장점이 있다.

[사례 1] Fairfax County(근로자 관점의 업무 적합성 고려): Fairfax County 스마트 워크 프로그램의 가장 큰 특징은 스마트 워크를 원하는 근로자들의 업무 적합성을 우선적으로 고려했다는 점이다. Fairfax County는 스마트 워크 프로그램 참여 가능 업무 리스트를 단순히 제공하지 않고 참여자의 개인, 업무, 동료와의 관계 등 3가지 관점에서 수행 가능 여부를 판단하게 하였다. 일반적으로 스마트 워크 프로그램을 위해 직무 분석을 선행하고 이를 통해 적합한 업무를 찾아내어 각 근로자에게 배분하는 프로세스를 거치고 있는데, 스마트 워크를 수행할 당사자는 관리자가 아닌 근로자 자신이다. 따라서, 업무나 자신이 스마트 워크에 적합한지에 대한 자기 평가가 필수적이다.

[사례 2] Dow Corning사의 Home Office 제도(적절한 IT기반의 활용): Dow Corning사의 Home Office 제도는 IT 기반 환경을 적절하게 활용하여 스마트 워크를 정착시켰다. 다우코닝사가 스마트 워크를 제대로 활용할 수 있었던 이유는 지사와 생산시설, 판매 및 서비스 활동을 연결하기 위한 글로벌 IT 네트워크를 구축하였기 때문이다. 직원들은 mySAP ERP 2004, Enterprise Central Component (ECC) 6.0을 통해 어느 나라에서나 어느 시간대에서나 업무를 처리하는 것이 가능하게 되었다. 초기 비용 부담에도 불구하고 업무 효율성이나 직원 만족도 측면에서 충분한 효과를 얻을 수 있다.

[사례 3] KPMG LLP 사례(스마트 워크에 적합한 조직문화 구축): 성과위주의 관리자들은 스마트 워크를 적극적으로 지원하지 않을 가능성이 높다. 따라서, 스마트 워크를 했다는 이유로 불이익을 주지 못하도록 인사 지침 등을 통해 스마트 워크 프로그램을 활성화시킬 수 있는 조직문화를 구축해야 한다. KPMG 리더들은 프로그램에 대한 몰입도를 높이기 위해 지속적으로 관리 감독해야 하는 것을 잘 인식하고 있었다. 따라서, 스마트 워크 프로그램을 위한 규정 마련, 성공 사례 알리기 등의 조직구성원들의 인식 전환 노력을 지속적으로 수행했다. 이를 통해 KPMG는 스마트 워크에 적합한 조직문화를 구축할 수 있었다.

[사례 4] 네덜란드의 SWC 사례(정부와의 적극적인 연계): 네덜란드는 민관이 공동으로 참여한 재단을 통해 스마트워크센터 인증 제도를 실시하고 있다. 네덜란드의 경우 전체 사업체의 49%가 스마트워크센터를 활용하고 있을 정도로 매우 발달되어 있으며, 이는 정부와 민간이 공동으로 설립한 Double U Smartwork Foundation을 통해 스마트워크센터로 인증해 주는 제도에 도움을 받았다.

스마트 워크 프로그램의 성공을 위해서는 첫째, 스마트 워크 프로그램은 기업, 근로자, 정부 3자간의 여건이 성숙해야 성공 가능하다. 둘째, 스마트 워크에 적합한 업무에 대한 분석뿐 아니라 이를 수행하는 근로 당사자의 프로그램 적합성에 대한 고려가 필요하다. 셋째, 스마트 워크에 적절한 IT 기반 환경을 구축해야 하며, 이를 위한 정부 지원책이 마련되어야 한다. 넷째, 인사관리 제도의 개선 등을 통해 스마트 워크에 적합한 조직문화를 구축해야 한다

〈출처: 뉴스와이어, 2011.04.19〉[12)]

3. 유비쿼터스와 새로운 유망 직업

다가오는 미래를 대처하기 위해서 우리는 유비쿼터스 사회의 유망 직업에 대해 고찰하고 이를 바탕으로 미래를 위한 준비를 시작하여야 한다.

3.1 유비쿼터스 관련 미래 유망 직업

유비쿼터스 사회에서 유망 직업은 정보사회의 유망 직업과 큰 차이가 없을 것으로 예상된다.[2)] 즉, 교육이나 건강에 관련된 인간서비스 노동과 시스템분석, 시스템설계, 프로그래밍, 정보처리 등의 전문서비스업이 증가할 것이

다. 아울러 산업 및 직업의 융합이 심화되어 산업 간의 경계가 무너지고 상호 간의 융합을 통해 새로운 가치가 창출된다. 따라서 산업사회와 정보사회에서 특정부문의 전문지식을 기반으로 자기 직무의 테두리 내에서만 활동하는 집중형 전문가가 필요했다면, 미래에는 직관력과 통찰력을 갖춘 다재다능한 만능인이 각광받을 것이다.[13)]

10년 후 미래엔 어떤 직업들이 뜰까?

한국고용정보원(원장 정철균) 직업연구센터 김한순 연구위원은 지구온난화, 유비쿼터스 시대, 세계화, 일과 삶의 균형, 고령인구 증가 등 우리나라 직업세계에 영향을 미칠 8대 메가트렌드를 분석한 후 이에 따른 10년 후 미래 유망 직업을 예측했다.

김 연구위원은 직업세계의 8대 메가트렌드로 ▲직업의 녹색화 ▲유비쿼터스 ▲첨단기술 발전 ▲세계화 ▲산업과 기술의 융합 ▲일과 삶의 균형 ▲삶의 질 향상 ▲고령인구 증가 및 다문화 사회를 꼽았다.

직업연구센터에서 발표한 자료에 의하면 우선, 지구온난화에 효과적으로 대처하기 위해서 녹색직업이 확대될 것으로 예상된다.

기존의 녹색직업에서는 온실가스인증심사원, 신재생에너지전문가, 폐기물에너지화연구원 등이 촉망받는 직업이 될 전망이며, 기후변화경찰, 주택에너지효율검사원 같은 새로운 직업도 부상할 것으로 보인다.

본격적인 유비쿼터스 시대가 도래함에 따라 마인드리더, SNS 보안전문가 등이 새로운 직업으로 등장하고 기존의 증강현실엔지니어, 생체정보인식기술자, 컴퓨터보안전문가 등은 입지를 더욱 강화할 전망이다.

첨단기술의 발전으로 실버로봇서비스기획자, 항공우주공학자, 해양공학자 등이 유망해지고, 로봇감성치료전문가, 웨어러블로봇개발자(wearable robot engineer) 등이 새 직업 명단에 이름을 올릴 것으로 보인다.

글로벌화를 이끌 향후 유망 직업으로는 국제회의전문가, 국제의료코디네이터, 국제변리사, 초음속제트기조종사 등이 꼽혔고, 산업과 기술의 융합이 심화하면서 생체계측의료기기개발자, 금융전문가, 경영정보전문가, 융합컨설턴트 등이 각광을 받을 것으로 예상된다.

일과 삶의 균형을 추구하고 삶의 질 향상을 중시하는 경향이 커지면서 보육교

사, 전직지원전문가, 커리어컨설턴트, 개인여가컨설턴트, 감성디자이너, 복고체험기획자 등의 직업이 새로 생겨나거나 유망해질 전망이다.

고령화 및 다문화 사회에 맞춰 노인상담 및 복지전문가, 연금전문가에 대한 수요가 늘어날 것으로 보이며, 노인말벗도우미와 외국학생유치전문가, 조부모손자관계전문가 등의 직업이 새로 부상할 것으로 전망된다.

〈출처: 머니투데이, 김동홍 기자, 2012.10.30〉[14]

동 영 상

■ 기후변화경찰, 로봇 개발 … 10년 뒤 '뜨는' 직업

선호하는 직업은 그 시대의 경제 산업구조를 반영하기도 하지만 그 시대가 추구하는 삶의 가치를 반영하기도 한다. 삶의 질 향상을 추구하는 욕구가 증가하고 있고 첨단 기술 또한 발전하면서 '기후변화경찰'과 같은 새로운 직업들이 새로 생겨날 것이다. 뿐만 아니라 컴퓨터 보안전문가, 증강현실엔지니어 등 10년 뒤 더욱 발전할 수 있는 직업들이 각광받을 전망이다.

〈출처: mbc news, 뉴스데스크, 2012.10.30〉[15]

3.2 유비쿼터스 사회 속 직업의 전망 및 과제

유비쿼터스 사회에서는 유비쿼터스 기술의 발달로 일반 서비스업이 자동화되고, 노동생산성이 크게 향상될 것이다. 사물의 지능화에 따라 인간이 수행하던 단순 서비스업을 지능화된 사물이 대체하고, 일반 서비스업의 생산성을 증대시킴으로써 물건을 나르거나 정해진 일들을 되풀이하는 단순 반복적인 서비스분야의 고용이 대폭 감소하고 제조업의 생산성이 비약적으로 증가하겠지만 자동화로 인해 취업자 수는 감소할 것이다. 따라서 유비쿼터스 사회에서는 전반적으로 제조업과 서비스 분야에서의 고용이 점차 감소할 것으로 전망된다. 이에 따라 심각한 실업, 불평등, 빈곤, 일탈 등의 사회문제를 초래할 수 있을 것이므로 이의 해결을 위한 국가 및 지역사회에서의 관심이 중요하다.

▶ 토의과제

1 유비쿼터스 사회에서는 일자리에서도 많은 변화를 가져올 것이다. 이러한 유비쿼터스 사회의 노동방식의 변화에 대해서 알아보자.

2 유비쿼터스 근무를 위한 해결과제에 대해서 이야기하여 보자.

3 유비쿼터스 기술을 통한 업무 환경에서 개인의 삶과 관련하여 긍정적인 점과 부정적인 점에 대해 토의해 보자.

4 유비쿼터스 근무 환경에서 고용인과 고용주의 견해의 차이에 대해서 토론해 보자.

동 영 상

제 목	주요내용	Link	시 간
네덜란드 '스마트 워크' 열풍	이미 네덜란드에서 활성화되어 있는 스마트 워크의 소개와 그 이점을 설명	http://www.youtube.com/watch?v=i6W8ChoMXv8	6분
KT "연간 26년 절약"…스마트 워크, 기업체질 바꾼다.	스마트 워크 용어 소개와 실제로 스마트 워크를 적용한 KT의 운영효과를 보여줌으로써 스마트 워크의 효율성을 설명	http://news.naver.com/main/read.nhn?mode=LPOD&mid=tvh&oid=374&aid=0000021271	2분 27초
10년 후 유망직업은?	'착용 로봇'을 개발하는 웨어러블 로봇 개발자, 증강현실엔지니어 등을 포함한 10년 후 유망 직업을 설명	http://news.naver.com/main/read.nhn?mode=LPOD&mid=tvh&oid=057&aid=0000204521	1분 53초
미래에 우리 생활에 사용되어질 유비쿼터스 환경	미래의 교육환경과 기업에서 일어날 수 있는 출장, 스케줄관리, 회의 등 스마트해진 업무환경을 보여줌	http://www.youtube.com/watch?v=tCT74mBK-jQ	5분 46초
기후변화경찰, 로봇 개발 … 10년 뒤 '뜨는' 직업	삶의 질 향상을 추구하는 욕구 증가 및 첨단 기술 발전에 따른 새로운 직업 설명	http://imnews.imbc.com//replay/nwdesk/article/3170736_5780.html	1분 37초

Summary

요 | 약

유비쿼터스 환경에서 노동의 특징

- 최첨단 정보통신기기를 가지고 시공간을 넘나드는 업무 환경으로 진화함에 따라 지식정보처리가 중요

유비쿼터스 사회에서의 노동방식 변화

- 유비쿼터스 협업, '모빌리티(Mobility)' 환경으로 변화

스마트 워크 개념

- 지정된 업무 공간인 사무실의 개념을 탈피하여, 여러 장소와 이동환경에서도 언제, 어디서나 업무를 할 수 있도록 하는 미래지향적인 업무 환경

스마트워크센터

- 근무자가 자신의 원래 근무지가 아닌 주거지와 가까운 지역에서 근무할 수 있도록 환경을 제공하는 원격근무용 사무실

유비쿼터스 사회에서의 직업관

- 직장이 아니라 직업의 관점에서 접근
- 인간의 노동력을 내체할 수 있는 곳에는 될 수 있으면 가지 말아야 함
- 자신의 적성과 궁합이 잘 맞는 일을 해야 함

유비쿼터스 근무를 위한 해결과제

- 유비쿼터스 기반의 근무환경은 사회 · 문화적인 환경을 조성하는 것이 중요
- 지속적인 이동성이 필수불가결한 현장업무 등을 중심으로 공공부문에 우선 적용
- 유비쿼터스 근무의 확산을 위한 기존제도 및 보안규칙 재정비 필요

유비쿼터스 사회 속 직업의 전망 및 과제

- 유비쿼터스 사회에서는 전반적으로 제조업과 서비스업의 고용이 점차 감소할 것으로 전망
- 심각한 실업, 불평등, 빈곤, 일탈 등의 사회문제를 초래할 수 있을 것이므로 이의 해결을 위한 국가 및 지역사회에서의 관심이 중요

질문

1. 유비쿼터스 환경에서 노동의 특징을 설명하시오.
2. 스마트 워크는 어떤 업무 환경을 말하는가?
3. 스마트워크센터를 설명하시오.
4. 유비쿼터스 사회에서의 직업관을 설명하시오.
5. 유비쿼터스 근무를 위한 해결과제는 무엇이 있는가?
6. 유비쿼터스 관련 미래 유망 직업에는 무엇이 있는가?

Closing Case

영화 속 '유비쿼터스 사무실' 현실이 된다

웨어러블 컴퓨팅으로 가상현실 구현 … 업무혁명 예고

영화 '마이너리티리포트'에서 주인공 톰 크루즈는 눈앞의 텅빈 공간에 손짓을 몇 번 해 가상의 컴퓨터 화면을 불러낸다. 비결은 톰 크루즈가 손에 낀 장갑 형태의 컴퓨터. 센서의 움직임으로 데이터 처리 지시를 내리고 가상의 모니터와 키보드에 정보를 입력한다.

이처럼 영화 속에서나 볼 수 있었던 장면이 조만간 현실에서도 구현될 전망이다. 1일 업계에 따르면 최근 유럽 및 미국, 아시아 주요 국가 등 14개국에서 HP, 마이크로소프트, SAP, 소니, 지멘스 등 36개 민간기업이 5년여간 추진해 온 초대형 프로젝트가 완료됐다. '입는 컴퓨터'인 웨어러블 컴퓨팅(wearable computing)을 현실화하고, 다양한 산업현장에 적용하기 위해 전 세계 국가 및 기업이 대규모로 참여하는 프로젝트 '웨어IT앳워크(WearIT@Work)'가 그 것.

웨어IT앳워크 프로젝트에는 2천 370만 유로의 유럽연합(EU) 예산과 1천 460만 유로의 금액이 투입됐다.

이 프로젝트가 추구하고 있는 것은 유비쿼터스 기술을 통해 실제공간과 가상공간을 융합, 보다 유연하고 네트워크화된 공간으로 변모시키는 것이다.

◆ 유비쿼터스 사무실, 가상공간 넘나든다

사람들의 삶의 방식을 바꿔놓고 있는 유비쿼터스 기술이 이제 사무실로 들어와 일하는 방식까지 바꿔놓고 있다. 노트북과 휴대전화, PDA 및 스마트폰 등을 활용한 원격근로, 모바일 오피스는 이제 기업에서 다양한 방법으로 도입하고 있는 상황. 이에 더해 앞으로 일하는 환경은 단순히 '움직이는 사무실' 구현에 그치지 않을 것으로 보인다.

유비쿼터스 근무 환경이 모바일오피스와 가장 다른 점은 언제, 어디서나 업무가 가능할 뿐만 아니라 근로자 스스로 업무 환경을 새롭게 구성, 변화시킬 수 있는 자율성이 증대된다는 점이다. 이동하면서도 접속이 가능한 와이브로, 모바일와이맥스 등의 휴대인터넷 무선기술이 발달하면서 유비쿼터스 근무 방식 확산에 힘을 실어주고 있다.

가상 공간에서 업무를 처리하는 마이너리티리포트의 한 장면[사진=20세기 폭스]

아울러 근로자는 보다 독립적으로 업무를 수행할 능력을 갖추게 되고, 근무 장소나 일하는 방식(work models)도 스스로 변화시키고 통제할 수 있게 된다.

가정과 직장의 구분도 무의미하게 된다. 물리적 경계 및 도로, 차량 등 물리적 공간과 가상공간이 상호 융합되면서 어느 곳이든 원한다면 근무공간으로 진화시킬 수 있기 때문이다.

차량, 도로 등 모든 사물에 내재되는 컴퓨터 칩을 통해 커뮤니케이션함으로써 업무수행에 필요한 정보 수집 및 실시간 처리가 가능하게 되기 때문에 주거와 업무지역이 분리되지 않고 고객과 일이 있는 곳에서 업무를 수행하고 서비스를 제공하는 '모바일 근로'가 일상화될 수 있는 것이다.

이에 더해 가상현실 기술을 활용, 다양한 디자인, 설계 등 사전에 시뮬레이션을 하는 업무도 증가할 것으로 추산되고 있다.

◆상호 신뢰가 우선 … 일에 얽매이지 않는 태도 필요

유비쿼터스 IT로 인해 가능해지는 모바일 근무 등 새로운 근무 환경의 변화는 기업의 조직 및 문화적 환경 조성이 무엇보다 선결 조건이다.

대부분의 기업들이 원격근무 도입을 우려하는 가장 큰 이유는 관리자가 지닌 전통적인 통제권한이 상실될 것이라는 점이다. 한마디로, 눈앞에서 직원들이 일하는 모습이 보이지 않게 되면서 경영자나 관리자들이 불안을 느낀다는 것이다. 따라서 유비쿼터스 IT를 조직업무 프로세스에 단순히 적용하기보다는 '유비쿼터스 업무'에 대한 서로의 신뢰 형성 등 조직문화 구축이 선행돼야 한다. 또한 언제, 어디서나 일할 수 있는 환경이 조성되면서 근로자가 자신의 삶의 질을 떨어뜨리고 일에 얽매이는 상황에 처해서도 안 된다.

근로자는 언제, 어디서든지 일을 한다는 유비쿼터스 근무가 효율적인 삶과 일의 조화라는 인식을 강화할 필요가 있다. 즉 근로자 스스로가 근무방식이나 장소를 선택할 수 있으므로 개인 가정에 시간과 투자를 보다 더 할애할 수 있는 긍정적 기회로 받아들여야 한다는 것. 하지만 일과 삶을 구분하는 성숙한 태도를 갖추지 못하면 유비쿼터스 근로환경이 오히려 개인 삶을 피폐하게 만들고 '일 중독'에 빠져드는 지름길이 될 수 있다.

이를 해결하기 위한 고민은 기업이 유비쿼터스 근로환경 도입과 함께 고민해야 하는 숙제. 제도상의 불일치도 해결해야 할 과제다. 근무시간, 업무성과, 산업재해, 책임소재 등 유비쿼터스 근무 운영에서의 제도적 뒷받침이 필요하다. 특히 외부 근무로 인해 소홀해질 수 있는 업무 비밀에 대한 보호 및 보안규정은 조속히 재정비하고 보충해 만들어야 한다. 아울러 유비쿼터스 IT를 이용한 근무시 오작동으로 인한 기술적인 문제 해결뿐만 아니라 비밀-공개에 대한 명확한 지침도 마련돼야 한다.

〈출처: 아이뉴스, 강은성 기자, 2009.05.01〉[16]

질문

1. 위의 사례를 읽고 유비쿼터스 환경에서의 업무가 성공적으로 이루어지기 위해 가장 중요한 선행 과제가 무엇인지 토의해 보자.
2. 유비쿼터스 근무 환경과 모바일 오피스의 차이점에 대해 토의해 보자.
3. 유비쿼터스 기반 사회에서 개인의 삶과 업무를 효율적으로 조화시킬 수 있는 방법에 대해 토의해 보자.

참고문헌

1. 알라딘 블로그, http://blog.aladin.co.kr/boslbee/585103, 검색일 2013.01.20.
2. 장홍근, 조위덕, 설동훈, 조주은, 장덕진, 서우석, 정태석, "유비쿼터스 사회에서의 노동과 학습," 한국직업능력개발원, 2005.
3. itworld, Thomas Wailgum, "2020년의 업무 환경: 가트너의 예상," 2010.08.05, http://www.itworld.co.kr/news/62278/2020%EB%85%84%EC%9D%98+%EC%97%85%EB%AC%B4+%ED%99%98%EA%B2%BD+%3A+%EA%B0%80%ED%8A%B8%EB%84%88%EC%9D%98+%EC%98%88%EC%83%81.
4. 류석상, "유비쿼터스 사회의 노동방식 변화와 전망," 유비쿼터스 사회 연구시리즈, 제16호, 한국전산원, pp.1-17, 2006.06.22.
5. 아시아경제, 박종일 기자, "송파구, 유비쿼터스 근무 환경 조성," 2011.04.03, http://www.asiae.co.kr/news/view.htm?idxno=2011040313342123369.
6. 한국정보화진흥원, "기업을 위한 스마트워크 도입 운영 가이드북," 2011.
7. 사이언 스타임즈, 김준래 기자, "스마트워크 센터를 가다! 스마트워크 센터 체험과 현황 소개," 2013.01.04, http://www.sciencetimes.co.kr/article.do?atidx=0000067404.
8. etnews, 글로벌 IT N, "네덜란드 '스마트워크'열풍," 2012.07.17, http://eplay2.etnews.com/detail.html?idx=81.
9. 김석수, 정성모, "유비쿼터스 미래사회," 집문당, 2011.
10 betanews, 황영하 기자, "인간 vs 로봇 일자리를 두고 치열하게 경쟁하는 시대가 온다," 2012.10.15, http://www.betanews.net//bbs/read.html?2&num=569263&m=Y.
11. 한겨레 뉴스, 김상호 기자, "내게 맞는 직업을 찾기 위한 세 가지 선택기준," 2012.12.03, http://www.hani.co.kr/arti/society/schooling/563505.html.
12. 뉴스와이어, "스마트 워크 프로그램 확산을 위한 성공 조건," 2011.04.19, http://www.newswire.co.kr/newsRead.php?no=539723.
13. Robert S. Root-Bernstein, Michele M. Root-Bernstein, "생각의 탄생," 에코의 서재, 2007.

14. 머니투데이, 김동홍 기자, "10년 후 미래엔 어떤 직업들이 뜰까?," 2012.10.30, http://news.mt.co.kr/mtview.php?no=2012103017270124661.

15. mbc news, 뉴스데스크, "기후변화경찰, 로봇 개발 … 10년 뒤 '뜨는' 직업," 2012.10.30, http://imnews.imbc.com/replay/nwdesk/article/3170736_5780.html.

16. 아이뉴스, 강은성 기자, "영화 속 '유비쿼터스 사무실' 현실이 된다," 2009.05.01, http://news.inews24.com/php/news_view.php?g_serial=412142&g_menu=700100.

17. 방송통신위원회, "글로벌 스마트 강국 구현을 위한 스마트워크 활성화 전략," 스마트워크 국제콘퍼런스, 2011.09.

18. SBS CNBC, 이형진 기자, 2012.04.26, KT "연간 26년 절약"…스마트워크, 기업체질 바꾼다," http://news.naver.com/main/read.nhn?mode=LPOD&mid=tvh&oid=374&aid=0000021271.

19. 유튜브, "미래에 우리 생활에 사용되어질 유비쿼터스 환경," http://www.youtube.com/watch?v=tCT74mBK-jQ, 검색일 2013.01.20.

Memo

Chapter

12

유비쿼터스 시대의 기업

학습목표

1. 유비쿼터스 시대의 기업에 대해 알아본다.
2. 기업에서의 유비쿼터스 서비스 활용 사례를 이해한다.

Openning Case

u-commerce: 10년 전의 상상이 현실이 되어 버린 영화 '더 네트'

안젤라 베네트는 미모의 컴퓨터 프로그래머. 새로 나온 소프트웨어의 바이러스나 에러를 분석하는 일이 전문이다. 취미는 인터넷의 컴퓨터광들과 채팅하는 것이 전부. 컴퓨터와 붙어사는 그녀는 집 밖으로 나올 일이 거의 없다. 피자는 PC 네트워크로 주문하면 곧바로 배달되고 항공권도 마찬가지다. 그녀가 외출하는 이유는 단 하나, 요양원에 있는 어머니를 만나러 갈 때이다.

안정된 일상만이 존재했던 안젤라에게 어느날, 동료 데일(Dale: 레이 맥킨논 분)이 새 인터넷 프로그램에 문제가 있는 것 같다며 분석을 의뢰한다. 겉으로는 평범한 음악용 소프트웨어에 불과한 '모짜르트 밴드.' 그러나 이 프로그램에는 연방정부의 극비 데이터베이스 시스템이 고스란히 담겨져 있다. 놀란 안젤라가 데일에게 도움을 요청하지만, 데일은 안젤라에게 오던 중 의문의 비행기 사고로 죽는다. 데일의 죽음에 충격을 받은 채 안젤라는 멕시코로 휴가를 떠나는데…

이 영화는 약 20년 전인 1995년에 제작된 작품으로, 20년 전의 상상들이 얼마나 빠르게 실현되고 있는지를 보여주는 좋은 사례이다. 주인공은 컴퓨터 프로그래머로 인터넷과 컴퓨터에 중독되어 사람과의 접촉도 꺼리고 모든 일은 인터넷으로 해결하는 인물로 영화 속에서 주인공은 피자 배달이나, 여행티켓 예약 등 모든 업무를 온라인으로 처리한다.

20년 전에는 영화에나 묘사되던 인터넷 쇼핑이 현재에는 누구나 쉽게 접근하고 거래하는 일상적인 일이 되어 버렸으며 최근에는 유선뿐 아니라 핸드폰 등을 이용한 모바일 쇼핑도 대두되고 있다.

〈출처: 영화를 통해 미리보는 미래사회, 한국전산원, 2006〉[1)]

1. 유비쿼터스와 기업

1990년대 이후 산업의 큰 흐름은 정보기술의 발달과 산업의 IT화에 따른 "산업 내 정보화 가속," "융합화 · 복합화의 진전," "소프트화 · 서비스화의 가속"의 3가지로 요약될 수 있다.[2] 향후 유비쿼터스의 진전은 기업들에게 새로운 기회를 가져다 줄 것이며, 더 많은 새로운 산업이 등장할 것이다. 특히 유비쿼터스 기술로 인한 산업 간 융합은 새로운 기회와 가치 창출을 가능하게 하며, 시장구조와 경쟁 패러다임을 변화시킬 것이다. 이에 따라 기업은 유비쿼터스 기술을 활용하여 생산성 증진 및 경쟁력 향상을 도모해야 하며 이외에도 업무 속도 향상과 비용 절감, 고객 만족도를 제고할 수 있도록 노력하여야 한다.

유비쿼터스 사회에서의 기업은 기존의 보편화된 전략인 원가절감, 생산성 향상, 납기단축, 품질관리 등으로는 더 이상 경쟁력을 가질 수 없다. 새로운 경영환경에서 생존하기 위해서는 u-commerce, u-헬스 등 유비쿼터스 기술을 이용하여 일상생활 환경 속의 기기나 시스템들을 지능화하고, 네트워크로 연결하여 다양한 분야에 응용하는 새로운 비즈니스 모델을 생성하여 다가오는 유비쿼터스 시대를 대비해야 한다.

일부 기업은 발빠르게 움직이고 있다. '와이브로(Wibro)'를 활용하여 유비쿼터스 조선소를 개통한 현대중공업은 조선 IT 융합 연구 결과를 반영하여 디지털십 야드와 스마트십을 가동 중에 있으며, 국내 최초로 유비쿼터스 안전 관리(u-safety) 시스템을 구축한 포스코는 차세대 영상회의 시스템을 도입해 출장으로 소요되는 시간과 비용을 상당 부분 절감했을 뿐만 아니라 업무 생산성도 크게 향상시켰다.

유 · 무선 융합 '확대' … 기업 · 대학 '와우'

유비쿼터스로 활로 찾는 비즈니스 모델

신성장 동력 산업의 핵심 키워드 가운데 하나는 융합이다. 통신과 방송, IT와 건설·의료·환경·자동차·선박 등 다양한 산업 간 융합의 매개체는 유비쿼터스 기술이다. 유비쿼터스의 원래 의미대로 '언제, 어디서나' 업무를 수행할 수 있고 원격 조작이 가능해지면서 새로운 비즈니스 모델이 속속 등장하고 있다. 기업뿐만 아니라 관공서·소방서·캠퍼스, 심지어 공원까지 유비쿼터스의 물결이 일고 있다.

현대중공업은 지난 9월 23일 휴대 인터넷 '와이브로(Wibro)'를 활용한 유비쿼터스 조선소를 개통했다. 단일 사업장 전용 와이브로 구축은 세계 최초 사례다. 현대중공업측은 2011년 3월에는 조선 IT 융합 연구 결과를 반영한 디지털십 야드와 스마트십도 가동된다고 밝혔다.

포스코는 최첨단 파이넥스 공장에 국내 최초로 유비쿼터스 안전 관리(u-safety) 시스템을 지난 8월 구축했다. 공장 안의 모든 근로자와 방문객들에게 초광대역(UWB: Ultra Wide Band) 기술 기반의 무선 인식(RFID) 태그를 착용하게 한 뒤 90여 개 센서를 포함한 통합 시스템을 통해 이들의 위치를 실시간 파악할 수 있다. 이를 통해 화재나 가스 누출 등의 사고가 나면 해당 지역에 사람이 있는지 즉시 확인해 필요한 조치를 할 수 있는 것이다.

또한 포스코는 지난 2007년 차세대 영상회의 시스템을 도입해 서울, 포항, 광양 사무소 간 대면 원격회의를 하고 있다. 이를 통해 포스코는 화면을 통해 임원들 간 회의를 수시로 주재, 출장으로 소요되는 시간과 비용을 상당 부분 절감했을 뿐만 아니라 업무 생산성도 크게 향상시켰다.

이러한 원격 회의 시스템은 캠퍼스에서 해외 석학의 강의를 실시간으로 수강할 수 있게도 했다. 지난 2월 국민대는 실시간 쌍방향 교육 시스템(RTES)을 통해 원격 강의를 도입했다. 서울 정릉동 캠퍼스에서 학생들은 미국 UC데이비스나 쿠웨이트 대학의 석학 강의를 인터넷을 통한 화상회의 시스템으로 수강하고 있다. 학생들은 단지 동영상 강의처럼 일방적으로 보는 것이 아니라 실시간으로 교수와 대화하고 해외 대학생들과 토론하기도 한다.

〈출처: 한국경제매거진, 이진원 기자, 2009.11.05〉[3]

2. 기업에서의 유비쿼터스 활용 사례

경제 산업 분야에서의 유비쿼터스 활용서비스를 통한 u-business는 크게 상거래, 금융, 건설·SOC, 물류/교통, 농축수산부문으로 분류[4)]되는데, 이 절에서는 각 기업의 유비쿼터스 활용 서비스들과 성장 가능성이 큰 u-헬스에 대해 살펴보고자 한다.

2.1 u-commerce

유비쿼터스를 통해 가장 빠르게 변화하고 있는 분야는 상거래이다. 인터넷 쇼핑몰 등 기존에 이미 활성화되어 있는 사업분야 이외에도 T-Commerce, M-Commerce, 유·무선 통합 쇼핑몰 등이 새롭게 부각되고 있다. 특히 PC, 휴대폰, PDA, 디지털 TV 등 인터넷에 접속 가능한 모든 기기를 통해 발생하는 상거래인 u-Commerce는 이미 생활 속에서 구현되고 있다. 실제로 아래에서 보듯이 현대홈쇼핑은 방송과 통신의 융합 환경에서 고객의 요구를 만족시키기 위해 국내 최초로 T-커머스 서비스를 시작했으며, 언제 어디서나 고객의 쇼핑 니즈(needs)를 충족시킬 수 있도록 M-커머스 서비스를 활용한 유비쿼터스 쇼핑 환경을 구축하였다.

현대홈쇼핑, PC · 모바일 · TV 어디서든 쇼핑 OK

현대홈쇼핑이 2012년 국가브랜드대상 홈쇼핑부문 대상 수상자로 선정됐다.

올해로 창사 11주년을 맞이하는 현대홈쇼핑은 유통 명가인 현대백화점그룹의 고품격 브랜드 가치를 온라인에서 구축하고 있는 고품격 종합 온라인 유통 전문기업이다.

현대홈쇼핑은 TV홈쇼핑과 카탈로그,

종합인터넷 쇼핑몰인 현대H몰을 통하여 고객에게 고품질의 상품을 합리적인 가격에 제공하고 있으며, 혁신적인 고객 서비스를 통해 홈쇼핑 서비스를 한 단계 업그레이드시켜왔다. 나아가 방송과 통신의 융합 환경에서 고객의 요구를 만족시키기 위해 국내 최초로 T커머스 서비스를 시작했으며, 언제 어디서나 고객의 쇼핑 니즈를 충족시킬 수 있도록 M커머스 서비스를 활용한 유비쿼터스 쇼핑 환경 구축을 위해 노력해 왔다.

특히 2011년에는 홈쇼핑 업계 최초로 스마트TV 전용 쇼핑앱을 출시해, PC·모바일·TV라는 세 개의 매체를 자유롭게 넘나들며 편리한 쇼핑이 가능하도록 N스크린시대의 진정한 쇼핑 리더가 되기 위해 박차를 가하고 있다.

이러한 고객 중심의 헌신을 바탕으로 2011년까지 한국산업고객만족도(KCSI) 6년 연속 1위를 차지했고, 고객이 가장 추천하는 기업(KNPS) 2년 연속 1위, 국가브랜드경쟁력지수(NBCI) 홈쇼핑부문 1위를 수상했다. 2009년에는 한국서비스대상 홈쇼핑부문 대상, 2003·2004년 2년 연속 국가고객만족도(NCSI) 홈쇼핑부문 1위에 선정되는 등의 영예를 누리기도 하였다.

〈출처: 중앙일보, 오두환 기자, 2012.04.04〉[5)]

2.2 u-금융

금융은 유비쿼터스화가 상당히 진행되어 현재 인터넷 뱅킹, 모바일 뱅킹 등이 보편화되어 있다. 유비쿼터스의 개념에 근거하여 '언제, 어디서나' 편리하게 사용할 수 있는 u-금융서비스는 지급결제서비스에 집중한 u-payment와 금융서비스에 초점을 둔 u-banking으로 구분된다.

u-payment는 인터넷, TV, 휴대전화 등을 지급결제 수단으로 활용하여 신용카드, 금융계좌, 전자화폐 등을 언제, 어디서나 편리하게 사용할 수 있는 환경을 제공하고 u-뱅킹서비스는 휴대전화, 무선인터넷, 디지털 TV, 스마트카드 등 다양한 금융서비스 전달수단을 이용하여 은행의 자금이체뿐만 아니라 증권, 보험, 외국환 거래 등 다양한 전자금융서비스를 가능하게 해 준다.[6)]

부산은행, u뱅킹으로 온라인 전국은행 변신

부산은행이 유비쿼터스뱅킹(u뱅킹)을 앞세워 온라인 광역화에 속도를 내고 있다. 지방은행 한계를 넘어 전국을 무대로 성장하기 위한 디지털 행보다.

부산은행(은행장 성세환)은 올해 초 u뱅킹을 신성장 역점 추진사업으로 확정하고 신금융사업본부를 신설했다. 신금융사업본부는 흩어져 있던 인터넷, 모바일 등 각종 온라인 서비스 및 기획 업무 일체를 본부로 통합하고 신규 인력을 대거 보강해 부산은행의 미래를 만드는 핵심 사업본부로 자리 잡았다.

신금융사업본부의 역할은 u뱅킹사업 기획과 추진이다. u뱅킹사업은 '스마트뱅킹 확대'와 '신인터넷뱅킹 구축'에 부산문화포털을 지향하는 사이트 '팝부산'의 역할 강화로 요약된다.

스마트뱅킹 확대는 연말까지 스마트폰뱅킹 가입자 30만을 목표로 모바일뱅킹 프로그램 개선과 3억원 상당 경품을 제공하는 대규모 이벤트를 진행하고 있다.

내년 초에 시작할 신인터넷뱅킹에는 200억원 사업비를 투입한다. 현재 TF를 구성해 세부 플랜을 마련하고 있다. 기존 인터넷뱅킹시스템을 고도화하고, 온라인으로 거래 가능한 금융상품 종류를 대폭 늘린다. 상품 가입, 거래 과정을 대폭 간소화하고 영상 상담 서비스도 가능하도록 만들 계획이다.

김민중 부산은행 신금융사업본부 u뱅킹사업부장은 "스마트폰, 인터넷 등 비대면 금융 채널 확대는 지방은행이 지역적 한계를 딛고 성장하기 위한 필수 요소"라며 "오프라인에서는 지역은행이지만 온라인상에서는 전국을 무대로 금융서비스를 제공하는 은행이 될 것"이라고 말했다.

〈출처: 전자신문, 임동식 기자, 2012.07.17〉[7]

2.3 u-건설 · SOC 부문

건설부문에서 대표적인 유비쿼터스 기술 활용 분야로 스마트 빌딩을 들 수 있다. 스마트 빌딩이란 건물 신축시 각종 건축자재 및 건물 내부에 센서기능을 탑재하여, 지진, 화재, 건물 내 습도, 온도, 통풍 등을 자동 감지 및 원격에서의 통제가 가능한 건물을 의미한다.

ETRI(한국전자통신연구원)[8]는 주거 및 상업용 건물에 대한 에너지 효율을 최적 관리하는 '스마트 플레이스(Smart place) 에너지관리 플랫폼 기술'을 개발하여 국내 에너지 수급 불안 상황을 극복할 수 있는 방안을 마련하였다. 이 기술이 가정에서 활용될 경우 기기별 에너지 소비 정보와 온도·습도·조도 등의 환경센서 정보, 보일러·에어컨 등의 홈네트워크 정보 등을 통합 수집하여 사용자에게 제공한다.

또한 SOC 부문에서는 유비쿼터스 기술을 활용하여 운용 효율성 극대화, 체계적 관리와 운용을 통한 안전도 및 수명 증대를 도모할 수 있다.[4] 즉, 능동형·지능형 기술들을 실제로 적용하여 인간의 개입을 최소로 하면서 관리할 수 있는 신개념의 u-SOC 시설물관리 서비스가 가능해진다. u-SOC의 예로는 건축물의 전력 흐름을 시간대별 상주인원, 전력 사용량을 기초로 지능적으로 조절하고 실시간 정보를 교환하여 관련 비용을 절감하는 스마트 그리드, 교통 흐름을 제어하고 교통 전체의 최적화를 추구하는 스마트 트래픽, 센서네트워크를 활용하여 대기환경, 하천수질 등을 모니터링하고 상하수도관 등 용수공급망을 효율적으로 관리하는 스마트 에코시스템 등이 있다.[9]

LG유플러스, 'U+ 스마트빌딩 호텔패키지' 상품 출시

LG유플러스(부회장 이상철)는 전화/인터넷 회선 공급 등의 통신 인프라는 물론 호텔 객실 예약관리부터 고객 개별 과금, 통계까지 관리하는 'U+ 스마트빌딩 호텔패키지' 통합 솔루션을 국내 최초 출시했다고 3일 밝혔다.

기존 호텔들의 경우 통신서비스와 호텔 관련 솔루션에 대한 수요가 있었으나 이를 통합적으로 제공하는 곳이 없어 각기 별도로 통신 서비스와 장비를 구매해야만 해 이용불편은 물론 비용부담이 높았다.

이에 LG유플러스는 통신서비스와 호텔특화솔루션을 함께 제공하는 'U+ 스마트빌딩 호텔패키지' 상품을 출시하게 됐다.

이 상품은 호텔용 중계 안내서비스, 호텔 음성사서함, 자산관리시스템 등으로 구성된다. 우선 호텔 중계 안내서비스는 호텔 대표번호를 이용한 예약, 문의전화 안내 및 객실 전화 중계 등이 가능하

다. 또한 호텔 음성사서함 서비스의 경우 호텔 투숙객을 위해 13개 국어로 고객 개인 음성사서함이 지원된다. 그리고 과금 솔루션을 통해 자동으로 전화요금을 정산 및 관리해 주며 과금 통계 데이터도 얻을 수 있어, 고객들의 패턴 분석이 가능해 마케팅이나 매출분석시 활용 가능하다.

자산관리시스템은 프론트 데스크(Front-desk)와 백 오피스(Back-office) 사이에 원활한 기능을 위해 고안된 호텔 시스템으로, 고객의 예약부터 체크인 등 다른 시스템과 정보를 교환하는 역할을 해 호텔 서비스를 편리하게 통합 관리할 수 있다.

한편 해당 상품 안에는 모바일을 통해 객실 제어를 하는 '인룸 제어 서비스'가 포함되어 있다. 이 서비스는 객실룸 키 대신 스마트폰을 대여해 줌으로써 고객들이 직접 객실의 조명 및 온도, TV 등을 제어할 수 있다.

〈출처: 아이티데일리, 고수연 기자, 2013.01.03〉[10]

2.4 u-물류/교통

u-물류는 물건의 위치를 실시간으로 모니터링하고 발송자와 수령자를 전자적으로 연결하여, 생산 정보 및 배송 정보를 공유하여 효율적인 서비스를 제공하는 것이다. u-교통은 "유비쿼터스 환경하에서 여행자, 교통시설, 교

통수단이 실시간으로 네트워킹하여(상태인식 및 인과관계 정보가 분석되어) 안전성과 이동성에 기여하는 인간중심의 미래형 교통서비스 및 시스템을 제공하는 신교통공간”이다.[11]

이런 지능형교통시스템 구축을 통해 물류비용 및 사회적 비용(시간, 자원 등) 절감, 교통사고 감소 등을 도모할 수 있다. 물류/교통 분야의 대표적인 사례로 버스위치정보, 택시 콜 시스템, 센서 교통량 파악시스템, 여행자 내비게이션 시스템, 현재 위치 서비스 등이 있다.

지능형 교통시스템의 사례는 4장에서 상세히 설명되어 있다.

동 영 상

■ 파주 U-교통 정보 서비스

파주시에서 시행되고 있는 파주 U-교통서비스는 거주민의 편리하고 안전한 교통 환경 조성을 위하여 기존의 교통운영체계에 통신기술 및 첨단 IT기술을 접목하여 원활한 교통흐름을 유지할 수 있도록 하는 서비스이다.

교통관리, 자동단속, 돌발 상황, 대중교통관리 등으로 구성되며 다양한 교통정보를 실시간으로 확인하고 이용하여 편리하고 쾌적한 교통환경을 제공받을 수 있다.

〈출처: 파주시티, 2012.04.18〉[12]

2.5 u-농·축·수산

u-농업은 IT와 생명공학을 비롯한 첨단기술을 농업분야에 접목시켜 생산량 증대와 친환경 농산물 생산을 통해 농민에게는 고소득을, 소비자에게는 생산에서부터 유통까지 전 과정을 모니터링할 수 있게 해 줌으로써 안전한 농식품을 공급하는 것을 목적으로 하고 있다.[13]

대표적인 예인 유비쿼터스 온실관리시스템(UGMS: Ubiquitous Greenhouse Management System)은 온실 내외의 토양센서, 기상센서, CCTV를 이용하여 토양, 기상, 영상 정보를 수집하고 모바일폰을 통해 이를 실시간으로 모니터링 및 재배작물의 최적생장환경에 맞추어 온실의 설비장치를 제어한다.[14]

축산부분에서는 동물들에게 고유한 식별체계를 부여해 주는 동물용 RFID 칩을 체내에 삽입하여 관리하며, 현재 축산진흥원과 에버랜드동물원, 삼성안내견학교, 정부산하 수산연구소에서 이용 중이다.

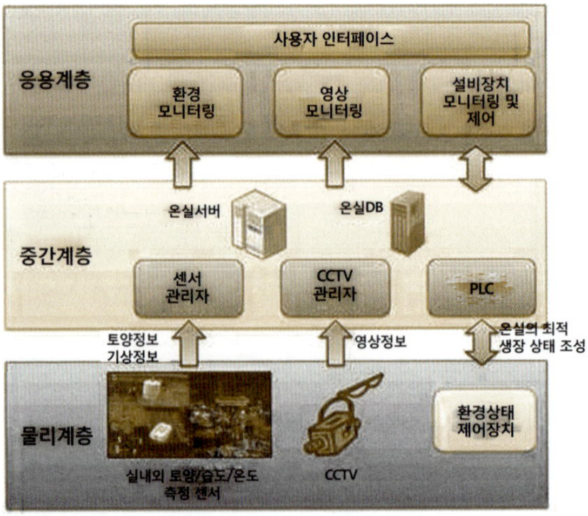

출처: 박상오, 2012.

그림 12-1 UGMS 구조

정보화 시스템으로 유비쿼터스 농업(u-Farm) 실현

겨울철 축사농가의 재난 피해에 따른 대책의 일환으로 텔레브트(연암공업대학 창업동아리)와 충남 보령축산(대표 윤성희)은 축사안전과 시설현대화를 위해 축사재난예방관제시스템을 지난 14일 설치 완료했다.

축사재난예방관제시스템은 모바일(W-CDMA)과 유선인터넷의 두 통신이 결합된 것으로 농장이나 시내 관제센터에서 유 · 무선 모니터링이 가능하고 재난시 조기에 재산피해를 막을 수 있는 차세대 동영상 관리시스템이다.

이 시스템은 외부에서 축사 환경상태를 실시간 영상과 음성으로 확인 가능하고, 재난 발생시 유 · 무선 전화 3대까지 연동해서 음성과 영상으로 생중계하는 양방향 글로벌 IT시스템으로, 보령축산은 "5개 축사가 사무실에서 멀리 떨어져 재난관리에 힘들었는데, 이번 시스템으로 불안감이 해소되었다"고 밝혔다.

〈출처: 현대축산 뉴스, 김현태 기자, 2009.12.16〉[15]

2.6 u-헬스

고령화의 급속한 진행과 함께 u-헬스가 중요한 차세대 성장 동력으로 주목받고 있다. u-헬스란 IT기술을 의료에 접목하여 언제, 어디서나 질병의 예방을 위한 사전 진단 및 치료, 건강관리가 가능한 보건의료서비스를 의미한다.

u-헬스는 현대 의학의 발전과 더불어 질병이 발생된 후 치료와 사후관리에 중점을 둔 기존의 의료개념에서 사전 진단과 예방을 통해 초기에 질병을 탐색하고 대처하며, 의료 서비스 질의 향상과 효율성을 제고하여 건강한 삶을 오랫동안 유지할 수 있는 확대된 개념으로 발전되고 있다.[16)]

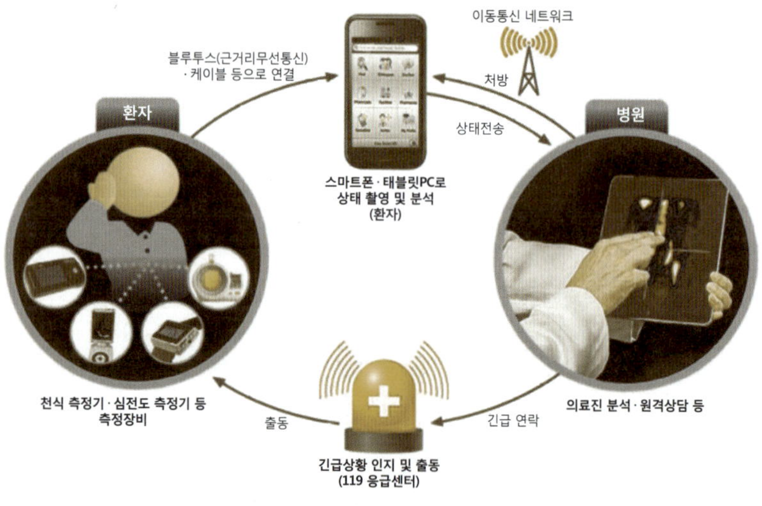

출처: 한국경제신문, 2010.

그림 12-2 u-헬스 개념도

스마트케어 시스템 구축 'u헬스산업' 선도

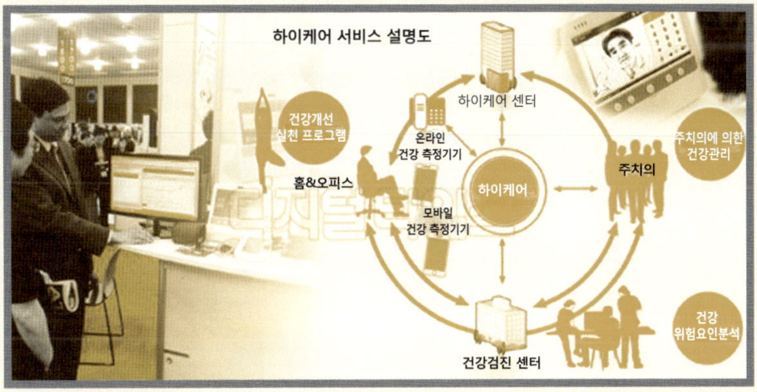

인성정보(대표 원종윤)는 정보기술 인프라와 솔루션을 통합 공급하는 정보기술(IT) 전문기업이다. 1992년 벤처로 시작했다. 그동안 각종 u헬스(u-Health) 시범사업을 통해 홈케어 전용 게이트웨이나 분석 솔루션 부분 등에서 노하우를 쌓아왔다. 실제 가톨릭의대와 함께 당뇨 관련 원격진단 솔루션을 개발하기도 했고, 경기도 성남시와 'u방문간호서비스' 사업을 펼치기도 했다. 이 때문에 현재 인성정보는 IT와 의료 산업을 접목한 u헬스 분야에서 경쟁력을 갖춘 국내기업이라는 평가를 받고 있다.

인성정보의 가장 큰 특징이자 강점은 바로 u헬스사업이다. 특히 평균수명이 길어지면서 IT기술을 융합한 u헬스산업이 성장산업으로 주목받고 있다. 세계적으로 고령화가 사회 · 문화적 주요 이슈로 떠오르고 있고, 한국은 다른 선진국과 개발도상국에 비해 더욱 빠른 속도로 평균수명이 높아지고 있기 때문이다.

회사 관계자는 "세계 헬스케어 시장은 2005년 38억 4,000만 달러에서 2015년 52억 9,000만 달러로 급속히 성장할 것으로 예상되고 있다"며 "인성정보는 이러한 환경 변화에 적극 대응하기 위해 u헬스사업에 집중 투자하고 있다"고 설명했다.

인성정보의 u헬스사업은 유비쿼터스 헬스케어 기술을 기반으로 효과 높은 평생건강관리를 제공하는 동시에 개인 맞춤형 평생 건강관리, 전국병원 네트워크, 주치의에 의한 개인 건강관리서비스를 통해 종합적인 건강관리 서비스를 구현한다는 것이 특징이다.

특히 의료기관과 환자 사이에서 편리한 서비스를 제공하는 역할을 수행하는 동시에 지속적인 임상 데이터 계측이 가능해 의료 연구 단계에서도 가치 있는 의료 정보를 제공할 수 있다.

이에 따라 회사는 공공과 민간분야의 특성을 살려 각 상황에 적합한 u헬스 사업 추진 체제를 마련했다. 민간분야의 경우는 개개인의 건강관리 프로그램으로 구성된 '하이케어 서비스'로 치료에서 예방, 관리까지 종합 서비스를 제공하고 있다. 공공분야에서는 공공 보건의료사업과 응급의료 구조체계와 관련한 사업을 진행하고 있다.

〈출처: 디지털타임스, 유정현 기자, 2012.08.15〉[17]

3. 기업 유비쿼터스의 전망 및 과제

우리가 살아가야 할 미래에는 유비쿼터스 기술 기반 위에 여러 산업이 융합되어 새로운 제품과 서비스 시장이 형성될 것이다. 21세기 최고의 경영 석학인 톰 피터스는 "유비쿼터스 혁명에 동참하라"고 촉구하면서 "유비쿼터스 혁명은 비즈니스를 새롭게 정의할 것이고, 이 과정에 과감히 편승하는 소수의 승리자와 동참하지 못하는 다수의 패배자를 배출할 것"이라고 경고한 바 있다.[18] 즉 기업은 u-커머스, u-비즈니스, u-물류, u-헬스, u-건설 등 핵심 서비스 발굴을 통하여 경쟁우위를 가지며, 새로운 시장을 개척하고 고용 확대를 도모할 수 있어야 유비쿼터스 시대에서 살아남을 것이다.

만일 기업이 변화하는 패러다임과 발전하는 유비쿼터스 기술을 전략적으로 활용하지 못한다면, 결국 경쟁에서 낙오하게 된다. 따라서 기업은 유비쿼터스 기술에 대한 관심을 높이고 이를 구현할 수 있는 구체적인 방안이 무엇인지 더욱 진지하게 고민하여 유비쿼터스 시대를 준비하여야 할 것이다.

또한 한국전산원(2005)[19]에서 제시하고 있듯이 정부는 유비쿼터스 서비스 안정성의 보장과 투자비용 부담 및 표준화 결여를 해소하고, 경제적인 면에서도 유용하고 편리한 사용 환경을 구축할 수 있도록 지원하여야 한다.

▶ 토의과제

1 기업의 유비쿼터스 서비스 이용 경험에 대해 토의해 보자.

2 기업에서의 유비쿼터스 도입으로 인한 변화에 대해 토의해 보자.

3 유비쿼터스 기술을 적용한 사례를 찾아보고 향후 실현될 서비스에 대해서 발표해 보자.

4 유비쿼터스 기술이 산업에 적용될 때 고려해야 할 문제에 대해 토의해 보자.

동 영 상

제 목	주요내용	Link	시 간
파주 U-교통 정보 서비스	파주시에서 시행되고 있는 유비쿼터스 교통정보 서비스를 설명	http://www.youtube.com/watch?v=Ztwm3NWBK6Q	2분 9초
[특선 MBC 넷] 제4의 물결~ 스마트 농업	스마트가 변화시킨 신영농 현장을 보여줌	http://www.youtube.com/watch?v=b889R5e4DjU	13분 59초
		http://www.youtube.com/watch?v=lZLMx73nnHQ	14분 13초
		http://www.youtube.com/watch?v=0JRd9cj6-LI	14분 53초
SK U-Healthcare	유비쿼터스 시대가 되면서 변화될 의료 부문을 설명	http://www.youtube.com/watch?v=hQ-513-hVEI	3분 46초
스마트빌딩	아이디어와 기술로 경제적 효과뿐만 아니라 환경보전의 목표를 달성할 수 있는 그린빌딩에 대해 설명	http://www.youtube.com/watch?v=lgyThaL3Oho	2분 10초

Summary

요 | 약

유비쿼터스와 기업

- 1990년대 이후 지금까지의 산업의 큰 흐름은 정보기술의 발달과 산업의 IT화에 따른 산업 내 정보화 가속, 융합화 · 복합화의 진전, 소프트화 · 서비스화의 가속으로 요약됨
- 유비쿼터스의 진전은 새로운 기회가 되고, 더 많은 새로운 산업이 등장할 것임

u-commerce

- PC, 휴대폰, PDA, 디지털 TV 등 인터넷에 접속가능한 모든 기기를 통해 발생하는 상거래 의미

u-금융

- 유비쿼터스의 개념에 근거하여 '언제, 어디서나' 편리하게 사용할 수 있는 금융서비스 의미
- 지급결제서비스에 집중한 u-payment와 기타 금융서비스로 구성되는 u-banking으로 구분

u-건설·SOC

- 스마트 빌딩은 건물 신축시 각종 건축자재 및 건물 내부에 센서기능을 탑재하여, 지진, 화재, 건물 내 습도, 온도, 통풍 등을 자동 감지 및 원격에서의 통제가 가능한 건물을 의미

u-물류

- 물류의 위치를 실시간으로 모니터하고 발송자와 수령자를 연결하여, 생산 정보 및 배송 정보를 공유하여 효율적인 서비스 제공

u-교통

- 유비쿼터스 환경하에서 여행자, 교통시설, 교통수단이 실시간으로 네트워킹하여(상태인식 및 인과관계 정보가 분석되어) 안전성과 이동성에 기여하는 인간중심의 미래형 교통서비스 및 시스템을 제공하는 신교통공간 의미

u-농업

- IT와 생명공학을 비롯한 첨단기술을 농업분야에 접목시켜 생산량 증대와 친환경 농산물 생산을 통해 농민에게는 고소득을, 소비자에게는 생산에서부터 유통까지 전 과정을 모니터링할 수 있게 해 줌으로써 안전한 농식품을 공급하는 것을 의미

u-헬스

- IT기술을 의료에 접목하여 언제, 어디서나 질병의 예방을 위한 사전 진단 및 치료, 건강관리가 가능한 보건의료서비스를 의미

기업 유비쿼터스 전망 및 과제

- 유비쿼터스 기술 기반 위에 여러 산업이 융합하여 새로운 제품과 서비스 시장이 형성될 것임
- 기업은 유비쿼터스 기술에 대한 관심을 높이고 이를 구현할 수 있는 구체적인 방안이 무엇인지 고민하여야 함

질문

1. 1990년대 이후 지금까지의 산업의 큰 흐름을 3가지 키워드로 요약하시오.
2. u-Commerce에 대해서 설명하시오.
3. 스마트 빌딩에 대해서 설명하시오.
4. u-물류에 대해서 설명하시오.
5. u-금융에 대해서 설명하시오.
6. u-농업에 대해서 설명하시오.
7. u-헬스에 대해서 설명하시오.

Closing Case

u-헬스: 내 손안의 주치의, u-헬스케어

고령화 사회와 함께 건강한 삶에 대한 욕구가 점차 높아지면서 u-헬스(Ubiquitous-health, u-health) 산업이 주목받고 있다. u-헬스는 정보통신과 보건의료를 연결해 시간 및 공간적 제약 없이 언제, 어디서나 예방, 진단, 치료, 사후 관리 등 첨단 보건의료 서비스를 제공하는 것을 말한다.

언제, 어디서나 내 건강을 관리한다. 전 세계 의료계에 불고 있는 u-헬스케어 열풍에 대해 알아본다.

〈출처: 전자신문, 라이브스마트 쇼, 2012.10.11〉[20]

질문

1. 동영상을 보고 의료분야의 비즈니스는 어떻게 변화할 것인지 생각해 보자.
2. 동영상을 보고 u-헬스의 성공을 위해 극복해야 할 과제에 대해 생각해 보자.
3. 사례처럼 개인적인 정보를 주로 다루고 있는 u-헬스로 인해 생기는 보안 문제에 대해 생각해 보자.

참고문헌

1. 한국전산원, "영화를 통해 미리 보는 미래사회," 2006.
2. 권혁기, 홍정기, 조준일, "디지털화에 따른 산업구조 변화와 유망사업," LG경제연구원, 2000.05.
3. 한국경제매거진, 이진원 기자, "유 · 무선 융합 '확대'…기업 · 대학 '와우'," 2009.11.05, http://magazine.hankyung.com/main.php?module=news&mode=sub_view&mkey=1&vol_no=727&art_no=11&sec_cd=1001.
4. 선황수, 소원신, "유비쿼터스 시대의 새로운 서비스 모델 창출 방안 연구," 전사통신동향분석, 제19권 제6호, pp. 169-180, 2004.12.
5. 중앙일보, 오두환 기자, "현대홈쇼핑, PC · 모바일 · TV 어디서든 쇼핑 OK," 2012.04.04, http://article.joinsmsn.com/news/article/article.asp?total_id=7796837&cloc=olink|article|default.
6. 김재필, 이충열, "u-금융서비스의 비즈니스 모델 및 발전 과제," 정보화 사회, 제14호, pp. 85-115, 2008.12.
7. 전자신문, 임동식 기자, "부산은행, u뱅킹으로 온라인 전국은행 변신," 2012.07.17, http://www.etnews.com/news/nationland/2616699_1495.html.
8. 중앙일보, 뉴스1코리아, "ETRI, 건물 온 · 습 · 조도 조절 에너지 절감 시스템 개발," 2013.01.22, http://article.joinsmsn.com/news/article/article.asp?total_id=10483466&ctg=1213.
9. 안기돈, 조희태, "나이지리아 스마트 SOC 투자를 통한 국가 브랜드 가치 상승 및 산업 경쟁력 제고 방안," 경제경영전략연구소, 제6권 제1호, pp. 37-57, 2011.06.
10. 아이티데일리, 고수연 기자, "LG유플러스, 'U+ 스마트빌딩 호텔패키지' 상품 출시," 2013.01.03, http://www.itdaily.kr/news/articleView.html?idxno=36625.
11. 강연수, 오철, 김범일, "유비쿼터스 환경에서의 교통부문 여건변화분석 및 대응전략개발 연구," 연구총서, 한국교통연구원, 2005.
12. 유튜브, 파주시티, "파주 U-교통 정보 서비스," 2012.04.18, http://www.youtube.com/watch?v=Ztwm3NWBK6Q, 검색일 2013.01.20.
13. 김기일, "IT 기술과 농업의 만남, U-농업," KIER, 2007.

14. 박상오, 이양선, 김세한, 박지수, 이기정, 박종혁, "U-온실 시스템 기술에 대한 분석," 한국항행학회 논문지, 제16권 제1호, pp. 89-95, 2012.

15. 현대축산 뉴스, 김현태 기자, "정보화 시스템으로 유비쿼터스 농업(U-Farm) 실현," 2009.12.16, http://www.hyunchuk.co.kr/news/4433.

16. 김남훈, 윤일재, "U-헬스산업 동향과 파급효과 분석," 산업연구 시리즈, 하나금융연구소, 제28호, pp. 1-50, 2008.08.29.

17. 디지털타임스, 유정현 기자, "스마트케어 시스템 구축 'u헬스산업' 선도," 2012.08.15, http://www.dt.co.kr/contents.html?article_no=2012081602011032787005.

18. 헤럴드 경제, 김필수 기자, "유비쿼터스 혁명 동참하라, 7시간 강연," 2010.04.06, http://nbiz.heraldcorp.com/view.php?ud=200609140158.

19. 한국전산원, "기업의 유비쿼터스 서비스 이용 현황과 과제," 2005.

20. 전자신문, 라이브스마트 쇼, "U헬스: 내 손안의 주치의, U-헬스케어," 2012.10.11, http://www.youtube.com/watch?v=i0ObyUSYQQQ.

21. 한국경제신문, "스마트폰으로 진료 · 처방까지…통신사 · 병원 'U-헬스' 동맹 확산," 2010.12.06, http://www.hankyung.com/news/app/newsview.php?aid=2010120685921.

22. 유튜브, "[특선 MBC 넷] 제4의 물결~ 스마트 농업," http://www.youtube.com/watch?v=b889R5e4DjU, http://www.youtube.com/watch?v=lZLMx73nnHQ, http://www.youtube.com/watch?v=0JRd9cj6-LI, 검색일 2013.01.20.

23. 유튜브, "SK U-Healthcare," http://www.youtube.com/watch?v=hQ-513-hVEI, 검색일 2013.01.20.

24. 유튜브, "스마트빌딩," http://www.youtube.com/watch?v=lgyThaL3Oho, 검색일 2013.01.20.

Chapter

13

유비쿼터스 사회의 미래

학습목표

1. 유비쿼터스 사회의 미래 모습을 이해한다.

Openning Case

영화 박물관이 살아 있다

모두가 잠든 순간, 환상의 세계가 깨어난다! 엉뚱한 사업 아이템으로 하는 일마다 늘 실패만 하는 래리 델리(벤 스틸러 분). 그를 더 이상 견뎌내지 못한 부인이 곁을 떠나자 래리는 하나밖에 없는 아들에게만큼은 떳떳한 아버지가 되기 위해 직장을 찾아 나선다. 별 볼일 없는 그에게 온 유일한 기회는, 모든 사람들이 기피하는 자연사 박물관 야간 경비원. 아무것도 내보내지 말라는 선배 경비원의 기이한 충고를 들은 근무 첫 날 밤, 래리는 박물관의 전시물들이 살아 움직이는 놀라운 광경을 목격한다.

박물관 전시품들은 매일 밤 제멋대로 움직이며 래리를 괴롭힌다. 마야인들, 로마의 글래디에이터들, 카우보이들이 살아나 그들끼리의 전쟁을 벌이기 시작하고, 네안데르탈인은 자신의 디스플레이 케이스를 불태우고, 가장 포악한 공룡 티라노사우루스는 래리를 못 잡아 먹어 안달이다. 이런 대혼란 속에서 래리가 상담할 상대는 왁스 모형인 루즈벨트 대통령(로빈 윌리엄스 분)뿐. 아들을 위해 어떤 역경 속에서도 박물관을 무사히 보호해야만 하는 래리는 첫 날 선배들에게 들었던 충고가 잊혀지지 않는다. 과연 이 박물관에는 무슨 비밀이 있는 것일까?

박물관의 전시물들이 밤마다 살아 움직이는 것을 목격하게 된 야간 경비원인 영화 속 주인공은 전시물들이 활동하는 모습에 놀라워 하지만 이러한 장면이 더 이상 낯설지 않다. 전자종이나 실물처럼 보이는 홀로그램 같은 차세대 3차원 디스플레이 및 가상현실기술들이 박물관 전시물들을 살아 움직이는 것처럼 재현하기 때문이다. 최근에 개최됐던 이러닝박람회에서 영어수업에 활용하도록 특화된 가상현실 스튜디오 시스템이 주목을 받기도 했다. 학생이 크로마키벽 앞에 서면 영상이 실시간 합성돼 마치 그 장소에 학생이 와 있는 듯한 느낌을 주게 되어 상황에 맞는 영어 대화를 할 수 있기 때문이다. 또한 '반지의 제왕', '해리포터', '디워' 등의 영화에서 볼 수 있듯이 컴퓨터형성 이미지를 통해 영화 · 애니메이션 · 게임 등에서 현실로 존재하지 않는 영상을 특수효과를 이용해 제작하는 기술이 많이 적용되고 있어 미래 영상콘텐츠 산업을 이끌어 갈 핵심기술로 각광받고 있기도 하다.

〈출처: 네이버 영화〉[1)]

1. 유비쿼터스 사회의 전망

유비쿼터스 사회(Ubiquitous Society)에서는 모든 사물이 지능화되고 네트워크로 연결되어 사람과 사람, 사물과 사람, 나아가 사물과 사물 간에 의사소통이 가능하게 됨에 따라 개인 삶의 질적 향상과 기업의 생산성 증대, 국가 전반의 경쟁력이 향상되게 된다. 유비쿼터스 사회는 인간의 생활공간인 도시 공간에 유비쿼터스 기술이 적용된 형태이기 때문에 협의로 u-city(유비쿼터스 도시)라고도 할 수 있다.

미래의 도시는 유비쿼터스 기술의 발달로 가정의 생활환경, 직장의 근무 여건, 교육, 문화관광 등 전반적인 사회환경이 편리하게 개선될 것이다. [그림 13-1]은 미래의 유비쿼터스 도시의 주요 기능을 보여주고 있다. 보건·복

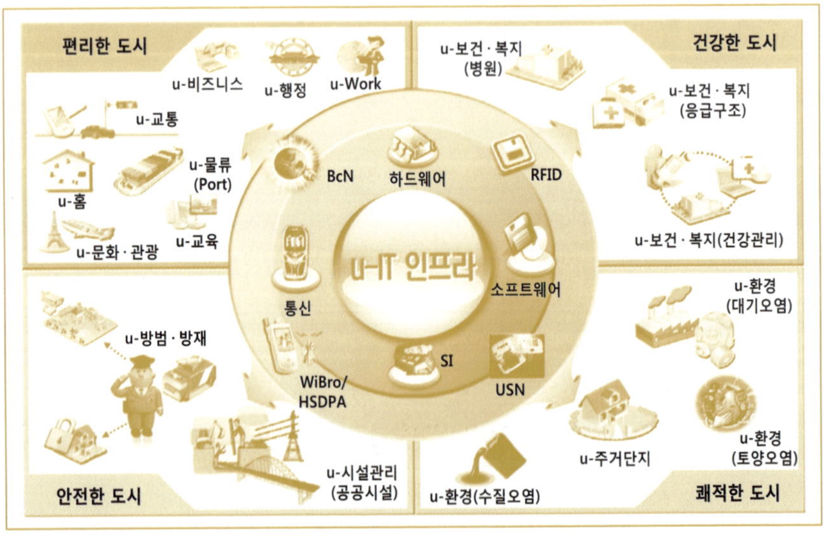

출처: 한국정보사회진흥원, 2008.

그림 13-1 미래 유비쿼터스 도시의 모습

지부문에서는 원격건강검진과 신속한 응급구조 서비스들이 발달하여 개인 건강관리의 만족도가 높아진다. 방범 · 방재부문에 있어서는 CCTV와 센서 등의 기술발달로 범죄발생에 대한 감시 및 대응, 공공시설물의 실시간 안전관리를 통해 사회의 안전성이 높아진다. 그리고 대기와 토양, 수질 등 자연환경에 대한 실시간 모니터링을 통해 사람들이 쾌적한 자연환경 속에서 생활할 수 있게 된다.

1.1 편리한 도시

미래의 유비쿼터스 도시에는 가정, 교육, 생활문화 등 다양한 분야에 걸쳐 편리성이 증진된다. 먼저 가정에서는 스마트 홈네트워크가 구축이 되어 개인의 건강과 체질에 따른 메뉴 구성과 요리가 가능한 스마트부엌, TV나 3차원 디스플레이 장치를 통해 전화, 정보검색, 쇼핑 등이 가능한 지능형거실 등이 구현되어 가정생활의 편의가 증진된다.

둘째, 교육부문에서는 원격교육서비스의 발달과 디지털 장비를 활용한

출처: 국토해양부 공식블로그, 2013.

그림 13-2 u-city의 거리공간의 모습

다양한 학습이 가능하며, u-유치원, u-캠퍼스, u-교실 등이 구현되어 보다 편리한 교육환경이 제공된다.

셋째, 직장에서는 업무의 효율을 높이기 위해 전자칠판, 가상키보드, 3차원의 디스플레이 장치 등이 활용되며, 재택근무와 온라인협업 등이 활성화될 것이다.

동 영 상

■ 유비쿼터스 컴퓨팅

앞으로 유비쿼터스 응용 기술이 발전함에 따라 전자 화폐, 전자 신분증 활용이 일반화되어 신분확인 및 상거래 등이 신속하고, 편리하게 이뤄지게 된다.

그리고 현실증강 기술이 발달하여 회의 테이블상에서 자료의 조회와 논의된 결과의 저장, 관리 등이 한 군데에서 통합 진행된다.

그리고 개인 생활의 주요 부분인 의류 쇼핑에 있어서 소비자는 기존의 탈의실을 통해 번거롭게 여러 의상을 갈아입을 필요 없이 전자거울을 통해 자신이 원하는 디자인, 색상 등을 선택하여 가상으로 의상을 착용하고, 그 모습을 확인할 수가 있다. 마트의 생필품 쇼핑의 경우 처음 방문한 고객이라 할지라도 스마트폰을 통해 마트에 진열된 제품의 위치, 가격 등의 제반 정보를 실시간으로 조회할 수 있어 빠르고 편리한 쇼핑이 가능하다.

이처럼 미래의 유비쿼터스 컴퓨팅 기술이 발달한 사회에서는 기존에 상상하던 모습들이 현실화되어 보다 빠르고 편리한 서비스들을 제공해 줄 것이다.

〈출처: 마이크로소프트, 미래의 쇼핑, 2009.10.02〉[2)]

넷째, 생활문화와 관련해서는 전자거울, 전자주문, 전자결제 등의 기술 발달로 한 장소에서 시간과 공간의 제약 없이 다양한 쇼핑들을 편리하게 즐길 수 있게 될 것이다. 또한 외부 거리에는 위치기반 기술들이 적용되어 상황별 생활편의 정보 서비스가 미디어보드(전광판)를 통해 개인 맞춤형으로 제공되며, 시각장애인의 보행 지원 서비스도 제공된다.[3]

다섯째, 교통부문에서는 사물 간 통신기술의 발달로 신호등이나 자동차 간의 통신으로 교통흐름을 자동으로 제어하여 교통사고를 방지하게 되며, 교통정체에 관한 정보를 도로 이용자들에게 실시간으로 제공함으로써 안전하고 신속한 이동을 가능하게 한다.

이처럼 미래에는 다양한 유비쿼터스 서비스들이 가정과 사무공간을 비롯하여 거리, 문화시설 등 다양한 생활공간에 적용되어 인간에게 신속하고 편리한 생활을 지원해 주게 될 것이다.

동 영 상

■ **파주 U-City 교통 정보 서비스**

파주시의 버스, 정류장, 전철, 교통상황 등의 실시간 정보를 제공하는 교통 정보 서비스는 내비게이션, 유 · 무선 단말기 등의 디스플레이 장치를 통해 실시간으로 제공한다. 해당 정보를 활용하여 정체된 도로구간 대신 소통이 원활한 경로를 통해 사람들이 이동할 수 있도록 안내함으로써 사람들이 보다 신속하고 편리한 교통서비스를 제공받을 수 있도록 한다.

〈출처: 파주시티 , 2012.04.18〉[4]

1.2 건강한 도시

유비쿼터스 기술의 발달로 보건 · 복지부문에서는 개인의 건강검진 및 치료, 생활건강의 증진을 위한 각종 서비스들이 제공된다.

먼저 스마트센서의 발달로 당뇨 측정 스마트폰, 환자의 체중관리가 가능한 스마트 밴드 등을 활용한 원격건강검진이 이뤄진다.[4] 그리고 응급환자의 위치정보를 활용한 긴급의료지원서비스가 제공되며, 병원이나 보건소 내의 유비쿼터스 응용 기술을 활용한 u-병원, u-보건소 서비스가 구현되어 환자의 효율적인 진료와 유용한 의료정보 서비스가 제공된다.

다음의 동영상은 이와 관련된 사례로 생체센서와 휴대용 진단기기를 활용한 한의학 기반의 건강진단 및 처방 사례를 보여준다.

동 영 상

■ **2027년, 한의학 기반 u헬스의 미래를 확인하세요!**

미래에는 의료기관을 방문하지 않고 일상생활 속에서 진단이 이루어지는 u헬스 시스템이 도입되어, 가정과 직장, 이동 중의 모든 공간에서 생체센서와 휴대용 진단기기 등을 이용해서 우리의 건강상태를 실시간으로 모니터링할 수 있고 의료상담 및 의사 처방이 원격으로 진행된다. 미래의 한의학기반 u헬스 시스템이 일상생활에 어떻게 활용되고 있는지 한국한의학연구원 우주한약탐사대 강건웅 팀장의 하루를 통해 살펴보자.

〈출처: 한국한의학연구원, 2010.03.10〉[5]

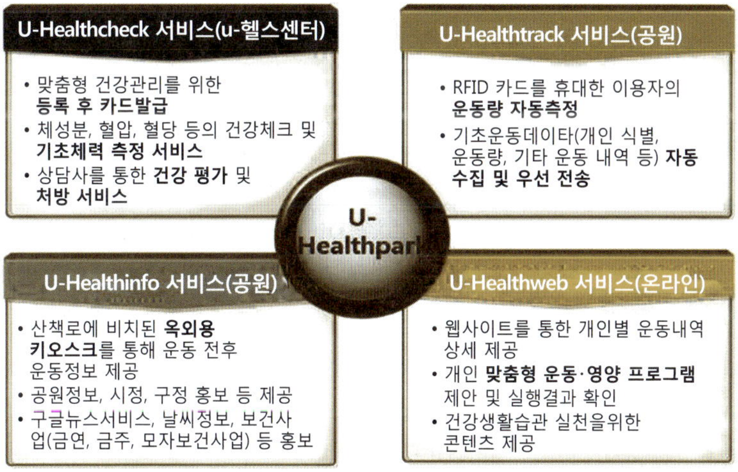

출처: 네이버 블로그, 2013.

그림 13-3 U-Healthpark

그리고 스마트 융합기술이 적용된 생활공원이 개발되어 개인의 운동량 분석, 체력측정, 건강생활습관을 분석한 맞춤형 정보 제공 등이 가능한 U-Healthpark 서비스가 제공되어 개인의 건강이 증진된다.[5] U-Healthpark는 서울 강남구에 위치한 양재천의 생활공원을 통해 국내 최초로 서비스되고 있다.

1.3 안전한 도시

유비쿼터스 도시는 도시통합관리센터의 구축을 통해 실시간으로 방범방재 및 공공시설물을 관리한다.

먼저 방범방재 부문에서는 CCTV와 센서, 모바일 등을 이용하여 범죄 및 재난 요인들을 실시간으로 모니터링하여 개인과 공공의 안전을 유지하며, 재해재난에 대한 구조구급 서비스를 신속히 제공한다. 그리고 센서와 통신기술

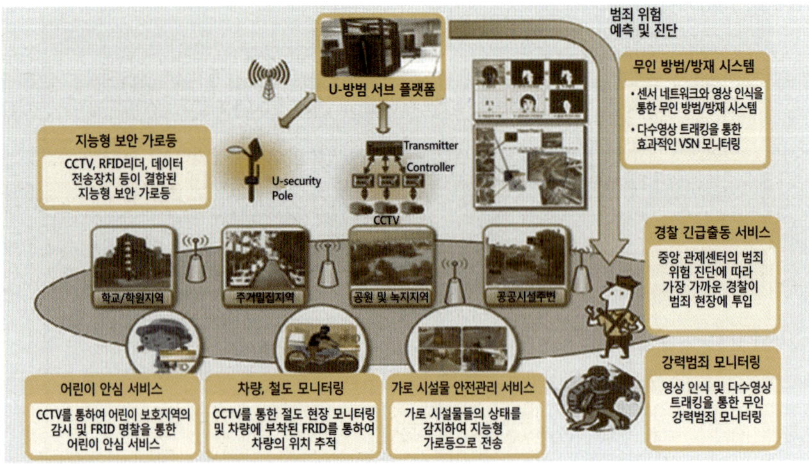

출처: 국토해양부 공식블로그, 2013.

그림 13-4 u-city의 방범방재 서비스

을 활용하여 도로시설물, 공공건물, 하천시설물 등의 공공시설물 안전 상태를 실시간으로 모니터링하여 안전한 도시를 구현한다.

국내에서는 2013년 서울 성북구에서 경찰서와 연계한 도시통합관제센터를 구축하여 방범방재 및 공공시설의 안전을 도모하고 있다.

U-성북 도시통합관제센터 8일 개소 … 잠들지 않은 564개 눈으로 골목길·학교 24시간 감시

성북구(구청장 김영배)가 '범죄 없는 미래형 유비쿼터스 도시'로 변신한다. 기존에 별도로 운영하던 방범용 CCTV와 불법주·정차, 쓰레기 불법 투기 등 비방범용 CCTV를 포함한 총 564개 CCTV를 통합 관리하는 U-성북 도시통합관제센터를 구축하고 8일 개소식을 갖는다.

U-성북 도시통합관제센터는 총사업비 14억 2,000만원을 들여 구청 4층에 230m^2 규모로 설치됐다. 센터는 각 재난·재해에 효과적으로 대응하기 위한 대책회의실, 관제상황실, 장비실, 어린이

안전체험관 등을 갖추었다.

성북 · 종암경찰서에서 파견된 4명의 경찰과 5명의 전문 관제요원이 주민방범, 초등학교스쿨존, 어린이 보호구역, 재난 · 재해시설용 CCTV 등 잠들지 않는 564개 눈을 365일 24시간 모니터링한다. 이로써 위험상황이 포착 즉시 실시간 대응이 가능해진다.

특히 성북구 도시통합관제 프로그램 중 어린이 안전 집중 모니터링 운영이 주목받고 있는데, 지역 내 29개 초등학교 반경 500m 이내에 있는 모든 CCTV의 통합 관제는 물론 전국 최초로 모바일을 이용한 어린이 안전지도 만들기가 진행되기 때문이다. 어린이 안전지도는 스마트폰 등 모바일 기기를 이용해 주민이 직접 어린이 취약 지역의 사진을 전송하고 모바일홈페이지를 통해 해당 지역에 대한 정보를 공유하며 완성해 나가는 것으로 민관이 함께 안전한 성북 조성에 참여하는 것이라 의미가 깊다. 구는 학기가 시작되는 3월부터 어린이 안전체험관에서 지역 내 어린이집과 초등학생을 대상으로 위험상황 발생에 대비한 CCTV 비상벨 사용법, 행동요령을 비롯하여 교통안전수칙 등 교육도 진행할 예정이다.

김영배 성북구청장은 "U-성북 도시통합관제센터가 구축돼 범죄 예방과 신속한 사건 · 사고 대응은 물론 함께 만들어 가는 안전지도 등을 통해 어린이와 청소년, 주민이 활짝 웃을 수 있는 안전한 성북을 만드는 데 최선을 다하겠다"고 밝혔다.

〈출처: 아시아경제, 박종일 기자, 2013.01.06〉[6]

1.4 쾌적한 도시

환경부문에 있어서는 대기의 질이나 수질 등을 감지할 수 있는 스마트 센서 기술을 활용하여 실시간으로 환경변화를 모니터링함으로써 환경오염에 대한 신속한 경보와 대처를 통해 쾌적한 도시환경을 유지할 수 있게 된다. 환경과 관련된 서비스로 대기오염원관리, 원격오염물관리, 폐기물관리 등이 있으며, 파주시의 경우 U-환경정보서비스를 통해 대기의 미세먼지, 황사정보 등의 환경정보를 실시간으로 모니터링하여 시민들에게 예 · 경보 서비스를 제공하고 있다.

동 영 상

■ 파주 U-City 환경 정보 서비스

파주시의 U-환경정보서비스는 실시간으로 대기오염 정보를 수집해 날씨, 미세먼지, 황사 정보 등의 환경 정보를 제공하고, 필요시 환경예보 및 경보를 발령함으로써 시민들이 호흡기 질환에 대한 대응이 적절히 이루어지도록 안내한다.

〈출처: 파주시티 , 2012.04.18〉[7]

▶ 토의과제

1 유비쿼터스 기술의 발달에 따른 미래의 모습을 예상해 보고, 장단점에 대해 논의해 보자.

2 여러분이 유비쿼터스 기술을 활용하여 집을 짓는다면 어떤 기능을 제공하겠는가?

3 여러분이 u-교실을 만든다면 어떤 기능을 제공하겠는가?

동 영 상

제 목	주요내용	Link	시 간
유비쿼터스 시대	유비쿼터스로 인해 변화한 가정의 모습	http://tvpot.daum.net/v/cSMIGpw0atA$	2분 47초
유비쿼터스 컴퓨팅	길 찾기, 미팅 등 일상생활에 밀접해 있는 유비쿼터스	http://youtu.be/H_gLVlYOl0w	4분 52초
2027년, 한의학 기반 u헬스의 미래	미래의 한의학기반 u헬스 시스템이 도입된 일상생활 모습	http://www.youtube.com/watch?v=QFMnayiaXrM	5분 13초
파주 U-City 교통 정보 서비스	파주시의 버스, 정류장, 전철, 교통상황 등의 실시간 정보를 제공하는 교통 정보 서비스	http://www.youtube.com/watch?v=Ztwm3NWBK6Q	2분 8초
파주 U-City 환경 정보 서비스	파주시의 실시간 대기오염 정보를 수집해 날씨, 미세먼지, 황사 정보 등의 환경 정보를 제공	http://www.youtube.com/watch?v=1LR4j6iBkMc	3분 50초
유비쿼터스 컴퓨팅	의류 쇼핑에 있어서의 유비쿼터스	http://www.youtube.com/watch?v=jDi0FNcaock	49초

Summary
요약

유비쿼터스 사회의 개념

- 모든 사물이 지능화, 네트워크화되어 사람, 사물 간의 의사소통이 가능하여 개인, 기업, 국가 전반에 혁신이 이뤄져 경쟁력이 제고되는 사회

편리한 도시

- 유비쿼터스 기술의 발달로 가정생활, 직장근무, 문화생활 등 생활의 전반에서 편익이 증진됨
- u-홈, u-쇼핑, u-교실 등

건강한 도시

- 유비쿼터스 기술의 발달로 원격건강검진 및 진료가 가능해져 개인의 건강관리의 질이 개선됨
- u-병원, u-보건소 등

안전한 도시

- 유비쿼터스 기술의 발달로 방범방재에 관한 실시간 모니터링 및 대응이 가능해져 개인 및 공공부문의 안전이 높아짐
- u-방범, u-도로시설물관리 등

쾌적한 도시

- 유비쿼터스 기술의 발달로 오염에 대한 실시간 모니터링 및 대응이 가능해져 쾌적한 자연환경을 유지할 수 있게 됨
- u-원격오염관리, 폐기물관리 등

질문

1. 유비쿼터스 기술을 활용한 편리한 도시의 모습은 어떤 모습인가?
2. 유비쿼터스 기술을 활용한 건강한 도시의 모습은 어떤 모습인가?
3. 유비쿼터스 기술을 활용한 안전한 도시의 모습은 어떤 모습인가?
4. 유비쿼터스 기술을 활용한 쾌적한 도시의 모습은 어떤 모습인가?
5. U-성북 도시통합관제센터의 역할은 무엇인가?
6. 파주 U-City 환경 정보 서비스는 어떤 서비스인가?
7. 전자거울이란 무엇인가?

Closing Case

융합 선도하는 유비쿼터스 기술

요즘 언론을 통해 유시티(U-city)라는 말을 자주 듣는다. 유시티란 유비쿼터스(Ubiquitous) 컴퓨팅 기술이 적용된 도시로, 첨단 정보통신망을 기본 인프라로 갖추고 이를 기반으로 다양한 모바일 서비스를 제공하는 첨단도시라 할 수 있다.

유비쿼터스란 말은 원래 '시공을 초월해 언제, 어디서나 존재한다'는 뜻의 라틴어다. 이 용어를 이처럼 첨단 정보통신기술에 처음 적용한 사람은 미국 제록스사의 연구소에 근무하던 마크 와이저 박사다. 1988년에 그는 "사용자가 네트워크나 컴퓨터를 의식하지 않고 시간과 장소에 구애받음 없이 언제, 어디서나 자유롭게 네트워크에 접속할 수 있는 정보통신 환경"이 미래 정보사회를 규정할 것이라고 주장했다. 그리고 그는 이를 유비쿼터스 컴퓨팅 환경이라 불렀다.

이것은 이미 현실이 되어가고 있다. 하나의 사례를 생각해 보자. 가령 한 소비자가 와인에 대한 아무런 정보 없이 대형마트에 가서 와인을 산다고 해 보자. 진열장에 놓인 어떤 와인에 손을 대는 순간, 진열장 옆의 컴퓨터 화면에 손이 닿은 와인의 상세한 정보가 음성과 함께 소개된다. 이것을 집어 들고 계산대를 통과하는 순간, 해당 와인에 대한 정보가 컴퓨터에 자동 입력되면서 와인의 금액이 소비자의 은행 사이버 계좌로부터 자동으로 빠져나간다. 동시에 대형마트의 컴퓨터 물류 정보시스템상에는 해당 와인 1병이 판매된 것으로 자동 기록된다. 한마디로 사람과 와인 그리고 컴퓨터가 서로 연결되어 있어, 사람이 컴퓨터의 네트워크에 직접 접속하지 않고도 언제, 어디서나 첨단 정보 서비스를 받을 수 있도록 해 준다. 이것이 유비쿼터스 컴퓨팅 기술의 중요한 특징이다.

그런데 이것이 실제로 구현되려면 사람을 포함한 우리 주변의 사물들, 가령 진열장, 와인, 계산대 등에 정보 전달 및 처리 능력을 갖춘 소형 컴퓨터 혹은 지능센서를 부착시켜 이들 간에 커뮤니케이션과 네트워킹이 가능하고, 다시 이것을 컴퓨터의 네트워크와 연결하는 기술이 필요하다.

RFID(Radio Frequency Identification) 기술은 전자태그들 간의 무선통신을 가능하게 하고 사물에 대한 정보 및 주변 상황 정보를 감지하는 것으로서 이를 가능하게 해

준다. 사물에 부착하는 RFID 칩은 눈에 보이지 않을 정도로 매우 작게 만들어 사물 속에 숨길 수 있기에, 위의 사례에서 보듯 사용자들이 인식하지 못한 상태에서 네트워크 서비스가 자동적이고 지능적으로 이루어지도록 해 준다.

이처럼 유비쿼터스 기술은 물리적 공간에 존재하는 사물들을 서로 연결해 새로운 네트워크를 구성하고 이 네트워크를 다시 사이버 공간의 네트워크와 연결시킴으로써 이에 기반한 새로운 유형의 첨단 서비스를 가능하게 한다. 가령 유시티에서는 전기, 상하수도, 도로, 교통시설 등과 같은 물리적인 인프라가 센서, 통신 등 정보기술을 통해 현재 상태 확인이나 응급 대응과 같은 다양한 정보 서비스를 제공하는 새로운 지능형 인프라로 변화할 것이다.

또한 가정에서 생활도구들이 컴퓨터 네트워크와 연결되는 스마트홈 구축이 가능해져 집 밖에서도 개인 모바일 기기를 통해 청소, 창문 개폐, 난방장치 가동, 음식 요리, 자동 그릇 세척 등 가사 작업이 가능해질 것이다. 가령 시장에서 고기를 구입할 때도 고기의 생산지, 생산자, 출하시기, 유통경로, 신선도 등 제품에 관한 모든 정보를 현장에서 바로 확인하고 살 수 있게 된다. 한마디로 새로운 유형의 삶의 양식이 출현하고 있다.

여기서 한 가지 주목할 만한 점은 유비쿼터스 기술이 아날로그 세계와 디지털 세계의 통합에 바탕해 다양한 융합을 창조하고 있다는 것이다. 작게는 사물과 정보기기 간의 융합에서 다양한 정보 서비스들의 융합, 이들에 기반한 산업 간 융합, 나아가 인간 · 사물 · 컴퓨터 간의 융합 그리고 이에 바탕한 다양한 삶의 공간들의 융합에 이르기까지 융합을 가속화하고 있다. 궁극적으로 유비쿼터스 기술은 현실의 물리적 공간과 가상의 사이버 공간을 융합한 새로운 제3의 공간, 곧 유비쿼터스 공간을 창출하고 있다. 사이버 공간이 물리적 공간을 컴퓨터 안으로 끌고 들어와 재구성해 낸 가상의 공간이라면, 유비쿼터스 공간은 역으로 물리적 공간에 컴퓨터의 네트워킹 구조를 심어 물리적 공간까지도 네트워크화해 두 공간을 융합한 공간이다.

과거 산업사회가 물리적 공간에 기반한 사회이고 20세기의 정보사회가 컴퓨터의 사이버 공간을 중심으로 한 사회라면, 오늘의 새로운 정보사회는 유비쿼터스 공간에 기반을 둔 사회라고 할 수 있다. 이는 오늘의 우리가 융합을 그토록 강조하고 있는 중요한 배경이자 이유이기도 하다.

〈출처: 경향신문, 이중원 교수, 2012.11.18〉[8)]

질문

1. RFID는 유비쿼터스 공간에서 어떤 기능을 하는가?
2. 스마트홈 구축으로 가능한 서비스에는 어떤 것들이 있는가?
3. 유비쿼터스 공간이란 무엇인가?
4. 아날로그 세계와 디지털 세계의 차이점을 예를 들어 설명해 보자.

참고문헌

1. 네이버영화, http://movie.naver.com/movie/bi/mi/basic.nhn?code=62422, 검색일 2013.01.15.
2. 마이크로소프트, "미래의 쇼핑," 2009.10.02, http://www.youtube.com/watch?v=jDi0FNcaock.
3. 정보통신정책연구원, "u-City 서비스 활성화 방안," 2010.
4. 파주시티, "파주 U-City 교통 정보 서비스," 2012.04.18, http://www.youtube.com/watch?v=Ztwm3NWBK6Q.
5. 한국한의학연구원, "2027, 한의학 기반 u헬스의 미래를 확인하세요," 2010.03.10, http://www.youtube.com/watch?v=QFMnayiaXrM.
6. 아시아경제, 박종일 기자, "U-성북 도시통합관제센터 8일 개소 … 잠들지 않은 564개 눈으로 골목길 · 학교 24시간 감시," 2013.01.06, http://view.asiae.co.kr/news/view.htm?idxno=2013010518201107016&nvr=Y.
7. 파주시티, "파주 U-City 환경 정보 서비스," 2012.04.18, http://www.youtube.com/watch?v=1LR4j6iBkMc.
8. 경향신문, 이중원 교수, "융합 선도하는 유비쿼터스 기술," 2012.11.18, http://news.khan.co.kr/kh_news/khan_art_view.html?artid=201211182111395&code=990100.
9. 한국정보사회진흥원, "미래 유비쿼터스 사회의 모습," 2008.
10. 국토해양부 공식블로그, "u-city의 거리 생활공간," 2013, http://blog.naver.com/mltm2008?Redirect=Log&logNo=130057567915, 2013.
11. 네이버 블로그, "U-Healthpark," 2013, http://blog.naver.com/keycosmos3?Redirect=Log&logNo=100174774791.
12. 국토해양부 공식블로그, "u-city의 방범방재 서비스," 2013, http://blog.naver.com/mltm2008?Redirect=Log&logNo=130057567915.

Memo

찾아보기

[저자 소개]

홍순구(shong@dau.ac.kr)
University of Nebraska Lincoln 석사 및 박사(경영정보)
Texas A&M International University 조교수
한국은행 근무
연구분야: 정보시스템 성과평가, 웹 접근성, RFID, Co-creation 등의 주제로 *Communications of the ACM, Journal of AIS* 등 국내외 학술지에 80여 편의 논문 발표
현 동아대학교 경영대학 경영정보학과 교수

유비쿼터스의 이해와 활용사례

2013년 2월 23일 초판인쇄
2013년 2월 28일 초판1쇄발행

저 자 홍 순 구
발행인 이 구 만
발행처 유원북스 도서출판

121-130 서울특별시 마포구 토정로 198, 204호
전화 (02)593-1800 Fax (02)593-1801
등록 2011. 9. 6. 제25100-2012-3호
www.uwonbooks.com uwbooks@daum.net

정가 24,000원 ISBN 978-89-97926-09-1

이 도서의 국립중앙도서관 출판시도서목록(CiP)은 e-CIP홈페이지(http://www.nl.go.kr.ecip)와 국가자료공동목록시스템(http://www.nl.go.kr/kolisnet)에서 이용하실 수 있습니다.(CIP제어번호: CIP2013000966)